윤우혁
소방행정법

실전동형 모의고사

머리말 INTRO

공부가 힘들 때

공무원을 준비하는 이유는 다양하겠지만 일단 시작했다면 반드시 합격하여야 합니다.
왜냐하면, 그것은 나와의 약속이고 나를 사랑해 주고 내가 사랑하는 사람과의 약속이기 때문입니다.
빨리 합격해서 나가는 사람이 제일 좋지만 다소 늦었다고 실망할 필요는 없습니다.
그 과정에서 반드시 배우는 것이 있기 때문입니다.

이런저런 이유로, 본인의 계획보다 늦어지는 경우에 본인이 제일 힘들고 안타까울 것입니다.
그래도 보세요. 그 추웠던 겨울이 언제였나 싶은 생각이 들 정도로 계절도 바뀝니다.
꾸준히 노력하면 반드시 결실을 이루게 되어 있습니다.
그리고 다시 새로운 시작을 하는 것이죠.

바쁘고 힘든 시기이지만 짬을 내어 시 한 편 읽어 보는 여유를 가지면 어떨까 합니다.
저의 고시 공부시절, 힘들 때마다 읽어 보면 새로운 용기를 가지게 해 주었던 시입니다.

돌아와 보는 밤

-윤동주-

세상으로부터 돌아오듯이 이제 내 좁은 방에 돌아와 불을 끄옵니다.
불을 켜 두는 것은 너무나 피로롭은(피곤한) 일이옵니다.
그것은 낮의 연장이옵기에-

이제 창을 열어 공기를 바꾸어 들여야 할 텐데 밖을 가만히 내다보아야
방 안과 같이 어두워 꼭 세상 같은데 비를 맞고 오던 길이 그대로 빗속에 젖어 있사옵니다.

하루 울분을 씻을 바 없어 가만히 눈을 감으면 마음속으로 흐르는 소리,
이제, 사상이 능금처럼 저절로 익어가옵니다.

소방직 공무원 시험이 대폭 개정되면서 2022년부터 행정법이 필수과목으로 도입되었습니다.

소방직에서는 일반행정직처럼 지엽적인 내용이 출제되기보다는 기본적이면서 소방실무와 관련된 내용이 출제될 것으로 예상됩니다.

이러한 출제경향을 반영하여 새로운 환경에 마주한 수험생들이 좀 더 쉽게, 좀 더 효율적으로 실전에 대비할 수 있도록 본 교재를 구성하였습니다.

위기가 기회가 된다는 말이 있습니다.
누구나 아는 이 말은 수험가에도 적용됩니다.
과목이 개편될 때 새로운 합격의 기회가 생깁니다.
시험은 오래 공부한다고 되는 것이 아니라 정확한 방향으로 갈 때 합격하는 것입니다.

본 교재로 공부하는 수험생들의 빠른 합격을 기원합니다.

2023년 10월
윤우혁

구성과 특징 STRUCTURE

1 기출 기반 모의고사 10회분 수록

행정법 시험이 실시되는 각종 시험의 출제 패턴, 난이도, 중요 출제 부분 등을 빠짐없이 분석한 데이터를 바탕으로, 출제가능성이 높은 쟁점만을 선별하여 실전과 가장 유사한 문제 형태와 난이도로 구성하였습니다.

2 최신 개정법령 및 최신 판례 완벽 반영

행정법 시험을 준비함에 있어서 법 과목의 특성상 개정법령에 민감하여야 하고, 시험 직전까지 최신 판례의 쟁점을 파악하여야 합니다. 마무리 정리에 바쁜 수험생들이 해당 내용을 놓치기 쉽다는 점을 고려하여 해설에 최신 개정법령을 완벽 반영하였으며, 최신 판례 지문은 쟁점을 하나하나 분석하여 응용문제에도 적용할 수 있도록 하였습니다.

3 파이널 단계에 최적화된 해설

해설을 길게 구성하기보다 마무리 정리에 적합하도록 선택지별 집중도에 따라 해설에 강약을 둠으로써 수험생들의 체크포인트 학습이 가능하게 만들었습니다.

4 실전 강화를 위한 전략적 핵심 공략

필요한 경우, 문제에 따른 해설뿐만 아니라 해당 논점의 핵심 내용을 정리한 표 또는 관련 법 조문과 판례를 제시하여 주제의 내용을 전반적으로 확인할 수 있도록 편집하였습니다.

차례 CONTENTS

실전동형 모의고사

제01회 008
제02회 014
제03회 020
제04회 027
제05회 033
제06회 039
제07회 046
제08회 052
제09회 058
제10회 066

정답 및 해설

제01회 074
제02회 086
제03회 099
제04회 112
제05회 125
제06회 138
제07회 150
제08회 162
제09회 174
제10회 187
빠른 정답 확인 199

실전동형
모의고사

실전동형 모의고사

정답 및 해설 p.074~086

01

신뢰보호원칙에 관한 설명으로 옳지 않은 것은? (다툼이 있는 경우 판례에 의함)

① 행정청의 공적 견해표명이 있었는지를 판단할 때 행정조직상 형식적인 권한분장에 구애될 것은 아니다.

② 행정청의 공적 견해표명이 있다고 인정하기 위해서는 적어도 담당자의 조직상 지위와 임무, 당해 언동을 하게 된 구체적인 경위 등에 비추어 그 언동의 내용을 신뢰할 수 있는 경우이어야 한다.

③ 「행정기본법」에 따르면, 행정청은 공익 또는 제3자의 이익을 현저히 해칠 우려가 있는 경우에도 행정에 대한 국민의 정당하고 합리적인 신뢰를 보호하여야 한다.

④ 행정청이 공적 견해를 표명할 당시의 사정이 사후에 변경된 경우에는 그 공적 견해가 더 이상 개인에게 신뢰의 대상이 된다고 보기 어려운 만큼, 특별한 사정이 없는 한 행정청이 그 견해표명에 반하는 처분을 하더라도 신뢰보호원칙에 위반된다고 할 수 없다.

02

법치행정의 원칙에 관한 설명으로 옳지 않은 것은? (다툼이 있는 경우 판례에 의함)

① 규율대상이 국민의 기본권 및 기본적 의무와 관련한 중요성을 가질수록 그리고 그에 관한 공개적 토론의 필요성 또는 상충하는 이익 사이의 조정 필요성이 클수록 그것이 국회의 법률에 의해 직접 규율될 필요성은 더 증대된다.

② 교육부장관이 관할 교육감에게, 甲지방의회가 의결한 학생인권조례안에 대하여 재의요구를 하도록 요청하였으나 교육감이 이를 거절하고 학생인권조례를 공포한 경우 위 조례안은 법률우위원칙에 어긋난다.

③ 법률유보의 원칙은 '법률에 의한 규율'만을 요청하는 것이 아니라 '법률에 근거한 규율'을 요청하는 것이기 때문에 기본권의 제한에는 법률의 근거가 필요할 뿐이고 기본권 제한의 형식이 반드시 법률의 형식일 필요는 없다.

④ 행정작용은 법률에 위반되어서는 아니 되며, 국민의 권리를 제한하거나 의무를 부과하는 경우와 그 밖에 국민생활에 중요한 영향을 미치는 경우에는 법률에 근거하여야 한다.

03

행정행위에 관한 설명으로 옳지 않은 것은? (다툼이 있는 경우 판례에 의함)

① 재량에 의한 행정처분이 그 재량권의 한계를 벗어난 것이어서 위법하다는 점은 그 행정처분의 효력을 다투는 자가 이를 주장·입증하여야 하고, 처분청이 그 재량권의 행사가 정당한 것이었다는 점까지 주장·입증할 필요는 없다.

② 행정청이 제재처분 양정을 하면서 처분상대방에게 법령에서 정한 임의적 감경사유가 있는 경우, 그 감경사유까지 고려하고도 감경하지 않은 채 개별처분기준에서 정한 상한으로 처분을 한 경우에는 재량권을 일탈·남용하였다고 보아야 한다.

③ 허가신청 후 허가기준이 변경된 경우에는 원칙적으로 처분시의 기준인 변경된 허가기준에 따라서 처분하여야 한다.

④ 학교법인의 임원이 교비회계자금을 법인회계로 부당전출하였고, 업무집행에 있어서 직무를 태만히 하여 학교법인이 이를 시정하기 위한 노력을 하였으나 결과적으로 대부분의 시정요구사항이 이행되지 아니하였던 점 등을 고려하면, 교육부장관의 임원승인취소처분은 재량권을 일탈·남용한 것으로 볼 수 없다.

04

「행정기본법」상 행정의 법원칙에 관한 설명으로 옳지 않은 것은?

① 행정작용은 법률에 위반되어서는 아니 되며, 국민의 권리를 제한하거나 의무를 부과하는 경우와 그 밖에 국민생활에 중요한 영향을 미치는 경우에는 법률에 근거하여야 한다.

② 행정청은 어떠한 경우에도 국민을 차별하여서는 아니 된다.

③ 행정청은 행정권한을 남용하거나 그 권한의 범위를 넘어서는 아니 된다.

④ 행정청은 공익 또는 제3자의 이익을 현저히 해칠 우려가 있는 경우를 제외하고는 행정에 대한 국민의 정당하고 합리적인 신뢰를 보호하여야 한다.

05

자동차운전면허 및 운송사업면허에 관한 설명으로 옳지 않은 것은? (다툼이 있는 경우 판례에 의함)

① 운전면허취소처분에 대한 취소소송에서 취소판결이 확정되었다면 운전면허취소처분 이후의 운전행위를 무면허운전이라고 할 수는 없다.

② 음주운전 여부에 대한 조사과정에서 운전자 본인의 동의를 받지 아니하고 법원의 영장도 없이 채혈조사가 행해졌다면, 그 조사 결과를 근거로 한 운전면허취소처분은 특별한 사정이 없는 한 위법하다.

③ 음주운전으로 인해 운전면허를 취소하는 경우의 이익형량에서 음주운전으로 인한 교통사고를 방지할 공익상 필요가 취소의 상대방이 입게 될 불이익보다 강조되어야 한다.

④ 甲이 혈중알코올농도 0.140%의 주취상태로 배기량 125cc 이륜자동차를 운전하였다는 이유로 관할 지방경찰청장이 甲의 자동차운전면허[제1종 대형, 제1종 보통, 제1종 특수(대형견인 · 구난), 제2종 소형]를 취소하는 처분을 한 경우, 위 처분 중 제1종 대형, 제1종 보통, 제1종 특수(대형견인 · 구난) 운전면허를 취소한 부분은 재량권을 일탈 · 남용한 것이다.

06

「행정기본법」상 제재처분에 관한 설명으로 옳지 않은 것은?

① 제재처분을 하지 아니하면 국민의 안전 · 생명 또는 환경을 심각하게 해치거나 해칠 우려가 있는 경우는 5년이 지나도 제재처분을 할 수 있다.

② 거짓이나 그 밖의 부정한 방법으로 인허가를 받거나 신고를 한 경우는 5년이 지나도 제재처분을 할 수 있다.

③ 당사자가 인허가나 신고의 위법성을 경과실로 알지 못한 경우는 5년이 지나면 제재처분을 할 수 없다.

④ 행정청은 행정심판의 재결이나 법원의 판결에 따라 제재처분이 취소 · 철회된 경우에는 재결이나 판결이 확정된 날부터 2년이 지나기 전까지는 그 취지에 따른 새로운 제재처분을 할 수 있다.

07

행정계획에 관한 설명으로 옳지 않은 것은? (다툼이 있는 경우 판례에 의함)

① 행정주체가 구체적인 행정계획을 입안 · 결정할 때 가지는 형성의 자유의 한계에 관한 법리는 주민의 입안 제안 또는 변경신청을 받아들여 도시관리계획결정을 하거나 도시계획시설을 변경할 것인지를 결정할 때에도 동일하게 적용된다.

② 행정계획에 있어 재량은 조건 프로그램에 의해 결정된다.

③ 장래 일정한 기간 내에 관계 법령이 규정하는 시설 등을 갖추어 일정한 행정처분을 구하는 신청을 할 수 있는 법률상 지위에 있는 자의 국토이용계획 변경신청을 거부하는 것이 실질적으로 해당 행정처분 자체를 거부하는 결과가 되는 경우에는 예외적으로 그 신청인에게 국토이용계획 변경을 신청할 권리가 인정된다.

④ 장기미집행 도시계획시설결정의 실효제도에 의해 개인의 재산권이 보호되는 것은 입법자가 새로운 제도를 마련함에 따라 얻게 되는 법률에 기한 권리일 뿐 헌법상 재산권으로부터 당연히 도출되는 권리는 아니다.

08

인가에 관한 설명으로 옳지 않은 것은? (다툼이 있는 경우 판례에 의함)

① 공유수면매립면허의 공동명의자 사이의 면허로 인한 권리 · 의무 양도약정은 면허관청의 인가를 받지 않은 이상 법률상 아무런 효력도 발생할 수 없다.

② 재단법인의 임원취임을 인가 또는 거부할 것인지 여부는 주무관청의 권한에 속하는 사항이라고 할 것이고, 재단법인의 임원취임승인신청에 대하여 주무관청이 이에 기속되어 이를 당연히 승인(인가)하여야 하는 것은 아니다.

③ 인가처분에 하자가 없다면 기본행위에 하자가 있다고 하더라도 따로 그 기본행위의 하자를 다투는 것은 별론으로 하고, 기본행위의 무효를 내세워 바로 그에 대한 행정청의 인가처분의 취소 또는 무효확인을 소구할 법률상 이익이 없다.

④ 재단법인설립에 대한 허가는 인가이지만, 재단법인설립 후의 정관변경허가는 강학상 허가에 해당한다.

09

위임명령의 한계에 관한 설명으로 옳지 않은 것은? (다툼이 있는 경우 판례에 의함)

① 법률이 공법적 단체 등의 정관에 자치법적 사항을 위임한 경우에는 헌법 제75조가 정하는 포괄적인 위임입법의 금지가 원칙적으로 적용되지 않지만, 그 사항이 국민의 권리·의무에 관련되는 것일 경우에는 적어도 국민의 권리·의무에 관한 기본적이고 본질적인 사항은 국회가 정하여야 한다.

② 헌법에서 채택하고 있는 위임입법은 예시적인데, 그 논거는 고전적 권력분립이다.

③ 법률에서 위임받은 사항에 관하여 대강을 정하고 그중의 특정 사항을 범위를 정하여 하위 법령에 다시 위임하는 경우에는 재위임이 허용된다. 이러한 법리는 조례가 「지방자치법」에 따라 주민의 권리 제한 또는 의무 부과에 관한 사항을 법률로부터 위임받은 후, 이를 다시 지방자치단체장이 정하는 '규칙'이나 '고시' 등에 재위임하는 경우에도 마찬가지이다.

④ 법률의 시행령이나 시행규칙의 내용이 모법 조항의 취지에 근거하여 이를 구체화하기 위한 것인 때에는 모법의 규율범위를 벗어난 것으로 볼 수 없다. 이러한 경우에는 모법에 이에 관하여 직접 위임하는 규정을 두지 않았다고 하여도 이를 무효라고 볼 수 없다.

10

사인의 공법행위에 관한 설명으로 옳은 것은? (다툼이 있는 경우 판례에 의함)

① 공무원에 의해 제출된 사직원은 그에 터잡은 의원면직처분이 있을 때까지 철회될 수 있고, 일단 면직처분이 있고 난 이후에도 자유로이 취소 및 철회될 수 있다.

② 「건축법」상 착공신고가 반려될 경우 착공신고 반려행위의 처분성이 인정된다.

③ 행정청은 신청에 구비서류의 미비 등 흠이 있는 경우 원칙상 형식적 절차적인 요건만을 보완 요구하여야 하므로 실질적인 요건에 관한 흠이 민원인의 단순한 착오나 일시적인 사정 등에 기인한 경우에도 보완을 요구할 수 없다.

④ 사인의 공법행위는 원칙적으로 발신주의에 따라 그 효력이 발생한다.

11

행정행위의 철회에 관한 설명으로 옳지 않은 것은? (다툼이 있는 경우 판례에 의함)

① 부담부 행정처분에 있어서 처분상대방이 부담을 이행하지 아니한 경우에 처분행정청으로서는 이를 들어 해당 처분을 철회할 수 있다.

② 외형상 하나의 행정처분이라고 하더라도 가분성이 있거나 그 처분대상의 일부가 특정될 수 있다면 그 일부만의 취소도 가능하고, 그 일부의 취소는 해당 취소 부분에 관하여 효력이 생긴다.

③ 행정행위의 철회는 적법요건을 구비하여 완전히 효력을 발하고 있는 행정행위를 사후적으로 효력을 장래에 향해 소멸시키는 별개의 행정처분이다.

④ 처분 후에 원래의 처분을 그대로 존속시킬 수 없게 된 사정변경이 생긴 경우 처분청은 처분을 철회할 수 있다고 할 것이므로, 이 경우 처분상대방에게 그 철회·변경을 요구할 권리는 당연히 인정된다.

12

행정절차에 관한 설명으로 옳은 것은? (다툼이 있는 경우 판례에 의함)

① 「국가공무원법」상 직위해제처분은 공무원의 인사상 불이익을 주는 처분이므로 「행정절차법」상 사전통지 및 의견청취절차를 거쳐야 한다.

② 처분 당시 당사자가 어떠한 근거와 이유로 처분이 이루어진 것인지를 충분히 알 수 있어서 그에 불복하여 행정구제절차로 나아가는 데에 별다른 지장이 없었던 것으로 인정되는 경우에도 처분서에 처분의 근거와 이유가 구체적으로 명시되어 있지 않았다면 그 처분은 위법하다.

③ 외국인의 출입국에 관한 사항이라도 행정절차를 거칠 필요가 당연히 부정되는 것은 아니다.

④ 당사자 등은 청문조서의 내용을 열람·확인할 수 있을 뿐, 그 청문조서에 이의가 있더라도 정정을 요구할 수는 없다.

13

행정의 실효성 확보수단에 관한 설명으로 옳지 않은 것은? (다툼이 있는 경우 판례에 의함)

① 구 「국세징수법」상 가산금 또는 중가산금의 고지는 항고소송의 대상이 되는 처분이 아니다.

② 지방자치단체 소속 공무원이 지방자치단체 고유의 자치사무를 수행하던 중 구 「도로법」에 위반하는 행위를 한 경우 지방자치단체는 구 「도로법」상 양벌규정에 따라 처벌대상이 되는 법인에 해당한다.

③ 구 「음반비디오물 및 게임물에 관한 법률」상 불법게임물에 대한 수거 및 폐기조치는 행정상 즉시강제에 해당한다.

④ 종업원 등의 범죄에 대해 법인에게 어떠한 잘못이 있는지를 전혀 묻지 않고, 곧바로 그 종업원 등을 고용한 법인에게도 종업원 등에 대한 처벌조항에 규정된 벌금형을 과하도록 규정하는 것은 책임주의에 반하지 않는다.

14

「질서위반행위규제법」에 관한 설명으로 옳은 것은?

① 행정청이 질서위반행위에 대하여 과태료를 부과하고자 하는 때에는 미리 당사자에게 대통령령으로 정하는 사항을 통지하고, 10일 이상의 기간을 정하여 의견을 제출할 기회를 주어야 한다.

② 행정청에 의해 부과된 과태료는 질서위반행위가 종료된 날(다수인이 질서위반행위에 가담한 경우에는 최종행위가 종료된 날을 말한다)부터 5년간 징수하지 아니하거나 집행하지 아니하면 시효로 인하여 소멸한다.

③ 과태료 사건은 다른 법령에 특별한 규정이 있는 경우를 제외하고는 과태료 부과관청의 소재지의 지방법원 또는 그 지원의 관할로 한다.

④ 심신미약자의 경우에는 과태료를 부과하지 아니한다.

15

공법상 계약에 관한 설명으로 옳지 않은 것은? (다툼이 있는 경우 판례에 의함)

① 지방자치단체를 당사자로 하는 계약에 관하여는 그 계약의 성질이 사법상 계약인지 공법상 계약인지와 상관없이 원칙적으로 「지방자치단체를 당사자로 하는 계약에 관한 법률」의 규율이 적용된다고 보아야 한다.

② 중소기업 정보화지원사업에 따른 지원금 출연을 위하여 중소기업청장이 체결하는 협약은 공법상 대등한 당사자 사이의 의사표시의 합치로 성립하는 공법상 계약에 해당한다.

③ 지방자치단체가 일방당사자가 되는 이른바 '공공계약'이 사경제주체로서 상대방과 대등한 위치에서 체결하는 사법상 계약에 해당하는 경우 그에 관한 법령에 특별한 정함이 있는 경우를 제외하고는 사적 자치와 계약자유의 원칙 등 사법의 원리가 그대로 적용된다.

④ 행정청은 법령 등을 위반하지 아니하는 범위에서 공법상 계약을 체결할 수 있는데, 이 경우 계약서를 작성하여야 하는 것은 아니다.

16

행정지도에 관한 설명으로 옳지 않은 것은? (다툼이 있는 경우 판례에 의함)

① 행정지도가 강제성을 띠지 않은 비권력적 작용으로서 행정지도의 한계를 일탈하지 않았어도 그로 인하여 상대방에게 어떤 손해가 발생하였다면 그에 대한 손해배상책임이 인정된다.

② 행정지도는 의무를 부과하거나 권익을 제한하는 것이 아니지만 「행정절차법」의 적용을 받는다.

③ 행정청이 위법건축물에 대한 시정명령을 하고 나서 위반자가 이를 이행하지 아니하여 전기·전화의 공급자에게 그 위법건축물에 대한 전기·전화의 공급을 하지 말아 줄 것을 요청한 행위는 권고적 성격의 행위에 불과한 것으로서 항고소송의 대상이 되는 행정처분이라고 볼 수 없다.

④ 행정관청이 토지거래계약신고에 관하여 공시된 기준지가를 기준으로 매매가격을 신고하도록 행정지도하여 왔고 그 기준가격 이상으로 매매가격을 신고한 경우에는 거래신고서를 접수하지 않고 반려하는 것이 관행화되어 있더라도 그와 같은 위법한 관행에 따라 허위신고행위에 이르렀다고 하여 그 범법행위가 사회상규에 위배되지 않는 정당한 행위라고 볼 수 없다.

17

「행정조사기본법」에 관한 설명으로 옳은 것은?

① 행정기관의 장은 법령 등에 특별한 규정이 있는 경우를 제외하고는 행정조사의 결과를 확정한 날부터 10일 이내에 그 결과를 조사대상자에게 통지하여야 한다.
② 유사하거나 동일한 사안에 대하여 서로 다른 기관이 공동으로 조사하는 것은 원칙적으로 허용되지 않는다.
③ 행정조사는 수시로 실시함을 원칙으로 한다.
④ 행정조사의 기본원칙은 군사시설·군사기밀보호 및 방위사업에 관한 사항에 대하여도 적용한다.

18

행정의 실효성 확보수단에 관한 설명으로 옳지 않은 것은? (다툼이 있는 경우에 판례에 의함)

① 「행정기본법」에 따르면, 행정청은 의무자가 행정상 의무를 이행할 때까지 이행강제금을 반복하여 부과할 수 있다. 다만, 의무자가 의무를 이행하면 새로운 이행강제금의 부과를 즉시 중지하되, 이미 부과한 이행강제금은 징수하여야 한다.
② 경찰서장이 「경범죄 처벌법」상 범칙행위에 대하여 통고처분을 하였는데 통고처분에서 정한 범칙금 납부기간이 지나지 아니한 경우, 경찰서장이 즉결심판을 청구하거나 검사가 동일한 범칙행위에 대하여 공소를 제기할 수 없다.
③ 계고서라는 명칭의 1장의 문서로 일정 기간 내에 위법건축물의 자진철거를 명함과 동시에 그 소정 기한 내에 자진철거를 하지 아니할 때에는 대집행할 뜻을 미리 계고한 경우, 철거명령에서 주어진 일정 기간이 자진철거에 필요한 상당한 기간이라도 그 기간 속에 계고시에 필요한 '상당한 이행기간'이 포함된다고 볼 수 없다.
④ 「가맹사업거래의 공정화에 관한 법률」에 따르면, 공정거래위원회는 「가맹사업거래의 공정화에 관한 법률」 위반행위에 대하여 과징금을 부과할 것인지, 부과할 경우 과징금 액수를 구체적으로 얼마로 정할 것인지를 재량으로 판단할 수 있다.

19

「행정심판법」상 행정심판에 관한 설명으로 옳지 않은 것은?

① 법인이 아닌 사단 또는 재단으로서 대표자나 관리인이 정하여져 있는 경우에는 그 사단이나 재단의 이름으로 심판청구를 할 수 있다.
② 취소심판에 대한 인용재결 후에 재처분이 없으면 당사자의 신청에 의해 직접 처분이 가능하다.
③ 행정심판의 결과에 이해관계가 있는 행정청은 해당 심판청구에 대한 행정심판위원회의 의결이 있기 전까지 그 사건에 대하여 심판참가를 할 수 있다.
④ 행정심판위원회는 필요할 경우 당사자가 주장하지 아니한 사실에 대해서도 심리할 수 있다.

20

국가배상에 관한 설명으로 옳지 않은 것은? (다툼이 있는 경우 판례에 의함)

① 국가나 지방자치단체가 손해를 배상할 책임이 있는 경우에 공무원의 선임·감독 또는 영조물의 설치·관리를 맡은 자와 공무원의 봉급·급여, 그 밖의 비용 또는 영조물의 설치·관리 비용을 부담하는 자가 동일하지 아니하면 그 비용을 부담하는 자도 손해를 배상하여야 한다.
② 국가배상책임에 있어서 국가는 직무상 의무 위반과 피해자가 입은 손해 사이에 상당인과관계가 인정되는 범위 내에서만 배상책임을 지는 것이고, 이 경우 상당인과관계가 인정되기 위해서는 공무원에게 부과된 직무상 의무의 내용이 전적으로 또는 부수적으로 사회구성원 개인의 안전과 이익을 보호하기 위하여 설정된 것이어야 한다.
③ 「부동산소유권 이전등기 등에 관한 특별조치법」상 보증인의 잘못된 보증으로 소유권을 상실하면 국가배상이 된다.
④ 공무원 개인이 고의 또는 중과실이 있는 경우에는 불법행위로 인한 손해배상책임을 진다고 할 것이지만, 공무원의 위법행위가 경과실에 기한 경우에는 공무원은 손해배상책임을 부담하지 않는다.

21

「행정심판법」상 행정심판에 관한 설명으로 옳지 않은 것은? (다툼이 있는 경우 판례에 의함)

① 심판청구기간의 기산점인 '처분이 있음을 안 날'이란 당사자가 통지·공고 기타의 방법에 의하여 당해 처분이 있었다는 사실을 현실적으로 안 날을 의미한다.

② 긴급을 요하는 경우 위원회는 당사자의 권리 및 권한의 범위에서 당사자의 동의 없이 심판청구의 신속하고 공정한 해결을 위하여 조정을 할 수 있다.

③ 심판청구에 대한 재결이 있으면 그 재결 및 같은 처분 또는 부작위에 대하여 다시 행정심판을 청구할 수 없다.

④ 재결이 확정된 경우에도 처분의 기초가 된 사실관계나 법률적 판단이 확정되고 당사자들이나 법원이 이에 기속되어 모순되는 주장이나 판단을 할 수 없게 되는 것은 아니다.

22

판례상 취소소송의 대상이 되는 처분에 해당하는 것은?

① 한국마사회의 조교사나 기수에 대한 면허정지·취소

② 사립학교 교원에 대한 징계

③ 행정계획 변경신청의 거부가 장차 일정한 처분에 대한 신청을 구할 법률상 이익이 있는 자의 처분 자체를 실질적으로 거부하는 경우

④ 「국가공무원법」상 당연퇴직의 인사발령

23

취소소송과 무효확인소송의 관계에 관한 설명으로 옳지 않은 것은? (다툼이 있는 경우 판례에 의함)

① 행정처분에 대한 취소소송과 무효확인소송은 단순 병합이나 선택적 병합의 방식으로 제기할 수 있다.

② 무효선언을 구하는 취소소송이라도 형식이 취소소송이므로 제소요건을 갖추어야 한다.

③ 무효확인을 구하는 소에는 당사자가 명시적으로 취소를 구하지 않는다고 밝히지 않는 한 취소를 구하는 취지가 포함되었다고 보아서 취소소송의 요건을 갖추었다면 취소판결을 할 수 있다.

④ 취소소송의 기각판결의 기판력은 무효확인소송에 미친다.

24

행정소송에 관한 설명으로 옳지 않은 것은? (다툼이 있는 경우 판례에 의함)

① 검사에 대한 경고조치는 내부문제이므로 처분이 아니다.

② 납세의무부존재확인의 소는 공법상 법률관계 그 자체를 다투는 소송으로서 당사자소송이다.

③ 행정청의 부작위에 대하여 행정심판을 거치지 않고 부작위위법확인소송을 제기하는 경우에는 제소기간의 제한을 받지 않는다.

④ 거부처분에 대하여 무효확인판결이 확정된 경우, 행정청에 대해 판결의 취지에 따른 재처분의무가 인정될 뿐 그에 대하여 간접강제까지 허용되는 것은 아니다.

25

행정소송의 판결의 효력에 관한 설명으로 옳은 것은? (다툼이 있는 경우 판례에 의함)

① 사정판결의 경우에는 처분의 적법성에 대하여 기판력이 발생한다.

② 처분 등의 무효를 확인하는 확정판결은 소송당사자 이외의 제3자에 대하여는 효력이 미치지 않는다.

③ 기판력은 인용판결과 기각판결 모두에 발생한다.

④ 세무서장을 피고로 하는 과세처분 취소소송에서 패소하여 그 판결이 확정된 자가 국가를 피고로 하여 과세처분의 무효를 주장하여 과오납금반환청구소송을 제기하더라도 취소소송의 기판력에 반하는 것은 아니다.

실전동형 모의고사

정답 및 해설 p.086~099

01

행정행위에 관한 설명으로 옳은 것은? (다툼이 있는 경우 판례에 의함)

① 행정행위를 '행정청이 법아래서 구체적 사실에 대한 법집행으로서 행하는 공법행위'로 정의하면, 공법상 계약과 공법상 합동행위는 행정행위의 개념에 포함된다.

② 기한의 도래로 실효한 종전의 허가에 대한 기간 연장신청은 새로운 허가를 내용으로 하는 행정처분을 구하는 것이 아니라, 종전의 허가처분을 전제로 하여 단순히 그 유효기간을 연장하여 주는 행정처분을 구하는 것으로 보아야 한다.

③ 공무원에 대한 당연퇴직의 인사발령은 공무원의 신분을 상실시키는 새로운 형성적 행위이므로 행정소송의 대상이 되는 행정처분이다.

④ 상대방 있는 행정처분이 상대방에게 고지되지 아니한 경우에도 상대방이 다른 경로를 통해 행정처분의 내용을 알게 되었다면 행정처분의 효력이 발생한다.

02

행정상 사실행위에 관한 설명으로 옳지 않은 것은? (다툼이 있는 경우 판례에 의함)

① 교도소 내 마약류 관련 수형자에 대한 교도소장의 소변강제채취는 권력적 사실행위로서 헌법소원의 대상이다.

② 행정청이 위법건축물에 대한 단전 및 전화통화 단절조치를 요청한 것은 항고소송의 대상이 되는 행정처분이라고 볼 수 없다.

③ 교도소장이 영치품인 티셔츠 사용을 재소자에게 불허한 행위는 항고소송의 대상이 되는 행정처분에 해당한다.

④ 행정상 권력적 사실행위의 예로는 폐기물 수거, 행정지도, 대집행의 실행, 행정상 즉시강제 등이 있다.

03

행정의 실효성 확보수단에 관한 설명으로 옳지 않은 것은? (다툼이 있는 경우 판례에 의함)

① 행정청은 이행강제금의 부과금액을 가중하거나 감경할 수 없다.

② 「농지법」상 이행강제금 부과처분에 대한 불복은 항고소송절차로 할 수 없다.

③ 「행정조사기본법」에 따르면 조사대상자의 자발적인 협조를 얻어 행정조사를 실시하고자 하는 경우 조사대상자는 문서 · 전화 · 구두 등의 방법으로 당해 행정조사를 거부할 수 있다.

④ 통고처분은 상대방의 임의의 승복을 그 발효요건으로 하기 때문에 그 자체만으로는 통고 이행을 강제하거나 상대방에게 아무런 권리 · 의무를 형성하지 않으므로 행정심판이나 행정소송의 대상으로서의 처분성을 인정할 수 없다.

04

법률유보와 법률위임에 관한 설명으로 옳지 않은 것은? (다툼이 있는 경우 판례에 의함)

① 자격이나 신분 등을 취득 또는 부여할 수 없거나 인가, 허가, 지정, 승인, 영업등록, 신고 수리 등을 필요로 하는 영업 또는 사업 등을 할 수 없는 사유는 법률로 정하여야 한다.

② 전기요금의 결정에 관한 내용을 반드시 입법자가 스스로 규율하여야 하는 부분이다.

③ 도시환경정비사업 시행인가신청시 요구되는 토지 등 소유자의 동의정족수를 정하는 것은 법률유보 내지 의회유보의 원칙이 지켜져야 할 영역이다.

④ 헌법재판소에 따르면 지방자치단체의 조례에 대한 법률의 위임은 법규명령에 대한 위임과 달리 반드시 구체적으로 범위를 정하여야 할 필요가 없고 포괄적인 것으로 족하다.

05

신뢰보호의 원칙에 관한 설명으로 옳지 않은 것은? (다툼이 있는 경우 판례에 의함)

① 행정청이 공적인 견해에 반하는 행정처분을 함으로써 달성하려는 공익이 행정청의 공적 견해표명을 신뢰한 개인이 그 행정처분으로 인하여 입게 되는 이익의 침해를 정당화할 수 있을 정도로 강한 경우에는 그 행정처분은 위법하지 않다.

② 과세관청이 질의회신 등을 통하여 어떤 견해를 대외적으로 표명하였더라도 그것이 중요한 사실관계와 법적인 쟁점을 제대로 드러내지 아니한 채 질의한 데 따른 것이라면, 공적인 견해표명에 의하여 정당한 기대를 가지게 할 만한 신뢰가 부여된 경우로 볼 수 없다.

③ 폐기물처리업에 대하여 관할 관청의 사전적정통보를 받고 막대한 비용을 들여 요건을 갖춘 다음 허가신청을 한 경우, 행정청이 청소업자의 난립으로 효율적인 청소업무의 수행에 지장이 있다는 이유로 불허가처분을 하였다고 할지라도 신뢰보호의 원칙에 반하지 아니한다.

④ 법원이 「질서위반행위규제법」에 따라서 하는 과태료 재판은 원칙적으로 행정소송에서와 같은 신뢰보호의 원칙 위반 여부가 문제되지 아니한다.

06

「행정절차법」상 처분의 사전통지 및 의견청취 등에 관한 설명으로 옳은 것은? (다툼이 있는 경우 판례에 의함)

① 고시의 방법으로 불특정 다수인을 상대로 권익을 제한하는 처분을 할 경우, 당사자는 물론 제3자에게도 의견제출의 기회를 주어야 한다.

② 청문은 다른 법령 등에서 규정하고 있는 경우 이외에 행정청이 필요하다고 인정하는 경우에도 실시할 수 있으나, 공청회는 다른 법령 등에서 규정하고 있는 경우에만 개최할 수 있다.

③ 행정청이 당사자에게 의무를 과하거나 권익을 제한하는 처분을 하는 경우에는 처분의 사전통지를 하여야 하는데, 이때의 처분에는 신청에 대한 거부처분도 포함된다.

④ 행정청이 정당한 처리기간 내에 처리하지 아니하였을 때에는 신청인은 해당 행정청 또는 그 감독행정청에 신속한 처리를 요청할 수 있다.

07

다음 각 사례에 관한 설명으로 옳은 것은? (다툼이 있는 경우 판례에 의함)

> ○ 행정청 甲은 국유일반재산인 건물 1층을 5년간 대부하는 계약을 乙과 체결하면서 대부료는 1년에 1억 원으로 정하였고 6회에 걸쳐 분납하기로 하였다. 甲은 乙이 1년간 대부료를 납부하지 않자, 체납한 대부료를 납부할 것을 통지하였다. 「국유재산법」에 따르면 국유재산의 대부료 등이 납부기한까지 납부되지 아니한 경우에는 「국세징수법」상 강제징수에 관한 규정을 준용하고 있다.
> ○ 행정청 甲은 국가 소유의 땅을 무단점유하여 사용하고 있는 丙에게 변상금 100만 원 부과처분을 하였다.

① 甲이 乙에게 대부하는 행위는 공권력의 주체로서 상대방의 의사 여하에 불구하고 일방적으로 행하는 행정처분이 아니다.

② 甲은 대부료를 납부하지 않은 乙을 상대로 민사소송을 제기하여 대부료 지급을 구하여야 한다.

③ 변상금 부과처분은 법 위반 사정을 고려하여 부과하는 재량행위이다.

④ 행정재산의 사용료 부과는 사법상 행위이다.

08

다음 설명 중 옳은 것은? (다툼이 있는 경우 판례에 의함)

① 구 「관광진흥법」에 의한 지위승계신고를 수리하는 허가관청의 행위는 사실적인 행위에 불과하여 항고소송의 대상이 되지 않는다.

② '법령'이란 법률 및 대통령령 · 총리령 · 부령, 국회규칙 · 대법원규칙 · 헌법재판소규칙 · 중앙선거관리위원회규칙 및 감사원규칙, 상위법의 위임을 받아 중앙행정기관(「정부조직법」 및 그 밖의 법률에 따라 설치된 중앙행정기관을 말한다)의 장이 정한 훈령 · 예규 및 고시 등 행정규칙을 말한다.

③ 「건축법」에 의한 인허가의제효과를 수반하는 건축신고는 건축을 하려는 자가 적법한 요건을 갖춘 신고만 하면 건축을 할 수 있고, 행정청의 수리 등 별단의 조치를 기다릴 필요가 없다.

④ 주민등록의 신고는 행정청에 도달하기만 하면 신고로서의 효력이 발생한다.

09

행정입법에 관한 설명으로 옳은 것은? (다툼이 있는 경우 판례에 의함)

① 처분적 조례에 대한 무효확인소송을 제기함에 있어서 피고적격이 있는 처분 등을 행한 행정청은 지방의회이다.
② 정부는 매년 해당 연도에 추진할 법령안 입법계획(정부입법계획)을 수립하여야 한다.
③ 법률의 위임에 따라 효력을 갖는 법규명령이 위임의 근거가 없어 무효였더라도 나중에 법개정으로 위임의 근거가 부여되면 해당 법규명령의 제정시에 소급하여 유효한 법규명령이 된다.
④ 의료기관의 명칭표시판에 진료과목을 함께 표시하는 경우 글자 크기를 제한하고 있는 구 「의료법 시행규칙」 제31조는 그 자체로 국민의 구체적 권리·의무나 법률관계에 직접적 변동을 초래하므로 항고소송의 대상이 될 수 있다.

10

행정법관계에 관한 설명으로 옳지 않은 것은? (다툼이 있는 경우 판례에 의함)

① 군인연금법령상 급여를 받으려고 하는 사람이 국방부장관에게 급여 지급을 청구하였으나 거부된 경우, 곧바로 국가를 상대로 한 당사자소송으로 급여의 지급을 청구할 수 있다.
② 법무사가 사무원을 채용할 때 소속 지방법무사회로부터 승인을 받아야 할 의무는 공법상 의무이다.
③ 사무처리의 긴급성으로 인하여 해양경찰의 직접적인 지휘를 받아 보조로 방제작업을 한 경우, 사인은 그 사무를 처리하며 지출한 필요비 내지 유익비의 상환을 국가에 대하여 민사소송으로 청구할 수 있다.
④ 「공익사업을 위한 토지 등의 취득 및 보상에 관한 법률」상 환매권의 존부에 관한 확인을 구하는 소송 및 환매금액의 증감을 구하는 소송은 민사소송이다.

11

「공익사업을 위한 토지 등의 취득 및 보상에 관한 법률」상 손실보상 제도에 관한 설명으로 옳은 것은? (다툼이 있는 경우 판례에 의함)

① 사업시행자가 광업권·어업권·양식업권 또는 물의 사용에 관한 권리를 취득하거나 사용하는 경우에는 이 법이 적용되지 않는다.
② 토지수용위원회의 수용재결이 있은 후라고 하더라도 토지소유자 등과 사업시행자가 다시 협의하여 토지 등의 취득이나 사용 및 그에 대한 보상에 관하여 임의로 계약을 체결할 수 있다.
③ 사업시행자가 수용 또는 사용의 개시일까지 관할 토지수용위원회가 재결한 보상금을 지급하거나 공탁하지 아니하였을 때에는 해당 토지수용위원회의 재결의 효력은 확정되어 더 이상 다툴 수 없다.
④ 사업시행자가 동일한 토지소유자에 속하는 일단의 토지 일부를 취득함으로 잔여지를 종래의 목적에 사용하는 것이 불가능하거나 현저히 곤란한 경우이어야만 잔여지 손실보상청구를 할 수 있다.

12

「공익사업을 위한 토지 등의 취득 및 보상에 관한 법률」에 관한 설명으로 옳은 것은? (다툼이 있는 경우 판례에 의함)

① 지방토지수용위원회의 재결에 대하여 이의를 신청하여 중앙토지수용위원회의 재결을 받은 자가 재결의 취소소송을 제기하려면 중앙토지수용위원회의 이의재결을 대상으로 하여야 한다.
② 중앙토지수용위원회의 이의재결에 대한 행정소송은 재결서를 받은 날부터 90일 이내에 제기하여야 한다.
③ 공익사업의 시행자는 해당 공익사업을 위한 공사에 착수하기 이전에 토지소유자에게 보상액 전액을 지급하여야 하나, 사업시행자가 보상액을 지급하지 않고 승낙도 받지 않은 채 공사에 착수하였다고 하더라도 토지소유자에 대하여 불법행위로 인한 손해배상 책임이 발생하는 것은 아니다.
④ 공익사업시행지구 밖에서 영업을 휴업하는 자는 「공익사업을 위한 토지 등의 취득 및 보상에 관한 법률」에 규정된 재결절차를 거친 다음에 사업시행자를 상대로 영업손실에 대한 보상청구를 할 수 있다.

13

「공공기관의 정보공개에 관한 법률」상 정보공개에 관한 설명으로 옳지 않은 것은? (다툼이 있는 경우 판례에 의함)

① 정보공개에 관한 사항을 심의·조정하기 위하여 국무총리 소속으로 정보공개위원회를 둔다.

② 정보비공개결정 취소소송에서 원고인 청구인이 소송과정에서 공공기관이 법원에 제출한 정보의 사본을 송달받은 경우, 그 정보의 비공개결정의 취소를 구할 소의 이익은 유지된다.

③ 정보공개를 청구하여 정보공개 여부에 대한 결정의 통지를 받은 자가 정당한 사유 없이 해당 정보의 공개를 다시 청구하는 경우, 공공기관은 종전 청구와의 내용적 유사성·관련성 등을 고려하여 해당 청구를 종결 처리할 수 있다.

④ 제3자가 자신과 관련된 정보를 공개하지 아니할 것을 요청하였음에도 불구하고 공공기관이 공개결정을 한 경우, 제3자는 해당 공공기관에 문서로 이의신청을 하거나 행정심판 또는 행정소송을 제기할 수 있다.

14

정보공개에 관한 설명으로 옳지 않은 것은? (다툼이 있는 경우 판례에 의함)

① 공공기관은 공개청구된 정보가 공공기관이 보유·관리하지 아니하는 정보인 경우에 해당하는 경우에 민원으로 처리하여서는 안 된다.

② 학교폭력대책자치위원회가 피해학생의 보호를 위한 조치, 가해학생에 대한 조치, 학교폭력과 관련된 분쟁의 조정 등에 관하여 심의한 결과를 기재한 회의록은 「공공기관의 정보공개에 관한 법률」 소정의 비공개대상정보에 해당한다.

③ 공개청구의 대상이 되는 정보가 이미 다른 사람에게 공개되어 널리 알려져 있다거나 인터넷 등을 통하여 공개되어 인터넷검색 등을 통하여 쉽게 알 수 있다는 사정만으로는 비공개결정이 정당화될 수 없다.

④ 「공공기관의 정보공개에 관한 법률」은 정보공개청구권자가 공개를 청구하는 정보와 어떤 관련성을 가질 것을 요구하거나 정보공개청구의 목적에 특별한 제한을 두고 있지 아니하므로 정보공개청구권자의 권리구제가능성 등은 정보의 공개 여부 결정에 아무런 영향을 미치지 못한다.

15

행정행위의 부관에 관한 설명으로 옳지 않은 것은? (다툼이 있는 경우 판례에 의함)

① 사도개설허가에서 정해진 공사기간은 사도개설허가 자체의 존속기간을 정한 것이라고 볼 수 없으므로 공사기간 내에 사도로 준공검사를 받지 못하였다면 사도개설허가는 당연히 실효되는 것은 아니다.

② 허가에 붙은 기한이 그 허가된 사업의 성질상 부당하게 짧아 이 기한을 그 허가조건의 존속기간으로 해석할 수 있더라도, 그 후 당초의 기한이 상당 기간 연장되어 연장된 기간을 포함한 존속기간 전체를 기준으로 보면 더 이상 허가된 사업의 성질상 부당하게 짧은 경우에 해당하지 않게 된 경우라도 허가의 효력을 상실시킬 수는 없다.

③ 행정청이 공유수면매립준공인가처분을 하면서 매립지 일부를 국가 소유로 귀속하게 한 것은 법률효과 일부를 배제하는 부관에 해당하고, 이러한 부관은 독립하여 행정소송의 대상이 될 수 없다.

④ 행정청이 수익적 행정처분에 부담을 부가하는 경우 사전에 상대방과 협의하여 부담의 내용을 협약의 형식으로 미리 정한 다음 행정처분을 하면서 이를 부가할 수도 있다.

16

행정절차에 관한 설명으로 옳은 것은? (다툼이 있는 경우 판례에 의함)

① 퇴직연금의 환수결정은 당사자에게 의무를 과하는 처분이기는 하나 관련 법령에 따라 당연히 환수금액이 정하여지는 것으로, 퇴직연금의 환수결정에 앞서 당사자에게 의견진술의 기회를 주지 아니하여도 「행정절차법」에 어긋나지 아니한다.

② 행정청은 공청회를 개최하려는 경우에는 공청회 개최 14일 전까지 제목, 일시 및 장소 등을 당사자 등에게 통지하고 관보, 공보, 인터넷 홈페이지 또는 일간신문 등에 공고하는 등의 방법으로 널리 알려야 한다. 다만, 공청회 개최를 알린 후 예정대로 개최하지 못하여 새로 일시 및 장소 등을 정한 경우에는 공청회 개최 14일 전까지 알려야 한다.

③ 절차상 하자를 이유로 과세처분을 취소하는 판결이 확정된 후 그 위법사유를 보완하여 이루어진 새로운 부과처분은 확정판결의 기판력에 저촉된다.

④ 행정청이 당사자와 사이에 도시계획사업의 시행과 관련한 협약을 체결하면서 관련 법령상 요구되는 청문절차를 배제하는 조항을 두었다면, 이는 청문을 실시하지 않아도 되는 예외적인 경우에 해당한다.

17

판례상 하자의 승계가 인정되는 경우에 해당하는 것은?

① 국제항공노선 운수권배분실효처분 및 노선면허거부처분과 노선면허처분
② 보충역편입처분과 공익근무요원소집처분
③ 토지구획정리사업 시행인가처분과 환지청산금 부과처분
④ 대집행계고처분과 비용납부명령

18

국가배상에 관한 설명으로 옳은 것은? (다툼이 있는 경우 판례에 의함)

① 행정처분의 담당공무원이 주관적 주의의무를 결하여 그 행정처분이 주관적 정당성을 상실하였다고 인정될 정도에 이른 경우에 「국가배상법」 제2조의 요건을 충족하였다고 봄이 상당하다.
② 「국가배상법」 제6조 제1항에 의하면 지방자치단체장이 설치하여 관할 지방경찰청장에게 관리권한이 위임된 교통신호기의 고장으로 인하여 교통사고가 발생한 경우, 지방자치단체가 손해배상책임을 지고 국가는 피해자에 대하여 배상책임을 지지 않는다.
③ 정부에 대한 비판에 대하여 합리적인 홍보와 설득으로 대처하는 것이 아니라, 비판 자체를 원천적으로 배제하려는 공권력의 행사는 대한민국헌법이 예정하고 있는 자유민주적 기본질서에 부합하지 아니하므로 정당성을 인정할 수 없지만, 국가배상이 인정되는 것은 아니다.
④ 「국가배상법」 제5조 제1항 소정의 '공공의 영조물'이란 국가 또는 지방자치단체에 의하여 특정 공공의 목적에 공여된 유체물 내지 물적 설비를 말하며, 국가 또는 지방자치단체가 소유권, 임차권, 그 밖의 권한에 기하여 관리하고 있는 경우로 한정되고, 사실상 관리를 하고 있는 경우는 포함되지 않는다.

19

사인의 공법행위에 관한 설명으로 옳지 않은 것은? (다툼이 있는 경우 판례에 의함)

① 「수산업법」상 신고어업을 하려면 법령이 정한 바에 따라 관할 행정청에 신고하여야 하고, 행정청의 수리가 있을 때에 비로소 법적 효과가 발생하게 된다.
② 행정청은 사인의 신청에 구비서류의 미비와 같은 흠이 있는 경우 신청인에게 보완을 요구하여야 하는바, 이때 보완의 대상이 되는 흠은 원칙상 형식적 절차적 요건만 해당하고 실체적 발급요건상 흠을 포함되지 않는다.
③ 「유통산업발전법」상 대규모점포의 개설등록은 이른바 자기완결적 신고로서 행정처분이 아니다.
④ 인허가의제효과를 수반하는 건축신고는 일반적인 건축신고와는 달리, 특별한 사정이 없는 한 행정청이 그 실체적 요건에 관한 심사를 한 후 수리를 하여야 한다.

20

「행정심판법」에 의해 행정청이 행정심판위원회의 재결의 취지에 따라 재처분할 의무가 있음에도 그 의무를 이행하지 않은 경우에 행정심판위원회가 직접 처분할 수 있는 재결에 해당하는 것은?

① 당사자의 신청에 따른 처분을 절차가 부당함을 이유로 취소하는 재결
② 당사자의 신청을 거부한 처분의 이행을 명하는 재결
③ 당사자의 신청을 거부하는 처분을 취소하는 재결
④ 당사자의 신청을 거부하는 처분을 부존재로 확인하는 재결

21

「행정소송법」상 취소소송에서 확정된 청구인용판결의 효력에 관한 설명으로 옳지 않은 것은? (다툼이 있는 경우 판례에 의함)

① 취소판결의 효력은 원칙적으로 소급적이므로, 취소판결에 의해 취소된 영업허가취소처분 이후의 영업행위는 무허가영업에 해당하지 않는다.
② 취소된 행정처분을 기초로 하여 새로 형성된 제3자의 권리가 취소판결 자체의 효력에 의해 당연히 그 행정처분 전의 상태로 환원되는 것은 아니다.
③ 취소판결의 기속력은 주로 판결의 실효성 확보를 위하여 인정되는 효력으로서 판결의 주문뿐만 아니라 그 전제가 되는 처분 등의 구체적 위법사유에 관한 이유 중의 판단에 대하여도 인정된다.
④ 행정처분이 판결에 의해 취소된 경우, 취소된 처분의 사유와 기본적 사실관계에서 동일성이 인정되지 않는 다른 사유를 들어 새로이 처분을 하는 것은 기속력에 반한다.

22

행정상 손실보상에 관한 설명으로 옳지 않은 것은? (다툼이 있는 경우 판례에 의함)

① 보상청구권이 성립하기 위해서는 재산권에 대한 법적인 행위로서 공행정작용에 의한 침해를 말하고 사실행위는 포함되지 않는다.

② 「공익사업을 위한 토지 등의 취득 및 보상에 관한 법률 시행령」에서 이주대책의 대상자에서 세입자를 제외하고 있는 것이 세입자의 재산권을 침해하는 것이라고 볼 수 없다.

③ 공익사업으로 인하여 영업을 폐지하거나 휴업하는 자가 구 「공익사업을 위한 토지 등의 취득 및 보상에 관한 법률」에 규정된 재결절차를 거치지 않은 채 곧바로 사업시행자를 상대로 영업손실보상을 청구할 수 없다.

④ 사업시행자 스스로 공익사업의 원활한 시행을 위하여 생활대책을 수립 · 실시할 수 있도록 하는 내부규정을 두고 이에 따라 생활대책대상자 선정기준을 마련하여 생활대책을 수립 · 실시하는 경우, 생활대책대상자 선정기준에 해당하는 자기 자신을 생활대책대상자에서 제외하거나 선정을 거부한 사업시행자를 상대로 항고소송을 제기할 수 있다.

23

행정소송의 심리에 관한 설명으로 옳은 것은? (다툼이 있는 경우 판례에 의함)

① 「행정소송법」상 불고불리의 명시적 규정이 있다.

② 취소소송의 직권심리주의를 규정하고 있는 「행정소송법」 제26조의 규정을 고려할 때, 행정소송에 있어서 법원은 원고의 청구범위를 초월하여 그 이상의 청구를 인용할 수 있다.

③ 법원으로부터 행정심판기록의 제출명령을 받은 행정청은 지체 없이 당해 행정심판에 관한 기록을 법원에 제출하여야 한다.

④ 사실심에서 변론종결시까지 당사자가 주장하지 않던 직권조사사항에 해당하는 사항을 상고심에서 비로소 주장하는 경우 그 직권조사사항에 해당하는 사항은 상고심의 심판범위에 해당하지 않는다.

24

판례상 항고소송의 원고적격이 인정되는 경우에 해당하는 것은?

① 개발제한구역 중 일부 취락을 개발제한구역에서 해제하는 내용의 도시관리계획 변경결정에 대하여 개발제한구역 해제대상에서 누락된 토지의 소유자가 위 결정의 취소를 구하는 경우

② 중국 국적자인 외국인이 사증발급거부처분의 취소를 구하는 경우

③ 소방청장이 처분성이 인정되는 국민권익위원회의 조치요구에 불복하여 조치요구의 취소를 구하는 경우

④ 수익처분의 상대방

25

행정행위의 하자에 관한 설명으로 옳지 않은 것은? (다툼이 있는 경우 판례에 의함)

① 행정청이 사전에 교통영향평가를 거치지 아니한 채 '건축허가 전까지 교통영향평가 심의필증을 교부받을 것'을 부관으로 붙여서 한 '실시계획변경승인 및 공사시행변경 인가처분'은 무효라고 할 수 없다.

② 적법한 권한 위임 없이 세관출장소장에 의하여 행하여진 관세 부과처분은 그 하자가 중대하기는 하지만, 객관적으로 명백하다고 할 수 없어 당연무효는 아니다.

③ 사용자가 징계절차를 위반하여 징계를 한 경우, 이러한 징계권 행사는 취소사유이다.

④ 징계처분이 중대하고 명백한 하자 때문에 당연무효의 것이라면 징계처분을 받은 자가 이를 용인하였다고 하여 그 하자가 치유되는 것은 아니다.

제03회 실전동형 모의고사

정답 및 해설 p.099~112

01

「행정절차법」상 행정절차에 관한 설명으로 옳지 않은 것은? (다툼이 있는 경우 판례에 의함)

① 지방의회의 의결을 거치거나 동의 또는 승인을 받아 행하는 사항에 대해서는 「행정절차법」이 적용되지 않는다.

② 고시 등 불특정 다수인을 상대로 의무를 부과하거나 권익을 제한하는 처분의 경우, 그 상대방에게 의견제출의 기회를 주어야 하는 것은 아니다.

③ 신청에 따른 처분이 이루어지지 않은 경우에는 특별한 사정이 없는 한 사전통지의 대상이 된다고 할 수 없다.

④ 재외동포에 대한 사증은 「출입국관리법 시행령」 [별표 1의2]에서 정한 재외동포체류자격의 요건을 갖춘 경우 발급하여야 한다.

02

행정입법에 관한 설명으로 옳지 않은 것은? (다툼이 있는 경우 판례에 의함)

① 법률이 공법적 단체 등의 정관에 자치법적 사항을 위임한 경우에도 원칙적으로 헌법 제75조가 정하는 포괄적인 위임입법금지원칙이 적용되지만, 이와 별도로 법률유보 내지 의회유보의 원칙을 지켜야 한다.

② 부작위위법확인소송의 대상이 될 수 있는 것은 구체적 권리 · 의무에 관한 분쟁이어야 하고 추상적인 법령에 관하여 제정의 여부 등은 그 자체로서 국민의 구체적인 권리 · 의무에 직접적 변동을 초래하는 것이 아니어서 그 소송의 대상이 될 수 없다.

③ 부령에서 제재적 행정처분의 기준을 정하였다고 하더라도 이에 관한 처분의 적법 여부는 부령에 적합한 것인가의 여부에 따라 판단할 것이 아니라 처분의 근거법률의 규정 및 그 취지에 적합한 것인가의 여부에 따라 판단하여야 한다.

④ 행정규칙은 공포되어야 효력이 발생한다.

03

행정행위의 하자의 승계에 관한 설명으로 옳지 않은 것은? (다툼이 있는 경우 판례에 의함)

① 선행처분과 후행처분이 서로 독립하여 별개의 법률효과를 발생시키는 경우에는 선행처분에 불가쟁력이 생겨 그 효력을 다툴 수 없게 되면 수인한도를 넘는 가혹함을 가져오며 그 결과가 당사자에게 예측 가능하지 않으면 하자의 승계가 인정된다.

② 직위해제처분과 면직처분 사이에는 하자의 승계가 인정된다.

③ 과세관청의 선행처분인 소득금액변동통지에 하자가 존재하더라도 당연무효사유에 해당하지 않는 한 후행처분인 징수처분에 대한 항고소송에서 그 하자를 다툴 수 없다.

④ 수용보상금의 증액을 구하는 소송에서는 선행처분으로서 그 수용대상 토지가격산정의 기초가 된 비교표준지공시지가결정의 위법을 독립된 사유로 주장할 수 있다.

04

대외적 구속력을 인정할 수 있는 경우에 해당하는 것은? (다툼이 있는 경우 판례에 의함)

① 운전면허에 관한 제재적 행정처분의 기준이 「도로교통법 시행규칙」 별표에 규정되어 있는 경우

② 행정각부의 장이 정하는 특정 고시가 비록 법령에 근거를 둔 것이더라도 규정 내용이 법령의 위임범위를 벗어난 것일 경우

③ 상위 법령에서 세부 사항 등을 시행규칙으로 정하도록 위임하였음에도 이를 고시 등 행정규칙으로 정한 경우

④ 생계보호기준

05

「공공기관의 정보공개에 관한 법률」상 정보공개에 관한 설명으로 옳은 것은? (다툼이 있는 경우 판례에 의함)

① 법무부령인 「검찰보존사무규칙」은 행정기관 내부의 사무처리준칙인 행정규칙이므로, 「검찰보존사무규칙」상 열람 · 등사의 제한은 「공공기관의 정보공개에 관한 법률」 제9조 제1항 제1호의 '다른 법률 또는 법률에 의한 명령에 의하여 비공개사항으로 규정된 경우'에 해당한다.

② 모든 국민은 정보의 공개를 청구할 권리를 갖지만, 권리능력 없는 사단은 정보공개청구권이 인정되지 않는다.

③ 해당 정보를 취득 또는 활용할 의사가 전혀 없이 정보공개제도를 이용하여 사회통념상 용인될 수 없는 부당한 이득을 얻으려 하거나 오로지 공공기관의 담당공무원을 괴롭힐 목적으로 정보공개청구를 하는 경우 권리 남용에 해당함이 명백하므로 정보공개청구권의 행사가 허용되지 아니한다.

④ 청구인이 정보공개와 관련한 공공기관의 결정에 대하여 불복이 있거나 정보공개청구 후 10일이 경과하도록 정보공개결정이 없는 때에는 「행정심판법」에서 정하는 바에 따라 행정심판을 청구할 수 있다.

06

다음 설명 중 옳은 것은? (다툼이 있는 경우 판례에 의함)

① 변상금 부과처분이 당연무효인 경우, 해당 변상금 부과처분에 의하여 납부한 오납금에 대한 납부자의 부당이득반환청구권의 소멸시효는 변상금 부과처분의 부과시부터 진행한다.

② 사실심 변론종결시까지 원고적격이 인정되어도 상고심에서 원고적격이 흠결되면 상고심에서 각하한다.

③ 어떠한 처분의 근거나 법적인 효과가 행정규칙에 규정되어 있다면, 그 처분이 행정규칙의 내부적 구속력에 의하여 상대방의 권리 · 의무에 직접 영향을 미치는 행위라도 항고소송의 대상이 되는 행정처분이라고 볼 수 없다.

④ 어떠한 허가처분에 대하여 타법상 인허가가 의제된 경우, 의제된 인허가는 통상적인 인허가와 동일한 효력을 갖는 것은 아니므로 '부분 인허가의제'가 허용되는 경우에도 의제된 인허가에 대한 쟁송취소는 허용되지 않는다.

07

법치행정의 원리에 관한 설명으로 옳지 않은 것은? (다툼이 있는 경우 판례에 의함)

① 국회가 형식적 법률로 직접 규율하여야 할 필요성은 규율대상이 기본권 및 기본적 의무와 관련된 중요성을 가질수록 그에 관한 공개적 토론의 필요성 또는 상충하는 이익 사이의 조정 필요성이 클수록 더 증대된다.

② 국가계약의 본질적인 내용은 사인 간의 계약과 다를 바가 없어 법령에 특별한 규정이 있는 경우를 제외하고는 사법의 규정 내지 법원리가 그대로 적용되므로, 국가와 사인 간의 계약은 국가를 당사자로 하는 계약에 관한 법령에 따른 요건과 절차를 거치지 않더라도 유효하다.

③ 지방의회의원에 대하여 유급보좌인력을 두기 위해서는 법률의 근거가 필요하다.

④ 납세의무자에게 조세의 납부의무뿐만 아니라 스스로 과세표준과 세액을 계산하여 신고하여야 하는 의무까지 부과하는 경우에는 신고의무 불이행에 따른 불이익의 내용을 법률로 정하여야 한다.

08

자영업에 종사하는 甲은 일정 요건의 자영업자에게는 보조금을 지급하도록 한 법령에 근거하여 관할 행정청에 보조금 지급을 신청하였으나 1차 거부되었고, 이후 다시 동일한 보조금을 신청하였다. 이에 관한 설명으로 옳은 것은? (다툼이 있는 경우 판례에 의함)

① 관할 행정청이 다시 2차의 거부처분을 하더라도, 甲은 2차 거부처분에 대해 취소소송으로 다툴 수 없다.

② 甲이 보조금을 우편으로 신청한 경우, 특별한 규정이 없다면 신청서를 발송한 때에 신청의 효력이 발생한다.

③ 명문으로 금지되거나 성질상 불가능한 경우가 아닌 한, 甲은 신청에 대한 관할 행정청의 처분이 있기 전까지 신청의 내용을 변경할 수 있다.

④ 甲의 신청에 형식적 요건의 하자가 있었다면 그 하자의 보완이 가능함에도 보완을 요구하지 않고 바로 거부하였다고 하여 그 거부가 위법한 것은 아니다.

09

국가배상에 관한 설명으로 옳지 않은 것은? (다툼이 있는 경우 판례에 의함)

① 시·도경찰청장 또는 경찰서장이 지방자치단체의 장으로부터 권한을 위탁받아 설치관리하는 신호기의 하자로 인해 손해가 발생한 경우 「국가배상법」 제5조 소정의 배상책임의 우선적 귀속주체는 지방자치단체이다.

② 헌법재판소 재판관이 청구기간 내에 제기된 헌법소원심판청구 사건에서 청구기간을 오인하여 각하결정을 한 경우, 이에 대한 불복절차 내지 시정절차가 없는 때에는 배상책임의 요건이 충족되는 한 국가배상책임을 인정할 수 있다.

③ 영조물의 설치관리자와 비용부담자가 다른 경우 피해자에게 손해를 배상한 자는 내부관계에서 그 손해를 배상할 책임이 있는 자에게 구상할 수 있다.

④ 군 복무 중 사망한 군인 등의 유족이 「국가배상법」에 따른 손해배상금을 지급받은 경우 그 손해배상금 상당 금액에 대해서는 「군인연금법」에서 정한 사망보상금을 지급받을 수 없다.

10

행정소송의 심리에 관한 설명으로 옳지 않은 것은? (다툼이 있는 경우 판례에 의함)

① 행정소송에서 쟁송의 대상이 되는 행정처분의 존부에 관한 사항이 상고심에서 비로소 주장된 경우에 행정처분의 존부에 관한 사항은 상고심의 심판범위에 해당하지 않는다.

② 법원은 행정처분 당시 행정청이 알고 있었던 자료뿐만 아니라 사실심 변론종결 당시까지 제출된 모든 자료를 종합하여 처분 당시 존재하였던 객관적 사실을 확정하고 그 사실에 기초하여 처분의 위법 여부를 판단할 수 있다.

③ 「행정소송법」에 따르면 법원은 당사자의 신청이 있는 때에는 결정으로써 재결을 행한 행정청에 대하여 행정심판에 관한 기록의 제출을 명할 수 있고, 제출명령을 받은 행정청은 지체 없이 당해 행정심판에 관한 기록을 법원에 제출하여야 한다.

④ 「행정소송법」에 따르면 법원은 필요하다고 인정할 때에는 직권으로 증거조사를 할 수 있고, 당사자가 주장하지 아니한 사실에 대하여도 판단할 수 있다.

11

「행정소송법」상 소송의 형태에 관한 설명으로 옳지 않은 것은? (다툼이 있는 경우 판례에 의함)

① 당사자소송은 공법상 법률관계에 관한 소송이므로 이를 본안으로 하는 가처분에 대하여는 「민사집행법」상 가처분에 관한 규정이 준용된다.

② 공법상 계약의 한쪽당사자가 다른 당사자를 상대로 효력을 다투거나 이행을 청구하는 소송은 공법상 법률관계에 관한 분쟁이므로 분쟁의 실질이 공법상 권리·의무의 존부범위에 관한 다툼이 아니라 손해배상액의 구체적인 산정방법금액에 국한되는 등의 특별한 사정이 없는 한 당사자소송으로 제기하여야 한다.

③ 명예퇴직한 법관이 미지급 명예퇴직수당액에 대하여 가지는 권리는 명예퇴직수당 지급대상자 결정절차를 거쳐 명예퇴직수당규칙에 의하여 확정된 공법상 법률관계에 관한 권리로서, 그 지급을 구하는 소송은 당사자소송에 해당하며, 그 법률관계의 당사자인 국가를 상대로 제기하여야 한다.

④ 지방자치단체가 보조금 지급결정을 하면서 일정 기한 내에 보조금을 반환하도록 하는 교부조건을 부가한 경우, 보조금을 교부받은 사업자에 대한 지방자치단체의 보조금반환청구소송은 민사소송으로 해결한다.

12

행정처분의 효력에 관한 설명으로 옳지 않은 것은? (다툼이 있는 경우 판례에 의함)

① 행정행위의 공정력이란 행정행위가 위법하더라도 취소되지 않는 한 유효한 것으로 통용되는 효력을 의미한다.

② 행정행위의 공정력은 판결의 기판력과 같은 효력은 아니지만, 그 공정력의 객관적 범위에 속하는 행정행위의 하자가 취소사유에 불과한 때에는 그 처분이 취소되지 않는 한 처분의 효력을 부정하여 그로 인한 이득을 법률상 원인 없는 이득이라고 말할 수 없다.

③ 영업의 금지를 명한 영업허가취소처분 자체가 나중에 행정쟁송절차에 의하여 취소되었다면 그 영업허가취소처분 이후의 영업행위를 무허가영업이라고 볼 수는 없다.

④ 과세관청이 법령규정의 문언상 과세처분요건의 의미가 분명함에도 합리적인 근거 없이 그 의미를 잘못 해석한 결과, 과세처분요건이 충족되지 아니한 상태에서 해당 처분을 한 경우에는 과세요건사실을 오인한 것에 불과하여 그 하자가 명백하다고 할 수 없다.

13

행정행위의 하자에 관한 설명으로 옳지 않은 것은? (다툼이 있는 경우 판례에 의함)

① 명백성보충설에 의하면 무효판단의 기준에 명백성이 항상 요구되지는 아니하므로 중대명백설보다 무효의 범위가 좁아지게 된다.

② 행정청이 어느 법률관계나 사실관계에 대하여 어느 법률의 규정을 적용하여 행정처분을 한 경우에 그 법률관계나 사실관계에 대하여는 그 법률의 규정을 적용할 수 없다는 법리가 명백히 밝혀져 해석에 다툼의 여지가 없음에도 행정청이 그 규정을 적용하여 처분을 한 때에는 하자가 중대하고 명백하다.

③ 행정청이 청문서 도달기간을 다소 어겼다고 하더라도 당사자가 이에 대하여 이의하지 아니한 채 스스로 청문일에 출석하여 그 의견을 진술하고 변명하는 등 방어의 기회를 충분히 가졌다면 청문서 도달기간을 준수하지 아니한 하자는 치유되었다고 볼 수 있다.

④ 선행처분인 소득금액변동통지에 하자가 존재하더라도 당연무효사유에 해당하지 않는 한 그 하자는 후행처분인 소득세 납세고지처분에 그대로 승계되지 아니한다.

14

「행정기본법」에 관한 설명으로 옳지 않은 것은?

① 행정작용은 법률에 위반되어서는 아니 되며, 국민의 권리를 제한하거나 의무를 부과하는 경우와 그 밖에 국민생활에 중요한 영향을 미치는 경우에는 법률에 근거하여야 한다.

② 행정청은 권한 행사의 기회가 있음에도 불구하고 장기간 권한을 행사하지 아니하여 국민이 그 권한이 행사되지 아니할 것으로 믿을 만한 정당한 사유가 있는 경우에는 그 권한을 행사해서는 안 되지만, 공익 또는 제3자의 이익을 현저히 해칠 우려가 있는 경우는 예외로 한다.

③ 즉시강제는 다른 수단으로는 행정목적을 달성할 수 없는 경우에만 허용되며, 이 경우에도 최소한으로만 실시하여야 한다.

④ 감사원규칙은 헌법에 근거가 없으므로 「행정기본법」에 근거가 있다고 하더라도 법령은 아니다.

15

인허가의제에 관한 설명으로 옳지 않은 것은? (다툼이 있는 경우 판례에 의함)

① 도시계획시설인 주차장에 대한 건축허가신청을 받은 행정청으로서는 「건축법」상 허가요건뿐 아니라 그에 의해 의제되는 국토의 계획 및 이용에 관한 법령이 정한 도시계획시설사업에 관한 실시계획 인가요건도 충족하는 경우에 한하여 이를 허가하여야 한다.

② 관련 인허가 행정청은 「행정기본법」 제24조 제3항에 따른 협의를 요청받으면 그 요청을 받은 날부터 20일 이내에 의견을 제출하여야 한다. 이 경우 전단에서 정한 기간 내에 협의 여부에 관하여 의견을 제출하지 아니하면 협의가 거부된 것으로 본다.

③ 주된 인허가에 의해 의제된 인허가는 통상적인 인허가와 동일한 효력을 가지나, '부분 인허가의제'가 허용되는 경우 의제되는 인허가처분을 항고소송의 대상으로 삼아야 한다.

④ 행정청이 건축불허가처분을 하면서 그 처분사유로 건축불허가사유뿐만 아니라 그 의제대상이 되는 형질변경불허가사유나 농지전용불허가사유를 들고 있다고 하여 그 건축불허가처분 외에 별개로 형질변경불허가처분이나 농지전용불허가처분이 존재하는 것은 아니다.

16

행정절차에 관한 설명으로 옳지 않은 것은? (다툼이 있는 경우 판례에 의함)

① 「행정절차법」상 문서주의원칙에도 불구하고, 행정청의 처분서의 문언만으로는 행정청이 어떤 처분을 하였는지 불분명하다는 등 특별한 사정이 있는 때에는 처분 경위나 처분 이후의 상대방의 태도 등 다른 사정을 고려하여 처분서의 문언과 달리 그 처분의 내용을 해석할 수도 있다.

② 신청인이 신청에 앞서 행정청의 허가업무 담당자에게 신청서의 내용에 대한 검토를 요청한 것만으로는 다른 특별한 사정이 없는 한 명시적이고 확정적인 신청의 의사표시가 있었다고 하기 어렵다.

③ 행정청이 처분을 할 때에는 다른 법령 등에 특별한 규정이 있는 경우를 제외하고는 문서로 하여야 하며, 상대방이 동의하는 경우에만 전자문서로 할 수 있다.

④ 공무원에 대한 징계절차에서 징계심의대상자가 대리인으로 선임한 변호사가 징계위원회 심의에 출석하여 진술하려고 하였음에도 불구하고 징계권자나 그 소속 직원이 변호사가 심의에 출석하는 것을 막았다면 징계위원회의 심의·의결의 절차적 정당성이 상실되어 그 징계의결에 따른 징계처분은 위법하며 원칙적으로 취소되어야 한다.

17

과징금에 관한 설명으로 옳지 않은 것은? (다툼이 있는 경우 판례에 의함)

① 과징금의 근거가 되는 법률에는 과징금의 상한액을 명확하게 규정하여야 한다.

② 「부동산 실권리자명의 등기에 관한 법률」 제5조에 의하여 부과된 과징금 채무는 과징금을 부과받은 자가 사망한 경우 그 상속인에게 승계되지 않는다.

③ 「행정기본법」 제28조 제1항에 과징금 부과의 법적 근거가 있지만, 행정청은 직접 이 규정에 근거하여 과징금을 부과할 수는 없다.

④ 과징금 부과처분은 원칙적으로 위반자의 고의·과실을 요하지 아니하나, 위반자의 의무 해태를 탓할 수 없는 정당한 사유가 있는 등의 특별한 사정이 있는 경우에는 이를 부과할 수 없다.

18

정보공개에 관한 설명으로 옳지 않은 것은? (다툼이 있는 경우 판례에 의함)

① 국민의 알 권리의 내용에는 일반국민 누구나 국가에 대하여 보유·관리하고 있는 정보의 공개를 청구할 수 있는 이른바 일반적인 정보공개청구권이 포함된다.

② 정보공개청구권은 법률상 보호되는 구체적인 권리이므로 청구인이 공공기관에 대하여 정보공개를 청구하였다가 거부처분을 받은 것 자체가 법률상 이익의 침해에 해당한다.

③ 인용문서가 「공공기관의 정보공개에 관한 법률」 제9조에서 정한 비공개대상정보에 해당하면 행정청인 피신청인은 문서제출의무를 면한다.

④ 정보공개가 신청된 정보를 공공기관이 보유·관리하고 있지 아니한 경우에는 특별한 사정이 없는 한 정보공개 거부처분의 취소를 구할 법률상 이익이 없다.

19

행정벌에 관한 설명으로 옳지 않은 것은? (다툼이 있는 경우 판례에 의함)

① 법률에 따르지 아니하고는 어떤 행위도 질서위반행위로 과태료를 부과하지 아니한다.

② 경찰서장이 범칙행위에 대하여 통고처분을 한 이상, 통고처분에서 정한 범칙금 납부기간까지는 원칙적으로 경찰서장은 즉결심판을 청구할 수 없고, 검사도 동일한 범칙행위에 대하여 공소를 제기할 수 없다.

③ 행정청의 과태료 부과에 대해 이의가 제기된 경우에는 행정청의 과태료 부과처분은 그 효력을 상실한다.

④ 지방국세청장 또는 세무서장이 조세범칙행위에 대하여 고발을 한 후에 동일한 조세범칙행위에 대하여 통고처분을 하였다면, 조세범칙행위자가 이러한 통고처분을 이행한 경우 일사부재리의 원칙이 적용된다.

20

공법상 계약에 관한 설명으로 옳은 것은? (다툼이 있는 경우 판례에 의함)

① 행정청은 법령 등을 위반하지 아니하는 범위에서 행정목적을 달성하기 위하여 필요한 경우에는 공법상 법률관계에 관한 계약을 체결할 수 있다. 이 경우 계약의 목적 및 내용을 명확하게 적은 계약서를 작성하여야 한다.

② 구 「사회간접자본시설에 대한 민간투자법」에 근거한 서울-춘천 간 고속도로 민간투자시설사업의 사업시행자 지정은 공법상 계약에 해당한다.

③ 과학기술기본법령상 사업협약의 해지통보는 대등당사자의 지위에서 형성된 공법상 계약을 계약당사자의 지위에서 종료시키는 의사표시에 해당한다.

④ A광역시립합창단원으로서 위촉기간이 만료되는 자들의 재위촉신청에 대하여 A광역시문화예술회관장이 실기와 근무성적에 대한 평정을 실시하여 재위촉을 하지 아니한 것은 항고소송의 대상이 되는 불합격처분에 해당한다.

21

실효성 확보수단에 관한 설명으로 옳은 것은? (다툼이 있는 경우 판례에 의함)

① 「독점규제 및 공정거래에 관한 법률」상 이행강제금이 부과되기 전에 시정조치를 이행하거나 부작위의무를 명하는 시정조치 불이행을 중단한 경우, 과거의 시정조치 불이행기간에 대하여 이행강제금을 부과할 수 있다.

② 관계 법령에 위반하여 장례식장 영업을 하고 있는 자에 대한 장례식장 사용중지의무는 대집행의 대상이 된다.

③ 대체적 작위의무가 법률의 위임을 받은 조례에 의해 직접 부과된 경우에는 대집행의 대상이 되지 아니한다.

④ 대집행의 계고는 대집행의 의무적 절차의 하나이므로 생략할 수 없지만, 철거명령과 계고처분을 한 장의 문서로 동시에 행할 수는 있다.

22

행정심판에 관한 설명으로 옳지 않은 것은? (다툼이 있는 경우 판례에 의함)

① 취소심판의 인용재결로서 취소재결, 변경재결, 변경명령재결을 할 수 있다.

② 당사자의 신청을 받아들이지 않은 거부처분이 재결에서 취소된 경우에 행정청은 재결 후에 발생한 새로운 사유를 내세워 다시 거부처분을 할 수 있다.

③ 인용재결의 기속력은 피청구인과 그 밖의 관계 행정청에 미치고, 행정심판위원회의 간접강제결정의 효력은 피청구인인 행정청에 미치지만 행정청이 소속된 국가·지방자치단체 또는 공공단체에 미치는 것은 아니다.

④ 정보공개명령재결은 행정심판위원회에 의한 직접 처분의 대상이 아니다.

23

판례상 처분사유의 추가·변경시 기본적 사실관계 동일성을 긍정한 사례로 옳은 것은?

① 석유판매업허가신청에 대하여 주유소 건축예정토지에 관하여 구 도시계획법령에 의거하여 행위 제한을 추진하고 있다는 당초의 불허가처분사유와, 항고소송에서 주장한 신청이 토지형질변경허가의 요건 불비 및 도심의 환경보전의 공익상 필요라는 사유

② 석유판매업허가신청에 대하여 관할 군부대장의 동의를 얻지 못하였다는 당초의 불허가사유와, 토지가 탄약창에 근접한 지점에 있어 공익적인 측면에서 보아 허가신청을 불허한 것은 적법하다는 사유

③ 온천으로서의 이용가치, 기존의 도시계획 및 공공사업에의 지장 여부 등을 고려하여 온천발견신고 수리를 거부한 것은 적법하다는 사유와, 규정온도가 미달되어 온천에 해당하지 않는다는 사유

④ 이주대책신청기간이나 소정의 이주대책실시(시행)기간을 모두 도과하여 이주대책을 신청할 권리가 없고, 사업시행자가 이를 받아들여 택지나 아파트 공급을 해 줄 법률상 의무를 부담한다고 볼 수 없다는 사유와, 사업지구 내 가옥소유자가 아니라는 사유

24

행정소송상 협의의 소익에 관한 설명으로 옳지 않은 것은? (다툼이 있는 경우 판례에 의함)

① 월정수당을 받는 지방의회의원에 대한 제명의결 취소소송 계속 중 의원의 임기가 만료된 경우, 지방의회의원은 그 제명의결의 취소를 구할 법률상 이익이 있다.

② 파면처분 취소소송의 사실심 변론종결 전에 금고 이상의 형을 선고받아 당연퇴직된 경우에도 해당 공무원은 파면처분의 취소를 구할 이익이 있다.

③ 확정된 승소판결에는 기판력이 있으므로 승소확정판결을 받은 당사자가 전소의 상대방을 상대로 다시 승소확정판결의 전소와 동일한 청구의 소를 제기하는 경우 소의 이익이 인정되지 않는다.

④ 공익근무요원 소집해제신청을 거부한 후에 원고가 계속하여 공익근무요원으로 복무함에 따라 복무기간 만료를 이유로 소집해제처분을 한 경우, 원고는 거부처분의 취소를 구할 소의 이익이 없다.

25

「행정심판법」상 행정심판에 관한 설명으로 옳지 않은 것은?

① 무효등확인심판에서는 사정재결이 허용되지 아니한다.

② 거부처분에 대한 취소심판이나 무효등확인심판청구에서 인용재결이 있었음에도 불구하고 피청구인인 행정청이 재결의 취지에 따른 처분을 하지 아니한 경우에는 당사자가 신청하면 행정심판위원회는 기간을 정하여 서면으로 시정을 명하고 그 기간에 이행하지 아니하면 직접 처분을 할 수 있다.

③ 행정청이 처분을 할 때에 처분상대방에게 심판청구기간을 알리지 아니한 경우에는 처분이 있었던 날부터 180일까지가 취소심판이나 의무이행심판의 청구기간이 된다.

④ 종로구청장의 처분이나 부작위에 대한 행정심판청구는 서울특별시 행정심판위원회에서 심리 · 재결하여야 한다.

실전동형 모의고사

정답 및 해설 p.112~125

01

「질서위반행위규제법」에 관한 설명으로 옳은 것은?

① 「민법」상 의무를 위반하여 과태료를 부과하는 행위는 「질서위반행위규제법」상 질서위반행위에 해당한다.
② 과태료 사건은 다른 법령에 특별한 규정이 있는 경우를 제외하고는 행정청의 주소지의 지방법원 또는 그 지원의 관할로 한다.
③ 과태료는 행정청의 과태료 부과처분이나 법원의 과태료 재판이 확정된 후 3년간 징수하지 아니하거나 집행하지 아니하면 시효로 인하여 소멸한다.
④ 2 이상의 행위로 2 이상의 질서위반행위가 경합하는 경우에는 각 질서위반행위에 대하여 정한 과태료를 각각 부과한다.

02

공법상 부당이득에 관한 설명으로 옳지 않은 것은? (다툼이 있는 경우 판례에 의함)

① 공법상 부당이득에 관한 일반법은 없으므로 특별한 규정이 없는 경우, 「민법」상 부당이득반환의 법리가 준용된다.
② 변상금 미납에 대해서는 강제징수의 방법으로 하여야 하고 부당이득반환청구는 허용되지 않는다.
③ 잘못 지급된 보상금에 해당하는 금액의 징수처분을 하여야 할 공익상 필요가 당사자가 입게 될 불이익을 정당화할 만큼 강한 경우, 보상금을 받은 당사자로부터 오지급금액의 환수처분이 가능하다.
④ 공법상 부당이득반환에 대한 청구권의 행사는 개별적인 사안에 따라 행정주체도 주장할 수 있다.

03

행정법관계에 관한 설명으로 옳지 않은 것은? (다툼이 있는 경우 판례에 의함)

① 행정재산이 공용폐지되어 시효취득의 대상이 된다는 점에 대한 증명책임은 시효취득을 주장하는 자에게 있다.
② 시효를 주장하는 자가 원고가 되어 소를 제기한 데 대하여 권리자가 피고로서 응소하였어도 스스로 소송을 제기하지 않으면 시효중단사유인 재판상 청구에 해당하지 않는다.
③ 공유수면의 일부가 매립되어 사실상 공유수면으로서의 성질을 상실하였더라도 당시 시행되던 국유재산법령에 의한 용도폐지를 하지 않은 이상 당연히 잡종재산으로 된다고는 할 수 없다.
④ 공물의 공용폐지에 관하여 국가의 묵시적인 의사표시가 있다고 인정되려면, 공물이 사실상 본래의 용도에 사용되고 있지 않다거나 행정주체가 점유를 상실하였다는 정도의 사정만으로는 부족하고, 주위의 사정을 종합하여 객관적으로 공용폐지의사의 존재가 추단될 수 있어야 한다.

04

식품접객업을 하는 甲은 청소년의 연령을 확인하지 않고 주류를 판매한 사실이 적발되어 관할 행정청 乙로부터 「식품위생법」 위반을 이유로 영업정지 2개월을 부과받자 관할 행정심판위원회 丙에 행정심판을 청구하였다. 이에 관한 설명으로 옳은 것은? (다툼이 있는 경우 판례에 의함)

① 丙은 영업정지 2개월에 갈음하여 「식품위생법」 소정의 과징금으로 변경할 수 없다.
② 丙이 영업정지처분을 취소하는 재결을 할 경우, 乙은 이 인용재결의 취소를 구하는 행정소송을 제기할 수 있다.
③ 甲이 丙의 기각재결을 받은 후 재결 자체에 고유한 하자가 있음을 주장하며 그 기각재결에 대하여 취소소송을 제기한 경우, 수소법원은 심리 결과 기각 또는 인용판결을 하여야 한다.
④ 丙은 행정심판의 심리과정에서 甲의 「식품위생법」상 또 다른 위반사실을 인지한 경우, 乙의 2개월 영업정지와는 별도로 1개월 영업정지를 추가하여 부과하는 재결을 할 수 있다.

05

기속행위와 재량행위에 관한 설명으로 옳지 않은 것은? (다툼이 있는 경우 판례에 의함)

① 「국토의 계획 및 이용에 관한 법률」상 개발행위허가는 허가기준 및 금지요건이 불확정개념으로 규정된 부분이 많아 그 요건에 해당하는지 여부는 행정청의 재량판단의 영역에 속한다.

② 기속행위와 재량행위의 구분은 해당 행위의 근거가 된 법규의 체재·형식과 그 문언, 해당 행위가 속하는 행정 분야의 주된 목적과 특성, 해당 행위 자체의 개별적 성질과 유형 등을 모두 고려하여 판단하여야 한다.

③ 귀화신청인이 귀화요건을 갖추지 못한 경우 법무부장관은 귀화 허부에 관한 재량권을 행사하여 허가 여부를 결정하여야 한다.

④ 마을버스운송사업면허의 허용 여부는 운수행정을 통한 공익실현과 아울러 합목적성을 추구하기 위하여 보다 구체적 타당성에 적합한 기준에 의하여야 할 것이므로 행정청의 재량에 속하는 것이라고 보아야 한다.

06

영업의 양도와 영업자지위승계에 관한 설명으로 옳지 않은 것은? (다툼이 있는 경우 판례에 의함)

① 「식품위생법」상 허가영업자의 지위승계신고 수리처분을 하는 경우 「행정절차법」 규정 소정의 당사자에 해당하는 종전의 영업자에게 행정절차를 실시하여야 한다.

② 관할 행정청은 여객자동차운송사업의 양도·양수에 대한 인가를 한 후에도 그 양도·양수 이전에 있었던 양도인에 대한 운송사업면허취소사유를 들어 양수인의 사업면허를 취소할 수 있다.

③ 사실상 영업이 양도·양수되었지만 승계신고 및 수리처분이 있기 전에 양도인이 허락한 양수인의 영업 중 발생한 위반행위에 대한 행정적 책임은 양도인에게 귀속된다.

④ 영업양도행위가 무효임에도 행정청이 승계신고를 수리하였다면 양도자는 민사소송을 하여야 하고 행정소송으로 신고 수리처분의 무효확인을 구할 수는 없다.

07

인가에 관한 설명으로 옳지 않은 것은? (다툼이 있는 경우 판례에 의함)

① 「자동차관리법」상 자동차관리사업자로 구성하는 사업자단체인 조합 또는 협회의 설립인가처분은 자동차관리사업자들의 단체결성행위를 보충하여 효력을 완성시키는 처분에 해당한다.

② 구 「도시 및 주거환경정비법」상 조합설립추진위원회 구성승인처분은 조합의 설립을 위한 주체인 추진위원회의 구성행위를 보충하여 그 효력을 부여하는 처분이다.

③ 사설법인묘지의 설치에 대한 행정청의 허가는 인가이다.

④ 구 「도시 및 주거환경정비법」상 토지소유자들이 조합을 설립하지 아니하고 직접 도시환경정비사업을 시행하고자 하는 경우에 내려진 사업시행인가처분은 설권적 처분의 성격을 가진다.

08

행정입법에 관한 설명으로 옳지 않은 것은? (다툼이 있는 경우 판례에 의함)

① 법률의 시행령이나 시행규칙은 법률의 위임이 없으면 개인의 권리·의무에 관한 내용을 변경·보충하거나 법률이 규정하지 아니한 새로운 내용을 정할 수는 없으므로, 모법에 이에 관하여 직접 위임하는 규정을 두지 아니하였다면 당연히 이를 무효라고 보아야 한다.

② 법률에서 군법무관의 보수의 구체적 내용을 시행령에 위임했음에도 불구하고 행정부가 정당한 이유 없이 시행령을 제정하지 않은 것은 불법행위이므로 이에 대하여 국가배상청구를 할 수 있다.

③ 일반적으로 법률의 위임에 따라 효력을 갖는 법규명령의 경우에 위임의 근거가 없어 무효였더라도 나중에 법개정으로 위임의 근거가 부여되면 그때부터는 유효한 법규명령으로 볼 수 있다.

④ 행정처분이 법규성이 없는 내부지침 등의 규정에 위배된다고 하더라도 그 이유만으로 처분이 위법하게 되는 것은 아니며, 내부지침 등에서 정한 요건에 부합한다고 하여 반드시 그 처분이 적법한 것이라고 할 수도 없다.

09

손실보상에 관한 설명으로 옳은 것은? (다툼이 있는 경우 판례에 의함)

① 「공익사업을 위한 토지 등의 취득 및 보상에 관한 법률」에 의한 잔여지 수용청구를 받아들이지 않은 토지수용위원회의 재결에 대하여 토지소유자가 불복하여 제기하는 소송은 항고소송에 해당한다.

② 「공익사업을 위한 토지 등의 취득 및 보상에 관한 법률」에 따른 사업폐지 등에 대한 보상청구권은 사법상 권리로서 그에 관한 소송은 민사소송절차에 의하여야 한다.

③ 수용절차에서 수용재결 후에 이의재결을 거쳤다고 하더라도 항고소송의 대상은 수용재결이 된다.

④ 공유수면매립면허의 고시가 있는 경우 그 사업이 시행되고 그로 인하여 직접 손실이 발생한다고 할 수 있으므로, 관행어업권자는 공유수면매립면허의 고시를 이유로 손실보상을 청구할 수 있다.

10

행정규칙에 관한 설명으로 옳지 않은 것은? (다툼이 있는 경우 판례에 의함)

① 법령의 위임이 없음에도 법령에 규정된 처분요건에 해당하는 사항을 부령에서 변경하여 규정한 경우에는 그 부령의 규정은 행정명령의 성격을 지닐 뿐 국민에 대한 대외적 구속력은 없다.

② 공증인은 직무에 관하여 공무원의 지위를 가지고, 법무부장관은 공증인에 대한 감독기관이므로 「공증인법」 제79조 제1호에 근거한 직무상 명령을 개별·구체적인 지시의 형식으로 할 수도 있으나, 행정규칙의 형식으로 일반적인 기준을 제시하거나 의무를 부과할 수는 없다.

③ 법령의 규정이 특정 행정기관에게 법령 내용의 구체적 사항을 정할 수 있는 권한을 부여하면서 권한 행사의 절차나 방법을 특정하지 아니한 경우에는 수임행정기관은 행정규칙으로 법령 내용이 될 사항을 구체적으로 정할 수 있다.

④ 재량권 행사의 준칙인 행정규칙이 그 정한 바에 따라 되풀이 시행되어 행정관행이 형성되어 행정기관이 그 상대방에 대한 관계에서 그 행정규칙에 따라야 할 자기구속을 당하게 되는 경우에는 그 행정규칙은 헌법소원의 심판대상이 될 수도 있다.

11

행정입법의 사법적 통제에 관한 설명으로 옳지 않은 것은? (다툼이 있는 경우 판례에 의함)

① 행정입법부작위는 부작위위법확인소송의 대상은 아니지만, 헌법소원과 국가배상이 가능하다.

② 처분적 법규명령은 무효등확인소송 또는 취소소송의 대상이 된다.

③ 대법원 이외의 각급 법원도 구체적 규범통제의 방법으로 법규명령조항에 대한 위헌·위법 판단을 할 수 있다.

④ 중앙선거관리위원회규칙은 행정규칙이므로 구체적 규범통제의 대상이 될 수 없다.

12

「행정절차법」에 관한 설명으로 옳지 않은 것은? (다툼이 있는 경우 판례에 의함)

① 처분기준을 공표하는 것이 해당 처분의 성질상 현저히 곤란하거나 공공의 안전 또는 복리를 현저히 해치는 것으로 인정될 만한 상당한 이유가 있는 경우에는 처분기준을 공표하지 아니할 수 있다.

② 행정처분의 상대방에 대한 청문통지서가 반송되었거나 행정처분의 상대방이 청문일시에 불출석하였다는 이유만으로 행정청이 관계 법령상 그 실시가 요구되는 청문을 실시하지 아니하고 한 침해적 행정처분은 위법하다.

③ 다수 국민의 이해가 상충되는 처분, 다수 국민에게 불편이나 부담을 주는 처분의 경우에만 청문 주재자를 2명 이상 선정할 수 있다.

④ 행정청이 처분을 하면서 당사자가 그 근거를 알 수 있을 정도로 이유를 제시한 경우에는 처분의 근거와 이유를 구체적으로 명시하지 않았더라도 그로 말미암아 그 처분이 위법하다고 볼 수는 없다.

13

정보공개제도에 관한 설명으로 옳은 것은? (다툼이 있는 경우 판례에 의함)

① 정보공개거부처분의 취소를 구하는 소송에서 공공기관이 청구정보를 증거 등으로 법원에 제출하여 법원을 통하여 그 사본을 청구인에게 교부 또는 송달되게 하여 결과적으로 청구인에게 정보를 공개하는 셈이 되었더라도 당해 정보의 비공개결정의 취소를 구할 소의 이익은 소멸되지 않는다.

② 의사결정과정에 제공된 회의 관련 자료나 의사결정과정이 기록된 회의록은 의사가 결정되거나 의사가 집행된 경우에는 더 이상 의사결정과정에 있는 사항 그 자체라고는 할 수 없으므로 비공개대상정보에 포함될 수 없다.

③ 공개를 구하는 정보를 공공기관이 한때 보유·관리하였으나 후에 그 정보가 담긴 문서 등이 폐기되어 존재하지 않게 된 것이라면 그 정보를 더 이상 보유·관리하고 있지 아니하다는 점에 대한 증명책임은 청구인에 있다.

④ 공공기관이 공개청구의 대상이 된 정보를 공개는 하되, 청구인이 신청한 공개방법 이외의 방법으로 공개하기로 하는 결정을 하였다면, 이는 정보공개청구 중 정보공개방법에 관한 부분만을 달리한 것이므로 일부 거부처분이라고 할 수 없다.

14

행정행위의 부관에 관한 설명으로 옳은 것은? (다툼이 있는 경우 판례에 의함)

① 일반적으로 보조금 교부결정은 법령과 예산에서 정하는 바에 엄격히 기속되므로, 행정청은 보조금 교부결정을 할 때 조건을 붙일 수 없다.

② 토지소유자가 토지형질변경행위허가에 붙은 기부채납의 부관에 따라 토지를 국가나 지방자치단체에 기부채납한 경우, 기부채납의 부관이 당연무효이거나 취소가 아니라도 증여계약의 중요 부분에 착오가 있음을 이유로 증여계약을 취소할 수 있다.

③ 행정처분에 붙인 부담인 부관이 제소기간 도과로 불가쟁력이 생긴 경우에는 그 부담의 이행으로 한 사법상 법률행위의 효력을 다툴 수 없다.

④ 부담이 처분 당시 법령을 기준으로 적법하더라도, 처분 후 부담의 전제가 된 주된 행정처분의 근거법령이 개정됨으로써 행정청이 더 이상 부관을 붙일 수 없게 되었다면 그 부담은 곧바로 위법하게 되거나 그 효력이 소멸한 것으로 보아야 한다.

15

「행정대집행법」상 행정대집행에 관한 설명으로 옳지 않은 것은? (다툼이 있는 경우 판례에 의함)

① 관계 법령상 행정대집행의 절차가 인정되어 행정청이 행정대집행의 방법으로 건물의 철거 등 대체적 작위의무의 이행을 실현할 수 있는 경우에는 따로 민사소송의 방법으로 그 의무의 이행을 구할 수 없다.

② 행정청이 행정대집행을 한 경우 그에 따른 비용의 징수는 「행정대집행법」의 절차에 따라 「국세징수법」의 예에 의하여 징수하여야 하며, 손해배상을 구하는 민사소송으로 징수할 수는 없다.

③ 행정대집행에 있어 대집행대상인 건물의 점유자가 철거의무자일 때에는 건물철거의무에 퇴거의무도 포함되어 있는 것이어서 별도로 퇴거를 명하는 집행권원이 필요하지 않다.

④ 판례에 의하면 대집행계고처분의 요건과 그 주장·입증책임은 대집행에 불복하는 처분상대방에게 있음이 원칙이다.

16

「공익사업을 위한 토지 등의 취득 및 보상에 관한 법률」에 관한 설명으로 옳지 않은 것은? (다툼이 있는 경우 판례에 의함)

① 어떤 보상항목이 공익사업을 위한 토지 등의 취득 및 보상에 관한 법령상 손실보상대상에 해당함에도 관할 토지수용위원회가 사실을 오인하거나 법리를 오해함으로써 손실보상대상에 해당하지 않는다고 잘못된 내용의 재결을 한 경우에는, 피보상자는 사업시행자를 상대로 보상금증감청구소송을 제기하여야 한다.

② 토지수용위원회의 재결에 대한 토지소유자의 행정소송 제기는 사업의 진행 및 토지의 수용 또는 사용을 정지시키지 아니한다.

③ 사업인정은 공익사업의 시행자에게 그 후 일정한 절차를 거칠 것을 조건으로 일정한 내용의 수용권을 설정하여 주는 형성행위이다.

④ 구 「하천법」에 의한 하천수 사용권은 「공익사업을 위한 토지 등의 취득 및 보상에 관한 법률」이 손실보상의 대상이 아니다.

17

〈보기 1〉에서 설명하고 있는 소송의 종류와 〈보기 2〉에서 설명하고 있는 소송의 사례가 바르게 연결된 것은?

〈보기 1〉

(가)는 행정청의 처분 등이나 부작위에 대하여 제기하는 소송을 말하며, (나)는 행정청의 처분 등을 원인으로 하는 법률관계에 관한 소송, 그 밖에 공법상 법률관계에 관한 소송으로서 그 법률관계의 한쪽당사자를 피고로 하는 소송을 말한다.

〈보기 2〉

ㄱ. 사업주가 당연가입자가 되는 고용보험 및 산재보험에서 보험료 납부의무부존재확인의 소
ㄴ. 재단법인 한국연구재단이 과학기술기본법령에 따라 체결한 연구개발비 지원사업 협약의 해지통보에 대한 불복의 소
ㄷ. 지방자치단체가 보조금 지급결정을 하면서 일정 기한 내에 보조금을 반환하도록 하는 교부조건을 부가한 경우, 보조사업자에 대한 지방자치단체의 보조금반환청구의 소

① (가) - ㄱ, ㄴ
② (가) - ㄴ, ㄷ
③ (나) - ㄱ, ㄷ
④ (나) - ㄱ, ㄴ, ㄷ

18

행정행위의 부관에 관한 설명으로 옳지 않은 것은? (다툼이 있는 경우 판례에 의함)

① 처분 전에 미리 상대방과 협의하여 부담의 내용을 협약의 형식으로 정한 다음 처분을 하면서 해당 부관을 붙이는 것도 가능하다.
② 「행정기본법」은 부관의 사후변경에 관하여, 법률에 근거가 있는 경우, 부관의 사후변경이 유보되어 있는 경우, 당사자의 동의가 있는 경우, 사정이 변경되어 부관을 새로 붙이거나 종전의 부관을 변경하지 아니하면 해당 처분의 목적을 달성할 수 없다고 인정되는 경우를 규정하고 있다.
③ 처분을 하면서 처분과 관련한 소의 제기를 금지하는 내용의 부제소특약을 부관으로 붙이는 것은 허용되지 않는다.
④ 부당결부금지원칙에 위반하여 허용되지 않는 부관을 행정처분과 상대방 사이의 사법상 계약의 형식으로 체결하는 것은 허용되지 않는다.

19

행정소송에 관한 설명으로 옳지 않은 것은? (다툼이 있는 경우 판례에 의함)

① 행정청이 자신과 상대방 사이의 법률관계를 일방적인 의사표시로 종료시켰다고 하더라도 곧바로 그 의사표시가 행정청으로서 공권력을 행사하여 행하는 행정처분이라고 단정할 수는 없고, 관계 법령이 상대방의 법률관계에 관하여 구체적으로 어떻게 규정하고 있는지에 따라 개별적으로 판단하여야 한다.
② 채용계약상 특별한 약정이 없는 한, 지방계약직공무원에 대하여 「지방공무원법」, 「지방공무원 징계 및 소청 규정」에 정한 징계절차에 의하지 않고서는 보수를 삭감할 수 없다.
③ 주민감사청구가 '지방자치단체와 그 장의 권한에 속하는 사무의 처리'를 대상으로 하는 데 반하여, 주민소송은 '그 감사청구한 사항과 관련이 있는 위법한 행위나 업무를 게을리한 사실'에 대하여 제기할 수 있는 것이므로, 주민소송의 대상은 주민감사를 청구한 사항과 관련이 있는 것으로 충분하고, 주민감사를 청구한 사항과 반드시 동일하여야 한다.
④ 계약직공무원 채용계약해지는 국가 또는 지방자치단체가 대등한 지위에서 행하는 의사표시로서 처분이 아니므로 「행정절차법」에 의하여 근거와 이유를 제시하여야 하는 것은 아니다.

20

행정에 관한 설명으로 옳지 않은 것은? (다툼이 있는 경우 판례에 의함)

① 「농지법」상 이행강제금 부과처분은 항고소송을 제기할 수 없다.
② 자동처분은 기속행위와 재량행위에 모두 가능하다.
③ 지방자치단체 소속 공무원이 지방자치단체 고유의 자치사무를 수행하던 중 「도로법」 규정에 의한 위반행위를 한 경우, 지방자치단체는 「도로법」의 양벌규정에 따라 처벌대상이 되는 법인에 해당한다.
④ 구 「여객자동차 운수사업법」상 과징금 부과처분은 원칙적으로 위반자의 고의·과실을 요하지 아니하나, 위반자의 의무 해태를 탓할 수 없는 정당한 사유가 있는 등의 특별한 사정이 있는 경우에는 이를 부과할 수 없다.

21

행정심판의 재결에 관한 설명으로 옳지 않은 것은? (다툼이 있는 경우 판례에 의함)

① 조세 부과처분이 국세청장에 대한 불복심사청구에 의하여 그 불복사유가 이유 있다고 인정되어 취소되었음에도 처분청이 동일한 사실에 관하여 부과처분을 되풀이한 것이라면 설령 그 부과처분이 감사원의 시정요구에 의한 것이라고 하더라도 위법하다.

② 행정심판위원회는 의무이행재결이 있는 경우에 피청구인이 처분을 하지 아니한 경우에는 당사자의 신청 또는 직권으로 기간을 정하여 시정을 명하고 그 기간에 이행하지 아니하면 직접 처분을 할 수 있다.

③ 행정심판의 재결이 확정된 경우에도 처분의 기초가 된 사실관계나 법률적 판단이 확정되고 당사자들이나 법원이 이에 기속되어 모순되는 주장이나 판단을 할 수 없게 되는 것은 아니다.

④ 처분 취소재결이 있는 경우 해당 처분청은 재결의 취지에 반하지 아니하는 한 그 재결에 적시된 위법사유를 시정·보완하여 새로운 처분을 할 수 있는 것이고, 이러한 새로운 부과처분은 재결의 기속력에 저촉되지 아니한다.

22

판례상 성질이 다른 것은?

① 「식품위생법」에 근거하여 위해식품 등의 판매를 이유로 한 영업허가취소처분

② 「식품위생법」에 근거하여 원산지표시의무 위반을 이유로 한 영업허가취소처분

③ 「도로교통법」에 근거하여 연령을 속여 발급받은 운전면허의 취소처분

④ 「공중위생관리법」에 근거하여 면허증을 무단으로 다른 사람에게 대여하였다는 이유로 한 미용사면허의 취소처분

23

현행법상 행정입법에 관한 통제가 아닌 것은? (다툼이 있는 경우 판례에 의함)

① 긴급명령, 긴급재정·경제명령에 대한 국회의 사후승인 제도

② 국회의 국정조사 및 감사제도

③ 「국회법」상 법규명령의 국회에의 송부제도

④ 대법원에 의하여 위헌·위법으로 확정된 법규명령의 일반적 효력 부인

24

행정소송의 대상에 관한 설명으로 옳지 않은 것은? (다툼이 있는 경우 판례에 의함)

① 「수도법」에 의하여 지방자치단체인 수도사업자가 그 수돗물의 공급을 받는 자에게 하는 수도료 부과·징수와 이에 따른 수도료 납부관계는 공법상 권리·의무관계이므로, 이에 관한 분쟁은 행정소송의 대상이다.

② 지방자치단체의 장이 「공유재산 및 물품 관리법」에 근거하여 기부채납 및 사용·수익허가방식으로 민간투자사업을 추진하는 과정에서 사업시행자를 지정하기 위한 전 단계에서 공모제안을 받아 일정한 심사를 거쳐 우선협상대상자를 선정하는 행위는 처분이 아니다.

③ 「도시 및 주거환경정비법」상 주택재건축정비사업조합을 상대로 관리처분계획안에 대한 조합 총회결의의 효력 등을 다투는 소송은 「행정소송법」상 당사자소송에 해당한다.

④ 공익사업을 위한 토지 등의 취득 및 보상에 관한 법령에 의한 협의취득은 사법상 법률행위이므로, 이에 관한 분쟁은 민사소송의 대상이다.

25

「행정심판법」상 행정심판에 관한 설명으로 옳지 않은 것은? (다툼이 있는 경우 판례에 의함)

① 행정청의 부당한 처분을 변경하는 행정심판은 현행법상 허용된다.

② 당사자의 신청에 대한 행정청의 부당한 거부처분에 대하여 일정한 처분을 하도록 하는 행정심판은 현행법상 허용된다.

③ 당사자의 신청에 대한 행정청의 위법한 부작위에 대하여 행정청의 부작위가 위법하다는 것을 확인하는 행정심판은 현행법상 허용되지 않는다.

④ 당사자의 신청에 대한 행정청의 부당한 거부처분을 취소하는 행정심판은 현행법상 허용되지 않는다.

실전동형 모의고사

정답 및 해설 p.125~137

01

행정법관계에 관한 설명으로 옳은 것은? (다툼이 있는 경우 판례에 의함)

① 기간의 계산에 있어서 기간의 초일은 원칙상 산입하여 계산한다.

② 판례에 따르면 국유재산 중 일반재산은 시효취득의 대상이 되지 아니한다.

③ 법령 등 또는 처분에서 국민의 권익을 제한하거나 의무를 부과하는 경우 권익이 제한되거나 의무가 지속되는 기간의 계산은 기간의 말일이 토요일 또는 공휴일인 경우에도 기간은 그날로 만료한다.

④ 금전의 급부를 목적으로 하는 국가의 권리로서 시효에 관하여 다른 법률에 규정이 없는 것은 10년 동안 행사하지 아니하면 소멸한다.

02

공법관계와 사법관계의 구별에 관한 설명으로 옳지 않은 것은? (다툼이 있는 경우 판례에 의함)

① 국유재산 중 행정재산의 사용허가는 공법관계이나, 한국공항공단이 무상사용허가를 받은 행정재산에 대하여 하는 전대행위는 사법관계이다.

② 조달청장이 구 「예산회계법」에 따라 계약을 체결하거나 입찰보증금 국고귀속조치를 취하는 것은 사법관계에 해당한다.

③ 국유재산의 무단점유에 대한 변상금 부과는 공법관계에 해당하나, 국유일반재산의 대부행위는 사법관계에 해당한다.

④ 「공공기관의 운영에 관한 법률」 제39조 제2항과 그 하위법령에 따른 입찰참가자격제한조치는 처분이 아니다.

03

행정행위의 하자와 행정소송 상호 간의 관계에 관한 설명으로 옳지 않은 것은? (다툼이 있는 경우 판례에 의함)

① 취소사유 있는 영업정지처분에 대한 취소소송의 제소기간이 도과한 경우 처분상대방은 국가배상청구소송을 제기하여 재산상 손해의 배상을 구할 수 있다.

② 취소사유 있는 과세처분에 의하여 세금을 납부한 자는 과세처분 취소소송을 제기하지 않은 채 곧바로 부당이득반환청구소송을 제기하더라도 납부한 금액을 반환받을 수 있다.

③ 파면처분을 당한 공무원은 그 처분에 취소사유인 하자가 존재하는 경우 파면처분 취소소송을 제기하여야 하고 곧바로 공무원지위확인소송을 제기할 수 없다.

④ 무효인 과세처분에 의하여 세금을 납부한 자는 납부한 금액을 반환받기 위하여 부당이득반환청구소송을 제기하지 않고 곧바로 과세처분 무효확인소송을 제기할 수 있다.

04

행정행위의 취소와 철회에 관한 설명으로 옳지 않은 것은? (다툼이 있는 경우 판례에 의함)

① 행정행위의 철회사유는 행정행위가 성립되기 이후에 발생한 것으로서 행정행위의 효력을 존속시킬 수 없는 사유를 말한다.

② 행정청은 적법한 처분에 대해 그 처분의 전부 또는 일부를 소급하여 철회할 수 있다.

③ 수익적 처분이 상대방의 허위 기타 부정한 방법으로 인하여 행하여졌다면 상대방은 그 처분이 그와 같은 사유로 인하여 취소될 것임을 예상할 수 있으므로, 이러한 경우까지 상대방의 신뢰를 보호하여야 하는 것은 아니다.

④ 수익적 행정처분을 직권취소할 때에는 이를 취소하여야 할 중대한 공익상 필요와 취소로 인하여 처분상대방이 입게 될 기득권과 법적 안정성에 대한 침해 정도 등 불이익을 비교·교량한 후 공익상 필요가 처분상대방이 입을 불이익을 정당화할 만큼 강한 경우에 한하여 취소할 수 있다.

05

판례상 항고소송의 대상으로 인정되는 것은?

① 상표권자인 법인에 대한 청산종결등기가 되었음을 이유로 특허청장이 행한 상표권 말소등록행위
② 사업자등록증 말소행위
③ 교도소장이 특정 수형자를 '접견 내용 녹음·녹화 및 접견시 교도관 참여대상자'로 지정한 행위
④ 행정청이 토지대장상 소유자명의변경신청을 거부한 행위

06

강학상 인가에 관한 설명으로 옳지 않은 것은? (다툼이 있는 경우 판례에 의함)

① 토지거래허가를 받기 전 상태를 유동적 무효라고 하고 허가를 받으면 토지거래가 확정적으로 유효해진다.
② 「민법」상 재단법인의 정관변경에 대한 주무관청의 허가는 법률상 표현이 허가로 되어 있기는 하나, 그 성질은 법률행위의 효력을 보충해 주는 것이지 일반적 금지를 해제하는 것은 아니다.
③ 인가처분에 하자가 없더라도 기본행위에 무효사유가 있다면 기본행위의 무효를 내세워 그에 대한 행정청의 인가처분의 취소 또는 무효확인을 구할 소의 이익이 없다.
④ 「도시 및 주거환경정비법」상 관리처분계획에 대한 인가는 강학상 인가의 성격을 갖고 있으므로 관리처분계획에 대한 인가가 있더라도 관리처분계획안에 대한 총회결의에 하자가 있다면 민사소송으로 총회결의의 하자를 다투어야 한다.

07

행정절차법령에 관한 설명으로 옳지 않은 것은?

① 행정청은 신청인의 편의를 위하여 다른 행정청에 신청을 접수하게 할 수 있다.
② 확약은 구두로 가능하다.
③ 행정청은 처리기간이 '즉시'로 되어 있는 신청의 경우에는 접수증을 주지 아니할 수 있다.
④ 행정청은 다수의 행정청이 관여하는 처분을 구하는 신청을 접수한 경우에는 관계 행정청과의 신속한 협조를 통하여 그 처분이 지연되지 아니하도록 하여야 한다.

08

행정행위의 부관에 관한 설명으로 옳지 않은 것은? (다툼이 있는 경우 판례에 의함)

① 부담 아닌 부관이 위법할 경우 신청인이 부관부행정행위의 변경을 청구하고, 행정청이 이를 거부할 경우 거부처분의 취소를 구하는 소송을 제기할 수 없다.
② 기선선망어업의 허가를 하면서 운반선, 등선 등 부속선을 사용할 수 없도록 제한한 부관은 그 어업허가의 목적달성을 사실상 어렵게 하여 그 본질적 효력을 해하는 것이므로 위법하다.
③ 부관은 면허발급 당시에 붙이는 것뿐만 아니라 면허발급 이후에 붙이는 것도 법률에 명문규정이 있거나 변경이 미리 유보되어 있는 경우 또는 상대방의 동의가 있는 경우 등에는 특별한 사정이 없는 한 허용된다.
④ 토지소유자가 토지형질변경행위허가에 붙은 기부채납의 부관에 따라 토지를 국가나 지방자치단체에 기부채납한 경우, 기부채납의 부관이 당연무효이거나 취소되지 아니한 이상 토지소유자는 위 부관으로 인하여 기부채납계약의 중요 부분에 착오가 있음을 이유로 기부채납계약을 취소할 수 없다.

09

행정절차에 관한 설명으로 옳지 않은 것은? (다툼이 있는 경우 판례에 의함)

① 「국가공무원법」상 직위해제처분은 당해 행정작용의 성질상 행정절차를 거치기 곤란하거나 불필요하다고 인정되는 사항 또는 행정절차에 준하는 절차를 거친 사항에 해당하므로 처분의 사전통지 및 의견청취 등에 관한 「행정절차법」의 규정이 별도로 적용되지 않는다.
② 침익적 행정처분은 물론 수익적 행정처분의 신청에 대한 거부처분도 특별한 사정이 없는 한 사전통지와 의견제출 절차의 대상이 된다.
③ 행정청이 근거법률에 의하여 영업자지위승계신고를 수리하는 처분은 종전 영업자의 권익을 제한하는 처분이라고 할 것이고 행정청은 종전의 영업자에 대하여 근거법률 소정의 행정절차를 실시하고 처분을 하여야 한다.
④ 행정청이 침익적 처분을 함에 있어 「행정절차법」상 예외에 속하는 경우가 아닌 한 당사자에게 사전통지를 하지 않고 의견제출절차를 거치지 않았다면 독립적 취소사유가 된다.

10

인허가의제에 관한 설명으로 옳지 않은 것은? (다툼이 있는 경우 판례에 의함)

① 주택건설사업계획 승인권자가 구 「주택법」에 따라 도시 · 군관리계획 결정권자와 협의를 거쳐 관계 주택건설사업계획을 승인하면 도시 · 군관리계획 결정이 이루어진 것으로 의제되고, 이러한 협의절차와 별도로 「국토의 계획 및 이용에 관한 법률」 등에서 정한 도시 · 군관리계획 입안을 위한 주민의견청취절차를 거칠 필요는 없다.

② 건축물의 건축이 「국토의 계획 및 이용에 관한 법률」(이하 '국토계획법'이라 한다)상 개발행위에 해당할 경우 그 건축의 허가권자는 국토계획법령의 개발행위허가기준을 확인하여야 하므로, 국토계획법상 건축물의 건축에 관한 개발행위허가가 의제되는 건축허가신청이 국토계획법령이 정한 개발행위허가기준에 부합하지 아니하면 허가권자로서는 이를 거부할 수 있다.

③ 「건축법」에서 관련 인허가의제제도를 둔 취지는 인허가의제사항 관련 법률에 따른 각각의 인허가요건에 관한 일체의 심사를 배제하려는 것이 아니다.

④ 주택건설사업계획 승인처분에 따라 의제된 인허가가 위법함을 다투고자 하는 이해관계인은 주택건설사업계획 승인처분의 취소를 구해야지 의제된 인허가의 취소를 구해서는 아니 되며, 의제된 인허가는 주택건설사업계획 승인처분과 별도로 항고소송의 대상이 되는 처분에 해당하지 않는다.

11

판례상 재량행위에 해당하지 않는 것은?

① 재외동포에 대한 사증발급

② 구 「수도권대기환경특별법」상 대기오염물질 총량관리사업장 설치허가

③ 「국가공무원법」상 휴직사유 소멸을 이유로 한 신청에 대한 복직명령

④ 「출입국관리법」상 체류자격변경허가

12

행정의 실효성 확보수단의 예와 그 법적 성질의 연결이 옳지 않은 것은? (다툼이 있는 경우 판례에 의함)

① 「건축법」에 따른 이행강제금 부과 – 집행벌

② 「식품위생법」에 따른 영업소 폐쇄 – 직접강제

③ 「공유재산 및 물품 관리법」에 따른 공유재산 원상복구명령의 강제적 이행 – 직접강제

④ 「부동산등기 특별조치법」에 따른 과태료 부과 – 행정벌

13

정보공개에 관한 설명으로 옳은 것은? (다툼이 있는 경우 판례에 의함)

① 「공공기관의 정보공개에 관한 법률」 제9조 제1항 제4호의 '진행 중인 재판에 관련된 정보'에 해당한다는 사유로 정보공개를 거부하려면 그 정보가 진행 중인 재판의 소송기록 자체에 포함된 내용이어야만 한다.

② 「공공기관의 정보공개에 관한 법률」 제9조 제1항 제6호 본문 규정에 따라 비공개대상이 되는 정보는 성명 · 주민등록번호 등 개인식별정보에 한정된다.

③ 「공공기관의 정보공개에 관한 법률」 제9조 제1항 제5호의 '공개될 경우 업무의 공정한 수행에 현저한 지장을 초래한다고 인정할 만한 상당한 이유가 있는 경우'란 공개될 경우 업무의 공정한 수행이 객관적으로 현저하게 지장을 받을 것이라는 고도의 개연성이 존재하는 경우를 의미한다.

④ 「공공기관의 정보공개에 관한 법률」 제5조 제1항의 국민에는 자연인은 물론 법인을 포함하지만, 권리능력 없는 사단이나 재단은 이에 해당하지 아니한다.

14

「질서위반행위규제법」에 관한 설명으로 옳지 않은 것은?

① 질서위반행위 후 법률이 변경되어 그 행위가 질서위반행위에 해당하지 아니하게 되거나 과태료가 변경되기 전의 법률보다 가볍게 된 때에는 법률에 특별한 규정이 없는 한 변경된 법률을 적용하여야 한다.

② 심신장애로 인하여 능력이 미약한 자의 질서위반행위는 과태료를 감경할 수 있다.

③ 행정청의 과태료 부과에 불복하는 당사자는 과태료 부과 통지를 받은 날부터 60일 이내에 해당 행정청에 서면으로 이의제기를 할 수 있다.

④ 법원이 심문 없이 과태료 재판을 하고자 하는 때에는 당사자와 검사는 특별한 사정이 없는 한 약식재판의 고지를 받은 날부터 7일 이내에 이의신청을 할 수 있다.

15

「국가배상법」 제2조의 국가배상책임이 인정되기 위한 요건에 관한 설명으로 옳지 않은 것은? (다툼이 있는 경우 판례에 의함)

① 공무원의 부작위가 공무원으로서 마땅히 지켜야 할 준칙이나 규범을 위반한 경우를 포함하여 널리 객관적인 정당성이 없는 경우, 그 부작위는 '법령을 위반'하는 경우에 해당한다.

② 상급행정기관이 소속 공무원이나 하급행정기관에 대하여 업무처리지침이나 법령의 해석적용기준을 정해 주는 행정규칙을 위반한 공무원의 조치가 있다고 해서 그러한 사정만으로 곧바로 그 조치의 위법성이 인정되는 것은 아니다.

③ 개별공시지가 산정업무 담당공무원 등이 그 직무상 의무에 위반하여 현저하게 불합리한 개별공시지가가 결정되도록 함으로써 甲의 재산권을 침해한 경우 상당인과관계가 인정되므로 그 손해에 대하여 그 담당공무원 등이 속한 지방자치단체가 배상책임을 지게 된다.

④ 공무원에게 부과된 직무상 의무의 내용이 전적으로 또는 부수적으로라도 사회구성원 개인의 안전과 이익을 보호하기 위하여 설정된 것이어야 직무상 의무 위반과 피해자가 입은 손해 사이에 상당인과관계가 인정될 수 있다.

16

공익사업을 위한 토지 등의 취득 및 보상에 관한 법령상 재결에 관한 설명으로 옳은 것은? (다툼이 있는 경우 판례에 의함)

① 관할 토지수용위원회가 사실을 오인하여 어떤 보상항목이 손실보상대상에 해당하지 않는다고 잘못된 내용의 재결을 한 경우, 피보상자가 이를 다투려면 그 재결에 대한 항고소송을 제기하여야 한다.

② 사업시행자가 토지소유자 등의 재결신청의 청구를 거부하는 경우, 토지소유자 등은 민사소송의 방법으로 그 절차 이행을 구할 수 있다.

③ 토지수용위원회의 수용재결이 있은 후에는 토지소유자 등과 사업시행자가 다시 협의하여 토지 등의 취득이나 사용 및 그에 대한 보상에 관하여 임의로 계약을 체결할 수 없다.

④ 중앙토지수용위원회가 생태하천조성사업에 편입되는 토지 상의 무허가건축물에서 축산업을 영위하는 甲에 대하여 「공익사업을 위한 토지 등의 취득 및 보상에 관한 법률 시행규칙」에 따라 영업손실을 인정하지 않는 내용의 수용재결을 한 것은 위임범위를 벗어나거나 정당한 보상의 원칙에 위배된다고 하기 어렵다.

17

행정소송의 당사자에 관한 설명으로 옳지 않은 것은? (다툼이 있는 경우 판례에 의함)

① 대리기관이 대리관계를 표시하고 피대리 행정청을 대리하여 행정처분을 한 때에는 피대리 행정청이 피고로 되어야 한다.

② 개발제한구역 안에서의 공장설립을 승인한 처분이 위법하다는 이유로 쟁송취소되었다면, 설령 그 승인처분에 기초한 공장건축허가처분이 잔존하는 경우에는 인근 주민들에게는 공장건축허가처분의 취소를 구할 법률상 이익이 있다.

③ 약제를 제조·공급하는 제약회사는 보건복지부 고시인 약제 급여·비급여 목록 및 급여 상한금액표 중 약제의 상한금액 인하 부분에 대하여 그 취소를 구할 원고적격이 있다.

④ 대리에 있어서 대리청이 대리관계를 표시하지 않은 경우 상대방이 대리관계가 있다는 것을 안 경우에도 대리청이 피고가 된다.

18

「행정소송법」상 취소소송에 관한 설명으로 옳지 않은 것은? (다툼이 있는 경우 판례에 의함)

① 지방자치단체인 원고가 건축협의 거부를 다툴 실효적 해결수단이 없는 이상, 원고는 건축물 소재지 관할 허가권자인 지방자치단체의 장을 상대로 항고소송을 통해 건축협의 취소의 취소를 구할 수 있다.

② 조달청이 국가종합전자조달시스템인 나라장터 종합쇼핑몰에 거래정지조치를 하는 것은 사법관계에 속한다.

③ 국가가 국토이용계획과 관련한 지방자치단체의 장의 기관위임사무의 처리에 관하여 지방자치단체의 장을 상대로 취소소송을 제기하는 것은 허용되지 않는다.

④ 어떠한 처분의 근거가 행정규칙에 규정되어 있는 경우에도, 그 처분이 상대방의 권리 · 의무에 직접 영향을 미치는 행위라면 취소소송의 대상이 되는 행정처분에 해당한다.

19

「행정소송법」상 행정소송에 관한 설명으로 옳은 것은? (다툼이 있는 경우 판례에 의함)

① 「도시 및 주거환경정비법」상 주택재건축정비사업조합을 상대로 관리처분계획안에 대한 조합 총회결의의 효력을 다투는 소송은 당사자소송에 해당하므로 당해 소송에서 「민사집행법」상 가처분에 관한 규정이 준용된다.

② 처분에 대한 취소소송에 당해 처분의 취소를 선결문제로 하는 부당이득반환청구가 병합된 경우, 부당이득반환청구가 인용되기 위해서는 당해 처분이 그 소송절차에서 판결에 의해 취소되는 것만으로는 부족하고 당해 처분의 취소가 확정되어야 한다.

③ 원고가 고의 또는 중대한 과실 없이 행정소송으로 제기하여야 할 사건을 민사소송으로 잘못 제기한 경우, 행정소송에 대한 관할을 가지고 있지 아니한 수소법원은 당해 소송이 행정소송으로서의 제소기간을 도과한 것이 명백하더라도 관할 법원에 이송하여야 한다.

④ 「도시 및 주거환경정비법」상 주택재건축사업조합이 새로이 조합설립인가처분을 받은 것과 동일한 요건과 절차를 거쳐 조합설립변경인가처분을 받은 경우, 당초의 조합설립인가처분이 유효한 것을 전제로 당해 주택재건축사업조합이 시공사 선정 등의 후속행위를 하였다고 하더라도 특별한 사정이 없는 한 당초의 조합설립인가처분의 무효확인을 구할 소의 이익은 없다.

20

판례상 공법상 당사자소송으로 옳지 않은 것은?

① 재개발조합을 상대로 조합원의 자격 유무에 관한 확인을 구하는 소송

② 사업주가 당연가입자가 되는 고용보험 및 산재보험에서 보험료 납부의무 부존재확인소송

③ 한국전력공사가 한국방송공사로부터 수신료의 징수업무를 위탁받아 자신의 고유업무와 관련된 고지행위와 결합하여 수신료를 징수할 권한이 있는지 여부를 다투는 쟁송

④ 조세 부과처분의 당연무효를 전제로 하여 이미 납부한 세금의 반환청구

21

「도시 및 주거환경정비법」상 행정처분에 관한 설명으로 옳지 않은 것은? (다툼이 있는 경우 판례에 의함)

① 주택재개발조합설립추진위원회 구성승인처분은 조합의 설립을 위한 주체인 주택재개발조합설립추진위원회의 구성행위를 보충하여 그 효력을 부여하는 처분이다.

② 주택재건축조합의 정관변경에 대한 시장 · 군수 등의 인가는 그 대상이 되는 기본행위를 보충하여 법률상 효력을 완성시키는 행위로서 시장 · 군수 등이 변경된 정관을 인가하면 그때부터 효력이 발생한다.

③ 이주대책은 생활보상의 한 내용이므로 이주대책이 수립되면 이주자들에게는 구체적인 권리가 발생하며, 사업시행자의 확인 · 결정이 있어야만 구체적인 수분양권이 발생하는 것은 아니다.

④ 토지 등 소유자들이 도시환경정비사업을 위한 조합을 따로 설립하지 아니하고 직접 그 사업을 시행하고자 하는 경우, 사업시행계획 인가처분은 일종의 설권적 처분의 성격을 가지므로 토지 등 소유자들이 작성한 사업시행계획은 독립된 행정처분이 아니다.

22

「공익사업을 위한 토지 등의 취득 및 보상에 관한 법률」상 손실보상에 관한 설명으로 옳지 않은 것은? (다툼이 있는 경우 판례에 의함)

① 잔여지 수용청구권은 그 요건을 구비한 때에는 잔여지를 수용하는 토지수용위원회의 재결이 없더라도 그 청구에 의하여 수용의 효과가 발생하는 형성권적 성질을 가진다.

② 공익사업에 영업시설 일부가 편입됨으로 인하여 잔여 영업시설에 손실을 입은 자는 재결절차를 거치지 않은 채 곧바로 사업시행자를 상대로 잔여 영업시설의 손실에 대한 보상을 청구할 수 있다.

③ 국가 등의 공적 기관이 직접 수용의 주체가 되는 것이든 그러한 공적 기관의 최종적인 허부 판단과 승인결정하에 민간기업이 수용의 주체가 되는 것이든, 양자 사이에 공공필요에 대한 판단과 수용의 범위에 있어서 본질적인 차이가 있는 것은 아니다.

④ 손실보상금 산정을 위한 감정평가 중 어느 한 가지 점이라도 위법사유가 있으면 그것으로써 감정평가 결과는 위법하게 되나, 법원은 그 감정 내용 중 위법하지 않은 부분을 추출하여 판결에서 참작할 수 있다.

23

행정행위의 부관에 관한 설명으로 옳지 않은 것은? (다툼이 있는 경우 판례에 의함)

① 도로점용허가의 점용기간을 정함에 있어 위법사유가 있다면 도로점용허가처분 전부가 위법하게 된다.

② 기속행위에 대해서는 법령상 특별한 근거가 없는 한 부관을 붙일 수 없고, 부관을 붙였다고 하더라도 이는 무효이다.

③ 행정처분에 부담인 부관을 붙인 경우, 부관이 무효라면 부담의 이행으로 이루어진 사법상 매매행위도 당연히 무효가 된다.

④ 사정변경으로 당초에 부담을 부가한 목적을 달성할 수 없게 된 경우에도 그 목적 달성에 필요한 범위 내에서 예외적으로 부담의 사후변경이 허용된다.

24

법률유보원칙에 관한 설명으로 옳지 않은 것은? (다툼이 있는 경우 판례에 의함)

① 법률유보원칙에서 요구되는 법적 근거는 작용법적 근거를 의미한다.

② 법률유보원칙은 국민의 기본권 실현과 관련된 영역에 있어서는 입법자가 그 본질적 사항에 대해서 스스로 결정하여야 한다는 요구까지 내포하고 있다.

③ 국회가 형식적 법률로 직접 규율하여야 하는 필요성은 규율대상이 기본권 및 기본적 의무와 관련된 중요성을 가질수록 그에 관한 공개적 토론의 필요성 또는 상충하는 이익 사이의 조정 필요성이 클수록 더 증대된다.

④ 법외노조 통보는 이미 법률에 의하여 법외노조가 된 것을 사후적으로 고지하거나 확인하는 행위가 아니라 그 통보로써 비로소 법외노조가 되도록 하는 형성적 행정처분으로서 법률유보원칙에 위반되지 않는다.

25

「행정소송법」과 「행정심판법」상 피고 및 피신청인에 관한 설명으로 옳은 것은? (다툼이 있는 경우 판례에 의함)

① 취소소송에서 원고가 처분청 아닌 행정관청을 피고로 잘못 지정한 경우, 법원은 석명권의 행사 없이 소송요건의 불비를 이유로 소를 각하할 수 있다.

② 청구인이 피청구인을 잘못 지정한 경우에는 위원회는 직권으로 또는 당사자의 신청에 의하여 결정으로써 피청구인을 경정할 수 있다.

③ 상급행정청의 지시에 의해 하급행정청이 자신의 명의로 처분을 하였다면, 해당 처분에 대한 취소소송에서는 지시를 내린 상급행정청이 피고가 된다.

④ 취소소송에서 피고가 될 수 있는 행정청에는 대외적으로 의사를 표시할 수 있는 기관이 아니더라도 국가나 공공단체의 의사를 실질적으로 결정하는 기관이 포함된다.

제06회 실전동형 모의고사

정답 및 해설 p.138~150

01

행정입법에 관한 설명으로 옳지 않은 것은? (다툼이 있는 경우 판례에 의함)

① 총리령·부령의 제정절차는 대통령령의 경우와는 달리 국무회의 심의는 거치지 않아도 된다.

② 상위 법령의 위임이 없음에도 상위 법령에 규정된 처분 요건에 해당하는 사항을 부령에서 변경하여 규정한 경우 그 부령의 규정은 국민에 대한 대외적 구속력이 없다.

③ 위임명령과 집행명령은 새로운 법규사항을 정할 수 있으나 행정규칙은 새로운 법규사항을 정할 수 없다.

④ 「특정다목적댐법」에서 댐 건설로 손실을 입으면 국가가 보상하여야 하고 그 절차와 방법은 대통령령으로 제정하도록 명시되어 있음에도 미제정된 경우, 법령제정의 여부는 「행정소송법」상 부작위위법확인소송의 대상이 될 수 없다.

02

행정법의 일반원칙에 관한 설명으로 옳지 않은 것은? (다툼이 있는 경우 판례에 의함)

① 「행정기본법」은 비례의 원칙을 명문으로 규정하고 있다.

② 폐기물처리업 사업계획에 대한 적정통보에는 당해 토지에 대한 형질변경신청을 허가하는 취지의 공적 견해표명이 있다고 볼 수 있다.

③ 공적 견해표명 당시의 사정이 사후에 변경된 경우 특별한 사정이 없는 한 행정청이 그 견해표명에 반하는 처분을 하더라도 신뢰보호원칙에 위반된다고 할 수 없다.

④ 주택사업계획 승인을 하면서 그 주택사업과 아무 관련이 없는 토지를 기부채납하도록 하는 부관을 붙인 경우, 그 부관은 부당결부금지원칙에 위반되어 위법하다.

03

행정행위의 하자에 관한 설명으로 옳은 것은? (다툼이 있는 경우 판례에 의함)

① 재건축조합설립인가처분 당시 동의율을 충족하지 못한 하자는 후에 추가동의서가 제출되었다는 사정만으로도 치유되지 않는다.

② 처분 당시 당사자가 어떠한 근거와 이유로 처분이 이루어진 것인지를 충분히 알 수 있어서 그에 불복하여 행정구제절차로 나아가는 데에 별다른 지장이 없었던 것으로 인정되는 경우에는 처분서에 처분의 근거와 이유가 구체적으로 명시되어 있지 않았어도, 그 처분은 위법하다.

③ 적법한 건축물에 대한 철거명령은 그 하자가 중대하고 명백하여 당연무효라고 할 것이지만, 그 후행행위인 건축물철거대집행계고처분은 당연무효라고 할 수 없다.

④ 세액산출근거가 기재되지 아니한 납세고지서에 의한 부과처분은 강행법규에 위반하여 취소대상이 된다고 할 것이지만 이와 같은 하자는 납세의무자가 전심절차에서 이를 주장하지 아니하였거나 그 후 부과된 세금을 자진납부하였다거나 조세채권의 소멸시효기간이 만료된 경우 치유된다.

04

공익신고자 丙은 甲이 「국민기초생활 보장법」상 복지급여를 부정수급하고 있다고 관할 乙행정청에 신고하였다. 이에 대하여 甲은 乙에게 부정수급신고를 한 자와 그 내용에 대해 정보공개청구를 하였다. 이후 甲은 乙의 비공개결정통지를 받았고(2022.8.26.) 이에 대해 국민권익위원회에 고충민원을 제기하였으나(2022.9.16.), 국민권익위원회로부터 乙의 결정은 문제가 없다는 안내를 받았다(2022.10.26.). 그리고 甲은 乙의 비공개결정의 취소를 구하는 행정심판을 제기하게 되었다(2022.12.27.). 이에 관한 설명으로 옳은 것은? (다툼이 있는 경우 판례에 의함)

① 「개인정보 보호법」상 정보주체에게 열람청구권이 보장되어 있으므로 甲은 이에 근거하여 乙에게 신고자에 대한 정보공개를 요구하여 그 정보를 받을 수 있다.

② 甲의 행정심판청구는 행정심판 제기기간 내에 이루어졌으므로 적법하다.

③ 甲의 국민권익위원회에 대한 고충민원 제기는 이의신청에 해당하므로, 고충민원에 대한 답변을 받은 날이 행정심판 제기기간의 기산점이 된다.

④ 공공기관 중 중앙행정기관 및 대통령령으로 정하는 기관은 전자적 형태로 보유·관리하는 정보 중 공개대상으로 분류된 정보를 국민의 정보공개청구가 없더라도 정보통신망을 활용한 정보공개시스템 등을 통하여 공개하여야 한다.

05

「행정절차법」상 송달과 처분절차에 관한 설명으로 옳지 않은 것은?

① 처분기준의 설정·공표의 규정은 침익적 처분뿐만 아니라 수익적 처분의 경우에도 적용된다.

② 정보통신망을 이용하여 전자문서로 송달하는 경우에는 송달받을 자가 지정한 컴퓨터 등에 입력된 때에 도달된 것으로 본다.

③ 공청회가 개최는 되었으나 정상적으로 진행되지 못하고 무산된 횟수가 2회인 경우 온라인공청회를 단독으로 개최할 수 있다.

④ 송달이 불가능한 경우에는 송달받을 자가 알기 쉽도록 관보, 공보, 게시판, 일간신문 중 하나 이상에 공고하고 인터넷에도 공고하여야 한다.

06

행정행위에 관한 설명으로 옳은 것은? (다툼이 있는 경우 판례에 의함)

① 건축물의 건축이 「국토의 계획 및 이용에 관한 법률」상 개발행위에 해당할 경우 그 건축의 허가권자는 개발행위허가가 의제되는 건축허가신청이 국토의 계획 및 이용에 관한 법령이 정한 개발행위허가기준에 부합하지 아니하면 이를 거부할 수 있다.

② 주택건설사업계획 승인처분에 따라 의제된 인허가의 위법함을 다투고자 하는 이해관계인은 의제된 인허가의 취소를 구할 것이 아니라, 주된 처분인 주택건설사업계획 승인처분의 취소를 구하여야 한다.

③ 「하천법」에 의한 하천점용허가는 강학상 허가에 해당한다.

④ 「출입국관리법」상 체류자격변경허가는 기속행위이므로 신청인이 관계 법령에서 정한 요건을 충족하면 허가권자는 신청을 받아들여 허가하여야 한다.

07

행정행위에 관한 설명으로 옳지 않은 것은? (다툼이 있는 경우 판례에 의함)

① 개별공시지가결정과 이를 기초로 한 과세처분인 양도소득세 부과처분에서는 흠의 승계가 긍정된다.

② 하자 있는 행정처분이 당연무효가 되기 위해서는 그 하자가 법규의 중요한 부분을 위반한 중대한 것으로서 객관적으로 명백한 것이어야 하며, 하자가 중대하고 명백한지 여부를 판별할 때에는 그 법규의 목적, 의미, 기능 등을 목적론적으로 고찰함과 동시에 구체적 사안 자체의 특수성에 관하여도 합리적으로 고찰함을 요한다.

③ 무효인 행정행위에 대하여 무효의 주장을 취소소송의 형식(무효선언적 취소)으로 제기하는 경우에 있어서, 취소소송의 형식에 의하여 제기되었더라도 이러한 소송에 있어서는 취소소송의 제소요건의 제한을 받지 아니한다.

④ 위법한 행정대집행이 완료되면 그 처분의 무효확인 또는 취소를 구할 소의 이익은 없다고 하더라도, 미리 그 행정처분의 취소판결이 있어야만 그 행정처분의 위법임을 이유로 한 손해배상청구를 할 수 있는 것은 아니다.

08

이행강제금에 관한 설명으로 옳지 않은 것은? (다툼이 있는 경우 판례에 의함)

① 이행강제금은 과거의 의무 불이행에 대한 제재의 기능을 지니고 있으므로, 이행강제금이 부과되기 전에 의무를 이행한 경우에도 시정명령에서 정한 기간을 지나서 이행한 경우라면 이행강제금을 부과할 수 있다.

② 「건축법」상 허가권자는 이행강제금을 부과하기 전에 이행강제금을 부과·징수한다는 뜻을 미리 문서로써 계고하여야 한다.

③ 「건축법」상 이행강제금 납부의 최초 독촉은 징수처분으로서 항고소송의 대상이 되는 행정처분이 될 수 있다.

④ 부작위의무나 비대체적 작위의무뿐만 아니라 대체적 작위의무의 위반에 대하여도 이행강제금을 부과할 수 있다.

09

「행정절차법」상 사전통지와 의견제출에 관한 설명으로 옳은 것은? (다툼이 있는 경우 판례에 의함)

① 항만시설 사용허가신청에 대하여 거부처분을 하는 경우, 사전에 통지하여 의견제출의 기회를 주어야 한다.

② 공매를 통하여 체육시설을 인수한 자의 체육시설업자 지위승계신고를 수리하는 경우, 종전 체육시설업자에게 사전에 통지하여 의견제출의 기회를 주어야 한다.

③ 고시의 방법으로 불특정 다수인을 상대로 권익을 제한하는 처분을 하는 경우, 상대방에게 사전에 통지하여 의견제출의 기회를 주어야 한다.

④ 용도를 무단변경한 건물의 원상복구를 명하는 시정명령 및 계고처분을 하는 경우, 사전에 통지할 필요가 없다.

10

행정상 손실보상에 관한 설명으로 옳지 않은 것은? (다툼이 있는 경우 판례에 의함)

① 어떤 보상항목이 공익사업을 위한 토지 등의 취득 및 보상에 관한 법령상 손실보상대상에 해당함에도 관할 토지수용위원회가 법리를 오해함으로써 손실보상대상에 해당하지 않는다고 잘못된 내용의 재결을 한 경우에는, 피보상자는 사업시행자를 상대로 구 「공익사업을 위한 토지 등의 취득 및 보상에 관한 법률」 제85조 제2항에 따른 보상금증감소송을 제기하여야 한다.

② 공공사업시행지구 밖에서 발생한 간접손실에 관하여 그 피해자와 사업시행자 사이에 협의가 이루어지지 아니하고, 그 보상에 관한 명문의 근거법령이 없는 경우라고 하더라도 공공사업의 시행으로 인하여 그러한 손실이 발생하리라는 것을 쉽게 예견할 수 있고, 그 손실의 범위도 구체적으로 특정할 수 있다면 그 손실보상에 관하여 관련 규정 등을 유추적용할 수 있다.

③ 수용재결에 불복하여 취소소송을 제기하는 때에는 이의신청을 거친 경우에도 이의신청에 대한 재결 자체에 고유한 위법이 없는 한 수용재결을 한 중앙토지수용위원회 또는 지방토지수용위원회를 피고로 하여 수용재결의 취소를 구하여야 한다.

④ 손실보상과 손해배상은 근거규정 및 요건·효과를 달리하지만 손실보상청구권에 '손해전보'라는 요소가 포함되어 있어 실질적으로 같은 내용의 손해에 관하여 양자의 청구권이 동시에 성립한다면 청구권자는 양자의 청구권을 동시에 행사할 수 있다.

11

「행정대집행법」상 대집행에 관한 설명으로 옳지 않은 것은? (다툼이 있는 경우 판례에 의함)

① 계고처분의 후속절차인 대집행에 위법이 있다고 하더라도, 그와 같은 후속절차에 위법성이 있다는 점을 들어 선행절차인 계고처분이 부적법하다는 사유로 삼을 수는 없다.

② 행정청은 해가 지기 전에 대집행을 착수한 경우라도 해가 진 후에는 대집행을 할 수 없다.

③ 무허가증축 부분으로 인하여 건물의 미관이 나아지고 증축 부분을 철거하는 데 비용이 많이 소요된다고 하더라도 건물철거대집행계고처분을 할 요건에 해당된다.

④ 「건축법」에 위반하여 증·개축함으로써 철거의무가 있더라도 그 철거의무를 대집행하기 위한 계고처분을 하려면 다른 방법으로는 그 이행의 확보가 어렵고, 그 불이행을 방치함이 심히 공익을 해하는 것으로 인정되는 경우에 한한다.

12

행정행위의 부관에 관한 설명으로 옳지 않은 것은? (다툼이 있는 경우 판례에 의함)

① 행정청은 처분에 재량이 없는 경우에는 법률에 근거가 있는 경우에 부관을 붙일 수 있다.

② 부담이 처분 당시 법령을 기준으로 적법하다면 처분 후 부담의 전제가 된 주된 처분의 근거법령이 개정됨으로써 행정청이 더 이상 부관을 붙일 수 없게 되었다고 하더라도 곧바로 그 효력이 소멸되는 것은 아니다.

③ 처분과 실제적 관련성이 없어 부관으로 붙일 수 없는 부담이라도 사법상 계약의 형식으로 처분상대방에게 부과할 수 있다.

④ 행정재산에 대한 사용·수익허가에서 공유재산의 관리청이 정한 사용·수익허가의 기간에 대해서는 독립하여 행정소송을 제기할 수 없다.

13

다음 사례에 관한 설명으로 옳은 것은? (다툼이 있는 경우 판례에 의함)

> 「도시 및 주거환경정비법」에 따라 설립된 A주택재건축정비사업조합은 관할 B구청장으로부터 ㉠ 조합설립인가를 받은 후, 조합총회에서 재건축 관련 ㉡ 관리처분계획에 대한 의결을 하였고, 관할 B구청장으로부터 위 ㉢ 관리처분계획에 대한 인가를 받았다. 이후 조합원 甲은 위 관리처분계획의 의결에는 조합원 전체의 5분의 4 이상의 결의가 있어야 함에도 불구하고, 이를 위반하여 위법한 것임을 이유로 ㉣ 관리처분계획의 무효를 주장하며 소송으로 다투려고 한다.

① ㉠과 ㉢의 인가의 강학상 법적 성격은 동일하다.

② 甲이 ㉡에 대해 소송으로 다투려면 A 주택재건축정비사업조합을 상대로 민사소송을 제기하여야 한다.

③ 甲이 ㉣에 대해 소송으로 다투려면 당사자소송을 제기하여야 한다.

④ 甲이 ㉣에 대해 소송으로 다투려면 재건축조합을 피고로 하여야 한다.

14

정보공개에 관한 설명으로 옳은 것은? (다툼이 있는 경우 판례에 의함)

① 지방자치단체의 업무추진비 세부 항목별 집행내역 및 그에 관한 증빙서류에 포함된 개인에 관한 정보는 「공공기관의 정보공개에 관한 법률」 소정의 '공개하는 것이 공익을 위하여 필요하다고 인정되는 정보'에 해당하여 공개대상이 된다.

② 학교환경위생구역 내 금지행위(숙박시설) 해제결정에 관한 학교환경위생정화위원회의 회의록에 기재된 발언 내용에 대한 해당 발언자의 인적 사항 부분에 관한 정보는 「공공기관의 정보공개에 관한 법률」 소정의 비공개대상정보에 해당하지 않는다.

③ 「보안관찰법」 소정의 보안관찰 관련 통계자료는 「공공기관의 정보공개에 관한 법률」 소정의 비공개대상정보에 해당하지 않는다.

④ 정보공개거부처분의 취소를 구하는 소송에서 공공기관이 청구정보를 증거 등으로 법원에 제출하여 법원을 통하여 그 사본을 청구인에게 교부 또는 송달되게 하여 청구인에게 정보를 공개하는 셈이 되었다고 하더라도, 이러한 우회적인 방법에 의한 공개는 「공공기관의 정보공개에 관한 법률」에 의한 공개라고 볼 수 없다.

15

「대기환경보전법」상 개선명령에 대한 다음 조문에 관한 설명으로 옳지 않은 것은? (다툼이 있는 경우 판례에 의함)

> 제1조(목적)
> 이 법은 대기오염으로 인한 국민건강이나 환경에 관한 위해를 예방하고 대기환경을 적정하고 지속가능하게 관리 · 보전하여 모든 국민이 건강하고 쾌적한 환경에서 생활할 수 있게 하는 것을 목적으로 한다.
> 제33조(개선명령)
> 환경부장관은 제30조에 따른 신고를 한 후 조업 중인 배출시설에서 나오는 오염물질의 정도가 제16조나 제29조 제3항에 따른 배출허용기준을 초과한다고 인정하면 대통령령으로 정하는 바에 따라 기간을 정하여 사업자(제29조 제2항에 따른 공동 방지시설의 대표자를 포함한다)에게 그 오염물질의 정도가 배출허용기준 이하로 내려가도록 필요한 조치를 취할 것(이하 '개선명령'이라 한다)을 명할 수 있다.

① 환경부장관에게는 하자 없는 재량 행사를 할 의무가 인정되므로, 위 개선명령의 근거 및 관련 조항의 사익보호성이 있다면 인근 주민에게는 소위 무하자재량행사청구권이 인정된다.

② 환경부장관이 인근 주민의 개선명령신청에 대해 거부한 행위가 항고소송의 대상이 되는 처분이 되기 위해서는 인근 주민에게 개선명령을 발할 것을 요구할 수 있는 신청권이 있어야 한다.

③ 인근 주민이 배출시설에서 나오는 대기오염물질로 인하여 생명과 건강에 심각한 위협을 받고 있다면, 환경부장관의 개선명령에 대한 재량권은 축소될 수 있다.

④ 환경부장관은 위 법률 제33조에서 위임한 사항을 규정한 대통령령을 개정하였을 때에는 10일 이내에 이를 국회 소관 상임위원회에 제출하여야 하지만 입법예고를 할 때는 제출하지 않아도 된다.

16

甲은 A지방자치단체가 관리하는 도로를 운행하던 중 도로에 방치된 낙하물로 인하여 손해를 입었고, 이를 이유로 「국가배상법」상 손해배상을 청구하려고 한다. 이에 관한 설명으로 옳지 않은 것은? (다툼이 있는 경우 판례에 의함)

① A지방자치단체가 위 도로를 권원 없이 사실상 관리하고 있는 경우에는 A지방자치단체의 배상책임은 인정될 수 없다.

② 위 도로의 설치 · 관리상 하자가 있는지 여부는 위 도로가 그 용도에 따라 통상 갖추어야 할 안전성을 갖추었는지 여부에 따라 결정된다.

③ 위 도로가 국도이며 그 관리권이 A지방자치단체의 장에 위임되었다면, A지방자치단체가 도로의 관리에 필요한 일체의 경비를 대외적으로 지출하는 자에 불과하더라도 甲은 A지방자치단체에 대해 국가배상을 청구할 수 있다.

④ 甲이 배상을 받기 위하여 소송을 제기하는 경우에는 민사소송을 제기하여야 한다.

17

행정규칙에 관한 설명으로 옳지 않은 것은? (다툼이 있는 경우 판례에 의함)

① 중앙행정기관의 장이 정한 훈령 · 예규 및 고시 등 행정규칙은 상위 법령의 위임이 있다고 하더라도 「행정기본법」상 '법령'에 해당하지 않는다.

② 처분이 행정규칙을 위반하였다고 해서 그러한 사정만으로 곧바로 위법하게 되는 것은 아니다.

③ 처분의 근거나 법적인 효과가 행정규칙에 규정되어 있더라도 그 상대방의 권리 · 의무에 직접 영향을 미치는 행위라면, 항고소송의 대상이 되는 행정처분에 해당한다.

④ 행정규칙의 내용이 상위 법령이나 법의 일반원칙에 반하는 것이라면 행정내부적 효력도 인정될 수 없다.

18

항고소송의 대상에 관한 설명으로 옳지 않은 것은? (다툼이 있는 경우 판례에 의함)

① 병무청장이 「병역법」에 따라 병역의무 기피자의 인적 사항 등을 인터넷 홈페이지에 게시하는 등의 방법으로 공개한 경우 병무청장의 공개결정은 항고소송의 대상이 되는 행정처분이 아니다.

② 국민건강보험공단이 행한 '직장가입자 자격상실 및 자격변동 안내' 통보는 가입자 자격의 변동 여부 및 시기를 확인하는 의미에서 한 사실상 통지행위에 불과할 뿐, 항고소송의 대상이 되는 행정처분에 해당하지 않는다.

③ 어떠한 처분에 법령상 근거가 있는지, 「행정절차법」에서 정한 처분절차를 준수하였는지는 소송요건 심사단계가 아니라 본안에서 고려하여야 한다.

④ 행정청의 행위가 '처분'에 해당하는지가 불분명한 경우에는 그에 대한 불복방법 선택에 중대한 이해관계를 가지는 상대방의 인식가능성과 예측가능성을 중요하게 고려하여 규범적으로 판단하여야 한다.

19

행정행위의 하자에 관한 설명으로 옳지 않은 것은? (다툼이 있는 경우 판례에 의함)

① 인가처분에 하자가 없다면 기본행위에 하자가 있다고 하더라도 기본행위의 무효를 내세워 바로 그에 대한 행정청의 인가처분의 취소 또는 무효확인을 소구할 법률상 이익이 없다.

② 행정처분의 당연무효를 선언하는 의미에서 취소를 구하는 행정소송을 제기한 경우에는 취소소송의 제소요건을 갖추어야 한다.

③ 무권한은 중대·명백한 하자이므로 항상 무효사유라는 것이 판례의 입장이다.

④ 납세자가 아닌 제3자의 재산을 대상으로 한 압류처분은 그 처분의 내용이 법률상 실현될 수 없는 것이어서 당연무효이다.

20

「행정소송법」상 행정소송에 관한 설명으로 옳지 않은 것은? (다툼이 있는 경우 판례에 의함)

① 교도소장이 수형자를 '접견 내용 녹음·녹화 및 접견시 교도관 참여대상자'로 지정한 행위는 수형자의 구체적 권리·의무에 직접적 변동을 가져오는 행정청의 공법상 행위로서 항고소송의 대상이 되는 처분에 해당한다.

② 법원이 어느 하나의 사유에 의한 과징금 부과처분에 대하여 그 사유와 기본적 사실관계의 동일성이 인정되지 아니하는 다른 처분사유가 존재한다는 이유로 적법하다고 판단하는 것은 특별한 사정이 없는 한 직권심사주의의 한계를 넘는 것이다.

③ 일정한 납부기한을 정한 과징금 부과처분에 대하여 집행정지결정이 내려졌다면 과징금 부과처분에서 정한 과징금의 납부기간은 더 이상 진행되지 아니하고 집행정지결정의 주문에 표시된 종기의 도래로 인하여 집행정지가 실효된 때부터 다시 진행된다.

④ 어느 하나의 처분의 취소를 구하는 소에 당해 처분과 관련되는 처분의 취소를 구하는 청구를 추가적으로 병합한 경우, 추가적으로 병합된 소의 소제기기간의 준수 여부는 처음 소가 제기된 때를 기준으로 한다.

21

재결의 기속력에 관한 설명으로 옳지 않은 것은? (다툼이 있는 경우 판례에 의함)

① 재결에 의하여 취소되거나 무효 또는 부존재로 확인되는 처분이 당사자의 신청을 거부하는 것을 내용으로 하는 경우에는 그 처분을 한 행정청은 재결의 취지에 따라 다시 이전의 신청에 대한 처분을 하여야 한다.

② 재결의 기속력은 인용재결의 경우에만 인정되고, 기각재결에서는 인정되지 않는다.

③ 기속력은 재결의 주문에만 미치고, 처분 등의 구체적 위법사유에 관한 판단에는 미치지 않는다.

④ 행정심판 인용재결에 따른 행정청의 재처분의무에도 불구하고 행정청이 인용재결에 따른 처분을 하지 아니하는 경우에, 행정심판위원회는 청구인의 신청이 있어야 결정으로 일정한 배상을 하도록 명할 수 있다.

22

「행정소송법」상 집행정지결정에 관한 설명으로 옳지 않은 것은? (다툼이 있는 경우 판례에 의함)

① 법원은 당사자의 신청 또는 직권에 의하여 처분 등의 효력이나 그 집행 또는 절차의 속행의 전부 또는 일부의 정지를 결정하거나 집행정지의 취소를 결정할 수 있다.

② 집행정지결정은 속행정지, 집행정지, 효력정지로 구분되고 이 중 속행정지는 처분의 집행이나 효력을 정지함으로써 목적을 달성할 수 있는 경우에는 허용되지 아니한다.

③ 과징금납부명령의 처분이 사업자의 자금 사정이나 경영 전반에 미치는 파급효과가 매우 중대하다는 이유로 인한 손해는 효력정지 내지 집행정지의 적극적 요건인 '회복하기 어려운 손해'에 해당한다.

④ 효력기간이 정해져 있는 제재적 행정처분에 대한 취소소송에서 법원이 본안소송의 판결선고시까지 집행정지결정을 하면, 처분에서 정해 둔 효력기간은 판결선고시까지 진행하지 않다가 판결이 선고되면 그때 집행정지결정의 효력이 소멸함과 동시에 처분의 효력이 당연히 부활하여 처분에서 정한 효력기간이 다시 진행한다.

23

「행정소송법」상 당사자소송에 관한 설명으로 옳지 않은 것은? (다툼이 있는 경우 판례에 의함)

① 공법상 당사자소송에서 재산권의 청구를 인용하는 판결을 하는 경우 가집행선고를 할 수 있다.

② 소송형태는 당사자소송의 형식을 취하지만 실질적으로는 처분 등의 효력을 다투는 항고소송의 성질을 가지는 소송은 현행법상 인정되지 아니한다.

③ 「도시 및 주거환경정비법」상 행정주체인 주택재건축정비사업조합을 상대로 관리처분계획안에 대한 조합 총회결의의 효력 등을 다투는 소송은 당사자소송에 해당한다.

④ 「석탄산업법」과 관련하여 피재근로자는 석탄산업합리화사업단이 한 재해위로금 지급거부의 의사표시에 불복이 있는 경우 공법상 당사자소송을 제기하여야 한다.

24

행정소송에 관한 설명으로 옳지 않은 것은? (다툼이 있는 경우 판례에 의함)

① 무효확인소송에서 '무효확인을 구할 법률상 이익'이 있는지를 판단할 때, 행정처분의 무효를 전제로 한 이행소송 등과 같은 직접적인 구제수단이 있는지를 먼저 따질 필요는 없다.

② 「국토의 계획 및 이용에 관한 법률」상 토지소유자 등이 도시·군계획시설 사업시행자의 토지의 일시사용에 대하여 정당한 사유 없이 동의를 거부한 경우, 사업시행자가 토지소유자를 상대로 동의의 의사표시를 구하는 소송은 당사자소송으로 보아야 한다.

③ 합의제 행정청의 처분에 대하여는 합의제 행정청이 피고가 되므로, 부당노동행위에 대한 구제명령 등 중앙노동위원회의 처분에 대한 소송에서는 중앙노동위원회가 피고가 된다.

④ 권한의 내부위임이 있는 경우 내부수임기관이 착오 등으로 원처분청의 명의가 아닌 자기명의로 처분을 하였다면, 내부수임기관이 그 처분에 대한 항고소송의 피고가 된다.

25

사정판결에 관한 설명으로 옳지 않은 것은? (다툼이 있는 경우 판례에 의함)

① 사정판결은 본안심리 결과 원고의 청구가 이유 있다고 인정됨에도 불구하고 처분을 취소하는 것이 현저히 공공복리에 적합하지 아니하다고 인정하는 때 원고의 청구를 기각하는 판결을 말한다.

② 사정판결은 항고소송 중 취소소송 및 무효등확인소송에서 인정되는 판결의 종류이다.

③ 법원이 사정판결을 함에 있어서는 미리 원고가 그로 인하여 입게 될 손해의 정도와 배상방법, 그 밖의 사정을 조사하여야 한다.

④ 원고는 피고인 행정청이 속하는 국가 또는 공공단체를 상대로 손해배상, 제해시설의 설치, 그 밖에 적당한 구제방법의 청구를 해당 취소소송 등이 계속된 법원에 병합하여 제기할 수 있다.

제07회 실전동형 모의고사

정답 및 해설 p.150~162

01

위임명령의 한계에 관한 설명으로 옳지 않은 것은? (다툼이 있는 경우 판례에 의함)

① 법률이 공법적 단체 등의 정관에 자치법적 사항을 위임한 경우에는 헌법 제75조가 정하는 포괄적인 위임입법의 금지는 원칙적으로 적용되지 않지만, 그 사항이 국민의 권리·의무에 관련되는 것일 경우에는 적어도 국민의 권리·의무에 관한 기본적이고 본질적인 사항은 국회가 정하여야 한다.

② 죄형법정주의원칙상 형벌에 관한 내용은 행정입법에 위임할 수 없다.

③ 법률에서 위임받은 사항에 관하여 대강을 정하고 그중의 특정 사항을 범위를 정하여 하위 법령에 다시 위임하는 경우에는 재위임이 허용된다. 이러한 법리는 조례가 「지방자치법」에 따라 주민의 권리 제한 또는 의무 부과에 관한 사항을 법률로부터 위임받은 후, 이를 다시 지방자치단체장이 정하는 '규칙'이나 '고시' 등에 재위임하는 경우에도 마찬가지이다.

④ 법률의 시행령이나 시행규칙의 내용이 모법 조항의 취지에 근거하여 이를 구체화하기 위한 것인 때에는 모법의 규율범위를 벗어난 것으로 볼 수 없다. 이러한 경우에는 모법에 이에 관하여 직접 위임하는 규정을 두지 않았다고 하여도 이를 무효라고 볼 수 없다.

02

「질서위반행위규제법」상 과태료에 관한 설명으로 옳지 않은 것은?

① 신분에 의하여 성립하는 질서위반행위에 신분이 없는 자가 가담한 때에는 신분이 없는 자에 대하여도 질서위반행위가 성립한다.

② 하나의 행위가 2 이상의 질서위반행위에 해당하는 경우에는 각 질서위반행위에 대하여 정한 과태료 중 가장 중한 과태료를 부과한다.

③ 자신의 행위가 위법하지 아니한 것으로 오인하고 행한 질서위반행위는 그 오인에 정당한 이유가 있는 때에 한하여 과태료를 부과하지 아니한다.

④ 행정청이 위반사실을 적발하면 과태료를 부과받을 자의 주소지를 관할하는 지방법원에 통보하여야 하고, 당해 법원은 「비송사건절차법」에 따라 결정으로써 과태료를 부과한다.

03

「행정조사기본법」상 행정조사에 관한 설명으로 옳지 않은 것은?

① 행정기관의 장은 조사원이 조사목적의 달성을 위하여 한 시료채취로 조사대상자에게 손실을 입힌 때에는 그 손실을 보상하여야 한다.

② 개별법령 등에서 행정조사를 규정하고 있지 않더라도, 행정기관은 조사대상자가 자발적으로 협조하는 경우에는 행정조사를 실시할 수 있다.

③ 조사원이 조사목적의 달성을 위하여 시료채취를 하는 경우에는 그 시료의 소유자 및 관리자의 정상적인 경제활동을 방해하지 아니하는 범위 안에서 필요한 양만큼 하여야 한다.

④ 행정기관의 장은 당해 행정기관 내의 2 이상의 부서가 동일하거나 유사한 업무분야에 대하여 동일한 조사대상자에게 행정조사를 실시하는 경우에는 공동조사를 하여야 한다.

04

다음 설명 중 옳지 않은 것은? (다툼이 있는 경우 판례에 의함)

① 거부처분에 대한 집행정지는 그 거부처분으로 인하여 신청인에게 생길 손해를 방지하는 데 아무런 보탬이 되지 아니하므로 허용되지 않는다.

② 본안판결까지 기다릴 수 없는 긴급한 필요가 있을 것은 행정청이 입증하여야 한다.

③ 집행정지의 요건으로 규정하고 있는 '공공복리에 중대한 영향을 미칠 우려'가 없을 것이라고 할 때의 '공공복리'는 그 처분의 집행과 관련된 구체적이고도 개별적인 공익을 말하는 것으로서 이러한 집행정지의 소극적 요건에 대한 주장·소명책임은 행정청에게 있다.

④ 「도시 및 주거환경정비법」에 근거한 조합설립인가처분은 행정주체로서의 지위를 부여하는 설권적 처분이고, 조합설립결의는 조합설립인가처분의 요건이므로, 조합설립결의에 하자가 있다면 그 하자를 이유로 직접 항고소송의 방법으로 조합설립인가처분의 취소 또는 무효확인을 구하여야 한다.

05

「국가배상법」상 이중배상금지에 관한 설명으로 옳지 않은 것은? (다툼이 있는 경우 판례에 의함)

① 「국가배상법」 제2조 제1항 단서에서 정한 '다른 법령의 규정'에 따른 보상금청구권이 모두 시효로 소멸된 경우라고 하더라도 「국가배상법」 제2조 제1항 단서규정이 적용된다.

② 경찰공무원인 피해자가 「공무원연금법」에 따라 공무상 요양비를 지급받는 것은 「국가배상법」 제2조 제1항 단서에서 정한 '다른 법령의 규정'에 따라 보상을 지급받는 것에 해당하지 않는다.

③ 형벌에 관한 법령이 헌법재판소의 위헌결정으로 소급하여 효력을 상실한 경우, 위헌선언 전 그 법령에 기초하여 수사가 개시되어 공소가 제기되고 유죄판결이 선고되었다면, 국가의 손해배상책임이 발생한다.

④ 군인이 교육훈련으로 공상을 입은 경우라도 「군인연금법」 또는 구 「국가유공자 예우 등에 관한 법률」에 의하여 재해보상금·유족연금·상이연금 등 별도의 보상을 받을 수 없는 경우에는 「국가배상법」 제2조 제1항 단서의 적용대상에서 제외하여야 한다.

06

조례제정권의 범위와 한계에 관한 설명으로 옳지 않은 것은? (다툼이 있는 경우 판례에 의함)

① 지방자치단체는 법령에 위반되지 않는 범위 내에서 자치사무에 관하여 주민의 권리를 제한하거나 의무를 부과하는 사항이 아닌 한 법률의 위임 없이 조례를 제정할 수 있다.

② 담배자동판매기의 설치를 금지하고 설치된 판매기를 철거하도록 하는 조례는 기존 담배자동판매기업자의 직업의 자유와 재산권을 제한하는 조례이므로 법률의 위임이 필요하다.

③ 영유아 보육시설 종사자의 정년을 조례로 규정하고자 하는 경우에는 법률의 위임이 필요 없다.

④ 군민의 출산을 장려하기 위하여 세 자녀 이상 세대 중 세 번째 이후 자녀에게 양육비 등을 지원할 수 있도록 하는 조례의 제정에는 법률의 위임이 필요 없다.

07

A구의회의원인 甲은 공무원을 폭행하는 등 의원으로서 품위를 손상시키는 행위를 하였다. 이러한 사유를 들어 A구의회는 甲을 의원직에서 제명하는 의결을 하였다. 이에 甲은 위 제명의결을 행정소송의 방법으로 다투고자 한다. 이에 관한 설명으로 옳은 것은? (다툼이 있는 경우 판례에 의함)

① 법원이 甲이 제기한 행정소송을 받아들여 소송의 계속 중에 甲의 임기가 만료되었다면 수소법원은 소의 이익을 인정할 수 없다.

② A구의회는 입법기관으로서 행정청의 지위를 갖지 못하므로 甲에 대한 제명의결을 다투는 행정소송에서는 A구의회 사무총장이 피고가 되어야 한다.

③ 「행정소송법」 제12조의 '법률상 이익' 개념에 관하여 법률상 이익구제설에 따르는 판례에 의하면 甲은 제명의결을 다툴 원고적격을 갖지 못한다.

④ 甲이 제명의결을 행정소송으로 다투는 경우 소송의 유형은 취소소송 또는 무효확인소송으로 할 수 있다.

08

행정계획에 관한 설명으로 옳지 않은 것은? (다툼이 있는 경우 판례에 의함)

① 행정청은 행정청이 수립하는 계획을 변경·폐지할 때에는 관련된 여러 이익을 정당하게 형량하여야 한다.

② '4대강 살리기 마스터플랜'은 행정처분이 아니다.

③ 행정주체는 구체적인 행정계획을 입안·결정함에 있어서 비교적 광범위한 형성의 자유를 가진다.

④ 행정주체가 행정계획을 입안·결정함에 있어서 이익형량의 고려대상에 마땅히 포함시켜야 할 사항을 누락한 경우 그 행정계획 결정은 재량권을 일탈·남용한 것으로서 위법하다.

09

「행정기본법」상 처분의 취소 및 철회에 관한 설명으로 옳지 않은 것은?

① 행정청은 당사자의 신뢰를 보호할 가치가 있는 등 정당한 사유가 있는 경우에는 위법한 처분을 장래를 향하여 취소할 수 있다.

② 당사자가 부정한 방법으로 수익적 처분을 받은 경우에도 행정청이 그 처분을 취소하려면 취소로 인하여 당사자가 입게 될 불이익을 취소로 달성되는 공익과 비교·형량하여야 한다.

③ 행정청은 중대한 공익을 위하여 필요한 경우에는 적법한 처분의 전부 또는 일부를 장래를 향하여 철회할 수 있다.

④ 처분은 무효가 아닌 한 권한이 있는 기관이 취소 또는 철회하거나 기간의 경과 등으로 소멸되기 전까지는 유효한 것으로 통용된다.

10

행정소송의 판결에 관한 설명으로 옳지 않은 것은? (다툼이 있는 경우 판례에 의함)

① 처분 등을 취소하는 확정판결은 제3자에 대하여도 효력이 있다.

② 취소 확정판결의 기속력은 판결의 주문 및 전제가 되는 처분 등의 구체적 위법사유에 관한 판단에도 미치므로, 이유로 제시된 모든 사유에 대해 기속력이 미친다.

③ 법원은 원고의 청구가 이유 있다고 인정하는 경우에도 처분 등을 취소하는 것이 현저히 공공복리에 적합하지 아니하다고 인정하는 때에는 원고의 청구를 기각할 수 있다.

④ 과세의 절차 내지 형식에 위법이 있어 과세처분을 취소하는 판결이 확정되었을 경우 과세관청은 그 위법사유를 보완하여 다시 새로운 과세처분을 할 수 있고, 그 새로운 과세처분은 확정판결에 의하여 취소된 종전의 과세처분과는 별개의 처분이다.

11

행정절차에 관한 설명으로 옳지 않은 것은? (다툼이 있는 경우 판례에 의함)

① 직위해제처분은 사전통지의 대상이 아니다.

② 환경영향평가절차를 거쳤다면, 환경영향평가의 내용이 다소 부실하다고 하더라도, 그 부실의 정도가 환경영향평가를 하지 아니한 것과 다를 바 없는 정도의 것이 아니라면 당연히 당해 승인 등 처분이 위법하게 되는 것은 아니다.

③ 행정청이 당사자와 도시계획사업의 시행과 관련한 협약을 체결하면서 관계 법령 및 「행정절차법」에 규정된 청문의 실시 등 의견청취절차를 배제하는 조항을 두었다고 하더라도, 청문의 실시에 관한 규정의 적용을 배제할 수 있다고 볼 만한 법령상 규정이 없는 한, 청문의 실시에 관한 규정의 적용이 배제된다거나 청문을 실시하지 않아도 되는 예외적인 경우에 해당한다고 할 수 없다.

④ 당사자가 근거규정 등을 명시하여 신청하는 인허가 등을 거부하는 처분을 함에 있어 당사자가 그 근거를 알 수 있을 정도로 상당한 이유를 제시한 경우에는 당해 처분의 근거 및 이유를 구체적 조항 및 내용까지 명시하지 않았다면 그 처분은 위법하다.

12

행정조사에 관한 설명으로 옳지 않은 것은? (다툼이 있는 경우 판례에 의함)

① 세무조사에 중대한 위법사유가 있는 경우 이러한 세무조사에 의하여 수집된 과세자료를 기초로 한 과세처분 역시 위법하다.

② 과세관청의 질문조사권이 행해지는 세무조사결정은 납세의무자의 권리·의무에 직접 영향을 미치는 공권력의 행사에 따른 행정작용으로서 항고소송의 대상이 된다.

③ 「행정조사기본법」 제4조(행정조사의 기본원칙)는 조세·보안처분에 관한 사항에 대하여 적용하지 아니한다.

④ 행정기관의 장은 법령 등에 특별한 규정이 있는 경우를 제외하고는 행정조사의 결과를 확정한 날부터 7일 이내에 그 결과를 조사대상자에게 통지하여야 한다.

13

제재처분에 관한 설명으로 옳지 않은 것은? (다툼이 있는 경우 판례에 의함)

① 법령 등을 위반한 행위 후 법령 등의 변경에 의하여 그 행위가 법령 등을 위반한 행위에 해당하지 아니하거나 제재처분기준이 가벼워진 경우로서 해당 법령 등에 특별한 규정이 없는 경우에는 위반 당시의 법령 등을 적용한다.

② 행정청이 여러 개의 위반행위에 대하여 하나의 제재처분을 하였으나, 위반행위별로 제재처분의 내용을 구분하는 것이 가능하고 여러 개의 위반행위 중 일부의 위반행위에 대한 제재처분 부분만이 위법하다면, 법원은 제재처분 전부를 취소하여서는 아니 된다.

③ 일정한 법규 위반사실이 행정처분의 전제사실이자 형사법규의 위반사실이 되는 경우, 형사판결이 확정되기 전에 그 위반사실을 이유로 제재처분을 하였어도 절차적 위반은 아니다.

④ 행정법규 위반에 대한 영업정지처분은 행정목적의 달성을 위하여 행정법규 위반이라는 객관적 사실에 착안하여 가하는 제재이므로, 반드시 현실적인 행위자가 아니라도 법령상 책임자로 규정된 자에게 부과되고, 특별한 사정이 없는 한 위반자에게 고의나 과실이 없더라도 부과할 수 있다.

14

「행정대집행법」상 대집행에 관한 설명으로 옳지 않은 것은? (다툼이 있는 경우 판례에 의함)

① 「공익사업을 위한 토지 등의 취득 및 보상에 관한 법률」상 협의취득시에 매매대상건물에 대한 철거의무를 부담하겠다는 취지의 약정을 건물소유자가 하였다고 하더라도, 그 철거의무는 대집행의 대상이 되지 않는다.

② 공유수면에 설치한 건물을 철거하여 공유수면을 원상회복하여야 할 의무는 대체적 작위의무에 해당하므로 행정대집행의 대상이 된다.

③ 행정청이 건물철거의무를 행정대집행의 방법으로 실현하는 과정에서 건물을 점유하고 있는 철거의무자들에 대하여 제기한 건물퇴거를 구하는 소송은 적법하다.

④ 철거대상건물의 점유자들이 적법한 행정대집행을 위력을 행사하여 방해하는 경우, 행정청은 필요하다면 「경찰관 직무집행법」에 근거한 위험발생방지조치 차원에서 경찰의 도움을 받을 수 있다.

15

기속행위와 재량행위에 관한 설명으로 옳지 않은 것은? (다툼이 있는 경우 판례에 의함)

① 재량행위는 요건이 충족되어도 공익과의 이익형량을 통하여 법에 정해진 효과를 부여하지 않을 수 있다.

② 기속행위의 경우 법원이 사실인정과 관련 법규의 해석·적용을 통하여 일정한 결론을 도출한 후 그 결론에 비추어 행정청이 한 판단의 적법 여부를 독자의 입장에서 판정한다.

③ 의제되는 인허가가 재량행위인 경우에는 주된 인허가가 기속행위인 경우에도 인허가가 의제되는 한도 내에서 재량행위로 보아야 한다.

④ 사실의 존부에 대한 판단에도 재량권이 인정될 수 있으므로, 사실을 오인하여 재량권을 행사한 경우라도 처분이 위법한 것은 아니다.

16

행정행위의 취소와 철회에 관한 설명으로 옳지 않은 것은? (다툼이 있는 경우 판례에 의함)

① 과세관청은 과세처분의 취소를 다시 취소함으로써 이미 효력을 상실한 과세처분을 소생시킬 수 있다.

② 행정청은 적법한 처분이 중대한 공익을 위하여 필요한 경우에는 그 처분을 장래를 향하여 철회할 수 있다.

③ 수익적 행정행위의 철회는 특별한 다른 규정이 없는 한 「행정절차법」상 절차에 따라 행해져야 한다.

④ 처분청은 처분의 성립에 하자가 있는 경우 별도의 법적 근거가 없더라도 직권으로 이를 취소할 수 있다.

17

「행정절차법」의 적용대상이 되는 것은? (다툼이 있는 경우 판례에 의함)

① 「병역법」에 따른 징집·소집

② 「국가공무원법」상 직위해제처분

③ 헌법재판소의 심판을 거쳐 행하는 사항

④ 대통령의 한국방송공사 사장의 해임처분

18

부관에 관한 설명으로 옳지 않은 것은? (다툼이 있는 경우 판례에 의함)

① 재량행위에 있어서는 관계 법령에 명시적인 금지규정이 없는 한 행정목적을 달성하기 위하여 조건이나 기한, 부담 등의 부관을 붙일 수 있다.

② 토지소유자가 토지형질변경행위허가에 붙은 기부채납의 부관에 따라 토지를 국가나 지방자치단체에 기부채납(증여)한 경우, 토지소유자는 원칙적으로 기부채납(증여)의 중요 부분에 착오가 있음을 이유로 증여계약을 취소할 수 있다.

③ 당초에 붙은 기한을 허가 자체의 존속기간이 아니라 허가조건의 존속기간으로 보더라도 그 후 당초의 기한이 상당 기간 연장되어 연장된 기간을 포함한 존속기간 전체를 기준으로 볼 경우 더 이상 허가된 사업의 성질상 부당하게 짧은 경우에 해당하지 않게 된 때에는 재량권의 행사로서 더 이상의 기간 연장을 불허가할 수도 있다.

④ 일반적으로 행정처분에 효력기간이 정하여져 있는 경우에는 그 기간의 경과로 그 행정처분의 효력은 상실되며, 다만 허가에 붙은 기한이 그 허가된 사업의 성질상 부당하게 짧은 경우에는 이를 그 허가 자체의 존속기간이 아니라 그 허가조건의 존속기간으로 볼 수 있다.

19

행정처분의 소멸에 관한 설명으로 옳지 않은 것은? (다툼이 있는 경우 판례에 의함)

① 취소심판을 제기한 경우 관할 행정심판위원회에서 취소재결하는 것은 직권취소에 해당한다.

② 도시계획시설사업의 사업자 지정을 한 관할청은 도시계획시설사업의 시행자 지정에 하자가 있는 경우, 별도의 법적 근거가 없더라도 스스로 이를 취소할 수 있다.

③ 종전 행정처분에 하자가 있음을 전제로 직권으로 이를 취소하는 행정처분의 경우 하자나 취소하여야 할 필요성에 관한 증명책임은 기존 이익과 권리를 침해하는 처분을 한 행정청에 있다.

④ 지방병무청장은 군의관의 신체등위판정이 금품수수에 따라 위법 또는 부당하게 이루어졌다고 인정하는 경우, 그 신체등위판정을 기초로 자신이 한 병역처분을 직권으로 취소할 수 있다.

20

국가배상에 관한 설명으로 옳지 않은 것은? (다툼이 있는 경우 판례에 의함)

① 개별공시지가 산정에 있어 자연림을 공업용으로 잘못 평가하여 금융기관이 이를 근거로 대출하여 손해가 발생한 경우 지방자치단체는 배상책임이 있다.

② 어린이가 미니컵 젤리를 먹다가 사망한 경우에 국가의 과실은 인정되지 않는다.

③ 소음 등을 포함한 공해 등의 위험지역으로 이주하여 들어가 거주하는 경우와 같이 위험의 존재를 인식하거나 과실로 인식하지 못하고 이주한 경우에는 손해배상액의 산정에 있어 형평의 원칙상 과실상계에 준하여 감경 또는 면제사유로 고려하여야 한다.

④ 영조물책임은 면책이 인정되지 아니한다.

21

행정법상 의무의 강제방법에 관한 설명으로 옳지 않은 것은? (다툼이 있는 경우 판례에 의함)

① 법인은 기관을 통하여 행위하므로 법인이 대표자를 선임한 이상 그의 행위로 인한 법률효과는 법인에게 귀속되어야 하고, 법인 대표자의 범죄행위에 대하여는 법인이 자신의 행위에 대한 책임을 부담하는 것이다.

② 관계 법령상 행정대집행의 절차가 인정되어 행정청이 행정대집행의 방법으로 건물의 철거 등 대체적 작위의무의 이행을 실현할 수 있는 경우에는 따로 민사소송의 방법으로 그 의무의 이행을 구할 수 없다.

③ 행정청이 여러 개의 위반행위에 대하여 하나의 제재처분을 하였으나, 위반행위별로 제재처분의 내용을 구분하는 것이 가능하고 여러 개의 위반행위 중 일부의 위반행위에 대한 제재처분 부분만이 위법하다면, 법원은 제재처분 중 위법성이 인정되는 부분만 취소하여야 하고 제재처분 전부를 취소하여서는 아니 된다.

④ 행정대집행은 대체적 작위의무에 대한 강제집행수단이고, 이행강제금은 부작위의무나 비대체적 작위의무에 대한 강제집행수단이므로 이행강제금은 대체적 작위의무의 위반에 대하여는 부과될 수 없다.

22

A도(道) B군(郡)에서 식품접객업을 하는 甲은 청소년에게 술을 팔다가 적발되었다. 「식품위생법」은 위법하게 청소년에게 주류를 제공한 영업자에게 "6개월 이내의 기간을 정하여 그 영업의 전부 또는 일부를 정지할 수 있다."라고 규정하고, 「식품위생법 시행규칙」 [별표 23]은 청소년 주류제공(1차 위반)시 행정처분기준을 '영업정지 2개월'로 정하고 있다. B군수는 甲에게 2개월의 영업정지처분을 하였다. 이에 관한 설명으로 옳지 않은 것은? (다툼이 있는 경우 판례에 의함)

① 甲은 영업정지처분에 불복하여 A도 행정심판위원회에 행정심판을 청구할 수 있다.

② 甲은 행정심판을 청구하지 않고 영업정지처분에 대한 취소소송을 제기할 수 있다.

③ 「식품위생법 시행규칙」의 행정처분기준은 행정규칙의 형식이나, 「식품위생법」의 내용을 보충하면서 「식품위생법」의 규정과 결합하여 위임의 범위 내에서 대외적인 구속력을 가진다.

④ 甲이 취소소송을 제기하는 경우 법원은 재량권의 일탈·남용이 인정되면 영업정지처분을 취소할 수 있다.

23

「질서위반행위규제법」에 관한 설명으로 옳은 것은?

① 지방자치단체의 조례상 의무를 위반하여 과태료를 부과하는 행위는 질서위반행위에 해당되지 않는다.

② 법원의 과태료 재판이 확정된 후 법률이 변경되어 그 행위가 질서위반행위에 해당하지 아니하게 된 때에는 변경된 법률에 특별한 규정이 없는 한 과태료의 집행을 면제한다.

③ 과태료는 행정청의 과태료 부과처분이 있은 후 3년간 징수하지 아니하면 시효로 인하여 소멸한다.

④ 행정청의 과태료 부과에 대한 이의제기는 과태료 부과처분의 효력에 영향을 주지 아니한다.

24

취소소송에 관한 설명으로 옳지 않은 것은? (다툼이 있는 경우 판례에 의함)

① 제재적 행정처분의 효력이 제재기간 경과로 소멸하였더라도 관련 법규에서 제재적 행정처분을 받은 사실을 가중사유나 전제요건으로 삼아 장래의 제재적 행정처분을 하도록 정하고 있다면, 선행처분의 취소를 구할 법률상 이익이 있다.

② 행정처분의 취소소송 계속 중 처분청이 다툼의 대상이 되는 행정처분을 직권으로 취소하면 그 처분은 효력을 상실하여 더 이상 존재하지 않는 것이므로 존재하지 않는 처분을 대상으로 한 항고소송은 원칙적으로 소의 이익이 소멸하여 부적법하다.

③ 고등학교 졸업이 대학 입학 자격이나 학력 인정으로서의 의미밖에 없다고 할 수 없으므로 고등학교졸업학력검정고시에 합격하였다고 하여 고등학교 학생으로서의 신분과 명예가 회복될 수 없는 것이니 퇴학처분을 받은 자로서는 퇴학처분의 위법을 주장하여 그 취소를 구할 소송상 이익이 있다.

④ 소송 계속 중 해당 처분이 기간의 경과로 그 효과가 소멸하더라도 예외적으로 그 처분의 취소를 구할 소의 이익을 인정할 수 있는 '행정처분과 동일한 사유로 위법한 처분이 반복될 위험성이 있는 경우'란 해당 사건의 동일한 소송당사자 사이에서 반복될 위험이 있는 경우만을 의미한다.

25

행정입법에 관한 설명으로 옳은 것은? (다툼이 있는 경우 판례에 의함)

① 상위 법령 등의 단순한 집행을 위해 총리령을 제정하려는 경우, 행정상 입법예고를 하지 아니할 수 있다.

② 재량준칙은 제정됨으로써 일반적으로 행정조직 내부뿐만 아니라 대외적인 구속력을 갖는다.

③ 교육부장관이 대학입시기본계획의 내용에서 내신성적 산정기준에 관한 시행지침을 정한 경우, 각 고등학교는 이에 따라 내신성적을 산정할 수밖에 없어 이는 행정처분에 해당된다.

④ 행정소송에 대한 대법원 판결에 의하여 명령·규칙이 헌법 또는 법률에 위반된다는 것이 확정된 경우, 대법원은 지체 없이 그 사유를 해당 법령의 소관 부처의 장에게 통보하여야 한다.

제08회 실전동형 모의고사

정답 및 해설 p.162~174

01

행정소송에 관한 설명으로 옳지 않은 것은? (다툼이 있는 경우 판례에 의함)

① 당사자소송으로 서울행정법원에 제기할 것을 민사소송으로 지방법원에 제기하여 판결이 내려진 경우, 그 판결은 관할 위반으로 각하하여야 한다.

② 건축물의 하자를 다투는 입주예정자들은 건물의 사용검사처분에 대해 제3자효 행정행위의 차원에서 행정소송을 통해 다툴 수 없다.

③ 민사소송인 소가 서울행정법원에 제기되었는데도 피고가 제1심법원에서 관할 위반이라고 항변하지 않고 본안에서 변론을 한 경우에는 제1심법원에 변론관할이 생긴다.

④ 환경부장관이 생태 · 자연도 1등급으로 지정되었던 지역을 2등급으로 변경하는 내용의 생태 · 자연도 수정 · 보완을 고시하는 경우, 1등급지역에 거주하던 인근 주민은 생태 · 자연도 등급변경처분의 무효확인을 구할 원고적격이 없다.

02

행정법의 법원(法源)에 관한 설명으로 옳은 것은? (다툼이 있는 경우 판례에 의함)

① 인간다운 생활을 할 권리와 같은 헌법상 추상적인 기본권에 관한 규정은 행정법의 법원이 되지 못한다.

② 국제법규도 행정법의 법원이므로, 사인이 제기한 취소소송에서 WTO협정과 같은 국제협정 위반을 독립된 취소사유로 주장할 수 있다.

③ 알 권리와 같은 자유권적 기본권은 헌법만으로 공권성이 인정된다.

④ 행정의 자기구속의 원칙은 처분청이 아닌 제3자 행정청에 대해서도 적용된다.

03

손실보상에 관한 설명으로 옳은 것은? (다툼이 있는 경우 판례에 의함)

① 「공익사업을 위한 토지 등의 취득 및 보상에 관한 법률」에 따라 사업인정고시가 된 후 토지의 사용으로 인하여 토지의 형질이 변경되는 경우에 토지소유자는 사업시행자 또는 관할 토지수용위원회에 그 토지의 매수청구권을 행사할 수 있다.

② 「공익사업을 위한 토지 등의 취득 및 보상에 관한 법률」상 사업시행자와 토지소유자 사이의 협의취득에 대한 분쟁은 당사자소송으로 다투어야 한다.

③ 헌법재판소는 「개발제한구역의 지정 및 관리에 관한 특별조치법」 제11조 제1항 등에 대한 위헌소원 사건에서 토지의 효용이 감소한 토지소유자에게 토지매수청구권을 인정하는 등 보상규정을 두었지만 적절한 손실보상에 해당하지 않는다고 위헌결정을 하였다.

④ 사업시행자는 동일한 사업지역에 보상시기를 달리하는 동일인 소유의 토지 등이 여러 개가 있는 경우 토지 등의 소유자가 일괄보상을 요구하더라도 「공익사업을 위한 토지 등의 취득 및 보상에 관한 법률」에 따라 단계적으로 보상금을 지급하여야 한다.

04

행정입법에 관한 설명으로 옳지 않은 것은? (다툼이 있으면 판례에 의함)

① 헌법이 인정하고 있는 위임입법의 형식은 예시적인 것이다.

② 행정각부가 아닌 국무총리 소속의 독립기관은 독립하여 법규명령을 발할 수 있다.

③ 행정규칙인 고시가 법령의 수권에 의해 법령을 보충하는 사항을 정하는 경우에는 근거법령규정과 결합하여 대외적으로 구속력 있는 법규명령의 효력을 갖는다.

④ 재량권 행사의 기준을 정하는 행정규칙을 재량준칙이라고 한다.

05

다음 설명 중 옳은 것은? (다툼이 있는 경우 판례에 의함)

① 단체소송의 소는 피고의 주된 사무소 또는 영업소가 있는 곳, 주된 사무소나 영업소가 없는 경우에는 주된 업무담당자의 주소가 있는 곳의 행정법원의 관할에 전속한다.
② 원고의 청구를 기각하는 판결이 확정된 경우 이와 동일한 사안에 관하여는 다른 단체는 단체소송을 제기할 수 없다.
③ 행정심판에 있어서 사건의 심리·의결에 관한 사무에 관여하는 직원에게는 「행정심판법」 제10조의 위원의 제척·기피·회피가 적용되지 않는다.
④ 해고의 효력을 다툴 때에는 중앙노동위원회를 피고로 하여야 한다.

06

행정의 실효성 확보수단에 관한 설명으로 옳지 않은 것은? (다툼이 있는 경우 판례에 의함)

① 「건축법」상 시정명령을 받은 의무자가 그 시정명령의 취지에 부합하는 의무를 이행하기 위한 정당한 방법으로 행정청에 신청 또는 신고를 하였으나 행정청이 위법하게 이를 거부 또는 반려함으로써 결국 그 처분이 취소되기에 이르렀다면, 이행강제금제도의 취지에 비추어 볼 때 그 시정명령의 불이행을 이유로 이행강제금을 부과할 수 없다.
② 행정청이 전체 위반행위에 대하여 하나의 과징금 부과처분을 할 경우에 산정되었을 정당한 과징금액에서 이미 부과된 과징금액을 뺀 나머지 금액을 한도로 하여서만 추가 과징금 부과처분을 할 수 없다.
③ 건물의 소유자에게 위법건축물을 일정 기간까지 철거할 것을 명함과 아울러 불이행할 때에는 대집행한다는 내용의 철거대집행 계고처분을 고지한 후 이에 불응하자 다시 제2차, 제3차 계고서를 발송하여 일정 기간까지의 자진철거를 촉구하고 불이행하면 대집행을 한다는 뜻을 고지한 경우, 제2차, 제3차의 계고처분은 새로운 철거의무를 부과한 것이 아니라 대집행기한을 연기통지한 것에 불과하다.
④ 행정법상 질서벌인 과태료의 부과처분과 형사처벌은 그 성질이나 목적을 달리하는 별개의 것이므로 행정법상 질서벌인 과태료를 납부한 후에 형사처벌을 한다고 하여 이를 일사부재리의 원칙에 반하는 것이라고 할 수는 없다.

07

서훈 또는 서훈취소에 관한 설명으로 옳지 않은 것은? (다툼이 있는 경우 판례에 의함)

① 서훈취소는 대통령이 국가원수로서 행하는 행위이지만 통치행위는 아니다.
② 서훈은 서훈대상자의 특별한 공적에 의하여 수여되는 것이므로 유족이 처분상대방이 될 수 없다.
③ 건국훈장 독립장이 수여된 망인에 대한 서훈취소를 국무회의에서 의결하고 대통령이 결재함으로써 서훈취소가 결정된 후에 국가보훈처장이 망인의 유족에게 독립유공자 서훈취소결정 통보를 하였다면 서훈취소처분 취소소송에서의 피고적격은 국가보훈처장(현 국가보훈부장관)이 아니라 대통령이다.
④ 국가보훈처장(현 국가보훈부장관)이 서훈추천신청자에 대한 서훈추천을 거부한 것은 항고소송의 대상으로 볼 수는 없어 항고소송을 제기할 수는 없으나 행정권력의 부작위에 대한 헌법소원으로서 다툴 수 있다.

08

행정벌에 관한 설명으로 옳지 않은 것은? (다툼이 있는 경우 판례에 의함)

① 법인의 독자적인 책임에 관한 규정이 없이 단순히 종업원이 업무에 관한 범죄행위를 하였다는 이유만으로 법인에게 형사처벌을 과하는 것은 책임주의원칙에 반한다.
② 죄형법정주의원칙 등 형벌법규의 해석원리는 행정형벌에 관한 규정을 해석할 때에도 적용되어야 한다.
③ 양벌규정에 의해 영업주가 처벌되기 위해서는 종업원의 범죄가 성립하거나 처벌이 이루어져야 함이 전제조건이 되어야 한다.
④ 지방자치단체 소속 공무원이 자치사무를 수행하던 중 법 위반행위를 한 경우 지방자치단체는 같은 법의 양벌규정에 따라 처벌되는 법인에 해당한다.

09

행정행위에 관한 설명으로 옳지 않은 것은? (다툼이 있는 경우 판례에 의함)

① 공유수면의 점용 · 사용허가는 특정인에게 공유수면이용권이라는 독점적 권리를 설정하여 주는 처분이다.

② 시 · 도경찰청장이 횡단보도를 설치하여 보행자 통행방법 등을 규제하는 것은 국민의 권리 · 의무에 직접 관계가 있는 행위로서 행정처분이다.

③ 국유재산의 무단점유에 대한 변상금 징수의 요건은 「국유재산법」에 명백히 규정되어 있으므로 변상금을 징수할 것인가는 처분청의 재량을 허용하지 않는 기속행위이다.

④ 건축허가를 할 때 행정청으로서는 허가를 할 때에 건축주 또는 토지소유자가 누구인지 등 인적 요소에 관하여 실질적 심사를 한다.

10

다단계행정결정에 관한 설명으로 옳지 않은 것은? (다툼이 있는 경우 판례에 의함)

① 「공유재산 및 물품 관리법」에 근거하여 공모제안을 받아 이루어지는 민간투자사업 '우선협상대상자 선정행위'나 '우선협상대상자 지위배제행위'에서 '우선협상대상자 지위배제행위'만이 항고소송의 대상인 처분에 해당한다.

② 구 「원자력법」상 원자로 및 관계 시설의 부지사전승인처분 후 건설허가처분까지 내려진 경우, 선행처분은 후행처분에 흡수되어 건설허가처분만이 행정쟁송의 대상이 된다.

③ 공정거래위원회가 부당한 공동행위를 한 사업자에게 과징금 부과처분을 한 뒤 다시 자진신고 등을 이유로 과징금 감면처분을 한 경우, 선행처분은 후행처분에 흡수되어 소멸하므로 선행처분의 취소를 구하는 소는 부적법하다.

④ 자동차운송사업 양도 · 양수인가신청에 대하여 행정청이 내인가를 한 후 그 본인가신청이 있음에도 내인가를 취소한 경우, 다시 본인가에 대하여 별도로 인가 여부의 처분을 한다는 사정이 보이지 않는다면 내인가취소는 행정처분에 해당한다.

11

행정대집행에 관한 설명으로 옳지 않은 것은? (다툼이 있는 경우 판례에 의함)

① 행정대집행은 「행정기본법」상 행정상 강제에 해당한다.

② 대집행에 요한 비용에 대하여서는 행정청은 사무비의 소속에 따라 국세에 다음가는 순위의 선취득권을 가지며, 대집행에 요한 비용을 징수하였을 때에는 그 징수금은 국고의 수입으로 한다.

③ 「행정대집행법」상 대집행의 대상이 되는 대체적 작위의무는 공법상 의무이어야 한다.

④ 대집행에 요한 비용은 민사소송으로 징수할 수 있다.

12

「공공기관의 정보공개에 관한 법률」상 정보공개에 관한 설명으로 옳지 않은 것은? (다툼이 있는 경우 판례에 의함)

① 정보의 공개 및 우송 등에 드는 비용은 실비의 범위에서 청구인이 부담한다.

② 공공기관은 공개청구된 정보가 공공기관이 보유 · 관리하지 아니하는 정보인 경우로서 「민원 처리에 관한 법률」에 따른 민원으로 처리할 수 있는 경우에는 민원으로 처리할 수 있다.

③ 청구인이 공공기관에 대하여 정보공개를 청구하였다가 거부처분을 받은 것 자체가 법률상 이익의 침해에 해당한다.

④ 오로지 공공기관의 담당공무원을 괴롭힐 목적으로 정보공개청구를 하는 경우에도 정보공개청구권의 행사는 허용되어야 한다.

13

정보공개에 관한 설명으로 옳지 않은 것은? (다툼이 있는 경우 판례에 의함)

① 정보공개청구권자의 권리구제가능성은 정보의 공개 여부 결정에 영향을 미치지 못한다.

② 정보공개거부처분 취소소송에서 행정기관이 청구정보를 증거 등으로 법원에 제출하여 결과적으로 청구인에게 정보를 공개하는 결과가 되었다면, 당해 정보의 비공개결정의 취소를 구할 소의 이익은 소멸된다.

③ 정보공개청구에 대하여 행정청이 전부공개결정을 하는 경우에는, 청구인이 지정한 정보공개방법에 의하지 않았다면 청구인은 이를 다툴 수 있다.

④ 「형사소송법」은 형사재판확정기록의 공개 여부 등에 대하여 「공공기관의 정보공개에 관한 법률」과 달리 규정하고 있으므로, 형사재판확정기록의 공개에 관하여는 「공공기관의 정보공개에 관한 법률」에 의한 공개청구가 허용되지 아니한다.

14

X시의 공무원 甲은 乙이 건축한 건물이 건축허가에 위반하였다는 이유로 철거명령과 「행정대집행법」상 절차를 거쳐 대집행을 완료하였다. 乙은 행정대집행의 처분들이 하자가 있다는 이유로 행정소송 및 손해배상소송을 제기하려고 한다. 이에 관한 설명으로 옳지 않은 것은? (다툼이 있는 경우 판례에 의함)

① 乙이 취소소송을 제기하는 경우, 행정대집행이 이미 완료된 것이므로 소의 이익이 없어 각하판결을 받을 것이다.

② 乙이 손해배상소송을 제기하는 경우, 민사법원은 그 행정처분이 위법인지 여부는 심사할 수 없다.

③ 「행정소송법」은 처분 등의 효력 유무 또는 존재 여부가 민사소송의 선결문제로 되는 경우 해당 민사소송의 수소법원이 이를 심리·판단할 수 있는 것으로 규정하고 있다.

④ X시의 손해배상책임이 인정된다면 X시는 고의 또는 중대한 과실이 있는 甲에게 구상할 수 있다.

15

「국가배상법」 제5조상 영조물의 설치·관리의 하자로 인한 손해배상책임에 관한 설명으로 옳지 않은 것은? (다툼이 있는 경우 판례에 의함)

① '공공의 영조물'에는 철도시설물인 대합실과 승강장 및 도로 상에 설치된 보행자 신호기와 차량 신호기도 포함된다.

② 하천의 제방이 계획홍수위를 넘고 있더라도, 하천이 그 후 새로운 하천시설을 설치할 때 '하천시설기준'으로 정한 여유고를 확보하지 못하고 있다면 그 사정만으로 안정성이 결여된 하자가 있다고 보아야 한다.

③ 국가나 지방자치단체가 손해를 배상할 책임이 있는 경우에 영조물의 설치·관리를 맡은 자와 영조물의 설치·관리 비용을 부담하는 자가 동일하지 아니하면 그 비용을 부담하는 자도 손해를 배상하여야 한다.

④ 사실상 군민(郡民)의 통행에 제공되고 있던 도로라고 하여도 군(郡)에 의하여 노선인정 기타 공용개시가 없었던 이상 이 도로를 '공공의 영조물'이라 할 수 없다.

16

국가배상에 관한 설명으로 옳지 않은 것은? (다툼이 있는 경우 판례에 의함)

① 헌법재판소 재판관이 청구기간 내에 제기된 헌법소원심판청구 사건에서 청구기간을 오인하여 각하결정을 한 경우, 이에 대한 불복절차 내지 시정절차가 없는 때에는 국가배상책임을 인정할 수 있다.

② 형벌에 관한 법령이 헌법재판소의 위헌결정으로 소급하여 효력을 상실한 경우, 위헌선언 전 그 법령에 기초하여 수사가 개시되어 공소가 제기되고 유죄판결이 선고되었더라도, 그러한 사정만으로 국가의 손해배상책임이 발생한다고 볼 수 없다.

③ 법령의 위탁에 의해 지방자치단체로부터 대집행을 수권받은 한국토지공사(현 한국토지주택공사)는 「국가배상법」 제2조 소정의 공무원에 해당하지 않는다.

④ 취소판결의 기판력은 국가배상청구소송에도 미치므로, 행정처분이 후에 항고소송에서 위법을 이유로 취소된 경우에는 그 기판력에 의하여 해당 행정처분이 곧바로 공무원의 고의 또는 과실에 의한 불법행위를 구성한다고 보아야 한다.

17

「행정심판법」에 관한 설명으로 옳지 않은 것은?

① 행정심판위원회는 필요하면 당사자가 주장하지 아니한 사실에 대하여도 심리할 수 있다.
② 행정심판위원회는 임시처분을 결정한 후에 임시처분이 공공복리에 중대한 영향을 미치는 경우에는 직권으로 또는 당사자의 신청에 의하여 이 결정을 취소할 수 있다.
③ 청구인은 행정심판위원회의 간접강제결정에 불복하는 경우 그 결정에 대하여 행정소송을 제기할 수 있다.
④ 당사자의 신청을 거부하는 처분에 대한 취소심판에서 인용재결이 내려진 경우, 의무이행심판과 달리 행정청은 재처분의무를 지지 않는다.

18

「행정심판법」에 따른 행정심판기관이 아닌 특별행정심판기관에 의하여 처리되는 특별행정심판에 해당하지 않는 것은? (다툼이 있는 경우 판례에 의함)

① 「국세기본법」상 조세심판
② 「도로교통법」상 행정심판
③ 「국가공무원법」상 소청심사
④ 「공익사업을 위한 토지 등의 취득 및 보상에 관한 법률」상 토지수용재결에 대한 이의신청

19

항고소송에 관한 설명으로 옳지 않은 것은? (다툼이 있는 경우 판례에 의함)

① 건축물대장 소관청의 용도변경신청 거부행위는 국민의 권리관계에 영향을 미치는 것으로서 항고소송의 대상이 되는 행정처분에 해당한다.
② 감사원의 변상판정처분에 대해서는 행정소송을 제기할 수 없고 그 재결에 해당하는 재심의 판정에 대하여만 감사원을 피고로 하여 행정소송을 제기할 수 있다.
③ 「병역법」에 따라 관할 지방병무청장이 1차로 병역의무기피자 인적 사항 공개대상자 결정을 하고 그에 따라 병무청장이 같은 내용으로 최종적 공개결정을 하였더라도, 해당 공개대상자는 관할 지방병무청장의 공개대상자 결정을 다툴 수 있다.
④ 정보통신윤리위원회가 특정 인터넷 웹사이트를 청소년유해매체물로 결정하고 청소년보호위원회가 효력발생시기를 명시하여 고시하면 그 명시된 시점에 효력이 발생하였다고 보아야 한다.

20

행정벌에 관한 설명으로 옳지 않은 것은? (다툼이 있는 경우 판례에 의함)

① 「질서위반행위규제법」상 법원의 과태료 재판이 확정된 후에는 법률이 변경되어 그 행위가 질서위반행위에 해당하지 아니하게 된 경우에는 과태료의 집행을 면제한다.
② 구 「행형법」에 의한 징벌을 받은 뒤에 형사처벌을 한다고 하여 일사부재리의 원칙에 반하는 것은 아니다.
③ 「도로교통법」상 경찰서장의 통고처분은 행정소송의 대상이 되는 행정처분이 아니다.
④ 「지방자치법」상 사기나 부정한 방법으로 사용료 징수를 면한 자에 대한 과태료의 부과·징수 등의 절차에 관한 사항은 「지방자치법」에 따른다.

21

부작위위법확인소송에 관한 설명으로 옳지 않은 것은? (다툼이 있는 경우 판례에 의함)

① 부작위위법확인소송은 처분의 신청을 한 자로서 부작위의 위법의 확인을 구할 법률상 이익이 있는 자만이 제기할 수 있다.
② 당사자가 행정청에 대하여 어떠한 행정처분을 하여 줄 것을 요청할 수 있는 법규상 또는 조리상 권리를 갖고 있지 아니한 경우에 제기한 부작위위법확인의 소는 부적법하다.
③ 부작위위법확인소송은 행정심판 등 전심절차를 거친 경우라면 「행정소송법」 제20조가 정한 제소기간 내에 제기하여야 한다.
④ 부작위위법확인소송의 경우 처분시점의 법적·사실적 상황을 근거로 행정청의 부작위의 위법성을 판단하여야 한다.

22

행정강제에 관한 설명으로 옳은 것은? (다툼이 있는 경우 판례에 의함)

① 행정대집행의 방법으로 건물철거의무 이행을 실현할 수 있는 경우, 철거의무자인 건물 점유자의 퇴거의무를 실현하려면 퇴거를 명하는 별도의 집행권원이 있어야 하고, 철거대집행과정에서 부수적으로 건물점유자들에 대한 퇴거조치를 할 수는 없다.

② 즉시강제란 법령 또는 행정처분에 의한 선행의 구체적 의무의 불이행으로 인한 목전의 급박한 장해를 제거할 필요가 있는 경우에 행정기관이 즉시 국민의 신체 또는 재산에 실력을 행사하여 행정상 필요한 상태를 실현하는 작용을 말한다.

③ 공법인이 대집행권한을 위탁받아 공무인 대집행 실시에 지출한 비용을 「행정대집행법」에 따라 강제징수할 수 있음에도 민사소송절차에 의하여 상환을 청구하는 것은 허용되지 않는다.

④ 이행강제금은 심리적 압박을 통하여 간접적으로 의무 이행을 확보하는 수단인 행정벌과는 달리 의무 이행의 강제를 직접적인 목적으로 하므로, 강학상 직접강제에 해당한다.

23

취소소송의 제소기간에 관한 설명으로 옳은 것은? (다툼이 있는 경우 판례에 의함)

① 행정청이 행정심판청구를 할 수 있다고 잘못 알려 행정심판을 청구한 경우에는 재결서 정본을 송달받은 날이 아닌 처분이 있음을 안 날로부터 제소기간이 기산된다.

② 행정심판을 청구하였으나 심판청구기간을 도과하여 각하된 후 제기하는 취소소송은 재결서를 송달받은 날부터 90일 이내에 제기하면 된다.

③ '처분이 있음을 안 날'은 처분이 있었다는 사실을 현실적으로 안 날을 의미하므로, 처분서를 송달받기 전 정보공개청구를 통하여 처분을 하는 내용의 일체의 서류를 교부받았다면 그 서류를 교부받은 날부터 제소기간이 기산된다.

④ 동일한 처분에 대하여 무효확인의 소를 제기하였다가 그 처분의 취소를 구하는 소를 추가적으로 병합한 경우, 주된 청구인 무효확인의 소가 적법한 제소기간 내에 제기되었다면 추가로 병합된 취소청구의 소도 적법하게 제기된 것으로 볼 수 있다.

24

행정심판에 관한 설명으로 옳지 않은 것은? (다툼이 있는 경우 판례에 의함)

① 처분청이 처분을 통지할 때 행정심판을 제기할 수 있다는 사실과 기타 청구절차 및 청구기간 등에 대한 고지를 하지 않았다고 하여 처분에 하자가 있다고 할 수 없다.

② 행정심판청구서가 피청구인에게 접수된 경우, 피청구인은 심판청구가 이유 있다고 인정하면 직권으로 처분을 취소할 수 있다.

③ 수익적 처분의 거부처분이나 부작위에 대해 임시적 지위를 인정할 필요가 있어서 인정한 제도는 임시처분이다.

④ 의무이행심판에서 이행을 명하는 재결이 있음에도 불구하고 처분청이 이를 이행하지 아니할 때 위원회가 직접 처분을 할 수 있는데, 행정심판의 재결은 처분청을 기속하므로 지방자치단체는 직접 처분에 대해 행정심판위원회가 속한 국가기관을 상대로 권한쟁의심판을 청구할 수 없다.

25

취소소송에서 협의의 소의 이익에 관한 설명으로 옳지 않은 것은? (다툼이 있는 경우 판례에 의함)

① 현역입영대상자가 현역병입영통지처분에 따라 현실적으로 입영을 한 후에는 처분의 집행이 종료되었고 입영으로 처분의 목적이 달성되어 실효되었으므로 입영통지처분을 다툴 법률상 이익이 인정되지 않는다.

② 가중요건이 법령에 규정되어 있는 경우, 업무정지처분을 받은 후 새로운 제재처분을 받음이 없이 법률이 정한 기간이 경과하여 실제로 가중된 제재처분을 받을 우려가 없어졌다면 특별한 사정이 없는 한 업무정지처분의 취소를 구할 법률상 이익이 인정되지 않는다.

③ 공장등록이 취소된 후 그 공장시설물이 철거되었고 다시 복구를 통하여 공장을 운영할 수 없는 상태라고 하더라도 대도시 안의 공장을 지방으로 이전할 경우 조세감면 및 우선입주 등의 혜택이 관계 법률에 보장되어 있다면, 공장등록취소처분의 취소를 구할 법률상 이익이 인정된다.

④ 지방의회의원에 대한 제명의결 취소소송 계속 중 의원의 임기가 만료된 경우에도 여전히 제명의결의 취소를 구할 법률상 이익이 인정된다.

실전동형 모의고사

정답 및 해설 p.174~186

01

「행정절차법」에 관한 설명으로 옳지 않은 것은?

① 확약은 문서로 하여야 한다.

② 행정청은 위반사실 등의 공표를 할 때에는 특별한 사정이 없는 한 미리 당사자에게 그 사실을 통지하고 의견제출의 기회를 주어야 한다.

③ 행정청은 행정청이 수립하는 계획 중 국민의 권리·의무에 직접 영향을 미치는 계획을 수립하거나 변경·폐지할 때에는 관련된 여러 이익을 정당하게 형량하여야 한다.

④ 행정청은 공법상 계약의 상대방을 선정하고 계약 내용을 정할 때 공법상 계약의 공공성과 제3자의 이해관계를 고려하여야 한다.

02

행정행위의 효력에 관한 설명으로 옳지 않은 것은? (다툼이 있는 경우 판례에 의함)

① 조세 부과처분을 취소하는 행정판결이 확정된 경우 부과처분의 효력은 처분시에 소급하여 효력을 잃게 되므로 확정된 행정판결은 조세포탈에 대한 무죄를 인정할 명백한 증거라고 할 수 없다.

② 연령미달 결격자가 다른 사람 이름으로 교부받은 운전면허는 당연무효가 아니고 취소되지 않는 한 유효하므로 그 연령미달 결격자의 운전행위는 무면허운전에 해당하지 아니한다.

③ 구 「도시계획법」상 원상회복 등의 조치명령을 받고도 이를 따르지 않은 자에 대해 형사처벌을 하기 위해서는 적법한 조치명령이 전제되어야 하며, 이때 형사법원은 그 적법 여부를 심사할 수 있다.

④ 영업허가취소처분이 나중에 행정쟁송절차에 의하여 취소되었다면, 그 영업허가취소처분 이후의 영업행위는 무허가영업이 아니다.

03

행정처분의 취소·철회에 관한 설명으로 옳지 않은 것은? (다툼이 있는 경우 판례에 의함)

① 법령 등의 변경이나 사정변경으로 처분을 더 이상 존속시킬 필요가 없게 된 경우에 행정청은 위법 또는 부당한 처분의 전부나 일부를 소급하여 취소할 수 있다.

② 처분상대방이 처분의 위법성을 알고 있었거나 중대한 과실로 알지 못한 경우에는 행정청이 처분상대방에게 권리나 이익을 부여하는 처분을 취소하는 경우에도 취소로 인하여 처분상대방이 입게 될 불이익과 취소로 달성되는 공익을 비교·형량하지 않아도 된다.

③ 행정청은 처분을 철회하려는 경우에는 철회로 인하여 처분상대방이 입게 될 불이익과 철회로 달성되는 공익을 비교·형량하여야 한다.

④ 수익적 행정처분에 대한 취소권 등의 행사는 기득권의 침해를 정당화할 만한 중대한 공익상 필요 또는 제3자의 이익보호의 필요가 있는 때에 한하여 허용될 수 있다는 법리는 처분청이 수익적 행정처분을 직권으로 취소·철회하는 경우에 적용되는 법리일 뿐 쟁송취소의 경우에는 적용되지 않는다.

04

「국가배상법」상 국가배상제도에 관한 설명으로 옳은 것은? (다툼이 있는 경우 판례에 의함)

① 영업허가취소처분이 나중에 행정심판에 의하여 재량권을 일탈한 위법한 처분임이 판명되어 취소되었다면, 그 처분이 당시 시행되던 「공중위생법 시행규칙」에 정하여진 행정처분의 기준에 따른 것이라고 하더라도 그 영업허가취소처분을 한 행정청의 공무원에게는 직무집행상 과실이 인정된다.

② 공무원이 직무를 수행함에 있어서 경과실로 타인에게 손해를 입힌 경우, 국가 등은 물론 공무원 개인도 그로 인한 손해에 대하여 국가배상을 할 책임을 부담한다.

③ 공무원이 자기 소유의 자동차로 공무수행 중 사고를 일으킨 경우에는 그 공무원은 「자동차손해배상 보장법」에 의한 '자기를 위하여 자동차를 운행하는 자'에 해당하므로 손해배상책임을 부담한다.

④ 지방자치단체가 손해를 배상할 책임이 있는 경우에 영조물의 설치 · 관리를 맡은 자와 영조물의 설치 · 관리 비용을 부담하는 자가 동일하지 아니하면 그 비용을 부담하는 자는 손해배상책임이 없다.

05

행정행위의 부관에 관한 설명으로 옳지 않은 것은? (다툼이 있는 경우 판례에 의함)

① 행정청은 처분에 재량이 없는 경우에는 법률에 근거가 있는 경우에 부관을 붙일 수 있다.

② 행정청은 부관을 붙일 수 있는 처분이 당사자의 동의가 있는 경우에는 그 처분을 한 후에도 부관을 새로 붙이거나 종전의 부관을 변경할 수 있다.

③ 행정처분에 붙인 부담인 부관이 무효가 되면 그 부담의 이행으로 한 사법상 법률행위도 당연히 무효가 되는 것은 아니다.

④ 판례는 행정행위를 할 때 부관의 사후변경이 유보된 경우 사후변경이 가능하다고 보며, 「행정기본법」의 규정도 같다.

06

강학상 특허에 관한 설명으로 옳지 않은 것은? (다툼이 있는 경우 판례에 의함)

① 강학상 특허사용권은 행정주체에 대하여 공공용물의 배타적, 독점적인 사용을 청구할 수 있는 권리로서 공법상 채권이다.

② 특별사용에 있어서의 점용료 부과처분은 공법상 의무를 부과하는 공권적인 처분으로서 항고소송의 대상이 되는 행정처분에 해당한다.

③ 구 「지역균형개발 및 지방중소기업 육성에 관한 법률」 및 같은 법 시행령상 개발촉진지구 안에서 시행되는 지역개발사업(이하 '지구개발사업'이라 한다)에서 지정권자의 실시계획 승인처분은 단순히 시행자가 작성한 실시계획에 대한 보충행위로서의 성질을 가지는 것이 아니라 시행자에게 지구개발사업을 시행할 수 있는 지위를 부여하는 일종의 설권적 처분의 성격을 가진 독립된 행정처분으로 보아야 한다.

④ 공원부지가 용도폐지되어 일반재산이 되었다고 해도 그 전에 이루어진 사용허가나 구 「공유재산 및 물품 관리법」에 근거하여 공원부지에 대한 사용료를 부과할 수 있다.

07

항고소송에서의 제3자의 원고적격에 관한 설명으로 옳지 않은 것은? (다툼이 있는 경우 판례에 의함)

① 일반적으로 면허 등의 수익적 행정처분의 근거가 되는 법률이 해당 업자들 사이의 과당경쟁으로 인한 경영의 불합리를 방지하는 것도 목적으로 하는 경우 이미 같은 종류의 면허 등을 받아 영업을 하고 있는 기존의 업자는 경업자에 대하여 이루어진 면허 등 행정처분의 상대방이 아니라고 하더라도 당해 행정처분의 취소를 구할 법률상 이익이 있다.

② 경업자에 대한 행정처분이 경업자에게 불리한 내용이라면 그와 경쟁관계에 있는 기존의 업자에게는 특별한 사정이 없는 한 유리할 것이지만 기존의 업자는 그 행정처분의 무효확인 또는 취소를 구할 법률상 이익이 있다.

③ 인허가 등 수익적 행정처분을 신청한 여러 사람이 서로 경원관계에 있어서 한 사람에 대한 허가 등 처분이 다른 사람에 대한 불허가 등으로 귀결될 수밖에 없을 때 허가 등 처분을 받지 못한 사람은 신청에 대한 거부처분의 직접 상대방으로서 원칙적으로 자신에 대한 거부처분의 취소를 구할 법률상 이익이 있다.

④ 상수원보호구역 설정의 근거가 되는 「수도법」이 보호하고자 하는 것은 상수원의 확보와 수질보전일 뿐이고, 그 상수원에서 급수를 받고 있는 지역주민들이 가지는 상수원의 오염을 막아 양질의 급수를 받을 이익은 반사적 이익에 불과하므로 지역주민들에게는 상수원보호구역변경처분의 취소를 구할 법률상 이익이 없다.

08

영조물의 설치 · 관리상 하자로 인한 손해배상에 관한 설명으로 옳지 않은 것은? (다툼이 있는 경우 판례에 의함)

① 공공의 영조물은 사물(私物)이 아닌 공물(公物)이어야 하지만, 공유나 사유임을 불문하고 행정주체에 의하여 특정 공공의 목적에 공여된 유체물이면 족하다.

② 도로의 설치 및 관리에 있어 완전무결한 상태를 유지할 정도의 고도의 안전성을 갖추지 아니하였다고 하여 하자가 있다고 단정할 수는 없고, 그것을 이용하는 자의 상식적이고 질서 있는 이용방법을 기대한 상대적인 안전성을 갖추는 것으로 족하다.

③ 하천의 홍수위가 「하천법」상 관련 규정이나 하천정비계획 등에서 정한 홍수위를 충족하고 있다고 해도 하천이 범람하거나 유량을 지탱하지 못해 제방이 무너지는 경우는 안전성을 결여한 것으로 하자가 있다.

④ 공군에 속한 군인이나 군무원의 경우 일반인에 비하여 공군비행장 주변의 항공기 소음 피해에 관하여 잘 인식하거나 인식할 수 있는 지위에 있다는 이유만으로 가해자가 면책되거나 손해배상액이 감액되지는 않는다.

09

기속행위와 재량행위에 관한 설명으로 옳지 않은 것은? (다툼이 있는 경우 판례에 의함)

① 「국토의 계획 및 이용에 관한 법률」상 개발행위허가는 허가기준 및 금지요건이 불확정개념으로 규정된 부분이 많아 그 요건에 해당하는지 여부는 행정청의 재량판단의 영역에 속한다.

② 처분을 할 것인지 여부와 처분의 정도에 관하여 재량이 인정되는 과징금 납부명령에 대하여 그 명령이 재량권을 일탈하였을 경우, 법원은 그 일부를 취소할 수 없다.

③ 「개발제한구역의 지정 및 관리에 관한 특별조치법」 및 구 「액화석유가스의 안전관리 및 사업법」 등의 관련 법규에 의하면, 개발제한구역에서의 자동차용 액화석유가스충전사업 허가는 그 기준 내지 요건이 불확정개념으로 규정되어 있지만 그 허가 여부를 판단함에 있어서 행정청에 재량권이 부여되어 있다고 볼 수 없다.

④ 마을버스운송사업면허의 허용 여부는 운수행정을 통한 공익실현과 아울러 합목적성을 추구하기 위하여 보다 구체적 타당성에 적합한 기준에 의하여야 할 것이므로 행정청의 재량에 속하는 것이라고 보아야 한다.

10

행정행위의 효력에 관한 설명으로 옳지 않은 것은? (다툼이 있는 경우 판례에 의함)

① 일반적으로 행정처분이나 행정심판 재결이 불복기간의 경과로 확정될 경우에는 그 처분의 기초가 된 사실관계나 법률적 판단이 확정되고 당사자들이나 법원이 이에 기속되어 모순되는 주장이나 판단을 할 수 없게 된다.

② 제소기간이 이미 도과하여 불가쟁력이 생긴 행정처분에 대하여는 개별법규에서 그 변경을 요구할 신청권을 규정하고 있거나 관계 법령의 해석상 그러한 신청권이 인정될 수 있는 등 특별한 사정이 없는 한 국민에게 그 행정처분의 변경을 구할 신청권이 있다고 할 수 없다.

③ 불가쟁력이 발생한 행정행위로 손해를 입은 국민은 그 위법성을 들어 국가배상청구를 할 수 있다.

④ 불가변력이란 행정행위를 한 행정청이 해당 행정행위를 직권으로 취소 또는 변경할 수 없게 하는 힘으로 실질적 확정력 또는 실체적 존속력이라고도 한다.

11

취소판결의 기속력에 관한 설명으로 옳은 것은? (다툼이 있는 경우 판례에 의함)

① 취소확정판결의 기속력은 판결의 주문(主文)에 대해서만 발생하며, 처분의 구체적 위법사유에 대해서는 발생하지 않는다.

② 처분청이 재처분을 하였는데 종전 거부처분에 대한 취소확정판결의 기속력에 반하는 경우에는 간접강제의 대상이 될 수 있다.

③ 취소확정판결의 기속력에 대한 규정은 무효확인판결에도 준용되므로, 무효확인판결의 취지에 따른 처분을 하지 아니할 때에는 1심 수소법원은 간접강제결정을 할 수 있다.

④ 간접강제결정에서 정한 의무 이행기한이 경과한 후에는 확정판결의 취지에 따른 재처분의 이행이 있더라도 배상금의 추심이 허용된다.

12

행정계획에 관한 설명으로 옳지 않은 것은? (다툼이 있는 경우 판례에 의함)

① 관계 법령에는 추상적인 행정목표와 절차만이 규정되어 있을 뿐 행정계획의 내용에 관하여는 별다른 규정을 두고 있지 아니하므로 행정주체는 구체적인 행정계획을 입안·결정함에 있어서 비교적 광범위한 형성의 자유를 가진다.

② 행정주체가 가지는 형성의 자유는 무제한적인 것이 아니라 그 행정계획에 관련되는 자들의 이익을 공익과 사익 사이에서는 물론이고 공익 상호 간과 사익 상호 간에도 정당하게 비교·교량하여야 한다는 제한이 있다.

③ 판례에 따르면 행정계획에 있어서 형량의 부존재, 형량의 누락, 평가의 과오 및 형량의 불비례 등 형량의 하자별로 위법의 판단기준을 달리하여 개별화하여 판단한다.

④ 이미 고시된 실시계획에 포함된 상세계획으로 관리되는 토지 위 건물의 용도를 상세계획 승인권자의 변경승인 없이 임의로 판매시설에서 상세계획에 반하는 일반목욕장으로 변경한 사안에서, 그 영업신고를 수리하지 않고 영업소를 폐쇄한 처분은 적법하다고 한 판례가 있다.

13

항고소송의 대상인 재결에 관한 설명으로 옳지 않은 것은? (다툼이 있는 경우 판례에 의함)

① 행정심판청구가 부적법하지 않음에도 각하한 재결은 심판청구인의 실체심리를 받을 권리를 박탈한 것으로서 원처분에 없는 고유한 하자가 있는 경우에 해당하고, 따라서 위 재결은 취소소송의 대상이 된다.

② 토지수용에 관한 행정소송에 있어서 토지소유자는 수용재결에 대해 행정소송을 할 수도 있고, 중앙토지수용위원회의 이의재결에 대해서도 행정소송이 가능하다.

③ 제3자효를 수반하는 행정행위에 대한 행정심판청구에 있어서 그 청구를 인용하는 내용의 재결로 인하여 비로소 권리이익을 침해받게 되는 자는 그 인용재결에 대하여 다툴 필요가 있고, 그 인용재결은 원처분과 내용을 달리하는 것이므로 그 인용재결의 취소를 구하는 것은 항고소송의 대상이 아니다.

④ 제3자효 행정행위에 대하여 재결청이 직접 해당 사업계획 승인처분을 취소하는 형성적 재결을 한 경우에는 그 재결 외에 그에 따른 행정청의 별도의 처분이 있지 않기 때문에 재결 자체를 쟁송의 대상으로 할 수 있다.

14

이행강제금에 관한 설명으로 옳지 않은 것은? (다툼이 있는 경우 판례에 의함)

① 구 「건축법」상 이행강제금은 위반행위에 대하여 시정명령을 받은 후 시정기간 내에 해당 시정명령을 이행하지 아니한 건축주 등에 대하여 부과되는 간접강제의 일종으로서 금전제재의 성격을 가지므로 그 이행강제금 납부의 무는 상속인 기타의 사람에게 승계될 수 있다.

② 행정청은 의무자가 행정상 의무를 이행할 때까지 이행강제금을 반복하여 부과할 수 있고, 의무자가 의무를 이행하면 새로운 이행강제금의 부과를 즉시 중지하되, 이미 부과한 이행강제금은 징수하여야 한다.

③ 장기 의무 위반자가 이행강제금 부과 전에 그 의무를 이행하였다면 이행강제금의 부과로써 이행을 확보하려는 목적은 이미 실현된 것이므로 이행강제금을 부과할 수 없다.

④ 이행강제금은 의무 위반에 대하여 장래의 의무 이행을 확보하는 수단이라는 점에서 과거의 의무 위반에 대한 제재인 행정벌과 구별된다.

15

국가배상에 관한 설명으로 옳은 것은? (다툼이 있는 경우 판례에 의함)

① 공익근무요원은 「국가배상법」 제2조 제1항 단서규정에 의하여 손해배상청구가 제한된다.

② 외국인이 피해자인 경우에는 해당 국가와 상호보증이 있을 때에만 「국가배상법」이 적용되며, 상호보증은 해당 국가와 조약이 체결되어 있어야 한다.

③ 헌법재판소 재판관의 위법한 직무집행의 결과 잘못된 각하결정을 함으로써 청구인으로 하여금 본안판단을 받을 기회를 상실하게 한 경우, 만약 본안판단을 하였더라도 어차피 청구가 기각되었을 것이라는 사정이 있다고 하더라도 국가배상책임이 인정된다.

④ 직무집행과 관련하여 공상을 입은 군인이 먼저 「국가배상법」에 따라 손해배상금을 지급받았다면 「국가유공자 등 예우 및 지원에 관한 법률」이 정한 보상금 등 보훈급여금의 지급을 청구하는 것은 이중배상금지원칙에 따라 인정되지 아니한다.

16

조세의 부과 · 징수 및 그 구제에 관한 설명으로 옳지 않은 것은? (다툼이 있는 경우 판례에 의함)

① 심판청구 등에 대한 결정의 한 유형으로 실무상 행해지고 있는 재조사결정은 재결청의 결정에서 지적된 사항에 관하여 처분청의 재조사 결과를 기다려 그에 따른 후속 처분의 내용을 심판청구 등에 대한 결정의 일부분으로 삼겠다는 의사가 내포된 변형결정에 해당하므로, 처분청은 재조사결정의 취지에 따라 재조사를 한 후 그 내용을 보완하는 후속 처분만을 할 수 있다.

② 과세표준과 세액을 감액하는 경정처분에 대해서 그 감액경정처분으로도 아직 취소되지 아니하고 남아 있는 부분을 다투는 경우, 적법한 전심절차를 거쳤는지 여부, 제소기간의 준수 여부는 당해 당초 처분을 기준으로 판단하여야 한다.

③ 납세의무자에 대한 국가의 부가가치세 환급세액 지급의무는 그 납세의무자로부터 어느 과세기간에 과다하게 거래징수된 세액 상당을 국가가 실제로 납부받았는지와 관계없이 부가가치세법령의 규정에 의하여 직접 발생하는 것으로서, 그 법적 성질은 부당이득반환의무이다.

④ 증액경정처분이 있는 경우, 원칙적으로는 당초 신고나 결정에 대한 불복기간의 경과 여부 등에 관계없이 증액경정처분만이 항고소송의 심판대상이 되고, 납세의무자는 그 항고소송에서 당초 신고나 결정에 대한 위법사유도 함께 주장할 수 있다.

17

「행정심판법」에 따른 행정심판을 제기할 수 없는 경우에 해당하는 것은? (다툼이 있는 경우 판례에 의함)

① 「공공기관의 정보공개에 관한 법률」상 정보공개와 관련한 공공기관의 비공개결정에 대하여 이의신청을 한 경우
② 「공익사업을 위한 토지 등의 취득 및 보상에 관한 법률」상 토지수용위원회의 수용재결에 이의가 있어 중앙토지수용위원회에 이의를 신청한 경우
③ 운전면허취소처분에 대하여 이의신청을 한 경우
④ 「민원 처리에 관한 법률」상 법정민원에 대한 행정기관의 장의 거부처분에 대해 그 행정기관의 장에게 이의신청을 한 경우

18

「행정소송법」에 관한 설명으로 옳지 않은 것은?

① 법원은 소송의 결과에 따라 권리 또는 이익의 침해를 받을 제3자가 있는 경우에는 당사자 또는 제3자의 신청 또는 직권에 의하여 결정으로써 그 제3자를 소송에 참가시킬 수 있다.
② 법원은 다른 행정청을 소송에 참가시킬 필요가 있다고 인정할 때에는 당사자 또는 당해 행정청의 신청 또는 직권에 의하여 결정으로써 그 행정청을 소송에 참가시킬 수 있다.
③ 법원이 제3자의 소송참가와 행정청의 소송참가에 관한 결정을 하는 경우에는 각각 당사자 및 제3자의 의견, 당사자 및 당해 행정청의 의견을 들어야 한다.
④ 법원은 취소소송을 당해 처분 등에 관계되는 사무가 귀속하는 국가 또는 공공단체에 대한 당사자소송 또는 취소소송 외의 항고소송으로 변경하는 것이 상당하다고 인정할 때에는 청구의 기초에 변경이 없는 한 사실심 변론종결시까지 원고의 신청 또는 직권에 의하여 결정으로써 소의 변경을 허가할 수 있다.

19

항고소송에서 수소법원의 판결에 관한 설명으로 옳지 않은 것은? (다툼이 있는 경우 판례에 의함)

① 관할청이 「농지법」상 이행강제금 부과처분을 하면서 재결청에 행정심판을 청구하거나 관할 행정법원에 행정소송을 할 수 있다고 잘못 안내한 경우 행정법원의 항고소송 재판관할이 생기는 것은 아니다.
② 해임처분 취소소송 계속 중 임기가 만료되어 해임처분의 취소로 지위를 회복할 수는 없다고 할지라도, 그 취소로 해임처분일부터 임기만료일까지 기간에 대한 보수 지급을 구할 수 있는 경우에는 해임처분의 취소를 구할 법률상 이익이 있으므로, 수소법원은 본안에 대하여 판단하여야 한다.
③ 개발제한구역 안에서의 공장설립을 승인한 처분이 위법하다는 이유로 쟁송취소되었다고 하더라도 그 승인처분에 기초한 공장건축허가처분이 잔존하더라도, 인근 주민들은 공장건축허가처분의 취소를 구할 법률상 이익이 없다.
④ 「행정소송법」 제19조에서 말하는 '재결 자체에 고유한 위법'이란 원처분에는 없고 재결에만 있는 재결청의 권한 또는 구성의 위법, 재결의 절차나 형식의 위법, 내용의 위법 등을 뜻한다.

20

경기도 A군수는 개발촉진지구에서 시행되는 지역개발사업의 시행자로 B를 지정 · 고시하고 실시계획을 승인 · 고시하였다. B는 개발사업구역에 편입된 甲 소유 토지에 관하여 「공익사업을 위한 토지 등의 취득 및 보상에 관한 법률」에 따라 甲과 협의를 하였으나 협의가 이루어지지 아니하자 경기도 지방토지수용위원회에 위 토지에 대한 수용재결신청을 하여 수용재결서 정본을 송달받았다. 이에 관한 설명으로 옳은 것은? (다툼이 있는 경우 판례에 의함)

① 甲은 수용재결에 불복할 때에는 그 재결서를 받은 날부터 60일 이내에, 이의신청을 거쳤을 때에는 이의신청에 대한 재결서를 받은 날부터 30일 이내에 각각 행정소송을 제기하여야 한다.

② 甲이 수용재결에 대하여 중앙토지수용위원회의 이의재결을 거친 후 취소소송을 제기할 경우, 이의재결에 고유한 위법이 없는 경우에도 지방토지수용위원회를 피고로 하여 수용재결의 취소를 구하여야 한다.

③ 甲이 수용재결에 이의가 있을 경우 경기도 지방토지수용위원회를 거치지 않고 중앙토지수용위원회에 이의를 신청할 수 있다.

④ 甲이 보상금의 증액청구를 하고자 하는 경우에는 경기도 지방토지수용위원회를 피고로 하여 당사자소송을 제기하여야 한다.

21

甲은 구 「주택건설촉진법」상 아파트를 건설하기 위해 관할 행정청인 A시장으로부터 주택건설사업계획 승인을 받았는데, 그 후 乙에게 위 주택건설사업에 관한 일체의 권리를 양도하였다. 乙은 A시장에 대하여 사업주체가 변경되었음을 이유로 사업계획 변경승인신청서를 제출하였는데, A시장은 사업계획 승인을 받은 날로부터 4년여 간 공사에 착수하지 않았다는 이유로 주택건설사업계획 승인을 취소한다고 甲과 乙에게 통지하고, 乙의 사업계획 변경승인신청을 반려하였다. 이에 관한 설명으로 옳지 않은 것은? (다툼이 있는 경우 판례에 의함)

① A시장의 주택건설사업계획 승인의 취소는 취소하여야 할 공익상 필요와 그 취소로 인하여 당사자가 입게 될 기득권의 침해, 신뢰보호 등을 비교 · 교량하였을 때 공익상 필요가 당사자가 입을 불이익을 정당화할 만큼 강하지 않다면 적법성을 인정받을 수 없다.

② 사실상 내지 사법상으로 주택건설사업 등이 양도 · 양수되었을지라도 아직 변경승인을 받기 이전에는 그 사업계획의 피승인자는 여전히 종전의 사업주체인 甲이다.

③ 주택건설사업계획 승인취소처분이 甲과 乙에게 같이 통지되면 乙로서는 甲에 대한 계획 승인취소를 다툴 원고적격이 인정된다.

④ A시장이 乙에 대하여 한 주택건설사업계획 승인취소의 통지는 항고소송의 대상이 되는 행정처분이 아니다.

22

공법상 계약에 관한 설명으로 옳지 않은 것은? (다툼이 있는 경우 판례에 의함)

① 행정청은 공법상 계약의 상대방을 선정하고 계약 내용을 정할 때 공법상 계약의 공공성과 제3자의 이해관계를 고려하여야 한다.

② 중소기업 정보화지원사업에 따른 지원금 출연을 위하여 중소기업청장이 체결하는 협약은 공법상 대등한 당사자 사이의 의사표시의 합치로 성립하는 공법상 계약에 해당하고 그 협약의 해지 및 그에 따른 환수통보는 공법상 계약에 따라 행정청이 대등한 당사자의 지위에서 하는 의사표시이다.

③ 민간투자사업 실시협약을 체결한 당사자가 공법상 당사자소송에 의하여 그 실시협약에 따른 재정지원금의 지급을 구하는 경우에, 수소법원은 주무관청이 재정지원금액을 산정한 절차 등에 위법이 있는지 여부를 심사할 수는 있지만 실시협약에 따른 적정한 재정지원금액이 얼마인지를 구체적으로 심리 · 판단하여야 한다.

④ 공법상 계약의 목적 및 내용을 명확하게 적은 계약서를 작성하여야 하지만 경미한 사항은 구두계약도 가능하다.

23

「공익사업을 위한 토지 등의 취득 및 보상에 관한 법률」상 토지수용 절차로서 사업인정에 관한 설명으로 옳지 않은 것은? (다툼이 있는 경우 판례에 의함)

① 사업시행자가 해당 공익사업을 수행할 의사와 능력이 있어야 한다는 것은 사업인정의 요건에 해당한다.

② 사업인정의 고시로 수용의 목적물은 확정되고 관계인의 범위가 제한된다.

③ 사업인정은 고시한 날부터 효력이 발생한다.

④ 사업인정을 할 때는 이해관계인의 의견청취를 하지 않아도 된다.

24

「행정심판법」에 관한 설명으로 옳지 않은 것은?

① 행정심판위원회는 심판청구의 대상이 되는 처분보다 청구인에게 불리한 재결을 하지 못한다.

② 청구인이 피청구인을 잘못 지정한 경우에는 행정심판위원회는 당사자의 신청에 의하여 결정으로써 피청구인을 경정할 수 있지만, 직권으로는 할 수 없다.

③ 중앙행정심판위원회는 위법 또는 불합리한 명령 등의 시정조치를 관계 행정기관에 요청할 수 있다.

④ 법령의 규정에 따라 공고하거나 고시한 처분이 재결로써 취소되거나 변경되면 처분을 한 행정청은 지체 없이 그 처분이 취소 또는 변경되었다는 것을 공고하거나 고시하여야 한다.

25

판결의 효력에 관한 설명으로 옳지 않은 것은? (다툼이 있는 경우 판례에 의함)

① 취소판결 자체의 효력으로써 그 행정처분을 기초로 하여 새로 형성된 제3자의 권리까지 당연히 그 행정처분 전의 상태로 환원되는 것이라고는 할 수 없다.

② 처분의 취소를 구하는 청구에 대한 기각판결은 기판력이 발생하지 않는다.

③ 취소판결이 확정된 경우 행정청은 종전 처분과 다른 사유로 다시 처분할 수 있고, 이 경우 그 다른 사유가 종전 처분 당시 이미 존재하고 있었고 당사자가 이를 알고 있었다고 하더라도 확정판결의 기속력에 저촉되지 않는다.

④ 거부처분에 대한 취소판결이 확정된 후 법령이 개정된 경우 개정된 법령에 따라 다시 거부처분을 하여도 기속력에 반하지 아니하다.

제 10회 실전동형 모의고사

정답 및 해설 p.187~198

01

공법과 사법의 관계에 관한 설명으로 옳지 않은 것은? (다툼이 있는 경우 판례에 의함)

① 구 「한국공항공단법」에 의하여 한국공항공단이 정부로부터 무상사용허가를 받은 행정재산을 전대하는 행위는 행정소송의 대상이 되는 행정처분이다.

② 서울특별시립무용단 단원의 위촉은 공법상 계약에 해당하므로 그 단원의 해촉에 대하여는 공법상 당사자소송으로 그 무효확인을 청구할 수 있다.

③ 지방자치단체가 사인과 체결한 자원회수시설에 대한 위탁운영협약은 사법상 계약에 해당하므로 그에 관한 다툼은 민사소송의 대상이 된다.

④ 국유재산 무단점유자에 대한 변상금 부과는 관리청이 공권력을 가진 우월적 지위에서 행한 것으로서 행정소송의 대상이 되는 행정처분이다.

02

행정행위의 하자 및 하자의 승계에 관한 설명으로 옳지 않은 것은? (다툼이 있는 경우 판례에 의함)

① 과세처분 이후 조세 부과의 근거가 되었던 법률규정에 대하여 위헌결정이 내려진 후에 행한 그 과세처분의 집행은 당연무효이다.

② 구 「부동산 가격공시 및 감정평가에 관한 법률」상 선행처분인 표준지공시지가의 결정에 하자가 있는 경우에 그 하자는 보상금 산정을 위한 수용재결에 승계된다.

③ 재건축주택조합설립인가처분 당시 동의율을 충족하지 못한 하자는 후에 추가동의서가 제출되었다는 사정만으로 치유될 수 없다.

④ 건물소유자에게 소방시설 불량사항을 시정 · 보완하라는 명령을 구두로 고지한 것은 「행정절차법」에 위반한 것으로 하자가 중대하나 명백하지는 않아 취소사유에 해당한다.

03

행정처분의 무효에 관한 설명으로 옳지 않은 것은? (다툼이 있는 경우 판례에 의함)

① 「행정기본법」은 행정처분이 무효가 되기 위해서는 그 하자가 법규의 중요한 부분을 위반한 중대한 것으로서 객관적으로 명백한 것이어야 한다고 규정하고 있다.

② 일반적으로 시행령이 헌법이나 법률에 위반된다는 사정은 그 시행령규정을 위헌 또는 위법하여 무효라고 선언한 대법원의 판결이 선고되지 아니한 상태에서는 그 시행령규정의 위헌 내지 위법 여부가 해석상 다툼의 여지가 없을 정도로 명백하였다고 인정되지 아니하는 이상 객관적으로 명백한 것이라고 할 수 없으므로 이러한 시행령에 근거한 행정처분의 하자는 취소사유에 해당할 뿐 무효사유가 된다고 볼 수는 없다.

③ 행정처분의 무효확인을 구하는 소에는 원고가 그 처분의 취소를 구하지 아니한다고 밝히지 아니한 이상 그 처분이 당연무효가 아니라면 그 취소를 구하는 취지도 포함되어 있는 것으로 보아야 하고, 그와 같은 경우에 취소청구를 인용하려면 먼저 취소를 구하는 항고소송으로서의 제소요건을 구비하여야 한다.

④ 국토의 계획 및 이용에 관한 법령이 정한 도시계획시설사업의 대상토지의 소유와 동의요건을 갖추지 못하였는데도 행정청이 사업시행자로 지정하였다면, 이는 국토의 계획 및 이용에 관한 법령이 정한 법규의 중요한 부분을 위반한 것으로서 특별한 사정이 없는 한 그 하자가 중대하다고 보아야 한다.

04

자동화된 행정결정에 관한 설명으로 옳지 않은 것은?

① 「행정기본법」상 자동적 처분을 할 수 있는 '완전히 자동화된 시스템'에는 '인공지능 기술을 적용한 시스템'이 포함된다.

② 「행정기본법」상 자동적 처분은 항고소송의 대상이 된다.

③ 자동결정의 내부 프로그램은 항고소송의 대상인 처분이다.

④ 「행정기본법」은 재량행위에 대해서 자동적 처분을 허용하지 않고 있다.

05

「개인정보 보호법」상 개인정보 보호에 관한 설명으로 옳지 않은 것은? (다툼이 있는 경우 판례에 의함)

① 정보주체는 개인정보처리자가 「개인정보 보호법」을 위반한 행위로 손해를 입으면 개인정보처리자에게 손해배상을 청구할 수 있다. 이 경우 그 개인정보처리자는 고의 또는 과실이 없음을 입증하지 아니하면 책임을 면할 수 없다.

② 헌법재판소는 개인정보자기결정권을 사생활의 비밀과 자유, 일반적 인격권, 국민주권원리 등을 이념적 기초로 하는 독자적 기본권으로서 헌법에 명시되지 않은 기본권으로 보고 있다.

③ 「개인정보 보호법」상 개인정보란 살아있는 개인에 관한 정보로서 사자(死者)에 관한 정보는 해당되지 않는다.

④ 개인정보처리자가 「개인정보 보호법」 제49조에 따른 집단분쟁조정의 결과를 수락하지 아니한 경우에만 법원에 권리침해행위의 중지를 구하는 단체소송을 제기할 수 있다.

06

허가에 관한 설명으로 옳지 않은 것은? (다툼이 있는 경우 판례에 의함)

① 개정 전 허가기준의 존속에 관한 국민의 신뢰가 개정된 허가기준의 적용에 관한 공익상 요구보다 더 보호가치가 있다고 인정되는 경우에는 그러한 국민의 신뢰를 보호하기 위하여 개정된 허가기준의 적용을 제한할 여지가 있다.

② 법령상 산림훼손금지 또는 제한지역에 해당하지 아니하더라도 중대한 공익상 필요가 있다고 인정되는 경우, 산림훼손허가신청을 거부할 수 있다.

③ 어업에 관한 허가의 경우 그 유효기간이 경과하면 그 허가의 효력이 당연히 소멸하지만, 유효기간의 만료 후라도 재차 허가를 받게 되면 그 허가기간이 갱신되어 종전의 어업허가의 효력 또는 성질이 계속된다.

④ 요허가행위를 허가받지 않고 행한 경우에는 행정법상 처벌의 대상이 되지만, 해당 무허가행위의 법률상 효력이 당연히 부정되는 것은 아니다.

07

원고에게 법률상 이익이 인정되지 않는 것은? (다툼이 있는 경우 판례에 의함)

① 주거지역 내에 법령상 제한면적을 초과한 연탄공장 건축허가처분에 대한 주거지역에 거주하는 거주자의 취소소송

② 지방자치단체장이 공장시설을 신축하는 회사에 대하여 사업승인 당시 부가하였던 조건을 이행할 때까지 신축공사를 중지하라는 명령을 발하였고, 회사는 중지명령의 원인사유가 해소되지 않았음에도 공사중지명령의 해제를 요구하였고, 이에 대한 지방자치단체장의 해제요구의 거부에 대한 회사의 취소소송

③ 관련 법령상 인허가 등 수익적 행정처분을 신청한 여러 사람이 서로 경원관계에 있어서 한 사람에 대한 허가 등 처분이 다른 사람에 대한 불허가 등으로 귀결될 수밖에 없는 경우에, 허가 등 처분을 받지 못한 자가 자신에 대한 거부에 대하여 제기하는 취소소송

④ 이른바 예탁금회원제 골프장에 있어서, 체육시설업자가 회원모집계획서를 제출하면서 사업계획의 승인을 받을 때 정한 예정인원을 초과하여 회원을 모집하는 내용의 회원모집계획서를 제출하여 그에 대한 시 · 도지사 등의 검토 결과 통보를 받은 경우, 기존회원이 회원모집계획서에 대한 시 · 도지사의 검토 결과 통보에 대한 취소소송

08

행정행위에 관한 설명으로 옳은 것은? (다툼이 있는 경우 판례에 의함)

① 행정행위를 '행정청이 법아래서 구체적 사실에 대한 법집행으로서 행하는 공법행위'로 정의하면, 공법상 계약과 공법상 합동행위는 행정행위의 개념에 포함된다.

② 주택건설사업계획 승인처분에 따라 의제된 인허가의 위법함을 다투고자 하는 이해관계인은 의제된 인허가의 취소를 구할 것이 아니라, 주된 처분인 주택건설사업계획 승인처분의 취소를 구하여야 한다.

③ 「하천법」에 의한 하천의 점용허가는 강학상 허가에 해당한다.

④ 「출입국관리법」상 체류자격변경허가는 기속행위이므로 신청인이 관계 법령에서 정한 요건을 충족하면 허가권자는 신청을 받아들여 허가하여야 한다.

09

행정상 손실보상에 관한 설명으로 옳지 않은 것은? (다툼이 있는 경우 판례에 의함)

① 「하천법」 제50조에 따른 하천수 사용권은 「공익사업을 위한 토지 등의 취득 및 보상에 관한 법률」이 손실보상의 대상으로 규정하고 있는 '물의 사용에 관한 권리'에 해당한다.

② 국가지정문화재에 대하여 관리단체로 지정된 지방자치단체의 장은 「문화재보호법」 및 「공익사업을 위한 토지 등의 취득 및 보상에 관한 법률」에 따라 국가지정문화재나 그 보호구역에 있는 토지 등을 수용할 수 있다.

③ 「공익사업을 위한 토지 등의 취득 및 보상에 관한 법률」 상 보상금증액소송은 사업시행자를 피고로 한다.

④ 「공익사업을 위한 토지 등의 취득 및 보상에 관한 법률」 상 보상대상이 되는 '기타 토지에 정착한 물건에 대한 소유권 그 밖의 권리를 가진 관계인'에는 수거·철거권 등 실질적 처분권을 가진 자는 포함되지 않는다.

10

「공공기관의 정보공개에 관한 법률」상 정보공개에 관한 설명으로 옳지 않은 것은?

① 정보비공개결정 취소소송에서 원고인 청구인이 소송과정에서 공공기관이 법원에 제출한 정보의 사본을 송달받은 경우, 그 정보의 비공개결정의 취소를 구할 소의 이익이 소멸한다.

② 공공기관은 공개청구된 공개대상정보의 전부 또는 일부가 제3자와 관련이 있다고 인정할 때에는 그 사실을 제3자에게 지체 없이 통지하여야 하며, 필요한 경우에는 그의 의견을 들을 수 있다.

③ 정보공개를 청구하여 정보공개 여부에 대한 결정의 통지를 받은 자가 정당한 사유 없이 해당 정보의 공개를 다시 청구하는 경우, 공공기관은 종전 청구와의 내용적 유사성·관련성 등을 고려하여 해당 청구를 종결 처리할 수 있다.

④ 제3자가 자신과 관련된 정보를 공개하지 아니할 것을 요청하였음에도 불구하고 공공기관이 공개결정을 한 경우, 그 제3자는 해당 공공기관에 문서로 이의신청을 하거나 행정심판 또는 행정소송을 제기할 수 있다.

11

행정지도에 관한 설명으로 옳지 않은 것은? (다툼이 있는 경우 판례에 의함)

① 행정기관은 행정지도의 상대방이 행정지도에 따르지 아니하였다는 것을 이유로 불이익한 조치를 하여서는 아니 된다.

② 행정기관이 같은 행정목적을 실현하기 위하여 많은 상대방에게 행정지도를 하려는 경우에는 특별한 사정이 없으면 행정지도에 공통적인 내용이 되는 사항을 공표하여야 한다.

③ 교육인적자원부장관(현 교육부장관)의 대학총장들에 대한 학칙시정요구는 법령에 따른 것으로 행정지도의 일종이므로, 헌법소원의 대상이 아니다.

④ 행정지도가 강제성을 띠지 않은 비권력적 작용으로서 행정지도의 한계를 일탈하지 아니하였다면, 그로 인하여 상대방에게 손해가 발생하였다고 하더라도 행정기관은 손해배상책임이 없다.

12

「공익사업을 위한 토지 등의 취득 및 보상에 관한 법률」에 관한 설명으로 옳지 않은 것은?

① 사업시행자가 수용 또는 사용의 개시일까지 관할 토지수용위원회가 재결한 보상금을 지급하거나 공탁하지 아니하였을 때에는 해당 토지수용위원회의 재결은 효력을 상실한다. 이 경우 사업시행자는 재결의 효력이 상실됨으로 인하여 토지소유자 또는 관계인이 입은 손실을 보상하여야 한다.

② 사업시행자는 보상금을 받을 자가 그 수령을 거부하거나 보상금을 수령할 수 없을 때에는 수용 또는 사용의 개시일까지 수용하거나 사용하려는 토지 등의 소재지의 공탁소에 보상금을 공탁할 수 있다.

③ 공익사업에 필요한 토지 등의 취득 또는 사용으로 인하여 토지소유자나 관계인이 입은 손실은 국가 또는 지방자치단체가 보상하여야 한다.

④ 토지수용위원회의 재결이 있은 후 수용하거나 사용할 토지나 물건이 토지소유자 또는 관계인의 고의나 과실 없이 멸실되거나 훼손된 경우 그로 인한 손실은 사업시행자가 부담한다.

13

행정행위의 구성요건적 효력(공정력)과 선결문제에 관한 설명으로 옳지 않은 것은? (다툼이 있는 경우 판례에 의함)

① 甲이 영업정지처분이 위법하다고 주장하면서 국가를 상대로 손해배상청구소송을 제기한 경우, 법원은 취소사유에 해당하는 것을 인정하더라도 그 처분의 취소판결이 없는 한 손해배상청구를 인용할 수 없다.

② 선결문제가 행정행위의 당연무효이면 민사법원이 직접 그 무효를 판단할 수 있다.

③ 과세대상과 납세의무자 확정이 잘못되어 당연무효인 과세에 대해서는 체납이 문제될 여지가 없으므로 조세체납범이 문제되지 않는다.

④ 행정행위의 위법 여부가 범죄구성요건의 문제로 된 경우에는 형사법원이 행정행위의 위법성을 인정할 수 있다.

14

행정입법에 관한 설명으로 옳지 않은 것은? (다툼이 있는 경우 판례에 의함)

① 부령의 형식으로 정해진 제재적 행정처분의 기준은 그 규정의 성질과 내용이 행정청 내부의 사무처리준칙을 정한 것에 불과하므로 대외적으로 국민이나 법원을 구속하는 것은 아니다.

② 항정신병 치료제의 요양급여 인정기준에 관한 보건복지부 고시가 다른 집행행위의 매개 없이 그 자체로서 직접 국민의 구체적인 권리·의무와 법률관계를 규율하는 성격을 가질 때에는 항고소송의 대상이 되는 행정처분에 해당한다.

③ 법률의 위임에 의하여 효력을 갖는 법규명령이 법개정으로 위임의 근거가 없어지게 되더라도 효력을 상실하지 않는다.

④ 한국수력원자력 주식회사가 조달하는 기자재, 용역 및 정비공사, 기기수리의 공급자에 대한 관리업무절차를 규정함을 목적으로 제정·운용하고 있는 '공급자관리지침' 중 등록취소 및 그에 따른 일정 기간의 거래제한조치에 관한 규정들은 상위 법령의 구체적 위임 없이 정한 것이어서 대외적 구속력이 없는 행정규칙이다.

15

과징금에 관한 설명으로 옳지 않은 것은? (다툼이 있는 경우 판례에 의함)

① 초기에는 의무 위반으로 취득한 경제적 이익을 박탈하기 위한 행정상 제재수단으로 도입되었으나 최근에는 영업정지에 갈음하여 부과되는 형태로 많이 활용되고 있다.

② 과징금은 한꺼번에 납부하는 것이 원칙이나 행정청은 과징금을 부과받은 자가 재해 등으로 재산에 현저한 손실을 입어 전액을 한꺼번에 내기 어렵다고 인정될 때에는 그 납부기한을 연기하거나 분할납부하게 할 수 있다.

③ 「부동산 실권리자명의 등기에 관한 법률」상 실권리자명의 등기의무를 위반한 명의신탁자에 대한 과징금의 부과처분은 재량행위에 해당하므로 조세를 포탈하거나 법령에 의한 제한을 회피할 목적이 아닌 경우에는 이를 부과하지 않거나 전액감면할 수 있다.

④ 금전상 제재인 과징금은 법령이 규정한 범위 내에서 그 부과처분 당시까지 부과관청이 확인한 사실을 기초로 일의적으로 확정되어야 할 것이지, 추후에 부과금 산정기준이 되는 새로운 자료가 나왔다고 하여 새로운 부과처분을 할 수 있는 것은 아니다.

16

「공익사업을 위한 토지 등의 취득 및 보상에 관한 법률」에 관한 설명으로 옳은 것은? (다툼이 있는 경우 판례에 의함)

① 중앙토지수용위원회의 이의재결에 대한 행정소송은 재결서를 받은 날부터 90일 이내에 제기하여야 한다.

② 지방토지수용위원회의 재결에 대하여 이의를 신청하여 중앙토지수용위원회의 재결을 받은 자가 재결의 취소소송을 제기하려면 중앙토지수용위원회의 이의재결을 대상으로 하여야 한다.

③ 공익사업의 시행자는 해당 공익사업을 위한 공사에 착수하기 이전에 토지소유자에게 보상액 전액을 지급하여야 하나, 사업시행자가 보상액을 지급하지 않고 승낙도 받지 않은 채 공사에 착수하였다고 하더라도 토지소유자에 대하여 불법행위로 인한 손해배상책임이 발생하는 것은 아니다.

④ 토지수용위원회가 「공익사업을 위한 토지 등의 취득 및 보상에 관한 법률」상 손실보상대상에 해당하는 보상항목을 손실보상대상에 해당하지 않는다고 잘못된 내용의 재결을 한 경우에는 피보상자는 그 재결에 대한 취소소송을 제기할 것이 아니라 사업시행자를 상대로 이 법에 따른 보상금증감소송을 제기하여야 한다.

17

당사자소송에 관한 설명으로 옳지 않은 것은? (다툼이 있는 경우 판례에 의함)

① 국가에 대한 납세의무자의 부가가치세 환급세액 지급청구는 당사자소송의 대상이다.

② 지방자치단체가 보조금 지급결정을 하면서 일정 기한 내에 보조금을 반환하도록 교부조건을 부가한 경우, 보조사업자에 대한 지방자치단체의 보조금반환청구는 당사자소송의 대상이 된다.

③ 당사자소송에는 항고소송에서의 집행정지규정이 적용된다.

④ 조세 부과처분의 당연무효를 전제로 하여 이미 납부한 세금의 반환을 청구하는 것은 민사상 부당이득반환청구로서 당사자소송이 아니라 민사소송절차에 따른다.

18

행정상 즉시강제에 관한 설명으로 옳지 않은 것은? (다툼이 있는 경우 판례에 의함)

① 장래의 실현 확보를 위해서 가해지는 제재이다.

② 목전에 급박한 장해를 예방하기 위한 경우에는 예외적으로 법률의 근거가 없이도 발동될 수 있다는 것이 일반적인 견해이다.

③ 위법한 즉시강제작용으로 손해를 입은 자는 국가나 지방자치단체를 상대로 「국가배상법」이 정한 바에 따라 손해배상을 청구할 수 있다.

④ 강제건강진단과 예방접종은 대인적 강제수단에 해당한다.

19

「행정심판법」상 행정심판에 관한 설명으로 옳지 않은 것은?

① 법인이 아닌 사단 또는 재단으로서 대표자나 관리인이 정하여져 있는 경우에는 그 사단이나 재단의 이름으로 심판청구를 할 수 있다.

② 행정청의 거부처분에 대해서는 의무이행심판을 청구하여야 하고, 취소심판은 청구할 수 없다.

③ 행정심판의 결과에 이해관계가 있는 행정청은 해당 심판청구에 대한 행정심판위원회의 의결이 있기 전까지 그 사건에 대하여 심판참가를 할 수 있다.

④ 행정심판위원회는 필요할 경우 당사자가 주장하지 아니한 사실에 대해서도 심리할 수 있다.

20

행정법상 의무의 강제방법에 관한 설명으로 옳지 않은 것은? (다툼이 있는 경우 판례에 의함)

① 법인은 기관을 통하여 행위하므로 법인이 대표자를 선임한 이상 그의 행위로 인한 법률효과는 법인에게 귀속되어야 하고, 법인 대표자의 범죄행위에 대하여는 법인이 자신의 행위에 대한 책임을 부담하는 것이다.

② 행정청이 여러 개의 위반행위에 대하여 하나의 제재처분을 하였으나, 위반행위별로 제재처분의 내용을 구분하는 것이 가능하고 여러 개의 위반행위 중 일부의 위반행위에 대한 제재처분 부분만이 위법하다면, 법원은 제재처분 중 위법성이 인정되는 부분만 취소하여야 하고 제재처분 전부를 취소하여서는 아니 된다.

③ 관계 법령상 행정대집행의 절차가 인정되어 행정청이 행정대집행의 방법으로 건물의 철거 등 대체적 작위의무의 이행을 실현할 수 있는 경우에는 따로 민사소송의 방법으로 그 의무의 이행을 구할 수 없다.

④ 행정대집행은 대체적 작위의무에 대한 강제집행수단이고, 이행강제금은 부작위의무나 비대체적 작위의무에 대한 강제집행수단이므로 이행강제금은 대체적 작위의무의 위반에 대하여는 부과될 수 없다.

21

행정처분의 소멸에 관한 설명으로 옳지 않은 것은? (다툼이 있는 경우 판례에 의함)

① 취소심판을 제기한 경우 관할 행정심판위원회에서 취소재결하는 것은 직권취소에 해당한다.

② 도시계획시설사업의 사업자 지정을 한 관할청은 도시계획시설사업의 시행자 지정에 하자가 있는 경우, 별도의 법적 근거가 없더라도 스스로 이를 취소할 수 있다.

③ 종전 행정처분에 하자가 있음을 전제로 직권으로 이를 취소하는 행정처분의 경우 하자나 취소하여야 할 필요성에 관한 증명책임은 기존이익과 권리를 침해하는 처분을 한 행정청에 있다.

④ 지방병무청장은 군의관의 신체등위판정이 금품수수에 따라 위법 또는 부당하게 이루어졌다고 인정하는 경우, 그 신체등위판정을 기초로 자신이 한 병역처분을 직권으로 취소할 수 있다.

22

「행정소송법」상 사정판결에 관한 내용으로 옳지 않은 것은?

> **제28조(사정판결)** ① 원고의 청구가 (ㄱ)고 인정하는 경우에도 처분 등을 취소하는 것이 현저히 (ㄴ)에 적합하지 아니하다고 인정하는 때에는 법원은 원고의 청구를 (ㄷ) 할 수 있다. 이 경우 법원은 그 판결의 (ㄹ)에서 그 처분 등이 (ㅁ)을 명시하여야 한다. ② 법원이 제1항의 규정에 의한 판결을 함에 있어서는 미리 원고가 그로 인하여 입게 될 (ㅂ)의 정도와 배상방법 그 밖의 사정을 조사하여야 한다. ③ 원고는 피고인 행정청이 속하는 국가 또는 공공단체를 상대로 (ㅅ), (ㅇ) 그 밖에 적당한 구제방법의 청구를 당해 취소소송 등이 계속된 법원에 병합하여 제기할 수 있다.

① ㄱ : 이유 있다　　ㅇ : 제해시설의 설치
② ㄴ : 공공복리　　ㅅ : 손해배상
③ ㄷ : 기각　　ㅂ : 손해
④ ㄹ : 이유　　ㅁ : 위법함

23

「행정기본법」상 처분에 관한 설명으로 옳은 것은? (다툼이 있는 경우 판례에 의함)

① 행정청은 적법한 처분의 경우 당사자의 신청이 있는 경우에만 철회가 가능하다.
② 행정청은 처분에 재량이 있는 경우 법령이나 행정규칙이 정하는 바에 따라 완전히 자동화된 시스템으로 처분할 수 있다.
③ 당사자의 신청에 따른 처분은 다른 법령에 특별한 규정이 있는 경우를 제외하고는 신청 당시의 법령 등에 따른다.
④ 검사에 대한 경고조치는 검사의 권리 · 의무에 영향을 미치는 행위로서 항고소송의 대상이 되는 처분이라고 보아야 한다.

24

행정쟁송에 관한 설명으로 옳은 것은? (다툼이 있는 경우 판례에 의함)

① 행정심판의 재결에도 판결에서와 같은 기판력이 인정되는 것이어서 재결이 확정되면 처분의 기초가 된 사실관계나 법률적 판단이 확정되는 것이므로 당사자는 이와 모순되는 주장을 할 수 없게 된다.
② 무효인 처분에 대해 무효선언을 구하는 취소소송을 제기하는 경우에는 제소기간의 제한이 없다.
③ 거부행위가 항고소송의 대상인 처분이 되기 위해서는 그 거부행위가 신청인의 실체상 권리관계에 직접적인 변동을 일으키는 것이어야 하며, 신청인이 실체상 권리자로서 권리를 행사함에 중대한 지장을 초래하는 것만으로는 부족하다.
④ 처분시에 행정청으로부터 행정심판 제기기간에 관하여 법정심판청구기간보다 긴 기간으로 잘못 통지받은 경우에 보호할 신뢰이익은 그 통지받은 기간 내에 행정소송을 제기한 경우에까지 확대되지 않는다.

25

A행정청이 甲에게 한 처분에 대하여 甲은 B행정심판위원회에 행정심판을 청구하였다. 이에 관한 설명으로 옳은 것은? (다툼이 있는 경우 판례에 의함)

① 甲이 취소심판을 제기한 경우, B행정심판위원회는 심판청구가 이유가 있다고 인정하면 취소명령재결을 할 수 있다.
② B행정심판위원회의 기각재결이 있은 후에는 A행정청은 원처분을 직권으로 취소할 수 있다.
③ 甲이 무효확인심판을 제기한 경우, B행정심판위원회는 심판청구가 이유 있다고 인정하면서도 이를 인용하는 것이 공공복리에 크게 위배된다고 인정하면 甲의 심판청구를 기각할 수 있다.
④ B행정심판위원회의 재결에 고유한 위법이 있는 경우에는 甲은 다시 행정심판을 청구할 수 있다.

정답 및 해설

제 01 회 실전동형 모의고사

p. 008~013

01 ③ 02 ② 03 ② 04 ② 05 ④ 06 ④ 07 ② 08 ④ 09 ②
10 ② 11 ④ 12 ③ 13 ④ 14 ① 15 ④ 16 ① 17 ④ 18 ③
19 ② 20 ③ 21 ② 22 ③ 23 ① 24 ① 25 ③

01

신뢰보호원칙에 관한 설명으로 옳지 않은 것은? (다툼이 있는 경우 판례에 의함)

① 행정청의 공적 견해표명이 있었는지를 판단할 때 행정조직상 형식적인 권한분장에 구애될 것은 아니다.

② 행정청의 공적 견해표명이 있다고 인정하기 위해서는 적어도 담당자의 조직상 지위와 임무, 당해 언동을 하게 된 구체적인 경위 등에 비추어 그 언동의 내용을 신뢰할 수 있는 경우이어야 한다.

③ 「행정기본법」에 따르면, 행정청은 공익 또는 제3자의 이익을 현저히 해칠 우려가 있는 경우에도 행정에 대한 국민의 정당하고 합리적인 신뢰를 보호하여야 한다.

④ 행정청이 공적 견해를 표명할 당시의 사정이 사후에 변경된 경우에는 그 공적 견해가 더 이상 개인에게 신뢰의 대상이 된다고 보기 어려운 만큼, 특별한 사정이 없는 한 행정청이 그 견해표명에 반하는 처분을 하더라도 신뢰보호원칙에 위반된다고 할 수 없다.

해설

① (○) ② (○)

> 행정청의 공적 견해표명이 있었는지의 여부를 판단하는 데 있어 반드시 행정조직상의 형식적인 권한분장에 구애될 것은 아니고 담당자의 조직상의 지위와 임무, 당해 언동을 하게 된 구체적인 경위 및 그에 대한 상대방의 신뢰가능성에 비추어 실질에 의하여 판단하여야 한다. (대판 1997.9.12. 96누18380)

③ (×)

> **행정기본법 제12조(신뢰보호의 원칙)**
> ① 행정청은 공익 또는 제3자의 이익을 현저히 해칠 우려가 있는 경우를 제외하고는 행정에 대한 국민의 정당하고 합리적인 신뢰를 보호하여야 한다.

④ (○)

> 신뢰보호의 원칙은 행정청이 공적인 견해를 표명할 당시의 사정이 그대로 유지됨을 전제로 적용되는 것이 원칙이므로, 사후에 그와 같은 사정이 변경된 경우에는 그 공적 견해가 더 이상 개인에게 신뢰의 대상이 된다고 보기 어려운 만큼, 특별한 사정이 없는 한 행정청이 그 견해표명에 반하는 처분을 하더라도 신뢰보호의 원칙에 위반된다고 할 수 없다. (대판 2020.6.25. 2018두34732)

정답 ③

02

법치행정의 원칙에 관한 설명으로 옳지 않은 것은? (다툼이 있는 경우 판례에 의함)

① 규율대상이 국민의 기본권 및 기본적 의무와 관련한 중요성을 가질수록 그리고 그에 관한 공개적 토론의 필요성 또는 상충하는 이익 사이의 조정 필요성이 클수록 그것이 국회의 법률에 의해 직접 규율될 필요성은 더 증대된다.

② 교육부장관이 관할 교육감에게, 甲지방의회가 의결한 학생인권조례안에 대하여 재의요구를 하도록 요청하였으나 교육감이 이를 거절하고 학생인권조례를 공포한 경우 위 조례안은 법률우위원칙에 어긋난다.

③ 법률유보의 원칙은 '법률에 의한 규율'만을 요청하는 것이 아니라 '법률에 근거한 규율'을 요청하는 것이기 때문에 기본권의 제한에는 법률의 근거가 필요할 뿐이고 기본권 제한의 형식이 반드시 법률의 형식일 필요는 없다.

④ 행정작용은 법률에 위반되어서는 아니 되며, 국민의 권리를 제한하거나 의무를 부과하는 경우와 그 밖에 국민생활에 중요한 영향을 미치는 경우에는 법률에 근거하여야 한다.

해설

① (○) 대판 2015.8.20. 2012두23808 전원합의체

② (×)

> 교육부장관이 관할 교육감에게, 甲지방의회가 의결한 학생인권조례안에 대하여 재의요구를 하도록 요청하였으나 교육감이 이를 거절하고 학생인권조례를 공포하자, 조례안 의결에 대한 효력 배제를 구하는 소를 제기한 사안에서, 위 조례안이 국민의 기본권이나 주민의 권리 제한에서 요구되는 법률유보원칙에 위배된다고 할 수 없고, 내용이 법령의 규정과 모순·저촉되어 법률우위원칙에 어긋난다고 볼 수 없다. (대판 2015.5.14. 2013추98)

③ (○) 헌재 2011.4.28. 2009헌바167

④ (○) 행정기본법 제8조

정답 ②

03

행정행위에 관한 설명으로 옳지 않은 것은? (다툼이 있는 경우 판례에 의함)

① 재량에 의한 행정처분이 그 재량권의 한계를 벗어난 것이어서 위법하다는 점은 그 행정처분의 효력을 다투는 자가 이를 주장·입증하여야 하고, 처분청이 그 재량권의 행사가 정당한 것이었다는 점까지 주장·입증할 필요는 없다.

② 행정청이 제재처분 양정을 하면서 처분상대방에게 법령에서 정한 임의적 감경사유가 있는 경우, 그 감경사유까지 고려하고도 감경하지 않은 채 개별처분기준에서 정한 상한으로 처분을 한 경우에는 재량권을 일탈·남용하였다고 보아야 한다.

③ 허가신청 후 허가기준이 변경된 경우에는 원칙적으로 처분시의 기준인 변경된 허가기준에 따라서 처분하여야 한다.

④ 학교법인의 임원이 교비회계자금을 법인회계로 부당전출하였고, 업무집행에 있어서 직무를 태만히 하여 학교법인이 이를 시정하기 위한 노력을 하였으나 결과적으로 대부분의 시정요구사항이 이행되지 아니하였던 점 등을 고려하면, 교육부장관의 임원승인 취소처분은 재량권을 일탈·남용한 것으로 볼 수 없다.

해설

① (○) 대판 1987.12.8. 87누861

② (×)

> 처분상대방에게 법령에서 정한 임의적 감경사유가 있는 경우에, 행정청이 감경사유까지 고려하고도 감경하지 않은 채 개별처분기준에서 정한 상한으로 처분을 한 경우에는 재량권을 일탈·남용하였다고 단정할 수는 없으나, 행정청이 감경사유를 전혀 고려하지 않았거나 감경사유에 해당하지 않는다고 오인하여 개별처분기준에서 정한 상한으로 처분을 한 경우에는 마땅히 고려대상에 포함하여야 할 사항을 누락하였거나 고려대상에 관한 사실을 오인한 경우에 해당하여 재량권을 일탈·남용한 것이라고 보아야 한다. (대판 2020.6.25. 2019두52980)

③ (○)

> 허가 등의 행정처분은 원칙적으로 처분시의 법령과 허가기준에 의하여 처리되어야 하고 허가신청 당시의 기준에 따라야 하는 것은 아니며, 비록 허가신청 후 허가기준이 변경되었다 하더라도 그 허가관청이 허가신청을 수리하고도 정당한 이유 없이 그 처리를 늦추어 그 사이에 허가기준이 변경된 것이 아닌 이상 변경된 허가기준에 따라서 처분을 하여야 한다. (대판 2006.8.25. 2004두2974)

④ (○)

> 학교법인의 임원취임승인취소처분에 대한 취소소송에서, 교비회계자금을 법인회계로 부당전출한 위법성의 정도와 임원들의 이에 대한 가공의 정도가 가볍지 아니하고, 학교법인이 행정청의 시정요구에 대하여 이를 시정하기 위한 노력을 하였다고는 하나 결과적으로 대부분의 시정요구사항이 이행되지 아니하였던 사정 등을 참작하여, 위 취소처분이 재량권을 일탈·남용하였다고 볼 수 없다. (대판 2007.7.19. 2006두19297 전원합의체)

정답 ②

04

「행정기본법」상 행정의 법원칙에 관한 설명으로 옳지 않은 것은?

① 행정작용은 법률에 위반되어서는 아니 되며, 국민의 권리를 제한하거나 의무를 부과하는 경우와 그 밖에 국민생활에 중요한 영향을 미치는 경우에는 법률에 근거하여야 한다.

② 행정청은 어떠한 경우에도 국민을 차별하여서는 아니 된다.

③ 행정청은 행정권한을 남용하거나 그 권한의 범위를 넘어서는 아니 된다.

④ 행정청은 공익 또는 제3자의 이익을 현저히 해칠 우려가 있는 경우를 제외하고는 행정에 대한 국민의 정당하고 합리적인 신뢰를 보호하여야 한다.

해설

① (○) 행정기본법 제8조

② (×)

> **행정기본법 제9조(평등의 원칙)**
> 행정청은 합리적 이유 없이 국민을 차별하여서는 아니 된다.

③ (○) 행정기본법 제11조 제2항

④ (○) 행정기본법 제12조 제1항

정답 ②

05

자동차운전면허 및 운송사업면허에 관한 설명으로 옳지 않은 것은? (다툼이 있는 경우 판례에 의함)

① 운전면허취소처분에 대한 취소소송에서 취소판결이 확정되었다면 운전면허취소처분 이후의 운전행위를 무면허운전이라고 할 수는 없다.

② 음주운전 여부에 대한 조사과정에서 운전자 본인의 동의를 받지 아니하고 법원의 영장도 없이 채혈조사가 행해졌다면, 그 조사 결과를 근거로 한 운전면허취소처분은 특별한 사정이 없는 한 위법하다.

③ 음주운전으로 인해 운전면허를 취소하는 경우의 이익형량에서 음주운전으로 인한 교통사고를 방지할 공익상 필요가 취소의 상대방이 입게 될 불이익보다 강조되어야 한다.

④ 甲이 혈중알코올농도 0.140%의 주취상태로 배기량 125cc 이륜자동차를 운전하였다는 이유로 관할 지방경찰청장이 甲의 자동차운전면허[제1종 대형, 제1종 보통, 제1종 특수(대형견인 · 구난), 제2종 소형]를 취소하는 처분을 한 경우, 위 처분 중 제1종 대형, 제1종 보통, 제1종 특수(대형견인 · 구난) 운전면허를 취소한 부분은 재량권을 일탈 · 남용한 것이다.

해설

① (○) 취소판결이 확정되면 형성력에 의하여 운전면허취소사실 자체가 없어지므로 무면허운전이 아니다.

② (○) 대판 2016.12.27. 2014두46850

③ (○) ④ (×)

> [1] 운전면허를 받은 사람이 음주운전을 한 경우에 운전면허의 취소 여부는 행정청의 재량행위이나, 음주운전으로 인한 교통사고의 증가와 그 결과의 참혹성 등에 비추어 보면 음주운전으로 인한 교통사고를 방지할 공익상의 필요는 더욱 중시되어야 하고, 운전면허의 취소에서는 일반의 수익적 행정행위의 취소와는 달리 취소로 인하여 입게 될 당사자의 불이익보다는 이를 방지하여야 하는 일반예방적 측면이 더욱 강조되어야 한다.
>
> [2] 甲이 혈중알코올농도 0.140%의 주취상태로 배기량 125cc 이륜자동차를 운전하였다는 이유로 관할 지방경찰청장이 甲의 자동차운전면허[제1종 대형, 제1종 보통, 제1종 특수(대형견인 · 구난), 제2종 소형]를 취소하는 처분을 한 경우, 위 처분 중 제1종 대형, 제1종 보통, 제1종 특수(대형견인 · 구난) 운전면허를 취소한 부분은 재량권을 일탈 · 남용한 위법이 있다고 본 원심판결은 위법하다.
>
> (대판 2018.2.28. 2017두67476)

정답 ④

06

「행정기본법」상 제재처분에 관한 설명으로 옳지 않은 것은?

① 제재처분을 하지 아니하면 국민의 안전 · 생명 또는 환경을 심각하게 해치거나 해칠 우려가 있는 경우는 5년이 지나도 제재처분을 할 수 있다.

② 거짓이나 그 밖의 부정한 방법으로 인허가를 받거나 신고를 한 경우는 5년이 지나도 제재처분을 할 수 있다.

③ 당사자가 인허가나 신고의 위법성을 경과실로 알지 못한 경우는 5년이 지나면 제재처분을 할 수 없다.

④ 행정청은 행정심판의 재결이나 법원의 판결에 따라 제재처분이 취소 · 철회된 경우에는 재결이나 판결이 확정된 날부터 2년이 지나기 전까지는 그 취지에 따른 새로운 제재처분을 할 수 있다.

해설

① (○) ② (○) ③ (○) ④ (×)

> **행정기본법 제23조(제재처분의 제척기간)**
>
> ① 행정청은 법령 등의 위반행위가 종료된 날부터 5년이 지나면 해당 위반행위에 대하여 제재처분(인허가의 정지 · 취소 · 철회, 등록 말소, 영업소 폐쇄와 정지를 갈음하는 과징금 부과를 말한다. 이하 이 조에서 같다)을 할 수 없다.
>
> ② 다음 각 호의 어느 하나에 해당하는 경우에는 제1항을 적용하지 아니한다.
>
> 1. 거짓이나 그 밖의 부정한 방법으로 인허가를 받거나 신고를 한 경우
> 2. 당사자가 인허가나 신고의 위법성을 알고 있었거나 중대한 과실로 알지 못한 경우
> 3. 정당한 사유 없이 행정청의 조사 · 출입 · 검사를 기피 · 방해 · 거부하여 제척기간이 지난 경우
> 4. 제재처분을 하지 아니하면 국민의 안전 · 생명 또는 환경을 심각하게 해치거나 해칠 우려가 있는 경우
>
> ③ 행정청은 제1항에도 불구하고 행정심판의 재결이나 법원의 판결에 따라 제재처분이 취소 · 철회된 경우에는 재결이나 판결이 확정된 날부터 1년(합의제 행정기관은 2년)이 지나기 전까지는 그 취지에 따른 새로운 제재처분을 할 수 있다.
>
> ④ 다른 법률에서 제1항 및 제3항의 기간보다 짧거나 긴 기간을 규정하고 있으면 그 법률에서 정하는 바에 따른다.

정답 ④

07

행정계획에 관한 설명으로 옳지 않은 것은? (다툼이 있는 경우 판례에 의함)

① 행정주체가 구체적인 행정계획을 입안·결정할 때 가지는 형성의 자유의 한계에 관한 법리는 주민의 입안 제안 또는 변경신청을 받아들여 도시관리계획결정을 하거나 도시계획시설을 변경할 것인지를 결정할 때에도 동일하게 적용된다.

② 행정계획에 있어 재량은 조건 프로그램에 의해 결정된다.

③ 장래 일정한 기간 내에 관계 법령이 규정하는 시설 등을 갖추어 일정한 행정처분을 구하는 신청을 할 수 있는 법률상 지위에 있는 자의 국토이용계획 변경신청을 거부하는 것이 실질적으로 해당 행정처분 자체를 거부하는 결과가 되는 경우에는 예외적으로 그 신청인에게 국토이용계획 변경을 신청할 권리가 인정된다.

④ 장기미집행 도시계획시설결정의 실효제도에 의해 개인의 재산권이 보호되는 것은 입법자가 새로운 제도를 마련함에 따라 얻게 되는 법률에 기한 권리일 뿐 헌법상 재산권으로부터 당연히 도출되는 권리는 아니다.

해설

① (○)

> [1] 도시계획시설구역 내 토지 등을 소유하고 있는 주민이 장기간 집행되지 아니한 도시계획시설의 결정권자에게 도시계획시설의 변경을 신청하고, 결정권자가 이러한 신청을 받아들여 도시계획시설을 변경할 것인지를 결정하는 경우에도 형량하자이론은 동일하게 적용된다고 보아야 한다.
>
> [2] 甲 등이 자신들의 토지를 도시계획시설인 완충녹지에서 해제하여 달라는 신청을 하였으나 관할 구청장이 이를 거부하는 처분을 한 사안에서, 위 토지를 완충녹지로 유지해야 할 공익상 필요성이 소멸되었다고 볼 수 있다는 이유로, 위 처분은 甲 등의 재산권 행사를 과도하게 제한한 것으로서 행정계획을 입안·결정하면서 이익형량을 전혀 하지 않았거나 이익형량의 정당성·객관성이 결여된 경우에 해당한다. (대판 2012.1.12. 2010두5806)

② (×) 일반행정재량은 조건 프로그램에 의해 결정되고, 행정계획에 있어 재량은 목적 프로그램에 의해 결정된다.

③ (○)

> 국토건설종합계획의 효율적인 추진과 국토이용질서를 확립하기 위한 국토이용계획은 장기성, 종합성이 요구되는 행정계획이어서 원칙적으로는 그 계획이 일단 확정된 후에 어떤 사정의 변동이 있다고 하여 그러한 사유만으로는 지역 주민이나 일반 이해관계인에게 일일이 그 계획의 변경을 신청할 권리를 인정하여 줄 수는 없을 것이지만, 장래 일정한 기간 내에 관계 법령이 규정하는 시설 등을 갖추어 일정한 행정처분을 구하는 신청을 할 수 있는 법률상 지위에 있는 자의 국토이용계획 변경신청을 거부하는 것이 실질적으로 당해 행정처분 자체를 거부하는 결과가 되는 경우에는 예외적으로 그 신청인에게 국토이용계획 변경을 신청할 권리가 인정된다고 봄이 상당하므로, 이러한 신청에 대한 거부행위는 항고소송의 대상이 되는 행정처분에 해당한다. (대판 2003.9.23. 2001두10936)

④ (○) 헌재 2005.9.29. 2002헌바84 등

정답 ②

08

인가에 관한 설명으로 옳지 않은 것은? (다툼이 있는 경우 판례에 의함)

① 공유수면매립면허의 공동명의자 사이의 면허로 인한 권리·의무 양도약정은 면허관청의 인가를 받지 않은 이상 법률상 아무런 효력도 발생할 수 없다.

② 재단법인의 임원취임을 인가 또는 거부할 것인지 여부는 주무관청의 권한에 속하는 사항이라고 할 것이고, 재단법인의 임원취임승인신청에 대하여 주무관청이 이에 기속되어 이를 당연히 승인(인가)하여야 하는 것은 아니다.

③ 인가처분에 하자가 없다면 기본행위에 하자가 있다고 하더라도 따로 그 기본행위의 하자를 다투는 것은 별론으로 하고, 기본행위의 무효를 내세워 바로 그에 대한 행정청의 인가처분의 취소 또는 무효확인을 소구할 법률상 이익이 없다.

④ 재단법인설립에 대한 허가는 인가이지만, 재단법인설립 후의 정관변경허가는 강학상 허가에 해당한다.

해설

① (○) 인가는 효력요건이므로 인가가 없으면 기본행위의 효력이 발생하지 않는다.

> 공유수면매립의 면허로 인한 권리·의무의 양도·양수에 있어서의 면허관청의 인가는 효력요건으로서, 위 각 규정은 강행규정이라고 할 것인바, 위 면허의 공동명의자 사이의 면허로 인한 권리·의무 양도약정은 면허관청의 인가를 받지 않은 이상 법률상 아무런 효력도 발생할 수 없다. (대판 1991.6.25. 90누5184)

② (○) 인가는 기본적으로 재량행위이다.

> 재단법인의 임원취임이 사법인인 재단법인의 정관에 근거한다고 할지라도 이에 대한 행정청의 승인(인가)행위는 법인에 대한 주무관청의 감독권에 연유하는 이상 그 인가행위 또는 인가거부행위는 공법상의 행정처분으로서, 그 임원취임을 인가 또는 거부할 것인지 여부는 주무관청의 권한에 속하는 사항이라고 할 것이고, 재단법인의 임원취임승인신청에 대하여 주무관청이 이에 기속되어 이를 당연히 승인(인가)하여야 하는 것은 아니다. (대판 2000.1.28. 98두16996)

③ (○) 기본행위에 하자가 있으면 기본행위를, 인가에 하자가 있으면 인가를 소의 대상으로 해야 한다.

> 인가는 기본행위인 재단법인의 정관변경에 대한 법률상의 효력을 완성시키는 보충행위로서, 그 기본이 되는 정관변경결의에 하자가 있을 때에는 그에 대한 인가가 있었다고 하여도 기본행위인 정관변경결의가 유효한 것으로 될 수 없으므로 기본행위인 정관변경결의가 적법·유효하고 보충행위인 인가처분 자체에만 하자가 있다면 그 인가처분의 무효나 취소를 주장할 수 있지만, 인가처분에 하자가 없다면 기본행위에 하자가 있다고 하더라도 따로 그 기본행위의 하자를 다투는 것은 별론으로 하고 기본행위의 무효를 내세워 바로 그에 대한 행정청의 인가처분의 취소 또는 무효확인을 소구할 법률상의 이익이 없다. (대판 1996.5.16. 95누4810 전원합의체)

④ (×) 재단법인설립에 대한 허가와 재단법인설립 후의 정관변경허가 모두 강학상 인가에 해당한다.

정답 ④

09

위임명령의 한계에 관한 설명으로 옳지 않은 것은? (다툼이 있는 경우 판례에 의함)

① 법률이 공법적 단체 등의 정관에 자치법적 사항을 위임한 경우에는 헌법 제75조가 정하는 포괄적인 위임입법의 금지가 원칙적으로 적용되지 않지만, 그 사항이 국민의 권리·의무에 관련되는 것일 경우에는 적어도 국민의 권리·의무에 관한 기본적이고 본질적인 사항은 국회가 정하여야 한다.

② 헌법에서 채택하고 있는 위임입법은 예시적인데, 그 논거는 고전적 권력분립이다.

③ 법률에서 위임받은 사항에 관하여 대강을 정하고 그중의 특정 사항을 범위를 정하여 하위 법령에 다시 위임하는 경우에는 재위임이 허용된다. 이러한 법리는 조례가 「지방자치법」에 따라 주민의 권리 제한 또는 의무 부과에 관한 사항을 법률로부터 위임받은 후, 이를 다시 지방자치단체장이 정하는 '규칙'이나 '고시' 등에 재위임하는 경우에도 마찬가지이다.

④ 법률의 시행령이나 시행규칙의 내용이 모법 조항의 취지에 근거하여 이를 구체화하기 위한 것인 때에는 모법의 규율범위를 벗어난 것으로 볼 수 없다. 이러한 경우에는 모법에 이에 관하여 직접 위임하는 규정을 두지 않았다고 하여도 이를 무효라고 볼 수 없다.

해설

① (○) 조례와 정관에는 포괄적 위임이 가능하지만, 중요사항(권리·의무에 관한 사항)은 법률에 근거를 두고 위임하여야 한다.

② (×) 헌법에서 채택하고 있는 위임입법은 예시적인데, 그 논거는 기능적 권력분립이다.

③ (○) 재위임에 대한 일반적 기준이다.

④ (○)

> 법률의 시행령이나 시행규칙은 법률에 의한 위임이 없으면 개인의 권리·의무에 관한 내용을 변경·보충하거나 법률이 규정하지 아니한 새로운 내용을 정할 수는 없지만, 법률의 시행령이나 시행규칙의 내용이 모법의 입법취지와 관련 조항 전체를 유기적·체계적으로 살펴보아 모법의 해석상 가능한 것을 명시한 것에 지나지 아니하거나 모법 조항의 취지에 근거하여 이를 구체화하기 위한 것인 때에는 모법의 규율범위를 벗어난 것으로 볼 수 없으므로, 모법에 이에 관하여 직접 위임하는 규정을 두지 아니하였다고 하더라도 이를 무효라고 볼 수는 없다. (대판 2014.8.20. 2012두19526)

정답 ②

10

사인의 공법행위에 관한 설명으로 옳은 것은? (다툼이 있는 경우 판례에 의함)

① 공무원에 의해 제출된 사직원은 그에 터잡은 의원면직처분이 있을 때까지 철회될 수 있고, 일단 면직처분이 있고 난 이후에도 자유로이 취소 및 철회될 수 있다.

② 「건축법」상 착공신고가 반려될 경우 착공신고 반려행위의 처분성이 인정된다.

③ 행정청은 신청에 구비서류의 미비 등 흠이 있는 경우 원칙상 형식적 절차적인 요건만을 보완 요구하여야 하므로 실질적인 요건에 관한 흠이 민원인의 단순한 착오나 일시적인 사정 등에 기인한 경우에도 보완을 요구할 수 없다.

④ 사인의 공법행위는 원칙적으로 발신주의에 따라 그 효력이 발생한다.

해설

① (×)

> 공무원이 한 사직 의사표시의 철회나 취소는 그에 터잡은 의원면직처분이 있을 때까지 할 수 있는 것이고, 일단 면직처분이 있고 난 이후에는 철회나 취소할 여지가 없다. (대판 2001.8.24. 99두9971)

② (○)

> 건축주 등으로서는 착공신고가 반려될 경우, 해당 건축물의 착공을 개시하면 시정명령, 이행강제금, 벌금의 대상이 되거나 해당 건축물을 사용하여 행할 행위의 허가가 거부될 우려가 있어 불안정한 지위에 놓이게 된다. 따라서 착공신고 반려행위가 이루어진 단계에서 당사자로 하여금 반려행위의 적법성을 다투어 법적 불안을 해소한 다음 건축행위에 나아가도록 함으로써 장차 있을지도 모르는 위험에서 미리 벗어날 수 있도록 길을 열어 주고, 위법한 건축물의 양산과 철거를 둘러싼 분쟁을 조기에 근본적으로 해결할 수 있게 하는 것이 법치행정의 원리에 부합한다. 그러므로 행정청의 착공신고 반려행위는 항고소송의 대상이 된다. (대판 2011.6.10. 2010두7321)

③ (×)

> 민원사무에 관한 법률 소정의 보완의 대상이 되는 흠은 보완이 가능한 경우이어야 함은 물론이고, 그 내용 또한 형식적·절차적인 요건이거나 실질적인 요건에 관한 흠이 있는 경우라도 그것이 민원인의 단순한 착오나 일시적인 사정 등에 기한 경우 등이라야 한다. (대판 2004.10.15. 2003두6573)

④ (×) 사인의 공법행위의 효력발생시기는 원칙적으로 도달주의에 의한다.

정답 ②

11

행정행위의 철회에 관한 설명으로 옳지 않은 것은? (다툼이 있는 경우 판례에 의함)

① 부담부 행정처분에 있어서 처분상대방이 부담을 이행하지 아니한 경우에 처분행정청으로서는 이를 들어 해당 처분을 철회할 수 있다.

② 외형상 하나의 행정처분이라고 하더라도 가분성이 있거나 그 처분대상의 일부가 특정될 수 있다면 그 일부만의 취소도 가능하고, 그 일부의 취소는 해당 취소 부분에 관하여 효력이 생긴다.

③ 행정행위의 철회는 적법요건을 구비하여 완전히 효력을 발하고 있는 행정행위를 사후적으로 효력을 장래에 향해 소멸시키는 별개의 행정처분이다.

④ 처분 후에 원래의 처분을 그대로 존속시킬 수 없게 된 사정변경이 생긴 경우 처분청은 처분을 철회할 수 있다고 할 것이므로, 이 경우 처분상대방에게 그 철회·변경을 요구할 권리는 당연히 인정된다.

해설

① (○) 부담은 불이행만으로 행정행위의 효력이 없어지지 않고 별도의 철회가 가능하다.

② (○) 불가분의 처분은 일부취소가 불가능하지만, 가분성이 있다면 일부취소가 가능하다.

③ (○) 철회의 개념이다.

④ (×)

> 산림법이나 같은 법 시행령 등에는 산림훼손 용도변경신청에 관하여 아무런 규정을 두지 않고 있고, 산림청훈령인 '산림의 형질변경허가 및 복구요령'은 법규로서의 효력이 없는 행정청 내부의 사무처리준칙에 불과하며, 처분 후에 원래의 처분을 그대로 존속시킬 수 없게 된 사정변경이 생겼다고 하여 처분상대방에게 그 철회·변경을 요구할 권리가 생기는 것도 아니므로, 산림훼손허가를 얻은 자에게는 법규상 또는 조리상 산림훼손 용도변경신청권이 없고, 따라서 산림훼손 용도변경신청을 반려한 것은 항고소송의 대상이 되는 처분에 해당하지 아니한다. (대판 1998.10.13. 97누13764)

정답 ④

12

행정절차에 관한 설명으로 옳은 것은? (다툼이 있는 경우 판례에 의함)

① 「국가공무원법」상 직위해제처분은 공무원의 인사상 불이익을 주는 처분이므로 「행정절차법」상 사전통지 및 의견청취절차를 거쳐야 한다.

② 처분 당시 당사자가 어떠한 근거와 이유로 처분이 이루어진 것인지를 충분히 알 수 있어서 그에 불복하여 행정구제절차로 나아가는 데에 별다른 지장이 없었던 것으로 인정되는 경우에도 처분서에 처분의 근거와 이유가 구체적으로 명시되어 있지 않았다면 그 처분은 위법하다.

③ 외국인의 출입국에 관한 사항이라도 행정절차를 거칠 필요가 당연히 부정되는 것은 아니다.

④ 당사자 등은 청문조서의 내용을 열람·확인할 수 있을 뿐, 그 청문조서에 이의가 있더라도 정정을 요구할 수는 없다.

해설

① (×) 직위해제처분은 가행정행위로서 개략적 심사를 하므로, 사전통지나 의견청취절차를 거치지 않는다.

② (×)

> 행정절차법 제23조 제1항은 행정청이 처분을 하는 때에는 당사자에게 그 근거와 이유를 제시하도록 규정하고 있고, 이는 행정청의 자의적 결정을 배제하고 당사자로 하여금 행정구제절차에서 적절히 대처할 수 있도록 하는 데 그 취지가 있다. 따라서 처분 당시 당사자가 어떠한 근거와 이유로 처분이 이루어진 것인지를 충분히 알 수 있어서 그에 불복하여 행정구제절차로 나아가는 데에 별다른 지장이 없었던 것으로 인정되는 경우에는 처분서에 처분의 근거와 이유가 구체적으로 명시되어 있지 않았다고 하더라도 그로 말미암아 그 처분이 위법한 것으로 된다고 할 수는 없다. (대판 2013.11.14. 2011두18571)

③ (○)

> [1] 행정절차법 제3조 제2항 제9호, 행정절차법 시행령 제2조 제2호 등 관련 규정들의 내용을 행정의 공정성, 투명성, 신뢰성을 확보하고 처분상대방의 권익보호를 목적으로 하는 행정절차법의 입법목적에 비추어 보면, 행정절차법의 적용이 제외되는 '외국인의 출입국에 관한 사항'이란 해당 행정작용의 성질상 행정절차를 거치기 곤란하거나 거칠 필요가 없다고 인정되는 사항이나 행정절차에 준하는 절차를 거친 사항으로서 행정절차법 시행령으로 정하는 사항만을 가리킨다. '외국인의 출입국에 관한 사항'이라고 하여 행정절차를 거칠 필요가 당연히 부정되는 것은 아니다. 외국인의 사증발급신청에 대한 거부처분은 당사자에게 의무를 부과하거나 적극적으로 권익을 제한하는 처분이 아니므로, 행정절차법 제21조 제1항에서 정한 '처분의 사전통지'와 제22조 제3항에서 정한 '의견제출 기회 부여'의 대상은 아니다. 그러나 사증발급신청에 대한 거부처분이 성질상 행정절차법 제24조에서 정한 '처분서 작성·교부'를 할 필요가 없거나 곤란하다고 일률적으로 단정하기 어렵다. 또한 출입국관리법령에 사증발급거부처분서 작성에 관한 규정을 따로 두고 있지 않으므로, 외국인의 사증발급신청에 대한 거부처분을 하면서 행정절차법 제24조에 정한 절차를 따르지 않고 '행정절차에 준하는 절차'로 대체할 수도 없다.
> [2] 재외동포에 대한 사증발급은 행정청의 재량행위에 속하는 것으로서, 재외동포가 사증발급을 신청한 경우에 출입국관리법 시행령 [별표 1의2]에서 정한 재외동포체류자격의 요건을 갖추었다고 해

서 무조건 사증을 발급해야 하는 것은 아니다. 재외동포에게 출입국관리법 제11조 제1항 각 호에서 정한 입국금지사유 또는 재외동포의 출입국과 법적 지위에 관한 법률 제5조 제2항에서 정한 재외동포체류자격 부여제외사유(예컨대 '대한민국 남자가 병역을 기피할 목적으로 외국국적을 취득하고 대한민국 국적을 상실하여 외국인이 된 경우')가 있어 그의 국내체류를 허용하지 않음으로써 달성하고자 하는 공익이 그로 말미암아 발생하는 불이익보다 큰 경우에는 행정청이 재외동포체류자격의 사증을 발급하지 않을 재량을 가진다. (대판 2019.7.11. 2017두38874)

④ (×)

행정절차법 제34조(청문조서)

② 당사자 등은 청문조서의 내용을 열람 · 확인할 수 있으며, 이의가 있을 때에는 그 정정을 요구할 수 있다.

정답 ③

13

행정의 실효성 확보수단에 관한 설명으로 옳지 않은 것은? (다툼이 있는 경우 판례에 의함)

① 구 「국세징수법」상 가산금 또는 중가산금의 고지는 항고소송의 대상이 되는 처분이 아니다.

② 지방자치단체 소속 공무원이 지방자치단체 고유의 자치사무를 수행하던 중 구 「도로법」에 위반하는 행위를 한 경우 지방자치단체는 구 「도로법」상 양벌규정에 따라 처벌대상이 되는 법인에 해당한다.

③ 구 「음반비디오물 및 게임물에 관한 법률」상 불법게임물에 대한 수거 및 폐기조치는 행정상 즉시강제에 해당한다.

④ 종업원 등의 범죄에 대해 법인에게 어떠한 잘못이 있는지를 전혀 묻지 않고, 곧바로 그 종업원 등을 고용한 법인에게도 종업원 등에 대한 처벌조항에 규정된 벌금형을 과하도록 규정하는 것은 책임주의에 반하지 않는다.

해설

① (○)

가산금 또는 중가산금은 국세를 납부기한까지 납부하지 않으면 과세청의 확정절차 없이도 법률규정에 의하여 당연히 발생하는 것이므로 가산금 또는 중가산금의 고지는 처분이 아니다. (대판 2005.6.10. 2005다15482)

참고 가산세는 처분성이 인정된다.

② (○)

지방자치단체가 고유의 자치사무를 처리하는 경우에는 지방자치단체는 국가기관의 일부가 아니라 국가기관과는 별도의 독립한 공법인이므로, 지방자치단체 소속 공무원이 자치사무를 수행하던 중 도로법 제81조 위반행위를 한 경우에는 지방자치단체는 도로법 제86조 양벌규정에 따라 처벌대상이 되는 법인에 해당한다. (대판 2005.11.10. 2004도2657)

③ (○) 헌재 2002.10.31. 2000헌가12

④ (×) 종업원의 행위에 대해 법인(사용자)의 관리 · 감독에 대한 고의 · 과실을 묻지 않고 형벌을 부과하는 것은 자기책임원칙 위반으로 헌법에 위반된다는 것이 헌법재판소의 입장이다. (헌재 2009.7.30. 2008헌가10)

정답 ④

14

「질서위반행위규제법」에 관한 설명으로 옳은 것은?

① 행정청이 질서위반행위에 대하여 과태료를 부과하고자 하는 때에는 미리 당사자에게 대통령령으로 정하는 사항을 통지하고, 10일 이상의 기간을 정하여 의견을 제출할 기회를 주어야 한다.

② 행정청에 의해 부과된 과태료는 질서위반행위가 종료된 날(다수인이 질서위반행위에 가담한 경우에는 최종행위가 종료된 날을 말한다)부터 5년간 징수하지 아니하거나 집행하지 아니하면 시효로 인하여 소멸한다.

③ 과태료 사건은 다른 법령에 특별한 규정이 있는 경우를 제외하고는 과태료 부과관청의 소재지의 지방법원 또는 그 지원의 관할로 한다.

④ 심신미약자의 경우에는 과태료를 부과하지 아니한다.

해설

① (○) 질서위반행위규제법 제16조 제1항

② (×)

질서위반행위규제법 제15조(과태료의 시효)

① 과태료는 행정청의 과태료 부과처분이나 법원의 과태료 재판이 확정된 후 5년간 징수하지 아니하거나 집행하지 아니하면 시효로 인하여 소멸한다.

제19조(과태료 부과의 제척기간)

① 행정청은 질서위반행위가 종료된 날(다수인이 질서위반행위에 가담한 경우에는 최종행위가 종료된 날을 말한다)부터 5년이 경과한 경우에는 해당 질서위반행위에 대하여 과태료를 부과할 수 없다.

③ (×)

질서위반행위규제법 제25조(관할 법원)

과태료 사건은 다른 법령에 특별한 규정이 있는 경우를 제외하고는 당사자의 주소지의 지방법원 또는 그 지원의 관할로 한다.

④ (×)

질서위반행위규제법 제10조(심신장애)

① 심신장애로 인하여 행위의 옳고 그름을 판단할 능력이 없거나 그 판단에 따른 행위를 할 능력이 없는 자의 질서위반행위는 과태료를 부과하지 아니한다.

② 심신장애로 인하여 제1항에 따른 능력이 미약한 자의 질서위반행위는 과태료를 감경한다.

③ 스스로 심신장애상태를 일으켜 질서위반행위를 한 자에 대하여는 제1항 및 제2항을 적용하지 아니한다.

정답 ①

15

공법상 계약에 관한 설명으로 옳지 않은 것은? (다툼이 있는 경우 판례에 의함)

① 지방자치단체를 당사자로 하는 계약에 관하여는 그 계약의 성질이 사법상 계약인지 공법상 계약인지와 상관없이 원칙적으로 「지방자치단체를 당사자로 하는 계약에 관한 법률」의 규율이 적용된다고 보아야 한다.

② 중소기업 정보화지원사업에 따른 지원금 출연을 위하여 중소기업청장이 체결하는 협약은 공법상 대등한 당사자 사이의 의사표시의 합치로 성립하는 공법상 계약에 해당한다.

③ 지방자치단체가 일방당사자가 되는 이른바 '공공계약'이 사경제주체로서 상대방과 대등한 위치에서 체결하는 사법상 계약에 해당하는 경우 그에 관한 법령에 특별한 정함이 있는 경우를 제외하고는 사적 자치와 계약자유의 원칙 등 사법의 원리가 그대로 적용된다.

④ 행정청은 법령 등을 위반하지 아니하는 범위에서 공법상 계약을 체결할 수 있는데, 이 경우 계약서를 작성하여야 하는 것은 아니다.

해설

① (○)

다른 법률에 특별한 규정이 있는 경우이거나 또는 지방자치단체를 당사자로 하는 계약에 관한 법률(이하 '지방계약법'이라 한다)의 개별규정의 규율 내용이 매매, 도급 등과 같은 특정한 유형 · 내용의 계약을 규율대상으로 하고 있는 경우가 아닌 한, 지방자치단체를 당사자로 하는 계약에 관하여는 그 계약의 성질이 공법상 계약인지 사법상 계약인지와 상관없이 원칙적으로 지방계약법의 규율이 적용된다고 보아야 한다. 따라서 '지방계약법 제14조 제1항이 지방자치단체를 당사자로 하는 계약 중 사법상 계약에만 적용되고, 이 사건 정산합의는 공법상 계약에 해당하므로 지방계약법 제14조 제1항에 적용되지 않는다'는 취지의 이 부분 상고이유 주장은 이유 없다. (대판 2020.12.10. 2019다234617)

② (○)

중소기업기술정보진흥원장이 甲주식회사와 중소기업 정보화지원사업 지원대상인 사업의 지원에 관한 협약을 체결하였는데, 협약이 甲회사에 책임이 있는 사업실패로 해지되었다는 이유로 협약에서 정한 대로 지급받은 정부지원금을 반환할 것을 통보한 경우, 중소기업 정보화지원사업에 따른 지원금 출연을 위하여 중소기업청장이 체결하는 협약은 공법상 대등한 당사자 사이의 의사표시의 합치로 성립하는 공법상 계약에 해당하는 점 등을 종합하면, 협약의 해지 및 그에 따른 환수통보는 공법상 계약에 따라 행정청이 대등한 당사자의 지위에서 하는 의사표시로 보아야 하고, 이를 행정청이 우월한 지위에서 행하는 공권력의 행사로서 행정처분에 해당한다고 볼 수는 없다. (대판 2015.8.27. 2015두41449)

③ (○) 대판 2018.2.13. 2014두11328

④ (×)

행정기본법 제27조(공법상 계약의 체결)

① 행정청은 법령 등을 위반하지 아니하는 범위에서 행정목적을 달성하기 위하여 필요한 경우에는 공법상 법률관계에 관한 계약(이하 '공법상 계약'이라 한다)을 체결할 수 있다. 이 경우 계약의 목적 및 내용을 명확하게 적은 계약서를 작성하여야 한다.

정답 ④

16

행정지도에 관한 설명으로 옳지 않은 것은? (다툼이 있는 경우 판례에 의함)

① 행정지도가 강제성을 띠지 않은 비권력적 작용으로서 행정지도의 한계를 일탈하지 않았어도 그로 인하여 상대방에게 어떤 손해가 발생하였다면 그에 대한 손해배상책임이 인정된다.

② 행정지도는 의무를 부과하거나 권익을 제한하는 것이 아니지만 「행정절차법」의 적용을 받는다.

③ 행정청이 위법건축물에 대한 시정명령을 하고 나서 위반자가 이를 이행하지 아니하여 전기 · 전화의 공급자에게 그 위법건축물에 대한 전기 · 전화의 공급을 하지 말아 줄 것을 요청한 행위는 권고적 성격의 행위에 불과한 것으로서 항고소송의 대상이 되는 행정처분이라고 볼 수 없다.

④ 행정관청이 토지거래계약신고에 관하여 공시된 기준지가를 기준으로 매매가격을 신고하도록 행정지도하여 왔고 그 기준가격 이상으로 매매가격을 신고한 경우에는 거래신고서를 접수하지 않고 반려하는 것이 관행화되어 있더라도 그와 같은 위법한 관행에 따라 허위신고행위에 이르렀다고 하여 그 범법행위가 사회상규에 위배되지 않는 정당한 행위라고 볼 수 없다.

해설

① (×)

행정지도가 강제성을 띠지 않은 비권력적 작용으로서 행정지도의 한계를 일탈하지 아니하였다면, 그로 인하여 상대방에게 어떤 손해가 발생하였다 하더라도 행정기관은 그에 대한 손해배상책임이 없다. (대판 2008.9.25. 2006다18228)

② (○) 행정절차법은 행정지도의 방식과 절차에 대해 규정하고 있다.

③ (○) 요청은 내부적 관계이므로 처분이 아니다.

④ (○) 위법한 지도를 따른 경우에 위법성이 조각되지 않는다. (대판 1992.4.24. 91도1609)

정답 ①

17

「행정조사기본법」에 관한 설명으로 옳은 것은?

① 행정기관의 장은 법령 등에 특별한 규정이 있는 경우를 제외하고는 행정조사의 결과를 확정한 날부터 10일 이내에 그 결과를 조사대상자에게 통지하여야 한다.

② 유사하거나 동일한 사안에 대하여 서로 다른 기관이 공동으로 조사하는 것은 원칙적으로 허용되지 않는다.

③ 행정조사는 수시로 실시함을 원칙으로 한다.

④ 행정조사의 기본원칙은 군사시설 · 군사기밀보호 및 방위사업에 관한 사항에 대하여도 적용한다.

해설

① (×)

> **행정조사기본법 제24조(조사결과의 통지)**
> 행정기관의 장은 법령 등에 특별한 규정이 있는 경우를 제외하고는 행정조사의 결과를 확정한 날부터 7일 이내에 그 결과를 조사대상자에게 통지하여야 한다.

② (×)

> **행정조사기본법 제4조(행정조사의 기본원칙)**
> ③ 행정기관은 유사하거나 동일한 사안에 대하여는 공동조사 등을 실시함으로써 행정조사가 중복되지 아니하도록 하여야 한다.

③ (×)

> **행정조사기본법 제7조(조사의 주기)**
> 행정조사는 법령 등 또는 행정조사운영계획으로 정하는 바에 따라 정기적으로 실시함을 원칙으로 한다. 다만, 다음 각 호 중 어느 하나에 해당하는 경우에는 수시조사를 할 수 있다.
> <각 호 생략>

④ (○)

> **행정조사기본법 제3조(적용범위)**
> ① 행정조사에 관하여 다른 법률에 특별한 규정이 있는 경우를 제외하고는 이 법으로 정하는 바에 따른다.
> ② 다음 각 호의 어느 하나에 해당하는 사항에 대하여는 이 법을 적용하지 아니한다.
> 1. 행정조사를 한다는 사실이나 조사 내용이 공개될 경우 국가의 존립을 위태롭게 하거나 국가의 중대한 이익을 현저히 해칠 우려가 있는 국가안전보장 · 통일 및 외교에 관한 사항
> 2. 국방 및 안전에 관한 사항 중 다음 각 목의 어느 하나에 해당하는 사항
> 가. 군사시설 · 군사기밀보호 또는 방위사업에 관한 사항
> 나. 병역법 · 예비군법 · 민방위기본법 · 비상대비에 관한 법률 · 재난관리자원의 관리 등에 관한 법률에 따른 징집 · 소집 · 동원 및 훈련에 관한 사항
> 3. 공공기관의 정보공개에 관한 법률 제4조 제3항의 정보에 관한 사항
> 4. 근로기준법 제101조에 따른 근로감독관의 직무에 관한 사항
> 5. 조세 · 형사 · 행형 및 보안처분에 관한 사항
> 6. 금융감독기관의 감독 · 검사 · 조사 및 감리에 관한 사항
> 7. 독점규제 및 공정거래에 관한 법률, 표시 · 광고의 공정화에 관한 법률, 하도급거래 공정화에 관한 법률, 가맹사업거래의 공정화에 관한 법률, 방문판매 등에 관한 법률, 전자상거래 등에서의 소비자보호에 관한 법률, 약관의 규제에 관한 법률 및 할부거래에 관한 법률에 따른 공정거래위원회의 법률위반행위 조사에 관한 사항
> ③ 제2항에도 불구하고 제4조(행정조사의 기본원칙), 제5조(행정조사의 근거) 및 제28조(정보통신수단을 통한 행정조사)는 제2항 각 호의 사항에 대하여 적용한다.

정답 ④

18

행정의 실효성 확보수단에 관한 설명으로 옳지 않은 것은? (다툼이 있는 경우 판례에 의함)

① 「행정기본법」에 따르면, 행정청은 의무자가 행정상 의무를 이행할 때까지 이행강제금을 반복하여 부과할 수 있다. 다만, 의무자가 의무를 이행하면 새로운 이행강제금의 부과를 즉시 중지하되, 이미 부과한 이행강제금은 징수하여야 한다.

② 경찰서장이 「경범죄 처벌법」상 범칙행위에 대하여 통고처분을 하였는데 통고처분에서 정한 범칙금 납부기간이 지나지 아니한 경우, 경찰서장이 즉결심판을 청구하거나 검사가 동일한 범칙행위에 대하여 공소를 제기할 수 없다.

③ 계고서라는 명칭의 1장의 문서로 일정 기간 내에 위법건축물의 자진철거를 명함과 동시에 그 소정 기한 내에 자진철거를 하지 아니할 때에는 대집행할 뜻을 미리 계고한 경우, 철거명령에서 주어진 일정 기간이 자진철거에 필요한 상당한 기간이라도 그 기간 속에 계고시에 필요한 '상당한 이행기간'이 포함된다고 볼 수 없다.

④ 「가맹사업거래의 공정화에 관한 법률」에 따르면, 공정거래위원회는 「가맹사업거래의 공정화에 관한 법률」 위반행위에 대하여 과징금을 부과할 것인지, 부과할 경우 과징금 액수를 구체적으로 얼마로 정할 것인지를 재량으로 판단할 수 있다.

해설

① (○) 행정기본법 제31조 제5항

② (○) 범칙금에 대해서는 검사가 관여할 수 없다. 납부기간이 지나면 경찰서장이 즉결심판을 청구할 수 있다.

③ (×)

> [1] 계고서라는 명칭의 1장의 문서로서 일정 기간 내에 위법건축물의 자진철거를 명함과 동시에 그 소정 기한 내에 자진철거를 하지 아니할 때에는 대집행할 뜻을 미리 계고한 경우라도 건축법에 의한 철거명령과 행정대집행법에 의한 계고처분은 독립하여 있는 것으로서 각 그 요건이 충족되었다고 볼 것이다.
> [2] 철거명령에서 주어진 일정 기간이 자진철거에 필요한 상당한 기간이라면 그 기간 속에는 계고시에 필요한 '상당한 이행기간'도 포함되어 있다고 보아야 할 것이다. (대판 1992.6.12. 91누13564)

④ (○) 부동산 실권리자명의 등기에 관한 법률상 과징금 부과는 기속행위이지만, 그 외의 과징금 부과는 재량행위이다.

정답 ③

19

「행정심판법」상 행정심판에 관한 설명으로 옳지 않은 것은?

① 법인이 아닌 사단 또는 재단으로서 대표자나 관리인이 정하여져 있는 경우에는 그 사단이나 재단의 이름으로 심판청구를 할 수 있다.

② 취소심판에 대한 인용재결 후에 재처분이 없으면 당사자의 신청에 의해 직접 처분이 가능하다.

③ 행정심판의 결과에 이해관계가 있는 행정청은 해당 심판청구에 대한 행정심판위원회의 의결이 있기 전까지 그 사건에 대하여 심판참가를 할 수 있다.

④ 행정심판위원회는 필요할 경우 당사자가 주장하지 아니한 사실에 대해서도 심리할 수 있다.

해설

① (○) 행정심판법 제14조

② (×) 의무이행심판에 대한 재처분이 없을 때 당사자의 신청에 의해 직접 처분을 할 수 있고, 취소심판의 경우에는 직접 처분을 할 수 없다.

③ (○) 다만, 참가가 의무적인 것은 아니다.

> **행정심판법 제20조(심판참가)**
> ① 행정심판의 결과에 이해관계가 있는 제3자나 행정청은 해당 심판청구에 대한 제7조 제6항 또는 제8조 제7항에 따른 위원회나 소위원회의 의결이 있기 전까지 그 사건에 대하여 심판참가를 할 수 있다.
> ② 제1항에 따른 심판참가를 하려는 자는 참가의 취지와 이유를 적은 참가신청서를 위원회에 제출하여야 한다. 이 경우 당사자의 수만큼 참가신청서 부본을 함께 제출하여야 한다.

④ (○) 행정심판법 제39조

정답 ②

20

국가배상에 관한 설명으로 옳지 않은 것은? (다툼이 있는 경우 판례에 의함)

① 국가나 지방자치단체가 손해를 배상할 책임이 있는 경우에 공무원의 선임·감독 또는 영조물의 설치·관리를 맡은 자와 공무원의 봉급·급여, 그 밖의 비용 또는 영조물의 설치·관리 비용을 부담하는 자가 동일하지 아니하면 그 비용을 부담하는 자도 손해를 배상하여야 한다.

② 국가배상책임에 있어서 국가는 직무상 의무 위반과 피해자가 입은 손해 사이에 상당인과관계가 인정되는 범위 내에서만 배상책임을 지는 것이고, 이 경우 상당인과관계가 인정되기 위해서는 공무원에게 부과된 직무상 의무의 내용이 전적으로 또는 부수적으로 사회구성원 개인의 안전과 이익을 보호하기 위하여 설정된 것이어야 한다.

③ 「부동산소유권 이전등기 등에 관한 특별조치법」상 보증인의 잘못된 보증으로 소유권을 상실하면 국가배상이 된다.

④ 공무원 개인이 고의 또는 중과실이 있는 경우에는 불법행위로 인한 손해배상책임을 진다고 할 것이지만, 공무원의 위법행위가 경과실에 기한 경우에는 공무원은 손해배상책임을 부담하지 않는다.

해설

① (○) 위임사무의 경우, 위임자와 수임자(실질적 비용부담자와 형식적 비용부담자) 모두 피해자에 대한 배상책임이 인정된다. 따라서 피해자는 선택적으로 청구할 수 있다.

② (○) 사익보호성이 인정되어야 국가배상이 된다.

③ (×)

> 부동산소유권 이전등기 등에 관한 특별조치법상 보증인은 공무를 위탁받아 실질적으로 공무를 수행한다고 보기는 어렵다. 보증인을 위촉하는 관청은 소정 요건을 갖춘 주민을 보증인으로 위촉하는 데 그치고 대장소관청은 보증서의 진위를 확인하기 위한 일련의 절차를 거쳐 확인서를 발급할 뿐 행정관청이 보증인의 직무수행을 지휘·감독할 수 있는 법령상 근거가 없으며, 보증인은 보증서를 작성할 의무를 일방적으로 부과받으면서도 어떠한 경제적 이익도 제공받지 못하는 반면 재량을 가지고 발급신청의 진위를 확인하며 그 내용에 관하여 행정관청으로부터 아무런 간섭을 받지 않기 때문이다. (대판 2019.1.31. 2013다14217)
>
> 참고 국가배상을 받을 수 없다.

④ (○)

> 공무원이 직무수행 중 불법행위로 타인에게 손해를 입힌 경우에 국가 등이 국가배상책임을 부담하는 외에 공무원 개인도 고의 또는 중과실이 있는 경우에는 불법행위로 인한 손해배상책임을 진다고 할 것이지만, 공무원에게 경과실뿐인 경우에는 공무원 개인은 손해배상책임을 부담하지 아니한다고 해석하는 것이 헌법 제29조 제1항 본문과 단서 및 국가배상법 제2조의 입법취지에 조화되는 올바른 해석이다. (대판 1996.2.15. 95다38677 전원합의체)

정답 ③

21

「행정심판법」상 행정심판에 관한 설명으로 옳지 않은 것은? (다툼이 있는 경우 판례에 의함)

① 심판청구기간의 기산점인 '처분이 있음을 안 날'이란 당사자가 통지 · 공고 기타의 방법에 의하여 당해 처분이 있었다는 사실을 현실적으로 안 날을 의미한다.

② 긴급을 요하는 경우 위원회는 당사자의 권리 및 권한의 범위에서 당사자의 동의 없이 심판청구의 신속하고 공정한 해결을 위하여 조정을 할 수 있다.

③ 심판청구에 대한 재결이 있으면 그 재결 및 같은 처분 또는 부작위에 대하여 다시 행정심판을 청구할 수 없다.

④ 재결이 확정된 경우에도 처분의 기초가 된 사실관계나 법률적 판단이 확정되고 당사자들이나 법원이 이에 기속되어 모순되는 주장이나 판단을 할 수 없게 되는 것은 아니다.

해설

① (○)

> 심판청구기간의 기산점인 행정심판법 소정의 '처분이 있음을 안 날'이라 함은 당사자가 통지 · 공고 기타의 방법에 의하여 당해 처분이 있었다는 사실을 현실적으로 안 날을 의미하고, 추상적으로 알 수 있었던 날을 의미하는 것은 아니다. (대판 2002.8.27. 2002두3850)

② (×)

> **행정심판법 제43조의2(조정)**
> ① 위원회는 당사자의 권리 및 권한의 범위에서 당사자의 동의를 받아 심판청구의 신속하고 공정한 해결을 위하여 조정을 할 수 있다. 다만, 그 조정이 공공복리에 적합하지 아니하거나 해당 처분의 성질에 반하는 경우에는 그러하지 아니하다.
> ② 위원회는 제1항의 조정을 함에 있어서 심판청구된 사건의 법적 · 사실적 상태와 당사자 및 이해관계자의 이익 등 모든 사정을 참작하고, 조정의 이유와 취지를 설명하여야 한다.
> ③ 조정은 당사자가 합의한 사항을 조정서에 기재한 후 당사자가 서명 또는 날인하고 위원회가 이를 확인함으로써 성립한다.

③ (○) 행정심판은 한 번만 가능하고, 재심판이 인정되지 않는다.

④ (○) 재결에는 기판력이 인정되지 않는다.

정답 ②

22

판례상 취소소송의 대상이 되는 처분에 해당하는 것은?

① 한국마사회의 조교사나 기수에 대한 면허정지 · 취소

② 사립학교 교원에 대한 징계

③ 행정계획 변경신청의 거부가 장차 일정한 처분에 대한 신청을 구할 법률상 이익이 있는 자의 처분 자체를 실질적으로 거부하는 경우

④ 「국가공무원법」상 당연퇴직의 인사발령

해설

① (×) 한국마사회의 조교사나 기수에 대한 면허정지 · 취소는 사법관계이다.

> 한국마사회가 조교사 또는 기수의 면허를 부여하거나 취소하는 것은 경마를 독점적으로 개최할 수 있는 지위에서 우수한 능력을 갖추었다고 인정되는 사람에게 경마에서의 일정한 기능과 역할을 수행할 수 있는 자격을 부여하거나 이를 박탈하는 것에 지나지 아니하므로, 이는 국가 기타 행정기관으로부터 위탁받은 행정권한의 행사가 아니라 일반사법상의 법률관계에서 이루어지는 단체 내부에서의 징계 내지 제재처분이다. (대판 2008.1.31. 2005두8269)

② (×) 사립학교는 행정청이 아니므로 징계는 처분이 아니다.

③ (○)

> 관계 법령에 따라 일정한 행정처분을 구하는 신청을 할 수 있는 법률상 지위에 있는 자의 국토이용계획 변경신청을 거부하는 것이 실질적으로 당해 행정처분 자체를 거부하는 결과가 되는 경우, 그 신청인에게 국토이용계획 변경을 신청할 권리가 인정된다. (대판 2003.9.23. 2001두10936)

④ (×) 국가공무원법상 당연퇴직의 인사발령은 관념의 통지이므로 처분이 아니다.

정답 ③

23

취소소송과 무효확인소송의 관계에 관한 설명으로 옳지 않은 것은? (다툼이 있는 경우 판례에 의함)

① 행정처분에 대한 취소소송과 무효확인소송은 단순 병합이나 선택적 병합의 방식으로 제기할 수 있다.

② 무효선언을 구하는 취소소송이라도 형식이 취소소송이므로 제소요건을 갖추어야 한다.

③ 무효확인을 구하는 소에는 당사자가 명시적으로 취소를 구하지 않는다고 밝히지 않는 한 취소를 구하는 취지가 포함되었다고 보아서 취소소송의 요건을 갖추었다면 취소판결을 할 수 있다.

④ 취소소송의 기각판결의 기판력은 무효확인소송에 미친다.

해설

① (×)

> 행정처분에 대한 무효확인과 취소청구는 서로 양립할 수 없는 청구로서 주위적·예비적 청구로서만 병합이 가능하고 선택적 청구로서의 병합이나 단순 병합은 허용되지 아니한다. (대판 1999.8.20. 97누6889)

② (○) 무효선언을 구하는 의미의 취소소송은 취소소송과 같다. 따라서 행정심판전치, 제소요건 등 취소소송과 동일하게 적용된다.

③ (○)

> 일반적으로 행정처분의 무효확인을 구하는 소에는 원고가 그 처분의 취소를 구하지 아니한다고 밝히지 아니한 이상 그 처분이 만약 당연무효가 아니라면 그 취소를 구하는 취지도 포함되어 있는 것으로 보아야 한다. (대판 1994.12.23. 94누477)

취소사유에 대하여 무효소송을 제기한 경우

취소소송의 요건을 갖추지 못한 경우	기각판결을 하여야 함. 중대명백성이 인정되지 않기 때문임.
취소소송의 요건을 갖춘 경우	무효가 아니라면 취소라도 구하는 취지인지를 석명하여 취소소송으로 변경하도록 한 뒤, 취소판결을 해야 함.

④ (○) 취소소송의 기각판결은 처분이 적법하다는 점에 기판력이 발생하므로 후소로서 무효확인소송을 제기할 수 없다.

정답 ①

24

행정소송에 관한 설명으로 옳지 않은 것은? (다툼이 있는 경우 판례에 의함)

① 검사에 대한 경고조치는 내부문제이므로 처분이 아니다.

② 납세의무부존재확인의 소는 공법상 법률관계 그 자체를 다투는 소송으로서 당사자소송이다.

③ 행정청의 부작위에 대하여 행정심판을 거치지 않고 부작위위법확인소송을 제기하는 경우에는 제소기간의 제한을 받지 않는다.

④ 거부처분에 대하여 무효확인판결이 확정된 경우, 행정청에 대해 판결의 취지에 따른 재처분의무가 인정될 뿐 그에 대하여 간접강제까지 허용되는 것은 아니다.

해설

① (×)

> [1] 검사에 대한 경고조치 관련 규정을 위 법리에 비추어 살펴보면, 검찰총장이 사무검사 및 사건평정을 기초로 대검찰청 자체감사규정 제23조 제3항, 검찰공무원의 범죄 및 비위 처리지침 제4조 제2항 제2호 등에 근거하여 검사에 대하여 하는 '경고조치'는 일정한 서식에 따라 검사에게 개별통지를 하고 이의신청을 할 수 있으며, 검사가 검찰총장의 경고를 받으면 1년 이상 감찰관리대상자로 선정되어 특별관리를 받을 수 있고, 경고를 받은 사실이 인사자료로 활용되어 복무평정, 직무성과금 지급, 승진·전보인사에서도 불이익을 받게 될 가능성이 높아지며, 향후 다른 징계사유로 징계처분을 받게 될 경우에 징계양정에서 불이익을 받게 될 가능성이 높아지므로, 검사의 권리·의무에 영향을 미치는 행위로서 항고소송의 대상이 되는 처분이라고 보아야 한다.
> [2] 검사의 직무상 의무 위반의 정도가 중하지 않아 검사징계법에 따른 '징계사유'에는 해당하지 않더라도 징계처분보다 낮은 수준의 감독조치로서 '경고처분'을 할 수 있고, 법원은 그것이 직무감독권자에게 주어진 재량권을 일탈·남용한 것이라는 특별한 사정이 없는 한 이를 존중하는 것이 바람직하다. (대판 2021.2.10. 2020두47564)

② (○)

> 납세의무부존재확인의 소는 공법상의 법률관계 그 자체를 다투는 소송으로서 당사자소송이라 할 것이므로 행정소송법 제3조 제2호, 제39조에 의하여 그 법률관계의 한쪽당사자인 국가·공공단체 그 밖의 권리주체가 피고적격을 가진다. (대판 2000.9.8. 99두2765)

③ (○) 부작위에 대한 부작위위법확인소송을 제기하는 경우에는 제소기간의 제한을 받지 않는다. 다만, 부작위에 대해 의무이행심판을 거친 후 부작위위법확인소송을 제기하는 경우에는 제소기간의 제한을 받는다.

④ (○) 간접강제는 취소소송과 부작위위법확인소송에만 적용된다.

정답 ①

25

행정소송의 판결의 효력에 관한 설명으로 옳은 것은? (다툼이 있는 경우 판례에 의함)

① 사정판결의 경우에는 처분의 적법성에 대하여 기판력이 발생한다.

② 처분 등의 무효를 확인하는 확정판결은 소송당사자 이외의 제3자에 대하여는 효력이 미치지 않는다.

③ 기판력은 인용판결과 기각판결 모두에 발생한다.

④ 세무서장을 피고로 하는 과세처분 취소소송에서 패소하여 그 판결이 확정된 자가 국가를 피고로 하여 과세처분의 무효를 주장하여 과오납금반환청구소송을 제기하더라도 취소소송의 기판력에 반하는 것은 아니다.

해설

① (X) 사정판결의 경우에는 처분의 적법성이 아닌 처분의 위법성에 대하여 기판력이 발생한다.

② (X) 형성력은 제3자에게도 미친다. 기속력은 피고 행정청과 관계 행정청에 미치며, 기판력은 당사자와 후소법원에 미친다.

③ (O) 기판력은 인용판결과 기각판결 모두에 발생하는 반면, 기속력과 형성력은 인용판결에만 발생한다.

④ (X) 취소소송에서 기각되면 처분이 적법하다는 것에 기판력이 발생하므로, 후소로 무효소송을 제기할 수 없다.

정답 ③

제02회 실전동형 모의고사

p. 014~019

01 ① 02 ④ 03 ① 04 ② 05 ③ 06 ④ 07 ① 08 ② 09 ②
10 ① 11 ② 12 ④ 13 ① 14 ① 15 ② 16 ① 17 ④ 18 ③
19 ③ 20 ② 21 ④ 22 ① 23 ③ 24 ③ 25 ③

01

행정행위에 관한 설명으로 옳은 것은? (다툼이 있는 경우 판례에 의함)

① 행정행위를 '행정청이 법아래서 구체적 사실에 대한 법집행으로서 행하는 공법행위'로 정의하면, 공법상 계약과 공법상 합동행위는 행정행위의 개념에 포함된다.

② 기한의 도래로 실효한 종전의 허가에 대한 기간 연장신청은 새로운 허가를 내용으로 하는 행정처분을 구하는 것이 아니라, 종전의 허가처분을 전제로 하여 단순히 그 유효기간을 연장하여 주는 행정처분을 구하는 것으로 보아야 한다.

③ 공무원에 대한 당연퇴직의 인사발령은 공무원의 신분을 상실시키는 새로운 형성적 행위이므로 행정소송의 대상이 되는 행정처분이다.

④ 상대방 있는 행정처분이 상대방에게 고지되지 아니한 경우에도 상대방이 다른 경로를 통해 행정처분의 내용을 알게 되었다면 행정처분의 효력이 발생한다.

해설

① (O) 행정행위 개념을 행정청이 구체적 사실에 관한 법집행으로 행하는 공법행위로 정의하면 공권력(권력성, 강제력)이 요구되지 않으므로 비권력적 행위(공법상 계약, 공법상 합동행위)도 행정행위의 개념에 포함된다. 다만, 통설에 따르면 행정행위의 개념에 비권력적 행위(공법상 계약, 공법상 합동행위)는 제외된다.

② (X) 기한도래 전에 한 연장신청은 종전의 허가처분을 전제로 하여 단순히 그 유효기간을 연장하여 주는 행정처분을 구하는 것이다. 기한도래 후의 연장신청은 갱신이 아니라 새로운 허가를 신청하는 것이다.

③ (X) 당연퇴직의 통지는 관념의 통지로 처분이 아니다.

④ (X)

> 상대방 있는 행정처분은 특별한 규정이 없는 한 의사표시에 관한 일반 법리에 따라 상대방에게 고지되어야 효력이 발생하고, 상대방 있는 행정처분이 상대방에게 고지되지 아니한 경우에는 상대방이 다른 경로를 통해 행정처분의 내용을 알게 되었다고 하더라도 행정처분의 효력이 발생한다고 볼 수 없다. (대판 2019.8.9. 2019두38656)

정답 ①

02

행정상 사실행위에 관한 설명으로 옳지 않은 것은? (다툼이 있는 경우 판례에 의함)

① 교도소 내 마약류 관련 수형자에 대한 교도소장의 소변강제채취는 권력적 사실행위로서 헌법소원의 대상이다.

② 행정청이 위법건축물에 대한 단전 및 전화통화 단절조치를 요청한 것은 항고소송의 대상이 되는 행정처분이라고 볼 수 없다.

③ 교도소장이 영치품인 티셔츠 사용을 재소자에게 불허한 행위는 항고소송의 대상이 되는 행정처분에 해당한다.

④ 행정상 권력적 사실행위의 예로는 폐기물 수거, 행정지도, 대집행의 실행, 행정상 즉시강제 등이 있다.

해설

① (○) 헌재 2005.5.26. 2001헌마728

② (○) 대판 1996.3.22. 96누433

③ (○) 진주교도소장의 영치물 사용신청 불허처분은 권력적 사실행위에 해당하는 것으로서 처분성이 인정된다. 이와 별개로 협의의 소의 이익이 인정된다. (대판 2008.2.14. 2007두13203)

④ (×) 폐기물 수거, 행정지도는 비권력적 사실행위이고, 대집행의 실행, 행정상 즉시강제는 권력적 사실행위이다.

정답 ④

03

행정의 실효성 확보수단에 관한 설명으로 옳지 않은 것은? (다툼이 있는 경우 판례에 의함)

① 행정청은 이행강제금의 부과금액을 가중하거나 감경할 수 없다.

② 「농지법」상 이행강제금 부과처분에 대한 불복은 항고소송절차로 할 수 없다.

③ 「행정조사기본법」에 따르면 조사대상자의 자발적인 협조를 얻어 행정조사를 실시하고자 하는 경우 조사대상자는 문서·전화·구두 등의 방법으로 당해 행정조사를 거부할 수 있다.

④ 통고처분은 상대방의 임의의 승복을 그 발효요건으로 하기 때문에 그 자체만으로는 통고 이행을 강제하거나 상대방에게 아무런 권리·의무를 형성하지 않으므로 행정심판이나 행정소송의 대상으로서의 처분성을 인정할 수 없다.

해설

① (×)

행정기본법 제31조(이행강제금의 부과)

① 이행강제금 부과의 근거가 되는 법률에는 이행강제금에 관한 다음 각 호의 사항을 명확하게 규정하여야 한다. 다만, 제4호 또는 제5호를 규정할 경우 입법목적이나 입법취지를 훼손할 우려가 크다고 인정되는 경우로서 대통령령으로 정하는 경우는 제외한다.
1. 부과·징수주체
2. 부과요건
3. 부과금액
4. 부과금액 산정기준
5. 연간 부과 횟수나 횟수의 상한

② 행정청은 다음 각 호의 사항을 고려하여 이행강제금의 부과금액을 가중하거나 감경할 수 있다.
1. 의무 불이행의 동기, 목적 및 결과
2. 의무 불이행의 정도 및 상습성
3. 그 밖에 행정목적을 달성하는 데 필요하다고 인정되는 사유

② (○)

농지법은 농지 처분명령에 대한 이행강제금 부과처분에 대해서는 비송사건절차법에 따른 구제절차가 있으므로 처분성이 인정되지 않는다. (대판 2019.4.11. 2018두42955)

③ (○) 행정조사기본법 제20조 제1항

④ (○) 헌재 1998.5.28. 96헌바4

정답 ①

04

법률유보와 법률위임에 관한 설명으로 옳지 않은 것은? (다툼이 있는 경우 판례에 의함)

① 자격이나 신분 등을 취득 또는 부여할 수 없거나 인가, 허가, 지정, 승인, 영업등록, 신고 수리 등을 필요로 하는 영업 또는 사업 등을 할 수 없는 사유는 법률로 정하여야 한다.

② 전기요금의 결정에 관한 내용을 반드시 입법자가 스스로 규율하여야 하는 부분이다.

③ 도시환경정비사업 시행인가신청시 요구되는 토지 등 소유자의 동의정족수를 정하는 것은 법률유보 내지 의회유보의 원칙이 지켜져야 할 영역이다.

④ 헌법재판소에 따르면 지방자치단체의 조례에 대한 법률의 위임은 법규명령에 대한 위임과 달리 반드시 구체적으로 범위를 정하여야 할 필요가 없고 포괄적인 것으로 족하다.

해설

① (○)

행정기본법 제16조(결격사유)

① 자격이나 신분 등을 취득 또는 부여할 수 없거나 인가, 허가, 지정, 승인, 영업등록, 신고 수리 등(이하 '인허가'라 한다)을 필요로 하는 영업 또는 사업 등을 할 수 없는 사유(이하 이 조에서 '결격사유'라 한다)는 법률로 정한다.

② 결격사유를 규정할 때에는 다음 각 호의 기준에 따른다.
1. 규정의 필요성이 분명할 것
2. 필요한 항목만 최소한으로 규정할 것
3. 대상이 되는 자격, 신분, 영업 또는 사업 등과 실질적인 관련이 있을 것
4. 유사한 다른 제도와 균형을 이룰 것

② (×)

한국전력공사가 정한 전기료 누진제는 헌법에 위반되지 않는다. (헌재 2011.8.30. 2009헌바128 등)

[1] 심판대상조항을 '전기요금약관'이 효력을 갖게 되는 근거조항으로 보고, 심판대상조항이 위헌일 경우 한국전력공사가 전기요금약관을 근거로 제청신청인에게 전기요금을 징수할 수 없게 된다고 본,

제청법원의 법률해석이 명백히 유지될 수 없다고 단정하기 어렵고, 심판대상조항이 위헌이라면 전기요금약관 중 전기요금의 산정기준이나 요금체계 등에 관한 부분은 전기판매사업자가 일방적으로 작성하는 약관으로는 정할 수 없는 것이어서 무효라는 판단이 가능하므로, 심판대상조항은 재판의 전제성요건을 충족한다.

[2] 전기가 국민의 생존과 직결되어 있어 전기의 사용이 일상생활을 정상적으로 영위하는 데에 필수불가결한 요소라 하더라도, 전기요금은 전기판매사업자가 전기사용자와 체결한 전기공급계약에 따라 전기를 공급하고 그에 대한 대가로 전기사용자에게 부과되는 것으로서, 조세 내지 부담금과는 구분된다. 즉, 한국전력공사가 전기사용자에게 전기요금을 부과하는 것이 국민의 재산권에 제한을 가하는 행정작용에 해당한다고 볼 수 없다. 전기요금의 결정에는 전기를 공급하기 위하여 실제 소요된 비용과 투입된 자산에 대한 적정보수, 전기사업의 기업성과 공익성을 조화시킬 수 있는 유인들, 산업구조나 경제상황 등이 종합적으로 고려되어야 하는바, 전기요금의 산정이나 부과에 필요한 세부적인 기준을 정하는 것은 전문적이고 정책적인 판단을 요할 뿐 아니라 기술의 발전이나 환경의 변화에 즉각적으로 대응할 필요가 있다. 전기요금의 결정에 관한 내용을 반드시 입법자가 스스로 규율해야 하는 부분이라고 보기 어려우므로, 심판대상조항은 의회유보원칙에 위반되지 아니한다.

[3] 전기요금약관에 대한 인가의 구체적인 기준은 전문적 · 정책적 판단이 가능한 행정부가 수시로 변화하는 상황에 탄력적으로 대응할 수 있도록 하위 법령에 위임할 필요성이 인정되고, 관련 규정을 종합하면 하위 법령에서는 전기의 보편적 공급과 전기사용자의 보호, 물가의 안정이라는 공익을 고려하여 전기요금의 산정원칙이나 산정방법 등을 정할 것이라고 충분히 예측할 수 있다. 따라서 심판대상조항은 포괄위임금지원칙에 위반되지 아니한다.

③ (○)

토지 등 소유자가 도시환경정비사업을 시행하는 경우 사업시행인가신청시 필요한 토지 등 소유자의 동의는 개발사업의 주체 및 정비구역 내 토지 등 소유자를 상대로 수용권을 행사하고 각종 행정처분을 발할 수 있는 행정주체로서의 지위를 가지는 사업시행자를 지정하는 문제로서 그 동의요건을 정하는 것은 국민의 권리와 의무의 형성에 관한 기본적이고 본질적인 사항이므로 국회가 스스로 행하여야 하는 사항에 속하는 것임에도 불구하고 사업시행인가신청에 필요한 동의정족수를 토지 등 소유자가 자치적으로 정하여 운영하는 규약에 정하도록 한 것은 법률유보원칙에 위반된다. (헌재 2012.4.24. 2010헌바1)

④ (○)

조례의 제정권자인 지방의회는 선거를 통해서 그 지역적인 민주적 정당성을 지니고 있는 주민의 대표기관이고, 헌법이 지방자치단체에 대해 포괄적인 자치권을 보장하고 있는 취지로 볼 때 조례제정권에 대한 지나친 제약은 바람직하지 않으므로 조례에 대한 법률의 위임은 법규명령에 대한 법률의 위임과 같이 반드시 구체적으로 범위를 정하여 할 필요가 없으며 포괄적인 것으로 족하다고 할 것이다. (헌재 1995.4.20. 92헌마264 등)

정답 ②

05

신뢰보호의 원칙에 관한 설명으로 옳지 않은 것은? (다툼이 있는 경우 판례에 의함)

① 행정청이 공적인 견해에 반하는 행정처분을 함으로써 달성하려는 공익이 행정청의 공적 견해표명을 신뢰한 개인이 그 행정처분으로 인하여 입게 되는 이익의 침해를 정당화할 수 있을 정도로 강한 경우에는 그 행정처분은 위법하지 않다.

② 과세관청이 질의회신 등을 통하여 어떤 견해를 대외적으로 표명하였더라도 그것이 중요한 사실관계와 법적인 쟁점을 제대로 드러내지 아니한 채 질의한 데 따른 것이라면, 공적인 견해표명에 의하여 정당한 기대를 가지게 할 만한 신뢰가 부여된 경우로 볼 수 없다.

③ 폐기물처리업에 대하여 관할 관청의 사전적정통보를 받고 막대한 비용을 들여 요건을 갖춘 다음 허가신청을 한 경우, 행정청이 청소업자의 난립으로 효율적인 청소업무의 수행에 지장이 있다는 이유로 불허가처분을 하였다고 할지라도 신뢰보호의 원칙에 반하지 아니한다.

④ 법원이 「질서위반행위규제법」에 따라서 하는 과태료 재판은 원칙적으로 행정소송에서와 같은 신뢰보호의 원칙 위반 여부가 문제되지 아니한다.

해설

① (○) 대판 1998.11.13. 98두7343

② (○)

과세관청의 행위에 대하여 신의성실의 원칙 또는 신뢰보호의 원칙을 적용하기 위해서는, 과세관청이 공적인 견해표명 등을 통하여 부여한 신뢰가 평균적인 납세자로 하여금 합리적이고 정당한 기대를 가지게 할 만한 것이어야 한다. 비록 과세관청이 질의회신 등을 통하여 어떤 견해를 표명하였다고 하더라도 그것이 중요한 사실관계와 법적인 쟁점을 제대로 드러내지 아니한 채 질의한 데 따른 것이라면 공적인 견해표명에 의하여 정당한 기대를 가지게 할 만한 신뢰가 부여된 경우라고 볼 수 없다. (대판 2013.12.26. 2011두5940)

③ (×)

폐기물처리업에 대하여 사전에 관할 관청으로부터 적정통보를 받고 막대한 비용을 들여 허가요건을 갖춘 다음 허가신청을 하였음에도 다수 청소업자의 난립으로 안정적이고 효율적인 청소업무의 수행에 지장이 있다는 이유로 한 불허가처분은 신뢰보호의 원칙 및 비례의 원칙에 반하는 것으로서 재량권을 남용한 위법한 처분이다. (대판 1998.5.8. 98두4061)

④ (○)

법원이 비송사건절차법에 따라서 하는 과태료 재판은 관할 관청이 부과한 과태료 처분에 대한 당부를 심판하는 행정소송절차가 아니라 법원이 직권으로 개시 · 결정하는 것이므로, 원칙적으로 과태료 재판에서는 행정소송에서와 같은 신뢰보호의 원칙 위반 여부가 문제로 되지 아니하고, 다만 위반자가 그 의무를 알지 못하는 것이 무리가 아니었다고 할 수 있어 그것을 정당시할 수 있는 사정이 있을 때 또는 그 의무의 이행을 그 당사자에게 기대하는 것이 무리라고 하는 사정이 있을 때 등 그 의무 해태를 탓할 수 없는 정당한 사유가 있는 때에는 이를 부과할 수 없다. (대결 2006.4.28. 2003마715)

정답 ③

06

「행정절차법」상 처분의 사전통지 및 의견청취 등에 관한 설명으로 옳은 것은? (다툼이 있는 경우 판례에 의함)

① 고시의 방법으로 불특정 다수인을 상대로 권익을 제한하는 처분을 할 경우, 당사자는 물론 제3자에게도 의견제출의 기회를 주어야 한다.

② 청문은 다른 법령 등에서 규정하고 있는 경우 이외에 행정청이 필요하다고 인정하는 경우에도 실시할 수 있으나, 공청회는 다른 법령 등에서 규정하고 있는 경우에만 개최할 수 있다.

③ 행정청이 당사자에게 의무를 과하거나 권익을 제한하는 처분을 하는 경우에는 처분의 사전통지를 하여야 하는데, 이때의 처분에는 신청에 대한 거부처분도 포함된다.

④ 행정청이 정당한 처리기간 내에 처리하지 아니하였을 때에는 신청인은 해당 행정청 또는 그 감독행정청에 신속한 처리를 요청할 수 있다.

해설

① (×) 일반처분의 경우에는 의견제출의 기회를 주는 것이 현실적으로 불가능하다.

> '고시'의 방법으로 불특정 다수인을 상대로 의무를 부과하거나 권익을 제한하는 처분은 성질상 의견제출의 기회를 주어야 하는 상대방을 특정할 수 없으므로, 이와 같은 처분에 있어서까지 구 행정절차법 제22조 제3항에 의하여 그 상대방에게 의견제출의 기회를 주어야 한다고 해석할 것은 아니다. (대판 2014.10.27. 2012두7745)

② (×)

> **행정절차법 제22조(의견청취)**
> ① 행정청이 처분을 할 때 다음 각 호의 어느 하나에 해당하는 경우에는 청문을 한다.
> 1. 다른 법령 등에서 청문을 하도록 규정하고 있는 경우
> 2. 행정청이 필요하다고 인정하는 경우
> 3. 다음 각 목의 처분시 제21조 제1항 제6호에 따른 의견제출기한 내에 당사자 등의 신청이 있는 경우
>   가. 인허가 등의 취소
>   나. 신분 · 자격의 박탈
>   다. 법인이나 조합 등의 설립허가의 취소
>
> ② 행정청이 처분을 할 때 다음 각 호의 어느 하나에 해당하는 경우에는 공청회를 개최한다.
> 1. 다른 법령 등에서 공청회를 개최하도록 규정하고 있는 경우
> 2. 해당 처분의 영향이 광범위하여 널리 의견을 수렴할 필요가 있다고 행정청이 인정하는 경우
> 3. 국민생활에 큰 영향을 미치는 처분으로서 대통령령으로 정하는 처분에 대하여 대통령령으로 정하는 수 이상의 당사자 등이 공청회 개최를 요구하는 경우

③ (×)

> 신청에 따른 처분이 이루어지지 아니한 경우에는 아직 당사자에게 권익이 부과되지 아니하였으므로 특별한 사정이 없는 한 신청에 대한 거부처분이라고 하더라도 직접 당사자의 권익을 제한하는 것은 아니어서 신청에 대한 거부처분을 여기에서 말하는 '당사자의 권익을 제한하는 처분'에 해당한다고 할 수 없는 것이어서 처분의 사전통지대상이 된다고 할 수 없다. (대판 2003.11.28. 2003두674)

④ (○)

> **행정절차법 제19조(처리기간의 설정 · 공표)**
> ① 행정청은 신청인의 편의를 위하여 처분의 처리기간을 종류별로 미리 정하여 공표하여야 한다.
> ② 행정청은 부득이한 사유로 제1항에 따른 처리기간 내에 처분을 처리하기 곤란한 경우에는 해당 처분의 처리기간의 범위에서 한 번만 그 기간을 연장할 수 있다.
> ③ 행정청은 제2항에 따라 처리기간을 연장할 때에는 처리기간의 연장 사유와 처리예정기한을 지체 없이 신청인에게 통지하여야 한다.
> ④ 행정청이 정당한 처리기간 내에 처리하지 아니하였을 때에는 신청인은 해당 행정청 또는 그 감독행정청에 신속한 처리를 요청할 수 있다.

정답 ④

07

다음 각 사례에 관한 설명으로 옳은 것은? (다툼이 있는 경우 판례에 의함)

> ○ 행정청 甲은 국유일반재산인 건물 1층을 5년간 대부하는 계약을 乙과 체결하면서 대부료는 1년에 1억 원으로 정하였고 6회에 걸쳐 분납하기로 하였다. 甲은 乙이 1년간 대부료를 납부하지 않자, 체납한 대부료를 납부할 것을 통지하였다. 「국유재산법」에 따르면 국유재산의 대부료 등이 납부기한까지 납부되지 아니한 경우에는 「국세징수법」상 강제징수에 관한 규정을 준용하고 있다.
> ○ 행정청 甲은 국가 소유의 땅을 무단점유하여 사용하고 있는 丙에게 변상금 100만 원 부과처분을 하였다.

① 甲이 乙에게 대부하는 행위는 공권력의 주체로서 상대방의 의사여하에 불구하고 일방적으로 행하는 행정처분이 아니다.

② 甲은 대부료를 납부하지 않은 乙을 상대로 민사소송을 제기하여 대부료 지급을 구하여야 한다.

③ 변상금 부과처분은 법 위반 사정을 고려하여 부과하는 재량행위이다.

④ 행정재산의 사용료 부과는 사법상 행위이다.

해설

① (○) 대부는 빌려주는 것으로 사법관계이다. 따라서 甲이 乙에게 대부하는 행위는 행정처분이 아니다.

② (×)

> 일반재산의 대부료의 징수에 관하여도 국세체납처분의 예에 따른 간이하고 특별한 구제절차(독촉－압류－매각－청산)가 마련되어 있으므로, 특별한 사정이 없는 한 민사소송으로 일반재산의 대부료의 지급을 구하는 것은 허용되지 아니한다. (대판 2017.4.13. 2013다207941)

③ (×) 국유재산의 무단점유자에 대한 변상금 부과는 공권력을 가진 우월적 지위에서 행하는 행정처분으로서 기속행위이다. (대판 2014.7.16. 2011다76402 전원합의체)

④ (×) 행정재산에 대한 사용료 부과는 공법관계이다.

정답 ①

08

다음 설명 중 옳은 것은? (다툼이 있는 경우 판례에 의함)

① 구 「관광진흥법」에 의한 지위승계신고를 수리하는 허가관청의 행위는 사실적인 행위에 불과하여 항고소송의 대상이 되지 않는다.

② '법령'이란 법률 및 대통령령 · 총리령 · 부령, 국회규칙 · 대법원규칙 · 헌법재판소규칙 · 중앙선거관리위원회규칙 및 감사원규칙, 상위법의 위임을 받아 중앙행정기관(「정부조직법」 및 그 밖의 법률에 따라 설치된 중앙행정기관을 말한다)의 장이 정한 훈령 · 예규 및 고시 등 행정규칙을 말한다.

③ 「건축법」에 의한 인허가의제효과를 수반하는 건축신고는 건축을 하려는 자가 적법한 요건을 갖춘 신고만 하면 건축을 할 수 있고, 행정청의 수리 등 별단의 조처를 기다릴 필요가 없다.

④ 주민등록의 신고는 행정청에 도달하기만 하면 신고로서의 효력이 발생한다.

해설

① (×) 수리를 요하는 신고이므로 처분성이 인정된다.

> 행정청이 구 관광진흥법 또는 구 체육시설의 설치 이용에 관한 법률의 규정에 의하여 유원시설업자 또는 체육시설업자 지위승계신고를 수리하는 처분은 종전 유원시설업자 또는 체육시설업자의 권익을 제한하는 처분이다. (대판 2012.12.13. 2011두29144)

② (○)

> **행정기본법 제2조(정의)**
> 이 법에서 사용하는 용어의 뜻은 다음과 같다.
> 1. '법령 등'이란 다음 각 목의 것을 말한다.
> 가. 법령: 다음의 어느 하나에 해당하는 것
> 1) 법률 및 대통령령 · 총리령 · 부령
> 2) 국회규칙 · 대법원규칙 · 헌법재판소규칙 · 중앙선거관리위원회규칙 및 감사원규칙
> 3) 1) 또는 2)의 위임을 받아 중앙행정기관(정부조직법 및 그 밖의 법률에 따라 설치된 중앙행정기관을 말한다. 이하 같다)의 장이 정한 훈령 · 예규 및 고시 등 행정규칙
> 나. 자치법규: 지방자치단체의 조례 및 규칙

③ (×)

> 인허가의제효과를 수반하는 건축신고는 일반적인 건축신고와는 달리, 특별한 사정이 없는 한 행정청이 그 실체적 요건에 관한 심사를 한 후 수리하여야 하는 이른바 '수리를 요하는 신고'로 보는 것이 옳다. (대판 2011.1.20. 2010두14954 전원합의체)

④ (×)

> 주민등록은 단순히 주민의 거주관계를 파악하고 인구의 동태를 명확히 하는 것 외에도 주민등록에 따라 공법관계상의 여러 가지 법률상 효과가 나타나게 되는 것으로서, 주민등록의 신고는 행정청에 도달하기만 하면 신고로서의 효력이 발생하는 것이 아니라 행정청이 수리한 경우에 비로소 신고의 효력이 발생한다. (대판 2009.1.30. 2006다17850)

정답 ②

09

행정입법에 관한 설명으로 옳은 것은? (다툼이 있는 경우 판례에 의함)

① 처분적 조례에 대한 무효확인소송을 제기함에 있어서 피고적격이 있는 처분 등을 행한 행정청은 지방의회이다.

② 정부는 매년 해당 연도에 추진할 법령안 입법계획(정부입법계획)을 수립하여야 한다.

③ 법률의 위임에 따라 효력을 갖는 법규명령이 위임의 근거가 없어 무효였더라도 나중에 법개정으로 위임의 근거가 부여되면 해당 법규명령의 제정시에 소급하여 유효한 법규명령이 된다.

④ 의료기관의 명칭표시판에 진료과목을 함께 표시하는 경우 글자 크기를 제한하고 있는 구 「의료법 시행규칙」 제31조는 그 자체로 국민의 구체적 권리 · 의무나 법률관계에 직접적 변동을 초래하므로 항고소송의 대상이 될 수 있다.

해설

① (×) 조례를 다투는 항고소송의 피고는 지방자치단체장이다.

참고 조례가 교육 · 학예에 관한 것이면 교육감이 피고가 된다.

② (○) 행정기본법 제38조 제3항

③ (×)

> 일반적으로 법률의 위임에 의하여 효력을 갖는 법규명령의 경우, 구법에 위임의 근거가 없어 무효였더라도 사후에 법개정으로 위임의 근거가 부여되면 그때부터는 유효한 법규명령이 되나, 반대로 구법의 위임에 의한 유효한 법규명령이 법개정으로 위임의 근거가 없어지게 되면 그때부터 무효인 법규명령이 되므로, 어떤 법령의 위임근거 유무에 따른 유효 여부를 심사하려면 법개정의 전 · 후에 걸쳐 모두 심사하여야만 그 법규명령의 시기에 따른 유효 · 무효를 판단할 수 있다. (대판 1995.6.30. 93추83)

④ (×) 의료기관의 명칭표시판에 진료과목을 함께 표시하는 경우 그 글자의 크기를 의료기관 명칭을 표시하는 글자 크기의 2분의 1 이내로 제한하고 있는 규정은 행정처분이 아니다.

> 의료법 시행규칙 제31조가 의료기관의 명칭표시판에 진료과목을 함께 표시하는 경우 그 글자의 크기를 의료기관 명칭을 표시하는 글자 크기의 2분의 1 이내로 제한하고 있지만, 위 규정은 그 위반자에 대하여 과태료를 부과하는 등의 별도의 집행행위 매개 없이는 그 자체로서 국민의 구체적인 권리 · 의무나 법률관계에 직접적인 변동을 초래하지 아니하므로 항고소송의 대상이 되는 행정처분이라고 할 수 없다. (대판 2007.4.12. 2005두15168)

정답 ②

10

행정법관계에 관한 설명으로 옳지 않은 것은? (다툼이 있는 경우 판례에 의함)

① 군인연금법령상 급여를 받으려고 하는 사람이 국방부장관에게 급여 지급을 청구하였으나 거부된 경우, 곧바로 국가를 상대로 한 당사자소송으로 급여의 지급을 청구할 수 있다.

② 법무사가 사무원을 채용할 때 소속 지방법무사회로부터 승인을 받아야 할 의무는 공법상 의무이다.

③ 사무처리의 긴급성으로 인하여 해양경찰의 직접적인 지휘를 받아 보조로 방제작업을 한 경우, 사인은 그 사무를 처리하며 지출한 필요비 내지 유익비의 상환을 국가에 대하여 민사소송으로 청구할 수 있다.

④ 「공익사업을 위한 토지 등의 취득 및 보상에 관한 법률」상 환매권의 존부에 관한 확인을 구하는 소송 및 환매금액의 증감을 구하는 소송은 민사소송이다.

해설

① (×)

구 군인연금법과 같은 법 시행령의 관계 규정을 종합하면, 같은 법에 의한 퇴역연금 등의 급여를 받을 권리는 법령의 규정에 의하여 직접 발생하는 것이 아니라 각 군 참모총장의 확인을 거쳐 국방부장관이 인정함으로써 비로소 구체적인 권리가 발생하고, 위와 같은 급여를 받으려고 하는 자는 우선 관계 법령에 따라 국방부장관에게 그 권리의 인정을 청구하여 국방부장관이 그 인정청구를 거부하거나 청구 중의 일부만을 인정하는 처분을 하는 경우 그 처분을 대상으로 항고소송을 제기하는 등으로 구체적 권리를 인정받은 다음 비로소 당사자소송으로 그 급여의 지급을 구하여야 할 것이고, 구체적인 권리가 발생하지 않은 상태에서 곧바로 국가를 상대로 한 당사자소송으로 그 권리의 확인이나 급여의 지급을 소구하는 것은 허용되지 아니한다. (대판 2003.9.5. 2002두3522)

② (○)

[1] 법무사의 사무원 채용승인신청에 대하여 소속 지방법무사회가 '채용승인을 거부'하는 조치 또는 일단 채용승인을 하였으나 법무사규칙 제37조 제6항을 근거로 '채용승인을 취소'하는 조치는 공법인인 지방법무사회가 행하는 구체적 사실에 관한 법집행으로서 공권력의 행사 또는 그 거부에 해당하므로 항고소송의 대상인 '처분'이라고 보아야 한다. … 지방법무사회의 법무사 사무원 채용승인은 단순히 지방법무사회와 소속 법무사 사이의 내부 법률문제라거나 지방법무사회의 고유사무라고 볼 수 없고, 법무사 감독이라는 국가사무를 위임받아 수행하는 것이라고 보아야 한다. 따라서 지방법무사회는 법무사 감독사무를 수행하기 위하여 법률에 의하여 설립과 법무사의 회원 가입이 강제된 공법인으로서 법무사 사무원 채용승인에 관한 한 공권력 행사의 주체라고 보아야 한다.

[2] 지방법무사회가 법무사의 사무원 채용승인신청을 거부하거나 채용승인을 얻어 채용 중인 사람에 대한 채용승인을 취소하면, 상대방인 법무사로서도 그 사람을 사무원으로 채용할 수 없게 되는 불이익을 입게 될 뿐만 아니라, 그 사람도 법무사 사무원으로 채용되어 근무할 수 없게 되는 불이익을 입게 된다. 법무사규칙 제37조 제4항이 이의신청절차를 규정한 것은 채용승인을 신청한 법무사뿐만 아니라 사무원이 되려는 사람의 이익도 보호하려는 취지로 볼 수 있다. 따라서 지방법무사회의 사무원 채용승인거부처분 또는 채용승인취소처분에 대해서는 처분상대방인 법무사뿐만 아니라 그 때문에 사무원이 될 수 없게 된 사람도 이를 다툴 원고적격이 인정되어야 한다. (대판 2020.4.9. 2015다34444)

③ (○)

甲주식회사 소유의 유조선에서 원유가 유출되는 사고가 발생하자 乙주식회사가 피해방지를 위해 해양경찰의 직접적인 지휘를 받아 방제작업을 보조한 경우, 乙회사는 사무관리에 근거하여 국가에 방제비용을 청구할 수 있다. (대판 2014.12.11. 2012다15602)

④ (○)

구 공익사업을 위한 토지 등의 취득 및 보상에 관한 법률 제91조에 규정된 환매권은 상대방에 대한 의사표시를 요하는 형성권의 일종으로서 재판상이든 재판 외이든 위 규정에 따른 기간 내에 행사하면 매매의 효력이 생기는바, 이러한 환매권의 존부에 관한 확인을 구하는 소송 및 구 공익사업을 위한 토지 등의 취득 및 보상에 관한 법률 제91조 제4항에 따라 환매금액의 증감을 구하는 소송 역시 민사소송에 해당한다. (대판 2013.2.28. 2010두22368)

정답 ①

11

「공익사업을 위한 토지 등의 취득 및 보상에 관한 법률」상 손실보상제도에 관한 설명으로 옳은 것은? (다툼이 있는 경우 판례에 의함)

① 사업시행자가 광업권·어업권·양식업권 또는 물의 사용에 관한 권리를 취득하거나 사용하는 경우에는 이 법이 적용되지 않는다.

② 토지수용위원회의 수용재결이 있은 후라고 하더라도 토지소유자 등과 사업시행자가 다시 협의하여 토지 등의 취득이나 사용 및 그에 대한 보상에 관하여 임의로 계약을 체결할 수 있다.

③ 사업시행자가 수용 또는 사용의 개시일까지 관할 토지수용위원회가 재결한 보상금을 지급하거나 공탁하지 아니하였을 때에는 해당 토지수용위원회의 재결의 효력은 확정되어 더 이상 다툴 수 없다.

④ 사업시행자가 동일한 토지소유자에 속하는 일단의 토지 일부를 취득함으로 잔여지를 종래의 목적에 사용하는 것이 불가능하거나 현저히 곤란한 경우이어야만 잔여지 손실보상청구를 할 수 있다.

해설

① (×)

공익사업을 위한 토지 등의 취득 및 보상에 관한 법률 제3조(적용대상)
사업시행자가 다음 각 호에 해당하는 토지·물건 및 권리를 취득하거나 사용하는 경우에는 이 법을 적용한다.

1. 토지 및 이에 관한 소유권 외의 권리
2. 토지와 함께 공익사업을 위하여 필요한 입목, 건물, 그 밖에 토지에 정착된 물건 및 이에 관한 소유권 외의 권리
3. 광업권·어업권·양식업권 또는 물의 사용에 관한 권리
4. 토지에 속한 흙·돌·모래 또는 자갈에 관한 권리

② (O)

일단 토지수용위원회가 수용재결을 하였더라도 사업시행자로서는 수용 또는 사용의 개시일까지 토지수용위원회가 재결한 보상금을 지급 또는 공탁하지 아니함으로써 재결의 효력을 상실시킬 수 있는 점, 토지소유자 등은 수용재결에 대하여 이의를 신청하거나 행정소송을 제기하여 보상금의 적정 여부를 다툴 수 있는데, 그 절차에서 사업시행자와 보상금액에 관하여 임의로 합의할 수 있는 점, 공익사업의 효율적인 수행을 통하여 공공복리를 증진시키고, 재산권을 적정하게 보호하려는 공익사업을 위한 토지 등의 취득 및 보상에 관한 법률의 입법목적에 비추어 보더라도 수용재결이 있은 후에 사법상 계약의 실질을 가지는 협의취득 절차를 금지해야 할 별다른 필요성을 찾기 어려운 점 등을 종합해 보면, 토지수용위원회의 수용재결이 있은 후라고 하더라도 토지소유자 등과 사업시행자가 다시 협의하여 토지 등의 취득이나 사용 및 그에 대한 보상에 관하여 임의로 계약을 체결할 수 있다고 보아야 한다. (대판 2017.4.13. 2016두64241)

③ (X)

공익사업을 위한 토지 등의 취득 및 보상에 관한 법률 제42조(재결의 실효)

① 사업시행자가 수용 또는 사용의 개시일까지 관할 토지수용위원회가 재결한 보상금을 지급하거나 공탁하지 아니하였을 때에는 해당 토지수용위원회의 재결은 효력을 상실한다.

② 사업시행자는 제1항에 따라 재결의 효력이 상실됨으로 인하여 토지소유자 또는 관계인이 입은 손실을 보상하여야 한다.

④ (X)

잔여지 수용

수용되고 남은 토지의 가격이 하락한 경우	사업시행자는 동일한 소유자에게 속하는 일단의 토지의 일부가 취득되거나 사용됨으로 인하여 잔여지의 가격이 감소하거나 그 밖의 손실이 있을 때 또는 잔여지에 통로 · 도랑 · 담장 등의 신설이나 그 밖의 공사가 필요할 때에는 국토교통부령으로 정하는 바에 따라 그 손실이나 공사의 비용을 보상하여야 함.
사업시행자가 수용을 청구하는 경우	잔여지의 가격 감소분과 잔여지에 대한 공사의 비용을 합한 금액이 잔여지의 가격보다 큰 경우에는 사업시행자는 그 잔여지를 매수할 수 있음.
토지소유자가 수용을 청구하는 경우	동일한 소유자에게 속하는 일단의 토지의 일부가 협의에 의하여 매수되거나 수용됨으로 인하여 잔여지를 종래의 목적에 사용하는 것이 현저히 곤란할 때에는 해당 토지소유자는 사업시행자에게 잔여지를 매수하여 줄 것을 청구할 수 있으며, 사업인정 이후에는 관할 토지수용위원회에 수용을 청구할 수 있음. 이 경우 수용의 청구는 매수에 관한 협의가 성립되지 아니한 경우에만 할 수 있으며, 사업완료일까지 하여야 함.

정답 ②

12

「공익사업을 위한 토지 등의 취득 및 보상에 관한 법률」에 관한 설명으로 옳은 것은? (다툼이 있는 경우 판례에 의함)

① 지방토지수용위원회의 재결에 대하여 이의를 신청하여 중앙토지수용위원회의 재결을 받은 자가 재결의 취소소송을 제기하려면 중앙토지수용위원회의 이의재결을 대상으로 하여야 한다.

② 중앙토지수용위원회의 이의재결에 대한 행정소송은 재결서를 받은 날부터 90일 이내에 제기하여야 한다.

③ 공익사업의 시행자는 해당 공익사업을 위한 공사에 착수하기 이전에 토지소유자에게 보상액 전액을 지급하여야 하나, 사업시행자가 보상액을 지급하지 않고 승낙도 받지 않은 채 공사에 착수하였다고 하더라도 토지소유자에 대하여 불법행위로 인한 손해배상 책임이 발생하는 것은 아니다.

④ 공익사업시행지구 밖에서 영업을 휴업하는 자는 「공익사업을 위한 토지 등의 취득 및 보상에 관한 법률」에 규정된 재결절차를 거친 다음에 사업시행자를 상대로 영업손실에 대한 보상청구를 할 수 있다.

해설

① (X) 원처분주의이므로 원처분에 해당하는 수용재결을 대상으로 소를 제기하여야 한다. 이의재결에 고유한 하자가 있으면 이의재결을 대상으로 하는 소송도 가능하다.

② (X)

공익사업을 위한 토지 등의 취득 및 보상에 관한 법률 제85조(행정소송의 제기)

① 사업시행자, 토지소유자 또는 관계인은 제34조에 따른 재결에 불복할 때에는 재결서를 받은 날부터 90일 이내에, 이의신청을 거쳤을 때에는 이의신청에 대한 재결서를 받은 날부터 60일 이내에 각각 행정소송을 제기할 수 있다. 이 경우 사업시행자는 행정소송을 제기하기 전에 제84조에 따라 늘어난 보상금을 공탁하여야 하며, 보상금을 받을 자는 공탁된 보상금을 소송이 종결될 때까지 수령할 수 없다.

③ (X)

사업시행자가 토지소유자 및 관계인에게 보상금을 지급하지 아니하고 그 승낙도 받지 아니한 채 미리 공사에 착수하여 영농을 계속할 수 없게 하였다면 이는 공익사업을 위한 토지 등의 취득 및 보상에 관한 법률상 사전보상의 원칙을 위반한 것으로서 위법하다고 할 것이므로, 이 경우 사업시행자는 2년분의 영농손실보상금을 지급하는 것과 별도로, 공사의 사전착공으로 인하여 토지소유자나 관계인이 영농을 할 수 없게 된 때부터 수용개시일까지 입은 손해에 대하여 이를 배상할 책임이 있다. (대판 2013.11.14. 2011다27103)

④ (O)

공익사업으로 인하여 공익사업시행지구 밖에서 영업을 휴업하는 자가 사업시행자로부터 공익사업을 위한 토지 등의 취득 및 보상에 관한 법률(이하 '토지보상법'이라 한다) 시행규칙 제47조 제1항에 따라 영업손실에 대한 보상을 받기 위해서는, 토지보상법 제34조, 제50조 등에 규정된 재결절차를 거친 다음 그 재결에 대하여 불복이 있는 때에 비로소 토지보상법 제83조 내지 제85조에 따라 권리구제를 받을 수 있을 뿐이다. 이러한 재결절차를 거치지 않은 채 곧바로 사업시행자를 상대로 손실보상을 청구하는 것은 허용되지 않는다. (대판 2019.11.28. 2018두227)

정답 ④

13

「공공기관의 정보공개에 관한 법률」상 정보공개에 관한 설명으로 옳지 않은 것은? (다툼이 있는 경우 판례에 의함)

① 정보공개에 관한 사항을 심의·조정하기 위하여 국무총리 소속으로 정보공개위원회를 둔다.

② 정보비공개결정 취소소송에서 원고인 청구인이 소송과정에서 공공기관이 법원에 제출한 정보의 사본을 송달받은 경우, 그 정보의 비공개결정의 취소를 구할 소의 이익은 유지된다.

③ 정보공개를 청구하여 정보공개 여부에 대한 결정의 통지를 받은 자가 정당한 사유 없이 해당 정보의 공개를 다시 청구하는 경우, 공공기관은 종전 청구와의 내용적 유사성·관련성 등을 고려하여 해당 청구를 종결 처리할 수 있다.

④ 제3자가 자신과 관련된 정보를 공개하지 아니할 것을 요청하였음에도 불구하고 공공기관이 공개결정을 한 경우, 제3자는 해당 공공기관에 문서로 이의신청을 하거나 행정심판 또는 행정소송을 제기할 수 있다.

해설

① (×)

> **공공기관의 정보공개에 관한 법률 제22조(정보공개위원회의 설치)**
> 다음 각 호의 사항을 심의·조정하기 위하여 행정안전부장관 소속으로 정보공개위원회(이하 '위원회'라 한다)를 둔다.
> <각 호 생략>

② (○)

> 청구인이 정보공개거부처분의 취소를 구하는 소송에서 공공기관이 청구정보를 증거 등으로 법원에 제출하여 법원을 통하여 그 사본을 청구인에게 교부 또는 송달하게 하여 결과적으로 청구인에게 정보를 공개하는 셈이 되었다고 하더라도, 이러한 우회적인 방법은 법이 예정하고 있지 아니한 방법으로서 법에 의한 공개라고 볼 수는 없으므로, 당해 문서의 비공개결정의 취소를 구할 소의 이익은 소멸되지 않는다고 할 것이다. (대판 2004.3.26. 2002두6583)

③ (○) 공공기관의 정보공개에 관한 법률 제11조의2 제1항 제1호

④ (○) 공공기관의 정보공개에 관한 법률 제21조 제2항

정답 ①

14

정보공개에 관한 설명으로 옳지 않은 것은? (다툼이 있는 경우 판례에 의함)

① 공공기관은 공개청구된 정보가 공공기관이 보유·관리하지 아니하는 정보인 경우에 해당하는 경우에 민원으로 처리하여서는 안 된다.

② 학교폭력대책자치위원회가 피해학생의 보호를 위한 조치, 가해학생에 대한 조치, 학교폭력과 관련된 분쟁의 조정 등에 관하여 심의한 결과를 기재한 회의록은 「공공기관의 정보공개에 관한 법률」 소정의 비공개대상정보에 해당한다.

③ 공개청구의 대상이 되는 정보가 이미 다른 사람에게 공개되어 널리 알려져 있다거나 인터넷 등을 통하여 공개되어 인터넷검색 등을 통하여 쉽게 알 수 있다는 사정만으로는 비공개결정이 정당화될 수 없다.

④ 「공공기관의 정보공개에 관한 법률」은 정보공개청구권자가 공개를 청구하는 정보와 어떤 관련성을 가질 것을 요구하거나 정보공개청구의 목적에 특별한 제한을 두고 있지 아니하므로 정보공개청구권자의 권리구제가능성 등은 정보의 공개 여부 결정에 아무런 영향을 미치지 못한다.

해설

① (×)

> **공공기관의 정보공개에 관한 법률 제11조(정보공개 여부의 결정)**
> ⑤ 공공기관은 정보공개청구가 다음 각 호의 어느 하나에 해당하는 경우로서 민원 처리에 관한 법률에 따른 민원으로 처리할 수 있는 경우에는 민원으로 처리할 수 있다.
> 1. 공개청구된 정보가 공공기관이 보유·관리하지 아니하는 정보인 경우
> 2. 공개청구의 내용이 진정·질의 등으로 이 법에 따른 정보공개청구로 보기 어려운 경우

② (○) 대판 2010.6.10. 2010두2913

③ (○)

> 공개청구의 대상이 되는 정보가 이미 다른 사람에게 공개되어 널리 알려져 있다거나 인터넷 등을 통하여 공개되어 인터넷검색 등을 통하여 쉽게 알 수 있다는 사정만으로는 소의 이익이 없다거나 비공개결정이 정당화될 수 없다. (대판 2008.11.27. 2005두15694)

④ (○) 대판 2017.9.7. 2017두44558

정답 ①

15

행정행위의 부관에 관한 설명으로 옳지 않은 것은? (다툼이 있는 경우 판례에 의함)

① 사도개설허가에서 정해진 공사기간은 사도개설허가 자체의 존속기간을 정한 것이라고 볼 수 없으므로 공사기간 내에 사도로 준공검사를 받지 못하였다면 사도개설허가는 당연히 실효되는 것은 아니다.

② 허가에 붙은 기한이 그 허가된 사업의 성질상 부당하게 짧아 이 기한을 그 허가조건의 존속기간으로 해석할 수 있더라도, 그 후 당초의 기한이 상당 기간 연장되어 연장된 기간을 포함한 존속기간 전체를 기준으로 보면 더 이상 허가된 사업의 성질상 부당하게 짧은 경우에 해당하지 않게 된 경우라도 허가의 효력을 상실시킬 수는 없다.

③ 행정청이 공유수면매립준공인가처분을 하면서 매립지 일부를 국가 소유로 귀속하게 한 것은 법률효과 일부를 배제하는 부관에 해당하고, 이러한 부관은 독립하여 행정소송의 대상이 될 수 없다.

④ 행정청이 수익적 행정처분에 부담을 부가하는 경우 사전에 상대방과 협의하여 부담의 내용을 협약의 형식으로 미리 정한 다음 행정처분을 하면서 이를 부가할 수도 있다.

해설

① (○) 대판 2004.11.25. 2004두7023

② (×)

> 일반적으로 행정처분에 효력기간이 정하여져 있는 경우에는 그 기간의 경과로 그 행정처분의 효력은 상실되며, 다만 허가에 붙은 기한이 그 허가된 사업의 성질상 부당하게 짧은 경우에는 이를 그 허가 자체의 존속기간이 아니라 그 허가조건의 존속기간으로 보아 그 기한이 도래함으로써 그 조건의 개정을 고려한다는 뜻으로 해석할 수 있지만, 이와 같이 당초에 붙은 기한을 허가 자체의 존속기간이 아니라 허가조건의 존속기간으로 보더라도 그 후 당초의 기한이 상당 기간 연장되어 연장된 기간을 포함한 존속기간 전체를 기준으로 볼 경우 더 이상 허가된 사업의 성질상 부당하게 짧은 경우에 해당하지 않게 된 때에는 관계 법령의 규정에 따라 허가 여부의 재량권을 가진 행정청으로서는 그때에도 허가조건의 개정만을 고려하여야 하는 것은 아니고 재량권의 행사로서 더 이상의 기간 연장을 불허가할 수도 있는 것이며, 이로써 허가의 효력은 상실된다. (대판 2004.3.25. 2003두12837)

③ (○) 판례는 공유수면매립준공인가처분 중 매립지 일부에 대하여 한 국가귀속처분은 법률효과의 일부배제에 해당한다고 보았다. (대판 1993.10.8. 93누2032)

④ (○)

> 수익적 행정처분에 있어서는 법령에 특별한 근거규정이 없다고 하더라도 그 부관으로서 부담을 붙일 수 있고, 그와 같은 부담은 행정청이 행정처분을 하면서 일방적으로 부가할 수도 있지만 부담을 부가하기 이전에 상대방과 협의하여 부담의 내용을 협약의 형식으로 미리 정한 다음 행정처분을 하면서 이를 부가할 수도 있다. (대판 2009.2.12. 2005다65500)

정답 ②

16

행정절차에 관한 설명으로 옳은 것은? (다툼이 있는 경우 판례에 의함)

① 퇴직연금의 환수결정은 당사자에게 의무를 과하는 처분이기는 하나 관련 법령에 따라 당연히 환수금액이 정하여지는 것으로, 퇴직연금의 환수결정에 앞서 당사자에게 의견진술의 기회를 주지 아니하여도 「행정절차법」에 어긋나지 아니한다.

② 행정청은 공청회를 개최하려는 경우에는 공청회 개최 14일 전까지 제목, 일시 및 장소 등을 당사자 등에게 통지하고 관보, 공보, 인터넷 홈페이지 또는 일간신문 등에 공고하는 등의 방법으로 널리 알려야 한다. 다만, 공청회 개최를 알린 후 예정대로 개최하지 못하여 새로 일시 및 장소 등을 정한 경우에는 공청회 개최 14일 전까지 알려야 한다.

③ 절차상 하자를 이유로 과세처분을 취소하는 판결이 확정된 후 그 위법사유를 보완하여 이루어진 새로운 부과처분은 확정판결의 기판력에 저촉된다.

④ 행정청이 당사자와 사이에 도시계획사업의 시행과 관련한 협약을 체결하면서 관련 법령상 요구되는 청문절차를 배제하는 조항을 두었다면, 이는 청문을 실시하지 않아도 되는 예외적인 경우에 해당한다.

해설

① (○) 대판 2000.11.28. 99두5443

② (×)

> **행정절차법 제38조(공청회 개최의 알림)**
> 행정청은 공청회를 개최하려는 경우에는 공청회 개최 14일 전까지 다음 각 호의 사항을 당사자 등에게 통지하고 관보, 공보, 인터넷 홈페이지 또는 일간신문 등에 공고하는 등의 방법으로 널리 알려야 한다. 다만, 공청회 개최를 알린 후 예정대로 개최하지 못하여 새로 일시 및 장소 등을 정한 경우에는 공청회 개최 7일 전까지 알려야 한다.
> 1. 제목
> 2. 일시 및 장소
> 〈이하 각 호 생략〉

③ (×)

> 과세의 절차 내지 형식에 위법이 있어 과세처분을 취소하는 판결이 확정되었을 때는 그 확정판결의 기판력은 거기에 적시된 절차 내지 형식의 위법사유에 한하여 미치는 것이므로 과세관청은 그 위법사유를 보완하여 다시 새로운 과세처분을 할 수 있고 그 새로운 과세처분은 확정판결에 의하여 취소된 종전의 과세처분과는 별개의 처분이라고 할 것이어서 확정판결의 기판력에 저촉되는 것이 아니다. (대판 1987.2.10. 86누91)

④ (×) 행정청과 당사자 사이에 의견청취절차 배제협약을 했더라도 청문배제의 예외적인 사유가 아니다.

> 행정청이 당사자와 사이에 도시계획사업의 시행과 관련한 협약을 체결하면서 관계 법령 및 행정절차법에 규정된 청문의 실시 등 의견청취절차를 배제하는 조항을 두었다고 하더라도, 위와 같은 협약의 체결로 청문의 실시에 관한 규정의 적용을 배제할 수 있다고 볼 만한 법령상의 규정이 없는 한, 이러한 협약이 체결되었다고 하여 청문의 실시에 관한 규정의 적용이 배제된다거나 청문을 실시하지 않아도 되는 예외적인 경우에 해당한다고 할 수 없다. (대판 2004.7.8. 2002두8350)

정답 ①

17

판례상 하자의 승계가 인정되는 경우에 해당하는 것은?

① 국제항공노선 운수권배분실효처분 및 노선면허거부처분과 노선면허처분

② 보충역편입처분과 공익근무요원소집처분

③ 토지구획정리사업 시행인가처분과 환지청산금 부과처분

④ 대집행계고처분과 비용납부명령

해설

① (X) ② (X) ③ (X) 동일한 목적이 아니므로 하자의 승계가 인정되지 않는다.

④ (O) 철거명령과 계고 사이에서는 하자의 승계가 인정되지 않지만, 계고 - 통지 - 실행 - 비용 사이에서는 하자의 승계가 인정된다.

정답 ④

18

국가배상에 관한 설명으로 옳은 것은? (다툼이 있는 경우 판례에 의함)

① 행정처분의 담당공무원이 주관적 주의의무를 결하여 그 행정처분이 주관적 정당성을 상실하였다고 인정될 정도에 이른 경우에 「국가배상법」 제2조의 요건을 충족하였다고 봄이 상당하다.

② 「국가배상법」 제6조 제1항에 의하면 지방자치단체장이 설치하여 관할 지방경찰청장에게 관리권한이 위임된 교통신호기의 고장으로 인하여 교통사고가 발생한 경우, 지방자치단체가 손해배상책임을 지고 국가는 피해자에 대하여 배상책임을 지지 않는다.

③ 정부에 대한 비판에 대하여 합리적인 홍보와 설득으로 대처하는 것이 아니라, 비판 자체를 원천적으로 배제하려는 공권력의 행사는 대한민국헌법이 예정하고 있는 자유민주적 기본질서에 부합하지 아니하므로 정당성을 인정할 수 없지만, 국가배상이 인정되는 것은 아니다.

④ 「국가배상법」 제5조 제1항 소정의 '공공의 영조물'이란 국가 또는 지방자치단체에 의하여 특정 공공의 목적에 공여된 유체물 내지 물적 설비를 말하며, 국가 또는 지방자치단체가 소유권, 임차권, 그 밖의 권한에 기하여 관리하고 있는 경우로 한정되고, 사실상 관리를 하고 있는 경우는 포함되지 않는다.

해설

① (X) 주관적 정당성이 아니라 객관적 정당성을 상실한 정도여야 한다. 국가배상법상 공무원의 고의·과실에서 말하는 과실은 해당 공무원 개인의 주관적 과실이 아니라 일반적 공무원의 평균적 과실, 즉 추상적 과실을 말한다.

② (X) 사무가 위임된 경우 위임자와 수임자 모두 국민에게 배상책임을 진다. 배상 후의 최종적인 책임은 사무의 귀속주체가 진다.

③ (O)

> [1] 정부의 정책에 대하여 정치적인 반대의사를 표시하는 것은 헌법이 보장하는 정치적 자유의 가장 핵심적인 부분이다. 자신의 정치적 생각을 집회와 시위를 통해 설파하거나 서명운동 등을 통해 자신과 의견이 같은 세력을 규합해 나가는 것은 국가의 안전에 대한 위협이 아니라, 우리 헌법의 근본이념인 '자유민주적 기본질서'의 핵심적인 보장영역에 속한다. 정부에 대한 비판에 대하여 합리적인 홍보와 설득으로 대처하는 것이 아니라, 비판 자체를 원천적으로 배제하려는 공권력의 행사는 대한민국헌법이 예정하고 있는 자유민주적 기본질서에 부합하지 아니하므로 정당성을 인정할 수 없다. 그러나 공무원의 행위를 원인으로 한 국가배상책임을 인정하려면 '공무원이 직무를 집행하면서 고의 또는 과실로 법령을 위반하여 타인에게 손해를 입힌 때'라고 하는 국가배상법 제2조 제1항의 요건이 충족되어야 한다. 여기서 '법령을 위반하여'라고 함은 엄격하게 형식적 의미의 법령에 명시적으로 공무원의 행위의무가 정하여져 있음에도 이를 위반하는 경우만을 의미하는 것은 아니고, 인권존중 · 권력남용금지 · 신의성실과 같이 공무원으로서 마땅히 지켜야 할 준칙이나 규범을 지키지 아니하고 위반한 경우를 비롯하여 널리 그 행위가 객관적인 정당성을 결여하고 있는 경우를 포함한다.
>
> [2] 일반적으로 국가기관이 자신이 관리 · 운영하는 홈페이지에 게시된 글에 대하여 정부의 정책에 찬성하는 내용인지, 반대하는 내용인지에 따라 선별적으로 삭제 여부를 결정하는 것은 특별한 사정이 없는 한 국민의 기본권인 표현의 자유와 자유민주적 기본질서에 배치되므로 허용되지 않는다.
>
> [3] 해군본부가 해군 홈페이지 자유게시판에 집단적으로 게시된 '제주해군기지 건설사업에 반대하는 취지의 항의글' 100여 건을 삭제하는 조치를 취하자, 항의글을 게시한 甲 등이 위 조치가 위법한 직무수행에 해당하며 표현의 자유 등이 침해되었다고 주장하면서 국가를 상대로 손해배상을 구한 사안에서, 해군 홈페이지 자유게시판이 정치적 논쟁의 장이 되어서는 안 되는 점, 위와 같은 항의글을 게시한 행위는 정부정책에 대한 반대의사표시이므로 '해군 인터넷 홈페이지 운영규정'에서 정한 게시글 삭제사유인 '정치적 목적이나 성향이 있는 경우'에 해당하는 점, 해군본부가 집단적 항의글이 위 운영규정 등에서 정한 삭제사유에 해당한다고 판단한 것이 사회통념상 합리성이 없다고 단정하기 어려운 점, 반대의견을 표출하는 항의 시위의 1차적 목적은 달성되었고 현행법상 국가기관으로 하여금 인터넷 공간에서의 항의 시위의 결과물인 게시글을 영구히 또는 일정 기간 보존하여야 할 의무를 부과하는 규정은 없는 점 등에 비추어 위 삭제조치가 객관적 정당성을 상실한 위법한 직무집행에 해당한다고 보기 어려운데도, 이와 달리 본 원심판단에 법리오해의 잘못이 있다. (대판 2020.6.4. 2015다233807)

④ (X)

> 국가배상법 제5조 제1항 소정의 '공공의 영조물'이라 함은 국가 또는 지방자치단체에 의하여 특정 공공의 목적에 공여된 유체물 내지 물적 설비를 지칭하며, 특정 공공의 목적에 공여된 물이라 함은 일반공중의 자유로운 사용에 직접적으로 제공되는 공공용물에 한하지 아니하고, 행정주체 자신의 사용에 제공되는 공용물도 포함하며 국가 또는 지방자치단체가 소유권, 임차권 그 밖의 권한에 기하여 관리하고 있는 경우뿐만 아니라 사실상의 관리를 하고 있는 경우도 포함한다. (대판 1995.1.24. 94다45302)

정답 ③

19

사인의 공법행위에 관한 설명으로 옳지 않은 것은? (다툼이 있는 경우 판례에 의함)

① 「수산업법」상 신고어업을 하려면 법령이 정한 바에 따라 관할 행정청에 신고하여야 하고, 행정청의 수리가 있을 때에 비로소 법적 효과가 발생하게 된다.

② 행정청은 사인의 신청에 구비서류의 미비와 같은 흠이 있는 경우 신청인에게 보완을 요구하여야 하는바, 이때 보완의 대상이 되는 흠은 원칙상 형식적 절차적 요건만 해당하고 실체적 발급요건상 흠을 포함되지 않는다.

③ 「유통산업발전법」상 대규모점포의 개설등록은 이른바 자기완결적 신고로서 행정처분이 아니다.

④ 인허가의제효과를 수반하는 건축신고는 일반적인 건축신고와는 달리, 특별한 사정이 없는 한 행정청이 그 실체적 요건에 관한 심사를 한 후 수리를 하여야 한다.

해설

① (○) 수산업법 제44조 소정의 어업신고의 법적 성질은 수리를 요하는 신고이다. (대판 2000.5.26. 99다37382) 한편, 수산제조업법상 신고의 법적 성질은 자기완결적 신고이다.

② (○)

> 위 규정 소정의 보완의 대상이 되는 흠은 보완이 가능한 경우이어야 함은 물론이고, 그 내용 또한 형식적·절차적인 요건이거나 실질적인 요건에 관한 흠이 있는 경우라도 그것이 민원인의 단순한 착오나 일시적인 사정 등에 기한 경우 등이라야 한다. (대판 2004.10.15. 2003두6573)

③ (×)

> 대규모점포의 개설등록은 이른바 '수리를 요하는 신고'로서 행정처분에 해당하고 등록은 구체적 유형 구분에 따라 이루어지므로, 등록의 효력은 대규모점포가 구체적으로 어떠한 유형에 속하는지에 관하여도 미치는 점, 따라서 대규모점포가 대형마트로 개설등록되었다면 점포의 유형을 포함한 등록 내용이 대규모점포를 개설하고자 하는 자의 신청 등에 따라 변경등록되지 않는 이상 대규모점포를 개설하고자 하는 자 등에 대한 구속력을 가지는 점 등에 비추어 보면, 구 유통산업발전법 제12조의2 제1항·제2항·제3항에 따라 영업시간 제한 등 규제대상이 되는 대형마트에 해당하는지는, 일단 대형마트로 개설등록되었다면 특별한 사정이 없는 한, 개설등록된 형식에 따라 대규모점포를 일체로서 판단하여야 하고, 대규모점포를 구성하는 개별점포의 실질이 대형마트의 요건에 부합하는지를 다시 살필 것은 아니다. (대판 2015.11.19. 2015두295 전원합의체)

④ (○)

> 건축법에서 인허가의제제도를 둔 취지는, 인허가의제사항과 관련하여 건축허가 또는 건축신고의 관할 행정청으로 그 창구를 단일화하고 절차를 간소화하며 비용과 시간을 절감함으로써 국민의 권익을 보호하려는 것이지, 인허가의제사항 관련 법률에 따른 각각의 인허가요건에 관한 일체의 심사를 배제하려는 것으로 보기는 어렵다. 또한 무엇보다도 건축신고를 하려는 자는 인허가의제사항 관련 법령에서 제출하도록 의무화하고 있는 신청서와 구비서류를 제출하여야 하는데, 이는 건축신고를 수리하는 행정청으로 하여금 인허가의제사항 관련 법률에 규정된 요건에 관하여도 심사를 하도록 하기 위한 것으로 볼 수밖에 없다. 따라서 인허가의제효과를 수반하는 건축신고는 일반적인 건축신고와는 달리, 특별한 사정이 없는 한 행정청이 그 실체적 요건에 관한 심사를 한 후 수리하여야 하는 이른바 '수리를 요하는 신고'로 보는 것이 옳다. (대판 2011.1.20. 2010두14954 전원합의체)

정답 ③

20

「행정심판법」에 의해 행정청이 행정심판위원회의 재결의 취지에 따라 재처분할 의무가 있음에도 그 의무를 이행하지 않은 경우에 행정심판위원회가 직접 처분할 수 있는 재결에 해당하는 것은?

① 당사자의 신청에 따른 처분을 절차가 부당함을 이유로 취소하는 재결

② 당사자의 신청을 거부한 처분의 이행을 명하는 재결

③ 당사자의 신청을 거부하는 처분을 취소하는 재결

④ 당사자의 신청을 거부하는 처분을 부존재로 확인하는 재결

해설

① (×) ② (○) ③ (×) ④ (×) 취소재결이나 무효확인재결은 형성력에 의해 효과가 발생하므로 직접 처분을 인정할 실익이 적다. 한편, 이행재결은 명령을 하는 것인데 명령에 따른 처분이 없으면 직접 처분이 가능하다.

> **행정심판법 제49조(재결의 기속력 등)**
>
> ③ 당사자의 신청을 거부하거나 부작위로 방치한 처분의 이행을 명하는 재결이 있으면 행정청은 지체 없이 이전의 신청에 대하여 재결의 취지에 따라 처분을 하여야 한다.
>
> **제50조(위원회의 직접 처분)**
>
> ① 위원회는 피청구인이 제49조 제3항에도 불구하고 처분을 하지 아니하는 경우에는 당사자가 신청하면 기간을 정하여 서면으로 시정을 명하고 그 기간에 이행하지 아니하면 직접 처분을 할 수 있다. 다만, 그 처분의 성질이나 그 밖의 불가피한 사유로 위원회가 직접 처분을 할 수 없는 경우에는 그러하지 아니하다.

정답 ②

21

「행정소송법」상 취소소송에서 확정된 청구인용판결의 효력에 관한 설명으로 옳지 않은 것은? (다툼이 있는 경우 판례에 의함)

① 취소판결의 효력은 원칙적으로 소급적이므로, 취소판결에 의해 취소된 영업허가취소처분 이후의 영업행위는 무허가영업에 해당하지 않는다.

② 취소된 행정처분을 기초로 하여 새로 형성된 제3자의 권리가 취소판결 자체의 효력에 의해 당연히 그 행정처분 전의 상태로 환원되는 것은 아니다.

③ 취소판결의 기속력은 주로 판결의 실효성 확보를 위하여 인정되는 효력으로서 판결의 주문뿐만 아니라 그 전제가 되는 처분 등의 구체적 위법사유에 관한 이유 중의 판단에 대하여도 인정된다.

④ 행정처분이 판결에 의해 취소된 경우, 취소된 처분의 사유와 기본적 사실관계에서 동일성이 인정되지 않는 다른 사유를 들어 새로이 처분을 하는 것은 기속력에 반한다.

해설

① (O) 형성력에 대한 설명이다.

영업의 금지를 명한 영업허가취소처분 자체가 나중에 행정쟁송절차에 의하여 취소되었다면 그 영업허가취소처분은 그 처분시에 소급하여 효력을 잃게 되며, 그 영업허가취소처분에 복종할 의무가 원래부터 없었음이 확정되었다고 봄이 타당하고, 영업허가취소처분이 장래에 향해서만 효력을 잃게 된다고 볼 것은 아니므로 그 영업허가취소처분 이후의 영업행위를 무허가영업이라고 볼 수는 없다. (대판 1993.6.25. 93도277)

② (O)

행정처분을 취소하는 확정판결이 제3자에 대하여도 효력이 있다고 하더라도 일반적으로 판결의 효력은 주문에 포함한 것에 한하여 미치는 것이니 그 취소판결 자체의 효력으로써 그 행정처분을 기초로 하여 새로 형성된 제3자의 권리까지 당연히 그 행정처분 전의 상태로 환원되는 것이라고는 할 수 없고, 단지 취소판결의 존재와 취소판결에 의하여 형성되는 법률관계를 소송당사자가 아니었던 제3자라고 할지라도 이를 용인하지 않으면 아니 된다는 것을 의미하는 것에 불과하다고 할 것이며, 따라서 취소판결의 확정으로 인하여 당해 행정처분을 기초로 새로 형성된 제3자의 권리관계에 변동을 초래하는 경우가 있다고 하더라도 이는 취소판결 자체의 형성력에 기한 것이 아니라 취소판결의 위와 같은 의미에서의 제3자에 대한 효력의 반사적 효과로서 그 취소판결이 제3자의 권리관계에 대하여 그 변동을 초래할 수 있는 새로운 법률요건이 되는 까닭이라고 할 것이다. (대판 1986.8.19. 83다카2022)

③ (O) 기판력은 주문에만 미치는 반면, 기속력은 주문과 이유 중 요건사실에까지 미친다. (대판 2001.3.23. 99두5238)

④ (X) 반복금지효는 동일인에게 동일사유로 동일한 처분을 해서는 안 된다는 의미이므로, 다른 사유로 같은 처분을 하는 것은 기속력 위반이 아니다.

취소확정판결의 기속력은 판결의 주문 및 전제가 되는 처분 등의 구체적 위법사유에 관한 판단에도 미치나, 종전 처분이 판결에 의하여 취소되었더라도 종전 처분과 다른 사유를 들어서 새로이 처분을 하는 것은 기속력에 저촉되지 않는다. 여기에서 동일사유인지 다른 사유인지는 확정판결에서 위법한 것으로 판단된 종전 처분사유와 기본적 사실관계에서 동일성이 인정되는지 여부에 따라 판단되어야 하고, 기본적 사실관계의 동일성 유무는 처분사유를 법률적으로 평가하기 이전의 구체적인 사실에 착안하여 그 기초인 사회적 사실관계가 기본적인 점에서 동일한지에 따라 결정된다. (대판 2016.3.24. 2015두48235)

정답 ④

22

행정상 손실보상에 관한 설명으로 옳지 않은 것은? (다툼이 있는 경우 판례에 의함)

① 보상청구권이 성립하기 위해서는 재산권에 대한 법적인 행위로서 공행정작용에 의한 침해를 말하고 사실행위는 포함되지 않는다.

② 「공익사업을 위한 토지 등의 취득 및 보상에 관한 법률 시행령」에서 이주대책의 대상자에서 세입자를 제외하고 있는 것이 세입자의 재산권을 침해하는 것이라고 볼 수 없다.

③ 공익사업으로 인하여 영업을 폐지하거나 휴업하는 자가 구 「공익사업을 위한 토지 등의 취득 및 보상에 관한 법률」에 규정된 재결절차를 거치지 않은 채 곧바로 사업시행자를 상대로 영업손실보상을 청구할 수 없다.

④ 사업시행자 스스로 공익사업의 원활한 시행을 위하여 생활대책을 수립 · 실시할 수 있도록 하는 내부규정을 두고 이에 따라 생활대책대상자 선정기준을 마련하여 생활대책을 수립 · 실시하는 경우, 생활대책대상자 선정기준에 해당하는 자기 자신을 생활대책대상자에서 제외하거나 선정을 거부한 사업시행자를 상대로 항고소송을 제기할 수 있다.

해설

① (X) 재산권에 대한 침해는 손해의 발생이 중요하고, 그 원인행위는 법적인 행위 또는 사실행위를 모두 포함한다.

② (O)

이주대책은 헌법 제23조 제3항에 규정된 정당한 보상에 포함되는 것이라기보다는 이에 부가하여 이주자들에게 종전의 생활상태를 회복시키기 위한 생활보상의 일환으로서 국가의 정책적인 배려에 의하여 마련된 제도라고 볼 것이다. 따라서 이주대책의 대상자에서 세입자를 제외하고 있는 것이 세입자의 재산권을 침해하는 것이라고 볼 수 없다. (헌재 2006.2.23. 2004헌마19)

③ (O) 수용재결과 별도로 보상금에 대한 재결을 거쳐야 한다.

④ (O)

생활대책대상자 선정기준에 해당하는 자는 사업시행자에게 생활대책대상자 선정 여부의 확인 · 결정을 신청할 수 있는 권리를 가지는 것이어서, 만일 사업시행자가 그러한 자를 생활대책대상자에서 제외하거나 선정을 거부하면, 이러한 생활대책대상자 선정기준에 해당하는 자는 사업시행자를 상대로 항고소송을 제기할 수 있다고 보는 것이 타당하다. (대판 2011.10.13. 2008두17905)

정답 ①

23

행정소송의 심리에 관한 설명으로 옳은 것은? (다툼이 있는 경우 판례에 의함)

① 「행정소송법」상 불고불리의 명시적 규정이 있다.

② 취소소송의 직권심리주의를 규정하고 있는 「행정소송법」 제26조의 규정을 고려할 때, 행정소송에 있어서 법원은 원고의 청구범위를 초월하여 그 이상의 청구를 인용할 수 있다.

③ 법원으로부터 행정심판기록의 제출명령을 받은 행정청은 지체없이 당해 행정심판에 관한 기록을 법원에 제출하여야 한다.

④ 사실심에서 변론종결시까지 당사자가 주장하지 않던 직권조사사항에 해당하는 사항을 상고심에서 비로소 주장하는 경우 그 직권조사사항에 해당하는 사항은 상고심의 심판범위에 해당하지 않는다.

해설

① (×) 불고불리의 원칙은 행정심판법에 규정이 있지만, 행정소송법에는 명문규정이 없다.

② (×) 처분권주의에 위반되므로 인정되지 않는다.

> 행정소송에 있어서도 행정소송법에 의하여 민사소송법이 준용되어 법원은 당사자가 신청하지 아니한 사항에 대하여는 판결할 수 없는 것이고 행정소송법 제26조에서 직권심리주의를 채용하고 있으나 이는 행정소송에 있어서 원고의 청구범위를 초월하여 그 이상의 청구를 인용할 수 있다는 의미가 아니라 원고의 청구범위를 유지하면서 그 범위 내에서 필요에 따라 주장 외의 사실에 관하여도 판단할 수 있다는 뜻이다. (대판 1987.11.10. 86누491)

③ (○)

> **행정소송법 제25조(행정심판기록의 제출명령)**
> ① 법원은 당사자의 신청이 있는 때에는 결정으로써 재결을 행한 행정청에 대하여 행정심판에 관한 기록의 제출을 명할 수 있다.
> ② 제1항의 규정에 의한 제출명령을 받은 행정청은 지체 없이 당해 행정심판에 관한 기록을 법원에 제출하여야 한다.

④ (×)

> 행정소송에서 쟁송의 대상이 되는 행정처분의 존부는 소송요건으로서 직권조사사항이고 자백의 대상이 될 수 없는 것이므로 설사 그 존재를 당사자들이 다투지 아니한다고 하더라도 그 존부에 관하여 의심이 있는 경우에는 이를 직권으로 밝혀 보아야 할 것이고 사실심에서 변론종결시까지 당사자가 주장하지 않던 직권조사사항에 해당하는 사항을 상고심에서 비로소 주장하는 경우 그 직권조사사항에 해당하는 사항은 상고심의 심판범위에 해당한다. (대판 2004.12.24. 2003두15195)

정답 ③

24

판례상 항고소송의 원고적격이 인정되는 경우에 해당하는 것은?

① 개발제한구역 중 일부 취락을 개발제한구역에서 해제하는 내용의 도시관리계획 변경결정에 대하여 개발제한구역 해제대상에서 누락된 토지의 소유자가 위 결정의 취소를 구하는 경우

② 중국 국적자인 외국인이 사증발급거부처분의 취소를 구하는 경우

③ 소방청장이 처분성이 인정되는 국민권익위원회의 조치요구에 불복하여 조치요구의 취소를 구하는 경우

④ 수익처분의 상대방

해설

① (×)

> 개발제한구역 중 일부 취락을 개발제한구역에서 해제하는 내용의 도시관리계획변경결정에 대하여, 개발제한구역 해제대상에서 누락된 토지의 소유자는 위 결정의 취소를 구할 법률상 이익이 없다. (대판 2008.7.10. 2007두10242)

② (×)

> 사증발급거부처분을 다투는 외국인은 아직 대한민국에 입국하지 않은 상태에서 대한민국에 입국하게 해달라고 주장하는 것으로, 대한민국과의 실질적 관련성 내지 대한민국에서 법적으로 보호가치 있는 이해관계를 형성한 경우는 아니어서, 해당 처분의 취소를 구할 법률상 이익을 인정하여야 할 법정책적 필요성도 크지 않다. 반면, 국적법상 귀화불허가처분이나 출입국관리법상 체류자격변경불허가처분, 강제퇴거명령 등을 다투는 외국인은 대한민국에 적법하게 입국하여 상당한 기간을 체류한 사람이므로, 이미 대한민국과의 실질적 관련성 내지 대한민국에서 법적으로 보호가치 있는 이해관계를 형성한 경우이어서, 해당 처분의 취소를 구할 법률상 이익이 인정된다고 보아야 한다. 이와 같은 사증발급의 법적 성질, 출입국관리법의 입법목적, 사증발급신청인의 대한민국과의 실질적 관련성, 상호주의원칙 등을 고려하면, 우리 출입국관리법의 해석상 외국인에게는 사증발급거부처분의 취소를 구할 법률상 이익이 인정되지 않는다고 봄이 타당하다. (대판 2018.5.15. 2014두42506)

③ (○)

> [1] 법령이 특정한 행정기관 등으로 하여금 다른 행정기관을 상대로 제재적 조치를 취할 수 있도록 하면서, 그에 따르지 않으면 그 행정기관에 대하여 과태료를 부과하거나 형사처벌을 할 수 있도록 정하는 경우, 제재적 조치의 상대방인 행정기관 등에게 항고소송 원고로서의 당사자능력과 원고적격을 인정한다.
> [2] 국민권익위원회가 소방청장에게 인사와 관련하여 부당한 지시를 한 사실이 인정된다며 이를 취소할 것을 요구하기로 의결하고 그 내용을 통지하자 소방청장이 국민권익위원회 조치요구의 취소를 구하는 소송을 제기한 사안에서, 처분성이 인정되는 국민권익위원회의 조치요구에 불복하고자 하는 소방청장으로서는 조치요구의 취소를 구하는 항고소송을 제기하는 것이 유효·적절한 수단으로 볼 수 있으므로 소방청장이 예외적으로 당사자능력과 원고적격을 가진다. (대판 2018.8.1. 2014두35379)

④ (○) 수익처분의 상대방은 원칙적으로 원고적격이 인정되지 않는다.

정답 ③

25

행정행위의 하자에 관한 설명으로 옳지 않은 것은? (다툼이 있는 경우 판례에 의함)

① 행정청이 사전에 교통영향평가를 거치지 아니한 채 '건축허가 전까지 교통영향평가 심의필증을 교부받을 것'을 부관으로 붙여서 한 '실시계획변경승인 및 공사시행변경인가처분'은 무효라고 할 수 없다.

② 적법한 권한 위임 없이 세관출장소장에 의하여 행하여진 관세부과처분은 그 하자가 중대하기는 하지만, 객관적으로 명백하다고 할 수 없어 당연무효는 아니다.

③ 사용자가 징계절차를 위반하여 징계를 한 경우, 이러한 징계권 행사는 취소사유이다.

④ 징계처분이 중대하고 명백한 하자 때문에 당연무효의 것이라면 징계처분을 받은 자가 이를 용인하였다고 하여 그 하자가 치유되는 것은 아니다.

해설

① (O)

> 교통영향평가는 환경영향평가와 그 취지 및 내용, 대상사업의 범위, 사전 주민의견수렴절차 생략 여부 등에 차이가 있고 그 후 교통영향평가가 교통영향분석·개선대책으로 대체된 점, 행정청은 교통영향평가를 배제한 것이 아니라 '건축허가 전까지 교통영향평가 심의필증을 교부받을 것'을 부관으로 하여 실시계획변경 및 공사시행변경인가처분을 한 점 등에 비추어, 행정청이 사전에 교통영향평가를 거치지 아니한 채 위와 같은 부관을 붙여서 한 위 처분에 중대하고 명백한 흠이 있다고 할 수 없으므로 이를 무효로 보기는 어렵다. (대판 2010.2.25. 2009두102)

② (O)

> 세관출장소장에게 관세 부과처분에 관한 권한이 위임되었다고 볼 만한 법령상의 근거가 없는데도 피고가 이 사건 처분을 한 것은 결국, 적법한 위임 없이 권한 없는 자가 행한 처분으로서 그 하자가 중대하다고 할 것이나, 세관출장소장 명의로 관세 부과처분 및 증액경정처분이 이루어져 왔는데, 그동안 세관출장소장에게 관세 부과처분에 관한 권한이 있는지 여부에 관하여 아무런 이의제기가 없었던 점 등에 비추어 보면, 세관출장소장에게 관세 부과처분을 할 권한이 있다고 객관적으로 오인할 여지가 다분하다고 인정되므로 결국 적법한 권한 위임 없이 행해진 이 사건 처분은 그 하자가 중대하기는 하지만 객관적으로 명백하다고 할 수는 없어 당연무효는 아니라고 보아야 할 것이다. (대판 2004.11.26. 2003두2403)

③ (X)

> [1] 사용자가 징계절차를 위반하여 징계를 한 경우, 이러한 징계권 행사는 징계사유가 인정되는지와 관계없이 절차적 정의에 반하여 무효라고 보아야 한다.
> [2] 근로자에 대한 제재로서 하는 불이익 처분이 징계절차를 밟아야 하는 징계의 일종으로 규정되어 있는 경우, 원칙적으로 그 불이익 처분은 징계절차를 밟아야만 유효하다. (대판 2021.1.14. 2020두48017)

④ (O) 무효인 행위는 상대방의 동의가 있어도 하자의 치유가 인정되지 않는다.

정답 ③

제03회 실전동형 모의고사

p. 020~026

01 ④ 02 ④ 03 ② 04 ④ 05 ③ 06 ② 07 ② 08 ③ 09 ①
10 ① 11 ④ 12 ④ 13 ① 14 ④ 15 ② 16 ③ 17 ② 18 ③
19 ④ 20 ① 21 ① 22 ③ 23 ① 24 ③ 25 ②

01

「행정절차법」상 행정절차에 관한 설명으로 옳지 않은 것은? (다툼이 있는 경우 판례에 의함)

① 지방의회의 의결을 거치거나 동의 또는 승인을 받아 행하는 사항에 대해서는 「행정절차법」이 적용되지 않는다.

② 고시 등 불특정 다수인을 상대로 의무를 부과하거나 권익을 제한하는 처분의 경우, 그 상대방에게 의견제출의 기회를 주어야 하는 것은 아니다.

③ 신청에 따른 처분이 이루어지지 않은 경우에는 특별한 사정이 없는 한 사전통지의 대상이 된다고 할 수 없다.

④ 재외동포에 대한 사증은 「출입국관리법 시행령」 [별표 1의2]에서 정한 재외동포체류자격의 요건을 갖춘 경우 발급하여야 한다.

해설

① (O) 행정절차법 제3조 제2항 제1호

② (O) 일반처분의 경우에는 의견제출의 기회를 주는 것이 현실적으로 불가능하다. (대판 2014.10.27. 2012두7745)

③ (O)

> 신청에 따른 처분이 이루어지지 아니한 경우에는 아직 당사자에게 권익이 부과되지 아니하였으므로 특별한 사정이 없는 한 신청에 대한 거부처분이라고 하더라도 직접 당사자의 권익을 제한하는 것은 아니어서 신청에 대한 거부처분을 여기에서 말하는 '당사자의 권익을 제한하는 처분'에 해당한다고 할 수 없는 것이어서 처분의 사전통지대상이 된다고 할 수 없다. (대판 2003.11.28. 2003두674)

④ (X)

> 재외동포에 대한 사증발급은 행정청의 재량행위에 속하는 것으로서, 재외동포가 사증발급을 신청한 경우에 출입국관리법 시행령 [별표 1의2]에서 정한 재외동포체류자격의 요건을 갖추었다고 해서 무조건 사증을 발급해야 하는 것은 아니다. 재외동포에게 출입국관리법 제11조 제1항 각 호에서 정한 입국금지사유 또는 재외동포의 출입국과 법적 지위에 관한 법률 제5조 제2항에서 정한 재외동포체류자격 부여제외사유(예컨대 '대한민국 남자가 병역을 기피할 목적으로 외국 국적을 취득하고 대한민국 국적을 상실하여 외국인이 된 경우')가 있어 그의 국내체류를 허용하지 않음으로써 달성하고자 하는 공익이 그로 말미암아 발생하는 불이익보다 큰 경우에는 행정청이 재외동포체류자격의 사증을 발급하지 않을 재량을 가진다. (대판 2019.7.11. 2017두38874)

정답 ④

02

행정입법에 관한 설명으로 옳지 않은 것은? (다툼이 있는 경우 판례에 의함)

① 법률이 공법적 단체 등의 정관에 자치법적 사항을 위임한 경우에도 원칙적으로 헌법 제75조가 정하는 포괄적인 위임입법금지 원칙이 적용되지만, 이와 별도로 법률유보 내지 의회유보의 원칙을 지켜야 한다.

② 부작위위법확인소송의 대상이 될 수 있는 것은 구체적 권리·의무에 관한 분쟁이어야 하고 추상적인 법령에 관하여 제정의 여부 등은 그 자체로서 국민의 구체적인 권리·의무에 직접적 변동을 초래하는 것이 아니어서 그 소송의 대상이 될 수 없다.

③ 부령에서 제재적 행정처분의 기준을 정하였다고 하더라도 이에 관한 처분의 적법 여부는 부령에 적합한 것인가의 여부에 따라 판단할 것이 아니라 처분의 근거법률의 규정 및 그 취지에 적합한 것인가의 여부에 따라 판단하여야 한다.

④ 행정규칙은 공포되어야 효력이 발생한다.

해설

① (○) 조례나 정관에는 포괄위임금지원칙이 적용되지 않으므로 구체적 위임을 하지 않아도 된다.

② (○) 항고소송의 대상은 처분이어야 한다. 다만, 법령도 집행행위를 매개하지 않고 직접 적용되면 항고소송의 대상이 된다.

③ (○) 제재적 처분이 부령에 규정되면 법규명령이 아니라 행정규칙이므로 행정규칙 위반 그 자체로 위법성이 인정되는 것은 아니다.

④ (×) 행정기관 내부의 사무처리준칙에 불과한 행정규칙은 공포되어야 하는 것이 아니므로 특별한 규정이 없는 한 수명기관에 도달된 때부터 효력이 발생한다.

정답 ④

03

행정행위의 하자의 승계에 관한 설명으로 옳지 않은 것은? (다툼이 있는 경우 판례에 의함)

① 선행처분과 후행처분이 서로 독립하여 별개의 법률효과를 발생시키는 경우에는 선행처분에 불가쟁력이 생겨 그 효력을 다툴 수 없게 되면 수인한도를 넘는 가혹함을 가져오며 그 결과가 당사자에게 예측 가능하지 않으면 하자의 승계가 인정된다.

② 직위해제처분과 면직처분 사이에는 하자의 승계가 인정된다.

③ 과세관청의 선행처분인 소득금액변동통지에 하자가 존재하더라도 당연무효사유에 해당하지 않는 한 후행처분인 징수처분에 대한 항고소송에서 그 하자를 다툴 수 없다.

④ 수용보상금의 증액을 구하는 소송에서는 선행처분으로서 그 수용대상 토지가격산정의 기초가 된 비교표준지공시지가결정의 위법을 독립된 사유로 주장할 수 있다.

해설

① (○)

> 선행처분과 후행처분이 서로 독립하여 별개의 효과를 목적으로 하는 경우에는 원칙적으로 하자의 승계가 인정되지 않지만, 선행처분의 불가쟁력이나 구속력이 그로 인하여 불이익을 입게 되는 자에게 수인한도를 넘는 가혹함을 가져오며, 그 결과가 당사자에게 예측 가능한 것이 아닌 경우에는 국민의 재판받을 권리를 보장하고 있는 헌법이념에 비추어 선행처분의 후행처분에 대한 구속력은 인정될 수 없으므로 하자의 승계가 인정된다. (대판 1994.1.25. 93누8542)

② (×) 직위해제처분과 면직처분은 동일한 목적이 아니므로 두 처분 사이에 하자의 승계가 인정되지 않는다.

③ (○)

> 과세관청의 소득처분과 그에 따른 소득금액변동통지가 있는 경우 원천징수하는 소득세의 납세의무에 관하여는 이를 확정하는 소득금액변동통지에 대한 항고소송에서 다투어야 하고, 소득금액변동통지가 당연무효가 아닌 한 징수처분에 대한 항고소송에서 이를 다툴 수는 없다. (대판 2012.1.26. 2009두14439)

④ (○) 동일한 목적이 아니지만 하자의 승계가 인정되는 경우이다.

> 표준지공시지가결정은 이를 기초로 한 수용재결과는 서로 독립하여 별개의 법률효과를 목적으로 하지만, 표준지공시지가결정이 위법한 경우에는 그 자체를 행정소송의 대상이 되는 행정처분으로 보아 그 위법 여부를 다툴 수 있음은 물론, 수용보상금의 증액을 구하는 소송에서도 선행처분으로서 수용대상 토지가격산정의 기초가 된 비교표준지공시지가결정의 위법을 독립한 사유로 주장할 수 있다. (대판 2008.8.21. 2007두13845)

정답 ②

04

대외적 구속력을 인정할 수 있는 경우에 해당하는 것은? (다툼이 있는 경우 판례에 의함)

① 운전면허에 관한 제재적 행정처분의 기준이 「도로교통법 시행규칙」 별표에 규정되어 있는 경우

② 행정각부의 장이 정하는 특정 고시가 비록 법령에 근거를 둔 것이더라도 규정 내용이 법령의 위임범위를 벗어난 것일 경우

③ 상위 법령에서 세부 사항 등을 시행규칙으로 정하도록 위임하였음에도 이를 고시 등 행정규칙으로 정한 경우

④ 생계보호기준

해설

① (×) 시행규칙, 즉 부령은 형식적으로 법규명령이지만, 제재적 내용을 담고 있는 경우에는 대외적 구속력이 없는 행정규칙의 성격을 가진다.

② (×)

> 행정각부의 장이 정하는 고시가 비록 법령에 근거를 둔 것이라고 하더라도 그 규정 내용이 법령의 위임범위를 벗어난 것일 경우에는 법규명령으로서의 대외적 구속력을 인정할 여지는 없다. (대결 2006.4.28. 2003마715)

③ (×)

> 법령보충규칙이 상위 법령의 위임범위를 벗어난 경우에는 법규명령으로서 대외적 구속력을 인정할 여지는 없다. 이는 행정규칙이나 규정 '내용'이 위임범위를 벗어난 경우뿐 아니라 상위 법령의 위임규정에서 특정하여 정한 권한 행사의 '절차'나 '방식'에 위배되는 경우도 마찬가지이므로, 상위 법령에서 세부 사항 등을 시행규칙으로 정하도록 위임하였음에도 이를 고시 등 행정규칙으로 정하였다면 그 역시 대외적 구속력을 가지는 법규명령으로서 효력이 인정될 수 없다. (대판 2012.7.5. 2010다72076)

④ (○) 생계보호기준은 법령보충적 행정규칙으로 대외적 구속력이 인정된다.

정답 ④

05

「공공기관의 정보공개에 관한 법률」상 정보공개에 관한 설명으로 옳은 것은? (다툼이 있는 경우 판례에 의함)

① 법무부령인 「검찰보존사무규칙」은 행정기관 내부의 사무처리준칙인 행정규칙이므로, 「검찰보존사무규칙」상 열람·등사의 제한은 「공공기관의 정보공개에 관한 법률」 제9조 제1항 제1호의 '다른 법률 또는 법률에 의한 명령에 의하여 비공개사항으로 규정된 경우'에 해당한다.

② 모든 국민은 정보의 공개를 청구할 권리를 갖지만, 권리능력 없는 사단은 정보공개청구권이 인정되지 않는다.

③ 해당 정보를 취득 또는 활용할 의사가 전혀 없이 정보공개제도를 이용하여 사회통념상 용인될 수 없는 부당한 이득을 얻으려 하거나 오로지 공공기관의 담당공무원을 괴롭힐 목적으로 정보공개청구를 하는 경우 권리 남용에 해당함이 명백하므로 정보공개청구권의 행사가 허용되지 아니한다.

④ 청구인이 정보공개와 관련한 공공기관의 결정에 대하여 불복이 있거나 정보공개청구 후 10일이 경과하도록 정보공개결정이 없는 때에는 「행정심판법」에서 정하는 바에 따라 행정심판을 청구할 수 있다.

해설

① (×)

> 검찰보존사무규칙은 비록 법무부령으로 되어 있으나, 그중 불기소사건기록 등의 열람·등사에 대하여 제한하고 있는 부분은 위임근거가 없어 행정규칙에 불과하므로, 위 규칙에 의한 열람·등사의 제한을 '다른 법률 또는 명령에 의하여 비공개사항으로 규정된 경우'에 해당한다고 볼 수 없다. (대판 2004.9.23. 2003두1370)

② (×)

> 공공기관의 정보공개에 관한 법률 제5조 제1항은 '모든 국민은 정보의 공개를 청구할 권리를 가진다'고 규정하고 있는데, 여기에서 말하는 국민에는 자연인은 물론 법인, 권리능력 없는 사단·재단도 포함되고, 법인, 권리능력 없는 사단·재단 등의 경우에는 설립목적을 불문하며, 한편 정보공개청구권은 법률상 보호되는 구체적인 권리이므로 청구인이 공공기관에 대하여 정보공개를 청구하였다가 거부처분을 받은 것 자체가 법률상 이익의 침해에 해당한다. (대판 2003.12.12. 2003두8050)

③ (○) 대판 2014.12.24. 2014두9349

④ (×)

> **공공기관의 정보공개에 관한 법률 제19조(행정심판)**
> ① 청구인이 정보공개와 관련한 공공기관의 결정에 대하여 불복이 있거나 정보공개청구 후 20일이 경과하도록 정보공개결정이 없는 때에는 행정심판법에서 정하는 바에 따라 행정심판을 청구할 수 있다.

정답 ③

06

다음 설명 중 옳은 것은? (다툼이 있는 경우 판례에 의함)

① 변상금 부과처분이 당연무효인 경우, 해당 변상금 부과처분에 의하여 납부한 오납금에 대한 납부자의 부당이득반환청구권의 소멸시효는 변상금 부과처분의 부과시부터 진행한다.

② 사실심 변론종결시까지 원고적격이 인정되어도 상고심에서 원고적격이 흠결되면 상고심에서 각하한다.

③ 어떠한 처분의 근거나 법적인 효과가 행정규칙에 규정되어 있다면, 그 처분이 행정규칙의 내부적 구속력에 의하여 상대방의 권리 · 의무에 직접 영향을 미치는 행위라도 항고소송의 대상이 되는 행정처분이라고 볼 수 없다.

④ 어떠한 허가처분에 대하여 타법상 인허가가 의제된 경우, 의제된 인허가는 통상적인 인허가와 동일한 효력을 갖는 것은 아니므로 '부분 인허가의제'가 허용되는 경우에도 의제된 인허가에 대한 쟁송취소는 허용되지 않는다.

해설

① (X) 민법상 소멸시효의 기산점에 대한 원칙적 기준은 권리를 행사할 수 있는 날로부터 기산한다.

> 변상금 부과처분이 당연무효인 경우에 이 변상금 부과처분에 의하여 납부자가 납부하거나 징수당한 오납금은 지방자치단체가 법률상 원인 없이 취득한 부당이득에 해당하고, 이러한 오납금에 대한 납부자의 부당이득반환청구권은 처음부터 법률상 원인이 없이 납부 또는 징수된 것이므로 납부 또는 징수시에 발생하여 확정되며, 그때부터 소멸시효가 진행한다. (대판 2005.1.27. 2004다50143)

② (O) 원고적격은 소송요건이므로 상고심에서도 존재하여야 하고, 흠결되면 각하한다.

③ (X)

> [1] 어떠한 처분의 근거나 법적인 효과가 행정규칙에 규정되어 있다고 하더라도, 그 처분이 행정규칙의 내부적 구속력에 의하여 상대방에게 권리의 설정 또는 의무의 부담을 명하거나 기타 법적인 효과를 발생하게 하는 등으로 그 상대방의 권리 · 의무에 직접 영향을 미치는 행위라면, 이 경우에도 항고소송의 대상이 되는 행정처분에 해당한다.
> [2] 행정규칙에 의한 '불문경고조치'가 비록 법률상의 징계처분은 아니지만 위 처분을 받지 아니하였다면 차후 다른 징계처분이나 경고를 받게 될 경우 징계감경사유로 사용될 수 있었던 표창공적의 사용가능성을 소멸시키는 효과와 1년 동안 인사기록카드에 등재됨으로써 그 동안은 장관표창이나 도지사표창대상자에서 제외시키는 효과 등이 있다는 이유로 항고소송의 대상이 되는 행정처분에 해당한다. (대판 2002.7.26. 2001두3532)

④ (X)

> 구 주택법에 따르면, 주택건설사업계획 승인권자가 관계 행정청의 장과 미리 협의한 사항에 한하여 승인처분을 할 때에 인허가 등이 의제될 뿐이고, 각 호에 열거된 모든 인허가 등에 관하여 일괄하여 사전협의를 거칠 것을 주택건설사업계획 승인처분의 요건으로 규정하고 있지 않다. 따라서 인허가의제대상이 되는 처분에 어떤 하자가 있더라도, 그로써 해당 인허가의제의 효과가 발생하지 않을 여지가 있게 될 뿐이고, 그러한 사정이 주택건설사업계획 승인처분 자체의 위법사유가 될 수는 없다. 또한 의제된 인허가는 통상적인 인허가와 동일한 효력을 가지므로, 적어도 '부분 인허가의제'가 허용되는 경우에는 그 효력을 제거하기 위한 법적 수단으로 의제된 인허가의 취소나 철회가 허용될 수 있고, 이러한 직권취소 · 철회가 가능한 이상 그 의제된 인허가에 대한 쟁송취소 역시 허용된다. 따라서 주택건설사업계획 승인처분에 따라 의제된 인허가가 위법함을 다투고자 하는 이해관계인은, 주택건설사업계획 승인처분의 취소를 구할 것이 아니라 의제된 인허가의 취소를 구하여야 하며, 의제된 인허가는 주택건설사업계획 승인처분과 별도로 항고소송의 대상이 되는 처분에 해당한다. (대판 2018.11.29. 2016두38792)

정답 ②

07

법치행정의 원리에 관한 설명으로 옳지 않은 것은? (다툼이 있는 경우 판례에 의함)

① 국회가 형식적 법률로 직접 규율하여야 할 필요성은 규율대상이 기본권 및 기본적 의무와 관련된 중요성을 가질수록 그에 관한 공개적 토론의 필요성 또는 상충하는 이익 사이의 조정 필요성이 클수록 더 증대된다.

② 국가계약의 본질적인 내용은 사인 간의 계약과 다를 바가 없어 법령에 특별한 규정이 있는 경우를 제외하고는 사법의 규정 내지 법원리가 그대로 적용되므로, 국가와 사인 간의 계약은 국가를 당사자로 하는 계약에 관한 법령에 따른 요건과 절차를 거치지 않더라도 유효하다.

③ 지방의회의원에 대하여 유급보좌인력을 두기 위해서는 법률의 근거가 필요하다.

④ 납세의무자에게 조세의 납부의무뿐만 아니라 스스로 과세표준과 세액을 계산하여 신고하여야 하는 의무까지 부과하는 경우에는 신고의무 불이행에 따른 불이익의 내용을 법률로 정하여야 한다.

해설

① (O) 대판 2015.8.20. 2012두23808 전원합의체

② (X) 요건 위반은 형식적 하자이므로 무효사유이다.

> 국가가 사인과 계약을 체결할 때에는 국가를 당사자로 하는 계약에 관한 법령에 따른 계약서를 따로 작성하는 등 요건과 절차를 이행하여야 할 것이고, 설령 국가와 사인 사이에 계약이 체결되었더라도 이러한 법령상 요건과 절차를 거치지 아니한 계약은 효력이 없다. (대판 2015.1.15. 2013다215133)

③ (O)

> 지방의회의원에 대하여 유급보좌인력을 두는 것은 지방의회의원의 신분·지위 및 그 처우에 관한 현행법령상의 제도에 중대한 변경을 초래하는 것으로서, 이는 개별지방의회의 조례로써 규정할 사항이 아니라 국회의 법률로써 규정하여야 할 입법사항이다. (대판 2013.1.16. 2012추84)

④ (O)

> 법인세, 종합소득세와 같이 납세의무자에게 조세의 납부의무뿐만 아니라 스스로 과세표준과 세액을 계산하여 신고하여야 하는 의무까지 부과하는 경우에는 신고의무 이행에 필요한 기본적인 사항과 신고의무 불이행시 납세의무자가 입게 될 불이익 등은 납세의무를 구성하는 기본적·본질적 내용으로서 법률로 정하여야 한다. (대판 2015.8.20. 2012두23808 전원합의체)

정답 ②

08

자영업에 종사하는 甲은 일정 요건의 자영업자에게는 보조금을 지급하도록 한 법령에 근거하여 관할 행정청에 보조금 지급을 신청하였으나 1차 거부되었고, 이후 다시 동일한 보조금을 신청하였다. 이에 관한 설명으로 옳은 것은? (다툼이 있는 경우 판례에 의함)

① 관할 행정청이 다시 2차의 거부처분을 하더라도, 甲은 2차 거부처분에 대해 취소소송으로 다툴 수 없다.
② 甲이 보조금을 우편으로 신청한 경우, 특별한 규정이 없다면 신청서를 발송한 때에 신청의 효력이 발생한다.
③ 명문으로 금지되거나 성질상 불가능한 경우가 아닌 한, 甲은 신청에 대한 관할 행정청의 처분이 있기 전까지 신청의 내용을 변경할 수 있다.
④ 甲의 신청에 형식적 요건의 하자가 있었다면 그 하자의 보완이 가능함에도 보완을 요구하지 않고 바로 거부하였다고 하여 그 거부가 위법한 것은 아니다.

해설

① (X) 거부의 경우에는 1차 거부와 별도로 제2차, 제3차 거부도 처분성이 인정된다.
② (X) 우편은 도달하였을 때 효력이 발생한다.
③ (O) 일반적으로 신청은 수리가 있기 전까지 철회할 수 있다.
④ (X) 보완이 가능하면 보완을 요구하여야 한다.

> 건축불허가처분을 하면서 그 사유의 하나로 소방시설과 관련된 소방서장의 건축 부동의 의견을 들고 있으나 그 보완이 가능한 경우, 보완을 요구하지 아니한 채 곧바로 건축허가신청을 거부한 것은 재량권의 범위를 벗어난 것이다. (대판 2004.10.15. 2003두6573)

정답 ③

09

국가배상에 관한 설명으로 옳지 않은 것은? (다툼이 있는 경우 판례에 의함)

① 시·도경찰청장 또는 경찰서장이 지방자치단체의 장으로부터 권한을 위탁받아 설치관리하는 신호기의 하자로 인해 손해가 발생한 경우 「국가배상법」 제5조 소정의 배상책임의 우선적 귀속주체는 지방자치단체이다.
② 헌법재판소 재판관이 청구기간 내에 제기된 헌법소원심판청구 사건에서 청구기간을 오인하여 각하결정을 한 경우, 이에 대한 불복절차 내지 시정절차가 없는 때에는 배상책임의 요건이 충족되는 한 국가배상책임을 인정할 수 있다.
③ 영조물의 설치관리자와 비용부담자가 다른 경우 피해자에게 손해를 배상한 자는 내부관계에서 그 손해를 배상할 책임이 있는 자에게 구상할 수 있다.
④ 군 복무 중 사망한 군인 등의 유족이 「국가배상법」에 따른 손해배상금을 지급받은 경우 그 손해배상금 상당 금액에 대해서는 「군인연금법」에서 정한 사망보상금을 지급받을 수 없다.

해설

① (X) 국가와 지방자치단체는 둘 다 피해자에 대한 관계에서 책임을 지는 것이고 누가 우선적 책임이 있는 것은 아니다.

> **위임의 경우에는 위임자와 수임자 모두 배상책임이 있다.** (대판 1999.6.25. 99다11120)
> 지방자치단체장이 설치하여 관할 지방경찰청장에게 관리권한이 위임된 교통신호기의 고장으로 인하여 교통사고가 발생한 경우에는 설치관리자인 지방자치단체뿐만 아니라 비용부담자인 국가도 배상책임이 인정된다.

② (O) 대판 2003.7.11. 99다24218
③ (O) 국가배상법 제6조 제2항
④ (O)

> 다른 법령에 따라 지급받은 급여와의 조정에 관한 조항을 두고 있지 아니한 보훈보상대상자 지원에 관한 법률과 달리, 군인연금법 제41조 제1항은 "다른 법령에 따라 국가나 지방자치단체의 부담으로 이 법에 따른 급여와 같은 종류의 급여를 받은 사람에게는 그 급여금에 상당하는 금액에 대하여는 이 법에 따른 급여를 지급하지 아니한다."라고 명시적으로 규정하고 있다. 따라서 피고에게 군인연금법 제41조 제1항에 따라 원고가 받은 손해배상금 상당 금액에 대하여는 사망보상금을 지급할 의무가 존재하지 아니한다. (대판 2018.7.20. 2018두36691)

정답 ①

10

행정소송의 심리에 관한 설명으로 옳지 않은 것은? (다툼이 있는 경우 판례에 의함)

① 행정소송에서 쟁송의 대상이 되는 행정처분의 존부에 관한 사항이 상고심에서 비로소 주장된 경우에 행정처분의 존부에 관한 사항은 상고심의 심판범위에 해당하지 않는다.

② 법원은 행정처분 당시 행정청이 알고 있었던 자료뿐만 아니라 사실심 변론종결 당시까지 제출된 모든 자료를 종합하여 처분 당시 존재하였던 객관적 사실을 확정하고 그 사실에 기초하여 처분의 위법 여부를 판단할 수 있다.

③ 「행정소송법」에 따르면 법원은 당사자의 신청이 있는 때에는 결정으로써 재결을 행한 행정청에 대하여 행정심판에 관한 기록의 제출을 명할 수 있고, 제출명령을 받은 행정청은 지체 없이 당해 행정심판에 관한 기록을 법원에 제출하여야 한다.

④ 「행정소송법」에 따르면 법원은 필요하다고 인정할 때에는 직권으로 증거조사를 할 수 있고, 당사자가 주장하지 아니한 사실에 대하여도 판단할 수 있다.

해설

① (X) 처분의 존부는 항고소송의 대상으로서 소송요건에 해당하므로 비록 상고심에서 문제가 되어도 심판대상이 된다.

> 행정소송에서 쟁송의 대상이 되는 행정처분의 존부는 소송요건으로서 직권조사사항이고, 자백의 대상이 될 수 없는 것이므로, 설사 그 존재를 당사자들이 다투지 아니한다고 하더라도 그 존부에 관하여 의심이 있는 경우에는 이를 직권으로 밝혀 보아야 할 것이고, 사실심에서 변론종결 시까지 당사자가 주장하지 않던 직권조사사항에 해당하는 사항을 상고심에서 비로소 주장하는 경우 그 직권조사사항에 해당하는 사항은 상고심의 심판범위에 해당한다. (대판 2004.12.24. 2003두15195)

② (O) 대판 2010.1.14. 2009두11843

③ (O) 행정소송법 제25조

④ (O) 행정소송법 제26조

정답 ①

11

「행정소송법」상 소송의 형태에 관한 설명으로 옳지 않은 것은? (다툼이 있는 경우 판례에 의함)

① 당사자소송은 공법상 법률관계에 관한 소송이므로 이를 본안으로 하는 가처분에 대하여는 「민사집행법」상 가처분에 관한 규정이 준용된다.

② 공법상 계약의 한쪽당사자가 다른 당사자를 상대로 효력을 다투거나 이행을 청구하는 소송은 공법상 법률관계에 관한 분쟁이므로 분쟁의 실질이 공법상 권리 · 의무의 존부범위에 관한 다툼이 아니라 손해배상액의 구체적인 산정방법금액에 국한되는 등의 특별한 사정이 없는 한 당사자소송으로 제기하여야 한다.

③ 명예퇴직한 법관이 미지급 명예퇴직수당액에 대하여 가지는 권리는 명예퇴직수당 지급대상자 결정절차를 거쳐 명예퇴직수당규칙에 의하여 확정된 공법상 법률관계에 관한 권리로서, 그 지급을 구하는 소송은 당사자소송에 해당하며, 그 법률관계의 당사자인 국가를 상대로 제기하여야 한다.

④ 지방자치단체가 보조금 지급결정을 하면서 일정 기한 내에 보조금을 반환하도록 하는 교부조건을 부가한 경우, 보조금을 교부받은 사업자에 대한 지방자치단체의 보조금반환청구소송은 민사소송으로 해결한다.

해설

① (O) 취소소송, 무효등확인소송은 집행정지가 되므로 가처분이 인정되지 않지만, 당사자소송에 대하여는 행정소송법 제8조 제2항에 따라 민사집행법상 가처분에 관한 규정이 준용된다. (대판 2019.9.9. 2016다262550)

② (O) 대판 2021.2.4. 2019다277133

③ (O) 대판 2016.5.24. 2013두14863

④ (X)

> 지방자치단체가 보조금 지급결정을 하면서 일정 기한 내에 보조금을 반환하도록 하는 교부조건을 부가한 사안에서, 보조사업자의 지방자치단체에 대한 보조금반환의무는 행정처분인 위 보조금 지급결정에 부가된 부관상 의무이고, 이러한 부관상 의무는 보조사업자가 지방자치단체에 부담하는 공법상 의무이므로, 보조사업자에 대한 지방자치단체의 보조금반환청구는 공법상 권리관계의 일방당사자를 상대로 하여 공법상 의무 이행을 구하는 청구로서 행정소송법 제3조 제2호에 규정한 당사자소송의 대상이다. (대판 2011.6.9. 2011다2951)

정답 ④

12

행정처분의 효력에 관한 설명으로 옳지 않은 것은? (다툼이 있는 경우 판례에 의함)

① 행정행위의 공정력이란 행정행위가 위법하더라도 취소되지 않는 한 유효한 것으로 통용되는 효력을 의미한다.

② 행정행위의 공정력은 판결의 기판력과 같은 효력은 아니지만, 그 공정력의 객관적 범위에 속하는 행정행위의 하자가 취소사유에 불과한 때에는 그 처분이 취소되지 않는 한 처분의 효력을 부정하여 그로 인한 이득을 법률상 원인 없는 이득이라고 말할 수 없다.

③ 영업의 금지를 명한 영업허가취소처분 자체가 나중에 행정쟁송절차에 의하여 취소되었다면 그 영업허가취소처분 이후의 영업행위를 무허가영업이라고 볼 수는 없다.

④ 과세관청이 법령규정의 문언상 과세처분요건의 의미가 분명함에도 합리적인 근거 없이 그 의미를 잘못 해석한 결과, 과세처분요건이 충족되지 아니한 상태에서 해당 처분을 한 경우에는 과세요건사실을 오인한 것에 불과하여 그 하자가 명백하다고 할 수 없다.

해설

① (○) 공정력의 개념이다.

② (○) 무효사유에는 공정력이 발생하지 않지만, 취소사유에는 공정력이 발생한다.

③ (○) 형성력에 의해 취소되면 취소처분 자체가 없어지기 때문이다.

④ (×)

> 과세관청이 법령규정의 문언상 과세처분요건의 의미가 분명한데도 합리적인 근거 없이 그 의미를 잘못 해석한 결과 과세처분요건이 충족되지 아니한 상태에서 해당 처분을 한 경우, 법리가 명백히 밝혀지지 않아 해석에 다툼의 여지가 있다고 할 수 없다. (대판 2019.4.23. 2018다287287)

정답 ④

13

행정행위의 하자에 관한 설명으로 옳지 않은 것은? (다툼이 있는 경우 판례에 의함)

① 명백성보충설에 의하면 무효판단의 기준에 명백성이 항상 요구되지는 아니하므로 중대명백설보다 무효의 범위가 좁아지게 된다.

② 행정청이 어느 법률관계나 사실관계에 대하여 어느 법률의 규정을 적용하여 행정처분을 한 경우에 그 법률관계나 사실관계에 대하여는 그 법률의 규정을 적용할 수 없다는 법리가 명백히 밝혀져 해석에 다툼의 여지가 없음에도 행정청이 그 규정을 적용하여 처분을 한 때에는 하자가 중대하고 명백하다.

③ 행정청이 청문서 도달기간을 다소 어겼다고 하더라도 당사자가 이에 대하여 이의하지 아니한 채 스스로 청문일에 출석하여 그 의견을 진술하고 변명하는 등 방어의 기회를 충분히 가졌다면 청문서 도달기간을 준수하지 아니한 하자는 치유되었다고 볼 수 있다.

④ 선행처분인 소득금액변동통지에 하자가 존재하더라도 당연무효사유에 해당하지 않는 한 그 하자는 후행처분인 소득세 납세고지처분에 그대로 승계되지 아니한다.

해설

① (×) 명백성보충설에 의하면 중대성만 인정되면 무효가 되는데, 공익 침해나 제3자의 이익이 침해될 때는 명백성요건을 요구한다.

② (○)

> 행정청이 어느 법률관계나 사실관계에 대하여 어느 법률의 규정을 적용하여 행정처분을 한 경우에 그 법률관계나 사실관계에 대하여는 그 법률의 규정을 적용할 수 없다는 법리가 명백히 밝혀져 그 해석에 다툼의 여지가 없음에도 행정청이 위 규정을 적용하여 처분을 한 때에는 그 하자가 중대하고도 명백하다고 할 것이나, 그 법률관계나 사실관계에 대하여 그 법률의 규정을 적용할 수 없다는 법리가 명백히 밝혀지지 아니하여 그 해석에 다툼의 여지가 있는 때에는 행정관청이 이를 잘못 해석하여 행정처분을 하였더라도 이는 그 처분요건사실을 오인한 것에 불과하여 그 하자가 명백하다고 할 수 없다. (대판 2009.9.24. 2009두2825)

③ (○) 대판 1992.10.23. 92누2844

④ (○)

> 과세관청의 소득처분과 그에 따른 소득금액변동통지가 있는 경우 원천징수의무자인 법인은 소득금액변동통지서를 받은 날에 그 통지서에 기재된 소득의 귀속자에게 당해 소득금액을 지급한 것으로 의제되어 그때 원천징수하는 소득세의 납세의무가 성립함과 동시에 확정되므로 소득금액변동통지는 원천징수의무자인 법인의 납세의무에 직접 영향을 미치는 과세관청의 행위로서 항고소송의 대상이 된다. 그리고 원천징수의무자인 법인이 원천징수하는 소득세의 납세의무를 이행하지 아니함에 따라 과세관청이 하는 납세고지는 확정된 세액의 납부를 명하는 징수처분에 해당하므로 선행처분인 소득금액변동통지에 하자가 존재하더라도 당연무효사유에 해당하지 않는 한 후행처분인 징수처분에 그대로 승계되지 아니한다. 따라서 과세관청의 소득처분과 그에 따른 소득금액변동통지가 있는 경우 원천징수하는 소득세의 납세의무에 관하여는 이를 확정하는 소득금액변동통지에 대한 항고소송에서 다투어야 하고, 소득금액변동통지가 당연무효가 아닌 한 징수처분에 대한 항고소송에서 이를 다툴 수는 없다. (대판 2012.1.26. 2009두14439)

정답 ①

14

「행정기본법」에 관한 설명으로 옳지 않은 것은?

① 행정작용은 법률에 위반되어서는 아니 되며, 국민의 권리를 제한하거나 의무를 부과하는 경우와 그 밖에 국민생활에 중요한 영향을 미치는 경우에는 법률에 근거하여야 한다.

② 행정청은 권한 행사의 기회가 있음에도 불구하고 장기간 권한을 행사하지 아니하여 국민이 그 권한이 행사되지 아니할 것으로 믿을 만한 정당한 사유가 있는 경우에는 그 권한을 행사해서는 안 되지만, 공익 또는 제3자의 이익을 현저히 해칠 우려가 있는 경우는 예외로 한다.

③ 즉시강제는 다른 수단으로는 행정목적을 달성할 수 없는 경우에만 허용되며, 이 경우에도 최소한으로만 실시하여야 한다.

④ 감사원규칙은 헌법에 근거가 없으므로 「행정기본법」에 근거가 있다고 하더라도 법령은 아니다.

해설

① (○) 행정기본법 제8조

② (○) 행정기본법 제12조 제2항

③ (○) 행정기본법 제33조 제1항

④ (×)

행정기본법 제2조(정의)
이 법에서 사용하는 용어의 뜻은 다음과 같다.
1. '법령 등'이란 다음 각 목의 것을 말한다.
   가. 법령: 다음의 어느 하나에 해당하는 것
      1) 법률 및 대통령령 · 총리령 · 부령
      2) 국회규칙 · 대법원규칙 · 헌법재판소규칙 · 중앙선거관리위원회규칙 및 감사원규칙
      3) 1) 또는 2)의 위임을 받아 중앙행정기관(정부조직법 및 그 밖의 법률에 따라 설치된 중앙행정기관을 말한다. 이하 같다)의 장이 정한 훈령 · 예규 및 고시 등 행정규칙
   나. 자치법규: 지방자치단체의 조례 및 규칙

정답 ④

15

인허가의제에 관한 설명으로 옳지 않은 것은? (다툼이 있는 경우 판례에 의함)

① 도시계획시설인 주차장에 대한 건축허가신청을 받은 행정청으로서는 「건축법」상 허가요건뿐 아니라 그에 의해 의제되는 국토의 계획 및 이용에 관한 법령이 정한 도시계획시설사업에 관한 실시계획 인가요건도 충족하는 경우에 한하여 이를 허가하여야 한다.

② 관련 인허가 행정청은 「행정기본법」 제24조 제3항에 따른 협의를 요청받으면 그 요청을 받은 날부터 20일 이내에 의견을 제출하여야 한다. 이 경우 전단에서 정한 기간 내에 협의 여부에 관하여 의견을 제출하지 아니하면 협의가 거부된 것으로 본다.

③ 주된 인허가에 의해 의제된 인허가는 통상적인 인허가와 동일한 효력을 가지나, '부분 인허가의제'가 허용되는 경우 의제되는 인허가처분을 항고소송의 대상으로 삼아야 한다.

④ 행정청이 건축불허가처분을 하면서 그 처분사유로 건축불허가사유뿐만 아니라 그 의제대상이 되는 형질변경불허가사유나 농지전용불허가사유를 들고 있다고 하여 그 건축불허가처분 외에 별개로 형질변경불허가처분이나 농지전용불허가처분이 존재하는 것은 아니다.

해설

① (○)

건축법에서 인허가의제제도를 둔 취지는, 인허가의제사항과 관련하여 건축허가의 관할 행정청으로 창구를 단일화하고 절차를 간소화하며 비용과 시간을 절감함으로써 국민의 권익을 보호하려는 것이지, 인허가의제사항 관련 법률에 따른 각각의 인허가요건에 관한 일체의 심사를 배제하려는 것으로 보기는 어려우므로, 도시계획시설인 주차장에 대한 건축허가신청을 받은 행정청으로서는 건축법상 허가요건뿐 아니라 국토의 계획 및 이용에 관한 법령이 정한 도시계획시설사업에 관한 실시계획 인가요건도 충족하는 경우에 한하여 이를 허가해야 한다. (대판 2015.7.9. 2015두39590)

② (×)

행정기본법 제24조(인허가의제의 기준)
① 이 절에서 '인허가의제'란 하나의 인허가(이하 '주된 인허가'라 한다)를 받으면 법률로 정하는 바에 따라 그와 관련된 여러 인허가(이하 '관련 인허가'라 한다)를 받은 것으로 보는 것을 말한다.
② 인허가의제를 받으려면 주된 인허가를 신청할 때 관련 인허가에 필요한 서류를 함께 제출하여야 한다. 다만, 불가피한 사유로 함께 제출할 수 없는 경우에는 주된 인허가 행정청이 별도로 정하는 기한까지 제출할 수 있다.
③ 주된 인허가 행정청은 주된 인허가를 하기 전에 관련 인허가에 관하여 미리 관련 인허가 행정청과 협의하여야 한다.
④ 관련 인허가 행정청은 제3항에 따른 협의를 요청받으면 그 요청을 받은 날부터 20일 이내(제5항 단서에 따른 절차에 걸리는 기간은 제외한다)에 의견을 제출하여야 한다. 이 경우 전단에서 정한 기간(민원 처리 관련 법령에 따라 의견을 제출하여야 하는 기간을 연장한 경우에는 그 연장한 기간을 말한다) 내에 협의 여부에 관하여 의견을 제출하지 아니하면 협의가 된 것으로 본다.

③ (○) 대판 2018.11.29. 2016두38792

④ (○) 의제되는 인허가의 불허가로 주된 인허가가 거부된 경우 소의 대상은 주된 인허가이고 의제되는 인허가는 별도로 소를 제기하지 않고 이유에서 다툴 수 있다. 이때 의제되는 인허가 불허사유를 90일이 경과된 후에 제기하더라도 불가쟁력은 발생하지 않는다. 불가쟁력을 주된 인허가를 제기하는 시점을 기준으로 판단하고 사유는 사실심 변론종결 전이면 언제든 제출할 수 있다.

정답 ②

16

행정절차에 관한 설명으로 옳지 않은 것은? (다툼이 있는 경우 판례에 의함)

① 「행정절차법」상 문서주의원칙에도 불구하고, 행정청의 처분서의 문언만으로는 행정청이 어떤 처분을 하였는지 불분명하다는 등 특별한 사정이 있는 때에는 처분 경위나 처분 이후의 상대방의 태도 등 다른 사정을 고려하여 처분서의 문언과 달리 그 처분의 내용을 해석할 수도 있다.

② 신청인이 신청에 앞서 행정청의 허가업무 담당자에게 신청서의 내용에 대한 검토를 요청한 것만으로는 다른 특별한 사정이 없는 한 명시적이고 확정적인 신청의 의사표시가 있었다고 하기 어렵다.

③ 행정청이 처분을 할 때에는 다른 법령 등에 특별한 규정이 있는 경우를 제외하고는 문서로 하여야 하며, 상대방이 동의하는 경우에만 전자문서로 할 수 있다.

④ 공무원에 대한 징계절차에서 징계심의대상자가 대리인으로 선임한 변호사가 징계위원회 심의에 출석하여 진술하려고 하였음에도 불구하고 징계권자나 그 소속 직원이 변호사가 심의에 출석하는 것을 막았다면 징계위원회의 심의·의결의 절차적 정당성이 상실되어 그 징계의결에 따른 징계처분은 위법하며 원칙적으로 취소되어야 한다.

해설

① (○)

> 행정절차법 제24조 제1항에서 행정청이 처분을 하는 때에는 다른 법령 등에 특별한 규정이 있는 경우를 제외하고는 문서로 하도록 규정한 것은 처분 내용의 명확성을 확보하고 처분의 존부나 내용에 관한 다툼을 방지하기 위한 것인바, 이와 같은 행정절차법의 규정취지를 감안해 보면, 행정청이 문서에 의하여 처분을 한 경우 원칙적으로 그 처분서의 문언에 따라 어떤 처분을 하였는지 확정하여야 하나, 그 처분서의 문언만으로는 행정청이 어떤 처분을 하였는지 불분명하다는 등 특별한 사정이 있는 때에는 처분 경위나 처분 이후의 상대방의 태도 등 다른 사정을 고려하여 처분서의 문언과 달리 그 처분의 내용을 해석할 수도 있다. (대판 2010.2.11. 2009두18035)

② (○) 대판 2004.9.24. 2003두13236

③ (×)

> **행정절차법 제24조(처분의 방식)**
> ① 행정청이 처분을 할 때에는 다른 법령 등에 특별한 규정이 있는 경우를 제외하고는 문서로 하여야 하며, 다음 각 호의 어느 하나에 해당하는 경우에는 전자문서로 할 수 있다.
> 1. 당사자 등의 동의가 있는 경우
> 2. 당사자가 전자문서로 처분을 신청한 경우
>
> ② 제1항에도 불구하고 공공의 안전 또는 복리를 위하여 긴급히 처분을 할 필요가 있거나 사안이 경미한 경우에는 말, 전화, 휴대전화를 이용한 문자 전송, 팩스 또는 전자우편 등 문서가 아닌 방법으로 처분을 할 수 있다. 이 경우 당사자가 요청하면 지체 없이 처분에 관한 문서를 주어야 한다.

④ (○)

> [1] 행정절차법의 적용이 제외되는 공무원 인사 관계 법령에 의한 처분에 관한 사항이란 성질상 행정절차를 거치기 곤란하거나 불필요하다고 인정되는 처분이나 행정절차에 준하는 절차를 거치도록 하고 있는 처분에 관한 사항만을 말하는 것으로 보아야 한다. 이러한 법리는 '공무원 인사 관계 법령에 의한 처분'에 해당하는 육군3사관학교 생도에 대한 퇴학처분에도 마찬가지로 적용된다. 그리고 행정절차법 시행령 제2조 제8호는 '학교·연수원 등에서 교육·훈련의 목적을 달성하기 위하여 학생·연수생들을 대상으로 하는 사항'을 행정절차법의 적용이 제외되는 경우로 규정하고 있으나, 이는 교육과정과 내용의 구체적 결정, 과제의 부과, 성적의 평가, 공식적 징계에 이르지 아니한 질책·훈계 등과 같이 교육·훈련의 목적을 직접 달성하기 위하여 행하는 사항을 말하는 것으로 보아야 하고, 생도에 대한 퇴학처분과 같이 신분을 박탈하는 징계처분은 여기에 해당한다고 볼 수 없다.
>
> [2] 육군3사관학교의 사관생도에 대한 징계절차에서 징계심의대상자가 대리인으로 선임한 변호사가 징계위원회 심의에 출석하여 진술하려고 하였음에도, 징계권자나 그 소속 직원이 변호사가 징계위원회의 심의에 출석하는 것을 막았다면 징계위원회 심의·의결의 절차적 정당성이 상실되어 그 징계의결에 따른 징계처분은 위법하여 원칙적으로 취소되어야 한다. 다만 징계심의대상자의 대리인이 관련된 행정절차나 소송절차에서 이미 실질적인 증거조사를 하고 의견을 진술하는 절차를 거쳐서 징계심의대상자의 방어권 행사에 실질적으로 지장이 초래되었다고 볼 수 없는 특별한 사정이 있는 경우에는, 징계권자가 징계심의대상자의 대리인에게 징계위원회에 출석하여 의견을 진술할 기회를 주지 아니하였더라도 그로 인하여 징계위원회 심의에 절차적 정당성이 상실되었다고 볼 수 없으므로 징계처분을 취소할 것은 아니다. (대판 2018.3.13. 2016두33339)

정답 ③

17

과징금에 관한 설명으로 옳지 않은 것은? (다툼이 있는 경우 판례에 의함)

① 과징금의 근거가 되는 법률에는 과징금의 상한액을 명확하게 규정하여야 한다.

② 「부동산 실권리자명의 등기에 관한 법률」 제5조에 의하여 부과된 과징금 채무는 과징금을 부과받은 자가 사망한 경우 그 상속인에게 승계되지 않는다.

③ 「행정기본법」 제28조 제1항에 과징금 부과의 법적 근거가 있지만, 행정청은 직접 이 규정에 근거하여 과징금을 부과할 수는 없다.

④ 과징금 부과처분은 원칙적으로 위반자의 고의·과실을 요하지 아니하나, 위반자의 의무 해태를 탓할 수 없는 정당한 사유가 있는 등의 특별한 사정이 있는 경우에는 이를 부과할 수 없다.

해설

① (○)

② (×)

> 부동산 실권리자명의 등기에 관한 법률 제5조에 의하여 부과된 과징금 채무는 대체적 급부가 가능한 의무이므로 위 과징금을 부과받은 자가 사망한 경우 그 상속인에게 포괄승계된다. (대판 1999.5.14. 99두35)

③ (○) 행정기본법에 과징금에 대한 일반적 기준이 규정되어 있는 것은 맞지만, 그 규정은 개별법에서 정한 과징금을 부과할 때의 기준이다.

> **행정기본법 제28조(과징금의 기준)**
> ① 행정청은 법령 등에 따른 의무를 위반한 자에 대하여 법률로 정하는 바에 따라 그 위반행위에 대한 제재로서 과징금을 부과할 수 있다.
> ② 과징금의 근거가 되는 법률에는 과징금에 관한 다음 각 호의 사항을 명확하게 규정하여야 한다.
> 1. 부과·징수주체
> 2. 부과사유
> 3. 상한액
> 4. 가산금을 징수하려는 경우 그 사항
> 5. 과징금 또는 가산금 체납시 강제징수를 하려는 경우 그 사항

④ (○)

> 과징금 부과처분은 제재적 행정처분으로서 여객자동차 운수사업에 관한 질서를 확립하고 여객의 원활한 운송과 여객자동차 운수사업의 종합적인 발달을 도모하여 공공복리를 증진한다는 행정목적의 달성을 위하여 행정법규 위반이라는 객관적 사실에 착안하여 가하는 제재이므로 반드시 현실적인 행위자가 아니라도 법령상 책임자로 규정된 자에게 부과되고 원칙적으로 위반자의 고의·과실을 요하지 아니하나, 위반자의 의무 해태를 탓할 수 없는 정당한 사유가 있는 등의 특별한 사정이 있는 경우에는 이를 부과할 수 없다. (대판 2014.10.15. 2013두5005)

정답 ②

18

정보공개에 관한 설명으로 옳지 않은 것은? (다툼이 있는 경우 판례에 의함)

① 국민의 알 권리의 내용에는 일반국민 누구나 국가에 대하여 보유·관리하고 있는 정보의 공개를 청구할 수 있는 이른바 일반적인 정보공개청구권이 포함된다.

② 정보공개청구권은 법률상 보호되는 구체적인 권리이므로 청구인이 공공기관에 대하여 정보공개를 청구하였다가 거부처분을 받은 것 자체가 법률상 이익의 침해에 해당한다.

③ 인용문서가 「공공기관의 정보공개에 관한 법률」 제9조에서 정한 비공개대상정보에 해당하면 행정청인 피신청인은 문서제출의무를 면한다.

④ 정보공개가 신청된 정보를 공공기관이 보유·관리하고 있지 아니한 경우에는 특별한 사정이 없는 한 정보공개거부처분의 취소를 구할 법률상 이익이 없다.

해설

① (○) 헌법재판소는 알 권리에 대해 개별적 법률에 근거가 있으면 더 좋지만 개별법이 없어도 헌법만으로 개인적 공권이 성립 가능하다고 본다. 그 후 공공기관의 정보공개에 관한 법률은 일반적 정보공개청구권에 입각하여 모든 국민에게 청구권을 인정하고 있다. 따라서 이해관계 없는 시민단체도 정보공개청구권이 있다.

② (○) 대판 2003.12.12. 2003두8050

③ (×)

> [1] 민사소송법 제344조 제1항 제1호의 문언, 내용, 체계와 입법목적 등에 비추어 볼 때, 인용문서가 공무원이 그 직무와 관련하여 보관하거나 가지고 있는 문서로서 공공기관의 정보공개에 관한 법률 제9조에서 정하고 있는 비공개대상정보에 해당한다고 하더라도, 특별한 사정이 없는 한 그에 관한 문서제출의무를 면할 수 없다.
> [2] 원심은 이 사건 문서는 인용문서이지만 피신청인의 변호사시험과 관련한 업무의 공정한 수행에 현저한 지장을 초래한다고 인정할 만한 이유가 있는 부분에 해당하지 않는다는 전제에서 그 제출을 명하였다.
> [3] 위 법리에 비추어 살펴보면, 피신청인이 제출한 자료만으로 인용문서에 해당하는 이 사건 문서의 제출을 거부할 특별한 사정이 있다고 보기 어렵다. (대결 2017.12.28. 2015무423)
>
> 참고 문서제출명령을 문서의 일부분에 대하여 명할 수 있다.
>
> 참고 제3회 변호사시험에 불합격한 원고가 불합격처분의 취소를 구하는 제1심 소송 계속 중, 합격자 결정과 관련된 변호사시험관리위원회의 회의록에 대하여 신청한 문서제출명령이 인용되었으나, 원심은 회의록 중 피고가 인용한 일부 부분에 한하여 문서제출명령을 받아들이자 쌍방 재항고한 사안으로서, 인용문서 인정에 관한 원심의 판단을 수긍하면서 설령 인용문서가 '공공기관의 정보공개에 관한 법률' 제9조의 비공개대상정보에 해당한다고 하더라도 특별한 사정이 없는 한 피고는 문서제출의무가 있다는 기존의 법리를 재확인한 사례이다.

④ (○) 소의 이익이 없기 때문이다.

> 정보공개제도는 공공기관이 보유·관리하는 정보를 그 상태대로 공개하는 제도라는 점 등에 비추어 보면, 정보공개를 구하는 자가 공개를 구하는 정보를 행정기관이 보유·관리하고 있을 상당한 개연성이 있다는 점을 입증함으로써 족하다고 할 것이지만, 공공기관이 그 정보를 보유·관리하고 있지 아니한 경우에는 특별한 사정이 없는 한 정보공개거부처분의 취소를 구할 법률상의 이익이 없다. (대판 2006.1.13. 2003두9459)

정답 ③

19

행정벌에 관한 설명으로 옳지 않은 것은? (다툼이 있는 경우 판례에 의함)

① 법률에 따르지 아니하고는 어떤 행위도 질서위반행위로 과태료를 부과하지 아니한다.

② 경찰서장이 범칙행위에 대하여 통고처분을 한 이상, 통고처분에서 정한 범칙금 납부기간까지는 원칙적으로 경찰서장은 즉결심판을 청구할 수 없고, 검사도 동일한 범칙행위에 대하여 공소를 제기할 수 없다.

③ 행정청의 과태료 부과에 대해 이의가 제기된 경우에는 행정청의 과태료 부과처분은 그 효력을 상실한다.

④ 지방국세청장 또는 세무서장이 조세범칙행위에 대하여 고발을 한 후에 동일한 조세범칙행위에 대하여 통고처분을 하였다면, 조세범칙행위자가 이러한 통고처분을 이행한 경우 일사부재리의 원칙이 적용된다.

해설

① (○) 과태료법정주의를 말한다. (질서위반행위규제법 제6조)

② (○) 대판 2020.4.29. 2017도13409

③ (○) 질서위반행위규제법 제20조 제2항

④ (×)

> 지방국세청장 또는 세무서장이 조세범 처벌절차법 제17조 제1항에 따라 통고처분을 거치지 아니하고 즉시 고발하였다면 이로써 조세범칙사건에 대한 조사 및 처분절차는 종료되고 형사사건절차로 이행되어 지방국세청장 또는 세무서장으로서는 동일한 조세범칙행위에 대하여 더 이상 통고처분을 할 권한이 없다. 따라서 지방국세청장 또는 세무서장이 조세범칙행위에 대하여 고발을 한 후에 동일한 조세범칙행위에 대하여 통고처분을 하였더라도, 이는 법적 권한 소멸 후에 이루어진 것으로서 특별한 사정이 없는 한 그 효력이 없고, 조세범칙행위자가 이러한 통고처분을 이행하였더라도 조세범 처벌절차법 제15조 제3항에서 정한 일사부재리의원칙이 적용될 수 없다. (대판 2016.9.28. 2014도10748)

정답 ④

20

공법상 계약에 관한 설명으로 옳은 것은? (다툼이 있는 경우 판례에 의함)

① 행정청은 법령 등을 위반하지 아니하는 범위에서 행정목적을 달성하기 위하여 필요한 경우에는 공법상 법률관계에 관한 계약을 체결할 수 있다. 이 경우 계약의 목적 및 내용을 명확하게 적은 계약서를 작성하여야 한다.

② 구 「사회간접자본시설에 대한 민간투자법」에 근거한 서울 - 춘천 간 고속도로 민간투자시설사업의 사업시행자 지정은 공법상 계약에 해당한다.

③ 과학기술기본법령상 사업협약의 해지통보는 대등당사자의 지위에서 형성된 공법상 계약을 계약당사자의 지위에서 종료시키는 의사표시에 해당한다.

④ A광역시립합창단원으로서 위촉기간이 만료되는 자들의 재위촉 신청에 대하여 A광역시문화예술회관장이 실기와 근무성적에 대한 평정을 실시하여 재위촉을 하지 아니한 것은 항고소송의 대상이 되는 불합격처분에 해당한다.

해설

① (○) 행정기본법 제27조 제1항

② (×) 사업시행자 지정은 처분성이 인정된다.

③ (×) 사업계약의 해지통보는 처분성이 인정되므로 항고소송의 대상이다.

> **비교판례** 징계요구는 내부적 행위이므로 처분성이 부정된다.
>
> 재단법인 한국연구재단이 甲대학교 총장에게 乙에 대한 대학 자체징계를 요구한 것은 법률상 구속력이 없는 권유 또는 사실상의 통지로서 乙의 권리, 의무 등 법률상 지위에 직접적인 법률적 변동을 일으키지 않는 행위에 해당하므로, 항고소송의 대상인 행정처분에 해당하지 않는다. (대판 2014.12.11. 2012두28704)

④ (×) 공법상 계약이므로 처분성이 인정되는 것이 아니라 당사자소송의 대상이다.

정답 ①

21

실효성 확보수단에 관한 설명으로 옳은 것은? (다툼이 있는 경우 판례에 의함)

① 「독점규제 및 공정거래에 관한 법률」상 이행강제금이 부과되기 전에 시정조치를 이행하거나 부작위의무를 명하는 시정조치 불이행을 중단한 경우, 과거의 시정조치 불이행기간에 대하여 이행강제금을 부과할 수 있다.

② 관계 법령에 위반하여 장례식장 영업을 하고 있는 자에 대한 장례식장 사용중지의무는 대집행의 대상이 된다.

③ 대체적 작위의무가 법률의 위임을 받은 조례에 의해 직접 부과된 경우에는 대집행의 대상이 되지 아니한다.

④ 대집행의 계고는 대집행의 의무적 절차의 하나이므로 생략할 수 없지만, 철거명령과 계고처분을 한 장의 문서로 동시에 행할 수는 있다.

해설

① (○)

> 독점규제 및 공정거래에 관한 법률(이하 '공정거래법'이라 한다) 제17조의3은 같은 법 제16조에 따른 시정조치를 그 정한 기간 내에 이행하지 아니하는 자에 대하여 이행강제금을 부과할 수 있는 근거규정이고, 시정조치가 공정거래법 제16조 제1항 제7호에 따른 부작위의무를 명하는 내용이더라도 마찬가지로 보아야 한다. 나아가 이러한 이행강제금이 부과되기 전에 시정조치를 이행하거나 부작위의무를 명하는 시정조치 불이행을 중단한 경우, 과거의 시정조치 불이행기간에 대하여 이행강제금을 부과할 수 있다고 봄이 타당하다. (대판 2019.12.12. 2018두63563)

② (×) 장례식장 사용중지의무는 비대체적 의무이기 때문에 대집행의 대상이 아니다.

③ (×) 법령이나 조례에 의해 직접 부과된 의무의 불이행도 대집행의 대상이 된다.

④ (×) 판례는 긴급을 요하는 경우에 철거명령과 계고처분을 결합하여 발령할 수 있다고 본다.

> 계고서라는 명칭의 한 장의 문서로서 일정 기간 내에 위법건축물의 자진철거를 명함과 동시에 그 소정 기한 내에 자진철거를 하지 아니할 때에는 대집행할 뜻을 미리 계고한 경우라도 건축법에 의한 철거명령과 행정대집행법에 의한 계고처분은 독립하여 있는 것으로서 각 그 요건이 충족되었다고 볼 것이다. (대판 1992.6.12. 91누13564)

정답 ①

22

행정심판에 관한 설명으로 옳지 않은 것은? (다툼이 있는 경우 판례에 의함)

① 취소심판의 인용재결로서 취소재결, 변경재결, 변경명령재결을 할 수 있다.

② 당사자의 신청을 받아들이지 않은 거부처분이 재결에서 취소된 경우에 행정청은 재결 후에 발생한 새로운 사유를 내세워 다시 거부처분을 할 수 있다.

③ 인용재결의 기속력은 피청구인과 그 밖의 관계 행정청에 미치고, 행정심판위원회의 간접강제결정의 효력은 피청구인인 행정청에 미치지만 행정청이 소속된 국가·지방자치단체 또는 공공단체에 미치는 것은 아니다.

④ 정보공개명령재결은 행정심판위원회에 의한 직접 처분의 대상이 아니다.

해설

① (○) 취소재결, 변경재결, 변경명령재결은 인정되지만, 취소명령재결은 인정되지 않는다.

② (○)

> 당사자의 신청을 받아들이지 않은 거부처분이 재결에서 취소된 경우에 행정청은 종전 거부처분 또는 재결 후에 발생한 새로운 사유를 내세워 다시 거부처분을 할 수 있다. 그 재결의 취지에 따라 이전의 신청에 대하여 다시 어떠한 처분을 하여야 할지는 처분을 할 때의 법령과 사실을 기준으로 판단하여야 하기 때문이다. (대판 2017.10.31. 2015두45045)

③ (×)

> **행정심판법 제49조(재결의 기속력 등)**
> ① 심판청구를 인용하는 재결은 피청구인과 그 밖의 관계 행정청을 기속한다.
>
> **제50조의2(위원회의 간접강제)**
> ⑤ 제1항 또는 제2항에 따른 결정의 효력은 피청구인인 행정청이 소속된 국가·지방자치단체 또는 공공단체에 미치며, 결정서 정본은 제4항에 따른 소송 제기와 관계없이 민사집행법에 따른 강제집행에 관하여는 집행권원과 같은 효력을 가진다. 이 경우 집행문은 위원장의 명에 따라 위원회가 소속된 행정청 소속 공무원이 부여한다.

④ (○) 원래 직접 처분은 이행명령재결을 대상으로 하므로 옳은 것으로 오해하기 쉬운 선지이다. 그러나 직접 처분은 처분의 성질상 행정심판위원회가 할 수 있는 것이어야 한다. 정보공개는 해당 행정청이 하여야 하고 다른 기관이 하는 것은 성질상 불가능하다.

정답 ③

23

판례상 처분사유의 추가·변경시 기본적 사실관계 동일성을 긍정한 사례로 옳은 것은?

① 석유판매업허가신청에 대하여 주유소 건축예정토지에 관하여 구 도시계획법령에 의거하여 행위 제한을 추진하고 있다는 당초의 불허가처분사유와, 항고소송에서 주장한 신청이 토지형질변경허가의 요건 불비 및 도심의 환경보전의 공익상 필요라는 사유

② 석유판매업허가신청에 대하여 관할 군부대장의 동의를 얻지 못하였다는 당초의 불허가사유와, 토지가 탄약창에 근접한 지점에 있어 공익적인 측면에서 보아 허가신청을 불허한 것은 적법하다는 사유

③ 온천으로서의 이용가치, 기존의 도시계획 및 공공사업에의 지장 여부 등을 고려하여 온천발견신고 수리를 거부한 것은 적법하다는 사유와, 규정온도가 미달되어 온천에 해당하지 않는다는 사유

④ 이주대책신청기간이나 소정의 이주대책실시(시행)기간을 모두 도과하여 이주대책을 신청할 권리가 없고, 사업시행자가 이를 받아들여 택지나 아파트 공급을 해 줄 법률상 의무를 부담한다고 볼 수 없다는 사유와, 사업지구 내 가옥소유자가 아니라는 사유

해설

① (O)

> 석유판매업허가신청에 대하여 "주유소 건축예정토지에 관하여 도시계획법 제4조 및 구 토지의 형질변경 등 행위허가기준 등에 관한 규칙에 의거하여 행위 제한을 추진하고 있다."라는 당초의 불허가처분사유와 항고소송에서 주장한 위 신청이 토지형질변경허가의 요건을 갖추지 못하였다는 사유 및 도심의 환경보전의 공익상 필요라는 사유는 기본적 사실관계의 동일성이 있다. (대판 1999.4.23. 97누14378)

② (X)

> 석유판매업허가신청에 대하여 사업장소의 관할 군부대장의 동의를 얻지 못하였다는 당초 불허가사유와 군사시설인 탄약창에 근접하여 공공의 안전에 미치는 영향이 지대하는 사유는 동일성이 인정되지 아니하는 별개의 사유이다. (대판 1991.11.8. 91누70)

③ (X)

> 행정청이 온천지구임을 간과하여 지하수개발·이용신고를 수리하였다가 행정절차법상의 사전통지를 하거나 의견제출의 기회를 주지 아니한 채 그 신고 수리처분을 취소하고 원상복구명령의 처분을 한 경우, 행정지도방식에 의한 사전고지나 그에 따른 당사자의 자진폐공의 약속 등의 사유만으로는 사전통지 등을 하지 않아도 되는 행정절차법 소정의 예외의 경우에 해당한다고 볼 수 없다. (대판 2000.11.14. 99두5870)

④ (X) 기본적 동일성이 인정되지 않는다.

> 원고가 이주대책신청기간이나 소정의 이주대책실시(시행)기간을 모두 도과하여 실기한 이주대책신청을 하였으므로 원고에게는 이주대책을 신청할 권리가 없고, 사업시행자가 이를 받아들여 택지나 아파트 공급을 해 줄 법률상 의무를 부담한다고 볼 수 없다는 피고의 상고이유의 주장은 원심에서는 하지 아니한 새로운 주장일 뿐만 아니라 사업지구 내 가옥소유자가 아니라는 이 사건 처분사유와 기본적 사실관계의 동일성도 없으므로 적법한 상고이유가 될 수 없다. (대판 1999.8.20. 98두17043)

정답 ①

24

행정소송상 협의의 소익에 관한 설명으로 옳지 않은 것은? (다툼이 있는 경우 판례에 의함)

① 월정수당을 받는 지방의회의원에 대한 제명의결 취소소송 계속 중 의원의 임기가 만료된 경우, 지방의회의원은 그 제명의결의 취소를 구할 법률상 이익이 있다.

② 파면처분 취소소송의 사실심 변론종결 전에 금고 이상의 형을 선고받아 당연퇴직된 경우에도 해당 공무원은 파면처분의 취소를 구할 이익이 있다.

③ 확정된 승소판결에는 기판력이 있으므로 승소확정판결을 받은 당사자가 전소의 상대방을 상대로 다시 승소확정판결의 전소와 동일한 청구의 소를 제기하는 경우 소의 이익이 인정되지 않는다.

④ 공익근무요원 소집해제신청을 거부한 후에 원고가 계속하여 공익근무요원으로 복무함에 따라 복무기간 만료를 이유로 소집해제처분을 한 경우, 원고는 거부처분의 취소를 구할 소의 이익이 없다.

해설

① (O) 대판 2009.1.30. 2007두13487

② (O)

> 파면처분 취소소송의 사실심 변론종결 전에 원고가 허위공문서등작성죄로 징역 8월에 2년간 집행유예의 형을 선고받아 확정되었다면 원고는 지방공무원법의 규정에 따라 위 판결이 확정된 날 당연퇴직되어 그 공무원의 신분을 상실하고, 최소한도 이 사건 파면처분이 있은 때부터 위 법규정에 의한 당연퇴직일자까지의 기간에 있어서는 파면처분의 취소를 구하여 그로 인해 박탈당한 이익의 회복을 구할 소의 이익이 있다고 할 것이다. (대판 1985.6.25. 85누39)

③ (X)

> 확정된 승소판결에는 기판력이 있으므로 승소확정판결을 받은 당사자가 전소의 상대방을 상대로 다시 승소확정판결의 전소와 동일한 청구의 소를 제기하는 경우, 특별한 사정이 없는 한 후소는 권리보호의 이익이 없어 부적법하다. 하지만 예외적으로 확정판결에 의한 채권의 소멸시효 기간인 10년의 경과가 임박한 경우에는 그 시효중단을 위한 소는 소의 이익이 있다. … 이처럼 판결이 확정된 채권의 소멸시효기간의 경과가 임박하였는지 여부에 따라 시효중단을 위한 후소의 권리보호이익을 달리 보는 취지와 채권의 소멸시효완성이 갖는 효과 등을 고려해 보면, 시효중단을 위한 후소를 심리하는 법원으로서는 전소 판결이 확정된 후 소멸시효가 중단된 적이 있어 그 중단사유가 종료한 때로부터 새로이 진행된 소멸시효기간의 경과가 임박하지 않아 시효중단을 위한 재소의 이익을 인정할 수 없다는 등의 특별한 사정이 없는 한, 후소가 전소 판결이 확정된 후 10년이 지나 제기되었다고 하더라도 곧바로 소의 이익이 없다고 하여 소를 각하해서는 아니 되고, 채무자인 피고의 항변에 따라 원고의 채권이 소멸시효완성으로 소멸하였는지에 관한 본안판단을 하여야 한다. (대판 2019.1.17. 2018다24349)

④ (O) 대판 2005.5.13. 2004두4369

정답 ③

25

「행정심판법」상 행정심판에 관한 설명으로 옳지 않은 것은?

① 무효등확인심판에서는 사정재결이 허용되지 아니한다.

② 거부처분에 대한 취소심판이나 무효등확인심판청구에서 인용재결이 있었음에도 불구하고 피청구인인 행정청이 재결의 취지에 따른 처분을 하지 아니한 경우에는 당사자가 신청하면 행정심판위원회는 기간을 정하여 서면으로 시정을 명하고 그 기간에 이행하지 아니하면 직접 처분을 할 수 있다.

③ 행정청이 처분을 할 때에 처분상대방에게 심판청구기간을 알리지 아니한 경우에는 처분이 있었던 날부터 180일까지가 취소심판이나 의무이행심판의 청구기간이 된다.

④ 종로구청장의 처분이나 부작위에 대한 행정심판청구는 서울특별시 행정심판위원회에서 심리·재결하여야 한다.

해설

① (○) 사정재결은 취소심판과 의무이행심판에 적용된다. 한편, 사정판결은 취소소송에만 인정된다.

② (×)

> **행정심판법 제49조(재결의 기속력 등)**
> ① 심판청구를 인용하는 재결은 피청구인과 그 밖의 관계 행정청을 기속한다.
> ② 재결에 의하여 취소되거나 무효 또는 부존재로 확인되는 처분이 당사자의 신청을 거부하는 것을 내용으로 하는 경우에는 그 처분을 한 행정청은 재결의 취지에 따라 다시 이전의 신청에 대한 처분을 하여야 한다.
> ③ 당사자의 신청을 거부하거나 부작위로 방치한 처분의 이행을 명하는 재결이 있으면 행정청은 지체 없이 이전의 신청에 대하여 재결의 취지에 따라 처분을 하여야 한다.
> ④ 신청에 따른 처분이 절차의 위법 또는 부당을 이유로 재결로써 취소된 경우에는 제2항을 준용한다.
>
> **제50조(위원회의 직접 처분)**
> ① 위원회는 피청구인이 제49조 제3항에도 불구하고 처분을 하지 아니하는 경우에는 당사자가 신청하면 기간을 정하여 서면으로 시정을 명하고 그 기간에 이행하지 아니하면 직접 처분을 할 수 있다. 다만, 그 처분의 성질이나 그 밖의 불가피한 사유로 위원회가 직접 처분을 할 수 없는 경우에는 그러하지 아니하다.

③ (○)

> **행정심판법 제27조(심판청구의 기간)**
> ③ 행정심판은 처분이 있었던 날부터 180일이 지나면 청구하지 못한다. 다만, 정당한 사유가 있는 경우에는 그러하지 아니하다.
> ⑥ 행정청이 심판청구기간을 알리지 아니한 경우에는 제3항에 규정된 기간에 심판청구를 할 수 있다.

④ (○) 시장·군수·구청장의 처분에 대한 행정심판청구는 시·도 행정심판위원회에서 심리·재결한다. (행정심판법 제6조 제3항)

정답 ②

제04회 실전동형 모의고사

p. 027~032

01 ④ 02 ② 03 ② 04 ③ 05 ③ 06 ④ 07 ③ 08 ① 09 ③
10 ② 11 ④ 12 ③ 13 ① 14 ③ 15 ④ 16 ④ 17 ③ 18 ②
19 ③ 20 ② 21 ② 22 ③ 23 ④ 24 ② 25 ④

01

「질서위반행위규제법」에 관한 설명으로 옳은 것은?

① 「민법」상 의무를 위반하여 과태료를 부과하는 행위는 「질서위반행위규제법」상 질서위반행위에 해당한다.

② 과태료 사건은 다른 법령에 특별한 규정이 있는 경우를 제외하고는 행정청의 주소지의 지방법원 또는 그 지원의 관할로 한다.

③ 과태료는 행정청의 과태료 부과처분이나 법원의 과태료 재판이 확정된 후 3년간 징수하지 아니하거나 집행하지 아니하면 시효로 인하여 소멸한다.

④ 2 이상의 행위로 2 이상의 질서위반행위가 경합하는 경우에는 각 질서위반행위에 대하여 정한 과태료를 각각 부과한다.

해설

① (×)

> **질서위반행위규제법 제2조(정의)**
> 이 법에서 사용하는 용어의 뜻은 다음과 같다.
> 1. '질서위반행위'란 법률(지방자치단체의 조례를 포함한다. 이하 같다)상의 의무를 위반하여 과태료를 부과하는 행위를 말한다. 다만, 다음 각 목의 어느 하나에 해당하는 행위를 제외한다.
>   가. 대통령령으로 정하는 사법상·소송법상 의무를 위반하여 과태료를 부과하는 행위
>   나. 대통령령으로 정하는 법률에 따른 징계사유에 해당하여 과태료를 부과하는 행위

② (×)

> **질서위반행위규제법 제25조(관할 법원)**
> 과태료 사건은 다른 법령에 특별한 규정이 있는 경우를 제외하고는 당사자의 주소지의 지방법원 또는 그 지원의 관할로 한다.

③ (×)

> **질서위반행위규제법 제15조(과태료의 시효)**
> ① 과태료는 행정청의 과태료 부과처분이나 법원의 과태료 재판이 확정된 후 5년간 징수하지 아니하거나 집행하지 아니하면 시효로 인하여 소멸한다.

④ (○)

> **질서위반행위규제법 제13조(수개의 질서위반행위의 처리)**
> ① 하나의 행위가 2 이상의 질서위반행위에 해당하는 경우에는 각 질서위반행위에 대하여 정한 과태료 중 가장 중한 과태료를 부과한다.
> ② 제1항의 경우를 제외하고 2 이상의 질서위반행위가 경합하는 경우에는 각 질서위반행위에 대하여 정한 과태료를 각각 부과한다. 다만,

다른 법령(지방자치단체의 조례를 포함한다. 이하 같다)에 특별한 규정이 있는 경우에는 그 법령으로 정하는 바에 따른다.

정답 ④

02

공법상 부당이득에 관한 설명으로 옳지 않은 것은? (다툼이 있는 경우 판례에 의함)

① 공법상 부당이득에 관한 일반법은 없으므로 특별한 규정이 없는 경우, 「민법」상 부당이득반환의 법리가 준용된다.

② 변상금 미납에 대해서는 강제징수의 방법으로 하여야 하고 부당이득반환청구는 허용되지 않는다.

③ 잘못 지급된 보상금에 해당하는 금액의 징수처분을 하여야 할 공익상 필요가 당사자가 입게 될 불이익을 정당화할 만큼 강한 경우, 보상금을 받은 당사자로부터 오지급금액의 환수처분이 가능하다.

④ 공법상 부당이득반환에 대한 청구권의 행사는 개별적인 사안에 따라 행정주체도 주장할 수 있다.

해설

① (○) 공법상 부당이득에 관한 일반법은 없다. 그리고 부당이득이나 사무관리에 관한 규정은 일반법원리적 규정이므로 특별한 규정이 없는 한 민법의 법리가 공법상 부당이득에 준용된다.

② (×) 국가는 국유재산의 무단점유자에 대하여 변상금 부과·징수권의 행사(강제징수)와는 별도로 민사상 부당이득반환청구의 소를 제기할 수 있다.

③ (○)

잘못 지급된 보상금 등에 해당하는 금액을 징수하는 처분을 해야 할 공익상 필요와 그로 인하여 당사자가 입게 될 기득권과 신뢰의 보호 및 법률생활 안정의 침해 등의 불이익을 비교·교량한 후, 공익상 필요가 당사자가 입게 될 불이익을 정당화할 만큼 강한 경우에 한하여 보상금 등을 받은 당사자로부터 잘못 지급된 보상금 등에 해당하는 금액을 환수하는 처분을 하여야 한다고 봄이 타당하다. (대판 2014.10.27. 2012두17186)

참고 공평의 원리에서 판시한 것이다.

④ (○) 부당이득반환청구는 국민, 행정주체 양자 모두 주장할 수 있다. 예컨대 무자격자의 기초생활보장금의 수령과 같은 경우, 행정주체도 공법상 부당이득반환청구권을 행사할 수 있다.

정답 ②

03

행정법관계에 관한 설명으로 옳지 않은 것은? (다툼이 있는 경우 판례에 의함)

① 행정재산이 공용폐지되어 시효취득의 대상이 된다는 점에 대한 증명책임은 시효취득을 주장하는 자에게 있다.

② 시효를 주장하는 자가 원고가 되어 소를 제기한 데 대하여 권리자가 피고로서 응소하였어도 스스로 소송을 제기하지 않으면 시효중단사유인 재판상 청구에 해당하지 않는다.

③ 공유수면의 일부가 매립되어 사실상 공유수면으로서의 성질을 상실하였더라도 당시 시행되던 국유재산법령에 의한 용도폐지를 하지 않은 이상 당연히 잡종재산으로 된다고는 할 수 없다.

④ 공물의 공용폐지에 관하여 국가의 묵시적인 의사표시가 있다고 인정되려면, 공물이 사실상 본래의 용도에 사용되고 있지 않다거나 행정주체가 점유를 상실하였다는 정도의 사정만으로는 부족하고, 주위의 사정을 종합하여 객관적으로 공용폐지의사의 존재가 추단될 수 있어야 한다.

해설

① (○)

구 지방재정법상 공유재산에 대한 취득시효가 완성되기 위하여는 그 공유재산이 취득시효기간 동안 계속하여 시효취득의 대상이 될 수 있는 잡종재산이어야 하고 이러한 점에 대한 증명책임은 시효취득을 주장하는 자에게 있다. (대판 2009.12.10. 2006다19177)

② (×) 시효를 주장하는 자가 원고가 되어 소를 제기한 데 대하여 권리자가 피고로서 응소하여 그 소송에서 적극적으로 권리를 주장하고 그것이 받아들여진 경우, 시효중단사유인 재판상 청구에 해당한다.

민법 제174조가 시효중단사유로 규정하고 있는 최고를 여러 번 거듭하다가 재판상 청구 등을 한 경우에 시효중단의 효력은 항상 최초의 최고 시에 발생하는 것이 아니라 재판상 청구 등을 한 시점을 기준으로 하여 이로부터 소급하여 6월 이내에 한 최고시에 발생하고, 민법 제170조의 해석상 재판상의 청구는 그 소송이 취하된 경우에는 그로부터 6월 내에 다시 재판상의 청구를 하지 않는 한 시효중단의 효력이 없고 다만 재판 외의 최고의 효력만을 갖게 된다. 이러한 법리는 그 소가 각하된 경우에도 마찬가지로 적용된다. (대판 2019.3.14. 2018두56435)

③ (○)

원래 공공용에 제공된 행정재산인 공유수면이 그 이후 매립에 의하여 사실상 공유수면으로서의 성질을 상실하였더라도 당시 시행되던 국유재산법령에 의한 용도폐지를 하지 않은 이상 당연히 잡종재산으로 된다고는 할 수 없다. (대판 1995.11.14. 94다50922)

④ (○) 대판 2009.12.10. 2006다87538

정답 ②

04

식품접객업을 하는 甲은 청소년의 연령을 확인하지 않고 주류를 판매한 사실이 적발되어 관할 행정청 乙로부터 「식품위생법」 위반을 이유로 영업정지 2개월을 부과받자 관할 행정심판위원회 丙에 행정심판을 청구하였다. 이에 관한 설명으로 옳은 것은? (다툼이 있는 경우 판례에 의함)

① 丙은 영업정지 2개월에 갈음하여 「식품위생법」 소정의 과징금으로 변경할 수 없다.

② 丙이 영업정지처분을 취소하는 재결을 할 경우, 乙은 이 인용재결의 취소를 구하는 행정소송을 제기할 수 있다.

③ 甲이 丙의 기각재결을 받은 후 재결 자체에 고유한 하자가 있음을 주장하며 그 기각재결에 대하여 취소소송을 제기한 경우, 수소법원은 심리 결과 기각 또는 인용판결을 하여야 한다.

④ 丙은 행정심판의 심리과정에서 甲의 「식품위생법」상 또 다른 위반사실을 인지한 경우, 乙의 2개월 영업정지와는 별도로 1개월 영업정지를 추가하여 부과하는 재결을 할 수 있다.

해설

① (X) 영업정지를 할지 과징금을 부과할지는 재량이다. 영업정지 대신에 부과하는 과징금을 변형된 과징금이라고 한다.

② (X)

> 기각재결에 대해 신청인은 항고소송이 가능하지만, 행정심판의 재결은 피청구인인 행정청과 그 밖의 관계 행정청을 구속하므로 처분청은 행정심판의 재결에 대해 불복할 수 없다. (대판 1998.5.8. 97누15432)

③ (O) 재결취소소송의 경우 재결 자체에 고유한 위법이 없는 경우에는 각하가 아니라 기각한다.

④ (X)

> **행정심판법 제47조(재결의 범위)**
> ② 위원회는 심판청구의 대상이 되는 처분보다 청구인에게 불리한 재결을 하지 못한다.

정답 ③

05

기속행위와 재량행위에 관한 설명으로 옳지 않은 것은? (다툼이 있는 경우 판례에 의함)

① 「국토의 계획 및 이용에 관한 법률」상 개발행위허가는 허가기준 및 금지요건이 불확정개념으로 규정된 부분이 많아 그 요건에 해당하는지 여부는 행정청의 재량판단의 영역에 속한다.

② 기속행위와 재량행위의 구분은 해당 행위의 근거가 된 법규의 체재·형식과 그 문언, 해당 행위가 속하는 행정 분야의 주된 목적과 특성, 해당 행위 자체의 개별적 성질과 유형 등을 모두 고려하여 판단하여야 한다.

③ 귀화신청인이 귀화요건을 갖추지 못한 경우 법무부장관은 귀화 허부에 관한 재량권을 행사하여 허가 여부를 결정하여야 한다.

④ 마을버스운송사업면허의 허용 여부는 운수행정을 통한 공익실현과 아울러 합목적성을 추구하기 위하여 보다 구체적 타당성에 적합한 기준에 의하여야 할 것이므로 행정청의 재량에 속하는 것이라고 보아야 한다.

해설

① (O) 개발행위허가는 여러 사정을 고려하여야 하는 재량행위이다.

② (O) 대판 2001.2.9. 98두17593

③ (X)

> 귀화신청인이 구 국적법(2017.12.19. 법률 제15249호로 개정되기 전의 것) 제5조 각 호에서 정한 귀화요건을 갖추지 못한 경우 법무부장관은 귀화 허부에 관한 재량권을 행사할 여지없이 귀화불허처분을 하여야 한다. (대판 2018.12.13. 2016두31616)

④ (O) 운송사업의 허가는 특허로서 재량행위에 속한다.

정답 ③

06

영업의 양도와 영업자지위승계에 관한 설명으로 옳지 않은 것은? (다툼이 있는 경우 판례에 의함)

① 「식품위생법」상 허가영업자의 지위승계신고 수리처분을 하는 경우 「행정절차법」 규정 소정의 당사자에 해당하는 종전의 영업자에게 행정절차를 실시하여야 한다.

② 관할 행정청은 여객자동차운송사업의 양도·양수에 대한 인가를 한 후에도 그 양도·양수 이전에 있었던 양도인에 대한 운송사업면허취소사유를 들어 양수인의 사업면허를 취소할 수 있다.

③ 사실상 영업이 양도·양수되었지만 승계신고 및 수리처분이 있기 전에 양도인이 허락한 양수인의 영업 중 발생한 위반행위에 대한 행정적 책임은 양도인에게 귀속된다.

④ 영업양도행위가 무효임에도 행정청이 승계신고를 수리하였다면 양도자는 민사소송을 하여야 하고 행정소송으로 신고 수리처분의 무효확인을 구할 수는 없다.

해설

① (○)

> 행정청이 구 식품위생법 규정에 의하여 영업자지위승계신고를 수리하는 처분은 종전의 영업자 권익을 제한하는 처분이라고 할 것이고 따라서 종전의 영업자는 그 처분에 대하여 직접 그 상대가 되는 자에 해당한다고 봄이 상당하므로, 행정청으로서는 위 신고를 수리하는 처분을 함에 있어서 행정절차법 규정 소정의 당사자에 해당하는 종전의 영업자에 대하여 위 규정 소정의 행정절차를 실시하고 처분을 하여야 한다. (대판 2003.2.14. 2001두7015)

② (○)

> [1] 개인택시 운송사업의 양도·양수에 대한 인가를 한 후, 그 양도·양수 이전에 있었던 양도인에 대한 운송사업면허취소사유를 들어 양수인의 사업면허를 취소할 수 있다.
> [2] 관할 관청이 개인택시 운송사업의 양도·양수에 대한 인가를 한 후 그 이전에 있었던 양도인의 음주운전사실로 운전면허가 취소되자, 양도인의 운전면허취소가 운송사업면허의 취소사유에 해당한다는 이유로 양수인의 운송사업면허를 취소하는 처분을 한 사안에서, 개인택시 운송사업자의 면허를 박탈함으로써 개인택시 운송사업의 질서를 확립하여야 할 공익상의 필요가 위 처분으로 양수인이 입게 될 불이익에 비해 가볍다고 볼 수 없어 관계 법령의 기준에 따른 위 처분에 재량을 일탈·남용한 위법이 없다. (대판 2010.4.8. 2009두17018)

③ (○)

> 사실상 영업이 양도·양수되었지만 아직 승계신고 및 그 수리처분이 있기 이전에는 여전히 종전의 영업자인 양도인이 영업허가자이고, 양수인은 영업허가자가 되지 못한다 할 것이어서 행정제재처분의 사유가 있는지 여부 및 그 사유가 있다고 하여 행하는 행정제재처분은 영업허가자인 양도인을 기준으로 판단하여 그 양도인에 대하여 행하여야 할 것이고, 한편 양도인이 그의 의사에 따라 양수인에게 영업을 양도하면서 양수인으로 하여금 영업을 하도록 허락하였다면 그 양수인의 영업 중 발생한 위반행위에 대한 행정적인 책임은 영업허가자인 양도인에게 귀속된다고 보아야 할 것이다. (대판 1995.2.24. 94누9146)

④ (×)

> 사업양도·양수에 따른 허가관청의 지위승계신고의 수리는 적법한 사업의 양도·양수가 있었음을 전제로 하는 것이므로 그 수리대상인 사업양도·양수가 존재하지 아니하거나 무효인 때에는 수리를 하였다 하더라도 그 수리는 유효한 대상이 없는 것으로서 당연히 무효라고 할 것이고, 사업의 양도행위가 무효라고 주장하는 양도자는 민사쟁송으로 양도·양수행위의 무효를 구함이 없이 막바로 허가관청을 상대로 하여 행정소송으로 위 신고 수리처분의 무효확인을 구할 법률상 이익이 있다. (대판 2005.12.23. 2005두3554)

정답 ④

07

인가에 관한 설명으로 옳지 않은 것은? (다툼이 있는 경우 판례에 의함)

① 「자동차관리법」상 자동차관리사업자로 구성하는 사업자단체인 조합 또는 협회의 설립인가처분은 자동차관리사업자들의 단체결성행위를 보충하여 효력을 완성시키는 처분에 해당한다.

② 구 「도시 및 주거환경정비법」상 조합설립추진위원회 구성승인 처분은 조합의 설립을 위한 주체인 추진위원회의 구성행위를 보충하여 그 효력을 부여하는 처분이다.

③ 사설법인묘지의 설치에 대한 행정청의 허가는 인가이다.

④ 구 「도시 및 주거환경정비법」상 토지소유자들이 조합을 설립하지 아니하고 직접 도시환경정비사업을 시행하고자 하는 경우에 내려진 사업시행인가처분은 설권적 처분의 성격을 가진다.

해설

① (○) 대판 2015.5.29. 2013두635

② (○) 대판 2013.12.26. 2011두8291

③ (×) 강학상 허가이다.

> 사설묘지 설치허가 신청대상지가 관련 법령에서 규정한 설치제한구역에 해당하지 않더라도 중대한 공익상 필요가 있는 경우 그 허가를 거부할 수 있다. 법인묘지 설치허가 신청지가 장사 등에 관한 법률 제15조 및 같은 법 시행령 제14조에서 규정한 설치제한지역에 해당하지 않지만 주민들의 보건위생상 이익보호를 이유로 그 허가를 거부한 처분은 적법하다. (대판 2008.4.10. 2007두6106)

④ (○)

> 토지 등 소유자들이 직접 시행하는 도시환경정비사업에서 토지 등 소유자에 대한 사업시행인가처분은 단순히 사업시행계획에 대한 보충행위로서의 성질을 가지는 것이 아니라 주거 및 도시환경정비법상 정비사업을 시행할 수 있는 권한을 가지는 행정주체로서의 지위를 부여하는 일종의 설권적 처분의 성격을 가진다. (대판 2013.6.13. 2011두19994)

정답 ③

08

행정입법에 관한 설명으로 옳지 않은 것은? (다툼이 있는 경우 판례에 의함)

① 법률의 시행령이나 시행규칙은 법률의 위임이 없으면 개인의 권리·의무에 관한 내용을 변경·보충하거나 법률이 규정하지 아니한 새로운 내용을 정할 수는 없으므로, 모법에 이에 관하여 직접 위임하는 규정을 두지 아니하였다면 당연히 이를 무효라고 보아야 한다.

② 법률에서 군법무관의 보수의 구체적 내용을 시행령에 위임했음에도 불구하고 행정부가 정당한 이유 없이 시행령을 제정하지 않은 것은 불법행위이므로 이에 대하여 국가배상청구를 할 수 있다.

③ 일반적으로 법률의 위임에 따라 효력을 갖는 법규명령의 경우에 위임의 근거가 없어 무효였더라도 나중에 법개정으로 위임의 근거가 부여되면 그때부터는 유효한 법규명령으로 볼 수 있다.

④ 행정처분이 법규성이 없는 내부지침 등의 규정에 위배된다고 하더라도 그 이유만으로 처분이 위법하게 되는 것은 아니며, 내부지침 등에서 정한 요건에 부합한다고 하여 반드시 그 처분이 적법한 것이라고 할 수도 없다.

해설

① (×)

> 법률의 시행령이나 시행규칙은 법률에 의한 위임이 없으면 개인의 권리·의무에 관한 내용을 변경·보충하거나 법률이 규정하지 아니한 새로운 내용을 정할 수는 없지만, 법률의 시행령이나 시행규칙의 내용이 모법의 입법취지와 관련 조항 전체를 유기적·체계적으로 살펴보아 모법의 해석상 가능한 것을 명시한 것에 지나지 아니하거나 모법 조항의 취지에 근거하여 이를 구체화하기 위한 것인 때에는 모법의 규율범위를 벗어난 것으로 볼 수 없으므로, 모법에 이에 관하여 직접 위임하는 규정을 두지 아니하였다고 하더라도 이를 무효라고 볼 수는 없다. (대판 2014.8.20. 2012두19526)

② (○) 행정입법부작위에 대해서는 부작위위법확인소송을 할 수 없지만, 헌법소원과 국가배상이 가능하다.

> 구 군법무관임용법 제5조 제3항과 군법무관임용 등에 관한 법률 제6조가 군법무관의 보수를 법관 및 검사의 예에 준하도록 규정하면서 그 구체적 내용을 시행령에 위임하고 있는 이상, 위 법률의 규정들은 군법무관의 보수의 내용을 법률로써 일차적으로 형성한 것이고, 위 법률들에 의해 상당한 수준의 보수청구권이 인정되는 것이므로, 위 보수청구권은 단순한 기대이익을 넘어서는 것으로서 법률의 규정에 의해 인정된 재산권의 한 내용이 되는 것으로 봄이 상당하고, 따라서 행정부가 정당한 이유 없이 시행령을 제정하지 않은 것은 위 보수청구권을 침해하는 불법행위에 해당한다. (대판 2007.11.29. 2006다3561)

③ (○) 대판 2017.4.20. 2015두45700 전원합의체

④ (○)

> 처분의 적법 여부는 그러한 내부지침 등에서 정한 요건에 합치하는지 여부가 아니라 일반국민에 대하여 구속력을 가지는 법률 등 법규성이 있는 관계 법령의 규정을 기준으로 판단하여야 한다. (대판 2018.6.15. 2015두40248)

정답 ①

09

손실보상에 관한 설명으로 옳은 것은? (다툼이 있는 경우 판례에 의함)

① 「공익사업을 위한 토지 등의 취득 및 보상에 관한 법률」에 의한 잔여지 수용청구를 받아들이지 않은 토지수용위원회의 재결에 대하여 토지소유자가 불복하여 제기하는 소송은 항고소송에 해당한다.

② 「공익사업을 위한 토지 등의 취득 및 보상에 관한 법률」에 따른 사업폐지 등에 대한 보상청구권은 사법상 권리로서 그에 관한 소송은 민사소송절차에 의하여야 한다.

③ 수용절차에서 수용재결 후에 이의재결을 거쳤다고 하더라도 항고소송의 대상은 수용재결이 된다.

④ 공유수면매립면허의 고시가 있는 경우 그 사업이 시행되고 그로 인하여 직접 손실이 발생한다고 할 수 있으므로, 관행어업권자는 공유수면매립면허의 고시를 이유로 손실보상을 청구할 수 있다.

해설

① (×) 잔여지 수용청구권은 형성권이므로 수용청구만으로 수용의 효과가 발생한다. 따라서 수용청구를 받아들이지 않는 토지수용위원회의 재결에 대해서는 취소소송을 제기할 필요가 없다. 다만, 금액에 대해서는 재결을 거쳐 소송이 가능하다.

> 수용청구권은 공익사업을 위한 토지 등의 취득 및 보상에 관한 법률 제74조 제1항이 정한 잔여지 수용청구권과 같이 손실보상의 일환으로 토지소유자에게 부여되는 권리로서 그 청구에 의하여 수용효과가 생기는 형성권의 성질을 지니므로, 토지소유자의 토지수용청구를 받아들이지 아니한 토지수용위원회의 재결에 대하여 토지소유자가 불복하여 제기하는 소송은 공익사업을 위한 토지 등의 취득 및 보상에 관한 법률 제85조 제2항에 규정되어 있는 '보상금의 증감에 관한 소송'에 해당하고, 피고는 토지수용위원회가 아니라 사업시행자로 하여야 한다. (대판 2015.4.9. 2014두46669)

② (×)

> 사업폐지 등에 대한 보상청구권은 공익사업의 시행 등 적법한 공권력의 행사에 의한 재산상 특별한 희생에 대하여 전체적인 공평부담의 견지에서 공익사업의 주체가 손해를 보상하여 주는 손실보상의 일종으로 공법상 권리임이 분명하므로 그에 관한 쟁송은 민사소송이 아닌 행정소송절차에 의하여야 한다. (대판 2012.10.11. 2010다23210)

③ (○) 원처분주의이므로 수용재결이 소의 대상이 된다.

④ (×)

> 공유수면매립면허의 고시가 있다고 하여 반드시 그 사업이 시행되고 그로 인하여 손실이 발생한다고 할 수 없으므로, 매립면허 고시 이후 매립공사가 실행되어 관행어업권자에게 실질적이고 현실적인 피해가 발생한 경우에만 공유수면매립법에서 정하는 손실보상청구권이 발생하였다고 할 것이다. (대판 2010.12.9. 2007두6571)

정답 ③

10

행정규칙에 관한 설명으로 옳지 않은 것은? (다툼이 있는 경우 판례에 의함)

① 법령의 위임이 없음에도 법령에 규정된 처분요건에 해당하는 사항을 부령에서 변경하여 규정한 경우에는 그 부령의 규정은 행정명령의 성격을 지닐 뿐 국민에 대한 대외적 구속력은 없다.

② 공증인은 직무에 관하여 공무원의 지위를 가지고, 법무부장관은 공증인에 대한 감독기관이므로 「공증인법」 제79조 제1호에 근거한 직무상 명령을 개별·구체적인 지시의 형식으로 할 수도 있으나, 행정규칙의 형식으로 일반적인 기준을 제시하거나 의무를 부과할 수는 없다.

③ 법령의 규정이 특정 행정기관에게 법령 내용의 구체적 사항을 정할 수 있는 권한을 부여하면서 권한 행사의 절차나 방법을 특정하지 아니한 경우에는 수임행정기관은 행정규칙으로 법령 내용이 될 사항을 구체적으로 정할 수 있다.

④ 재량권 행사의 준칙인 행정규칙이 그 정한 바에 따라 되풀이 시행되어 행정관행이 형성되어 행정기관이 그 상대방에 대한 관계에서 그 행정규칙에 따라야 할 자기구속을 당하게 되는 경우에는 그 행정규칙은 헌법소원의 심판대상이 될 수도 있다.

해설

① (○)

법령에서 행정처분의 요건 중 일부 사항을 부령으로 정할 것을 위임한 데 따라 시행규칙 등 부령에서 이를 정한 경우에 그 부령의 규정은 국민에 대해서도 구속력이 있는 법규명령에 해당한다고 할 것이지만, 법령의 위임이 없음에도 법령에 규정된 처분요건에 해당하는 사항을 부령에서 변경하여 규정한 경우에는 그 부령의 규정은 행정청 내부의 사무처리기준 등을 정한 것으로서 행정조직 내에서 적용되는 행정명령의 성격을 지닐 뿐 국민에 대한 대외적 구속력은 없다고 보아야 한다. 따라서 어떤 행정처분이 그와 같이 법규성이 없는 시행규칙 등의 규정에 위배된다고 하더라도 그 이유만으로 처분이 위법하게 되는 것은 아니라 할 것이고, 또 그 규칙 등에서 정한 요건에 부합한다고 하여 반드시 그 처분이 적법한 것이라고 할 수도 없다. 이 경우 처분의 적법 여부는 그러한 규칙 등에서 정한 요건에 합치하는지 여부가 아니라 일반국민에 대하여 구속력을 가지는 법률 등 법규성이 있는 관계 법령의 규정을 기준으로 판단하여야 한다. (대판 2013.9.12. 2011두10584)

② (×)

[1] 일반적으로 상급행정기관은 소속 공무원이나 하급행정기관에 대하여 업무처리지침이나 법령의 해석·적용기준을 정해주는 '행정규칙'을 제정할 수 있다. 공증인은 직무에 관하여 공무원의 지위를 가지고, 법무부장관은 공증인에 대한 감독기관이므로 공증인법 제79조 제1호에 근거한 직무상 명령을 개별·구체적인 지시의 형식으로 할 수도 있으나, 행정규칙의 형식으로 일반적인 기준을 제시하거나 의무를 부과할 수도 있다. 법무부장관은 공증인의 '집행증서'(이는 법령상 용어는 아니고 강제집행을 승낙하는 의사표시가 기재되어 민사집행법에 따른 강제집행의 집행권원이 되는 공정증서를 강학상, 실무상으로 지칭하는 용어이다) 작성사무에 관한 사항을 정하여 그 사무의 적절성과 공정성을 확보하고 집행증서 작성과정에서 집행채무자의 권리가 부당하게 침해되는 것을 방지함을 목적으로, 2013.10.1. '집행증서 작성사무 지침'을 제정하였다. 이는 공증인의 감독기관인 법무부장관이 상위 법령의 구체적인 위임 없이 공증인이 직무수행에서 준수하여야 할 세부적인 사항을 규정한 '행정규칙'이라고 보아야 한다. 따라서 공증인이 직무수행에서 위 지침을 위반한 경우에는 공증인법 제79조 제1호에 근거한 직무상 명령을 위반한 것이다.

[2] 공무원이 상급행정기관이나 감독권자의 직무상 명령을 위반하였다는 점을 징계사유로 삼으려면 직무상 명령이 상위 법령에 반하지 않는 적법·유효한 것이어야 한다.

[3] '행정규칙'은 상위 법령의 구체적 위임이 있지 않는 한 행정조직 내부에서만 효력을 가질 뿐 대외적으로 국민이나 법원을 구속하는 효력이 없다. 다만, 행정규칙이 이를 정한 행정기관의 재량에 속하는 사항에 관한 것인 때에는 그 규정 내용이 객관적 합리성을 결여하였다는 등의 특별한 사정이 없는 한 법원은 이를 존중하는 것이 바람직하다. 그러나 행정규칙의 내용이 상위 법령에 반하는 것이라면 법치국가원리에서 파생되는 법질서의 통일성과 모순금지원칙에 따라 그것은 법질서상 당연무효이고, 행정내부적 효력도 인정될 수 없다. 이러한 경우 법원은 해당 행정규칙이 법질서상 부존재하는 것으로 취급하여 행정기관이 한 조치의 당부를 상위 법령의 규정과 입법목적 등에 따라서 판단하여야 한다.

[4] '집행증서 작성사무 지침' 제4조는 법률에 의하여 허용되는 쌍방대리 형태의 촉탁행위에 대하여 '대부업자 등'의 금전대부계약에 따른 채권·채무에 관한 경우에는 행정규칙의 형식으로 일반적으로 공증인에게 촉탁을 거절하여야 할 의무를 부과하는 것이어서 '법률우위원칙'에 위배되어 무효라고 보아야 한다. (대판 2020.11.26. 2020두42262)

③ (○)

법령의 규정이 특정 행정기관에게 법령 내용의 구체적 사항을 정할 수 있는 권한을 부여하면서 권한 행사의 절차나 방법을 특정하지 아니한 경우에는 수임행정기관은 행정규칙이나 규정 형식으로 법령 내용이 될 사항을 구체적으로 정할 수 있다. 이 경우 행정규칙 등은 당해 법령의 위임한계를 벗어나지 않는 한 대외적 구속력이 있는 법규명령으로서 효력을 가지게 되지만, 이는 행정규칙이 갖는 일반적 효력이 아니라 행정기관에 법령의 구체적 내용을 보충할 권한을 부여한 법령규정의 효력에 근거하여 예외적으로 인정되는 것이다. (대판 2012.7.5. 2010다72076)

④ (○) 재량준칙과 법령보충적 행정규칙은 집행행위의 매개 없이 기본권을 침해할 때 헌법소원의 대상이 된다.

행정규칙은 일반적으로 행정조직 내부에서만 효력을 가지는 것이고 대외적인 구속력을 갖는 것이 아니어서 원칙적으로 헌법소원의 대상이 되지 아니하며, 다만 행정규칙이 법령의 규정에 의하여 행정관청에 법령의 구체적 내용을 보충할 권한을 부여한 경우나 재량권 행사의 준칙인 규칙이 그 정한 바에 따라 되풀이 시행되어 행정관행이 형성되어 행정기관이 그 상대방에 대한 관계에서 그 규칙에 따라야 할 자기구속을 당하게 되는 경우에 한하여 헌법소원의 대상이 될 수 있다. (헌재 2014.7.29. 2014헌마528)

정답 ②

11

행정입법의 사법적 통제에 관한 설명으로 옳지 않은 것은? (다툼이 있는 경우 판례에 의함)

① 행정입법부작위는 부작위위법확인소송의 대상은 아니지만, 헌법소원과 국가배상이 가능하다.

② 처분적 법규명령은 무효등확인소송 또는 취소소송의 대상이 된다.

③ 대법원 이외의 각급 법원도 구체적 규범통제의 방법으로 법규명령조항에 대한 위헌·위법 판단을 할 수 있다.

④ 중앙선거관리위원회규칙은 행정규칙이므로 구체적 규범통제의 대상이 될 수 없다.

해설

① (○) ② (○) ④ (×) 중앙선거관리위원회규칙 등 법규명령도 집행행위 없이 기본권을 침해하면 구체적 규범통제의 대상이 될 수 있다.

③ (○) 모든 법원은 구체적 규범통제를 할 수 있다. 다만, 최종심사권은 대법원이 가진다.

정답 ④

12

「행정절차법」에 관한 설명으로 옳지 않은 것은? (다툼이 있는 경우 판례에 의함)

① 처분기준을 공표하는 것이 해당 처분의 성질상 현저히 곤란하거나 공공의 안전 또는 복리를 현저히 해치는 것으로 인정될 만한 상당한 이유가 있는 경우에는 처분기준을 공표하지 아니할 수 있다.

② 행정처분의 상대방에 대한 청문통지서가 반송되었거나 행정처분의 상대방이 청문일시에 불출석하였다는 이유만으로 행정청이 관계 법령상 그 실시가 요구되는 청문을 실시하지 아니하고 한 침해적 행정처분은 위법하다.

③ 다수 국민의 이해가 상충되는 처분, 다수 국민에게 불편이나 부담을 주는 처분의 경우에만 청문 주재자를 2명 이상 선정할 수 있다.

④ 행정청이 처분을 하면서 당사자가 그 근거를 알 수 있을 정도로 이유를 제시한 경우에는 처분의 근거와 이유를 구체적으로 명시하지 않았더라도 그로 말미암아 그 처분이 위법하다고 볼 수는 없다.

해설

① (○)

> **행정절차법 제20조(처분기준의 설정·공표)**
> ① 행정청은 필요한 처분기준을 해당 처분의 성질에 비추어 되도록 구체적으로 정하여 공표하여야 한다. 처분기준을 변경하는 경우에도 또한 같다.
> ② 행정기본법 제24조에 따른 인허가의제의 경우 관련 인허가 행정청은 관련 인허가의 처분기준을 주된 인허가 행정청에 제출하여야 하고, 주된 인허가 행정청은 제출받은 관련 인허가의 처분기준을 통합하여 공표하여야 한다. 처분기준을 변경하는 경우에도 또한 같다.
> ③ 제1항에 따른 처분기준을 공표하는 것이 해당 처분의 성질상 현저히 곤란하거나 공공의 안전 또는 복리를 현저히 해치는 것으로 인정될 만한 상당한 이유가 있는 경우에는 처분기준을 공표하지 아니할 수 있다.
> ④ 당사자 등은 공표된 처분기준이 명확하지 아니한 경우 해당 행정청에 그 해석 또는 설명을 요청할 수 있다. 이 경우 해당 행정청은 특별한 사정이 없으면 그 요청에 따라야 한다.

② (○)

> 행정처분의 상대방이 통지된 청문일시에 불출석하였다는 이유만으로 행정청이 관계 법령상 그 실시가 요구되는 청문을 실시하지 아니한 채 침해적 행정처분을 할 수는 없을 것이므로 행정처분의 상대방에 대한 청문통지서가 반송되었다거나 행정처분의 상대방이 청문일시에 불출석하였다는 이유로 청문을 실시하지 아니하고 한 침해적 행정처분은 위법하다. (대판 2001.4.13. 2000두3337)

③ (×)

> **행정절차법 제28조(청문 주재자)**
> ① 행정청은 소속 직원 또는 대통령령으로 정하는 자격을 가진 사람 중에서 청문 주재자를 공정하게 선정하여야 한다.
> ② 행정청은 다음 각 호의 어느 하나에 해당하는 처분을 하려는 경우에는 청문 주재자를 2명 이상으로 선정할 수 있다. 이 경우 선정된 청문 주재자 중 1명이 청문 주재자를 대표한다.
> 1. 다수 국민의 이해가 상충되는 처분
> 2. 다수 국민에게 불편이나 부담을 주는 처분
> 3. 그 밖에 전문적이고 공정한 청문을 위하여 행정청이 청문 주재자를 2명 이상으로 선정할 필요가 있다고 인정하는 처분

④ (○)

> 처분 당시 당사자가 어떠한 근거와 이유로 처분이 이루어진 것인지를 충분히 알 수 있어서 그에 불복하여 행정구제절차로 나아가는 데에 별다른 지장이 없었던 것으로 인정되는 경우에는 처분서에 처분의 근거와 이유가 구체적으로 명시되어 있지 않았다고 하더라도 그로 말미암아 그 처분이 위법한 것으로 된다고 할 수는 없다. (대판 2013.11.14. 2011두18571)

정답 ③

13

정보공개제도에 관한 설명으로 옳은 것은? (다툼이 있는 경우 판례에 의함)

① 정보공개거부처분의 취소를 구하는 소송에서 공공기관이 청구정보를 증거 등으로 법원에 제출하여 법원을 통하여 그 사본을 청구인에게 교부 또는 송달되게 하여 결과적으로 청구인에게 정보를 공개하는 셈이 되었더라도 당해 정보의 비공개결정의 취소를 구할 소의 이익은 소멸되지 않는다.

② 의사결정과정에 제공된 회의 관련 자료나 의사결정과정이 기록된 회의록은 의사가 결정되거나 의사가 집행된 경우에는 더 이상 의사결정과정에 있는 사항 그 자체라고는 할 수 없으므로 비공개대상정보에 포함될 수 없다.

③ 공개를 구하는 정보를 공공기관이 한때 보유 · 관리하였으나 후에 그 정보가 담긴 문서 등이 폐기되어 존재하지 않게 된 것이라면 그 정보를 더 이상 보유 · 관리하고 있지 아니하다는 점에 대한 증명책임은 청구인에 있다.

④ 공공기관이 공개청구의 대상이 된 정보를 공개는 하되, 청구인이 신청한 공개방법 이외의 방법으로 공개하기로 하는 결정을 하였다면, 이는 정보공개청구 중 정보공개방법에 관한 부분만을 달리한 것이므로 일부 거부처분이라고 할 수 없다.

해설

① (○) 대판 2016.12.15. 2012두11409, 11416

② (×)

> 의사결정과정에 제공된 회의 관련 자료나 의사결정과정이 기록된 회의록 등은 의사가 결정되거나 의사가 집행된 경우에는 더 이상 의사결정과정에 있는 사항 그 자체라고는 할 수 없으나, 의사결정과정에 있는 사항에 준하는 사항으로서 비공개대상정보에 포함될 수 있다. (대판 2003.8.22. 2002두12946)

③ (×) 행정청이 정보를 보유 · 관리하고 있다는 점에 대한 입증책임은 원고에게 있다. 그러나 그 정보를 더 이상 보유하지 않는다는 점이나 비공개정보라는 점에 대한 입증책임은 행정청에 있다. (대판 2013.1.24. 2010두18918)

④ (×)

> 청구인에게는 특정한 공개방법을 지정하여 정보공개를 청구할 수 있는 법령상 신청권이 있다. 따라서 공공기관이 공개청구의 대상이 된 정보를 공개는 하되, 청구인이 신청한 공개방법 이외의 방법으로 공개하기로 하는 결정을 하였다면, 이는 정보공개청구 중 정보공개방법에 관한 부분에 대하여 일부 거부처분을 한 것이고, 청구인은 그에 대하여 항고소송으로 다툴 수 있다. (대판 2016.11.10. 2016두44674)

정답 ①

14

행정행위의 부관에 관한 설명으로 옳은 것은? (다툼이 있는 경우 판례에 의함)

① 일반적으로 보조금 교부결정은 법령과 예산에서 정하는 바에 엄격히 기속되므로, 행정청은 보조금 교부결정을 할 때 조건을 붙일 수 없다.

② 토지소유자가 토지형질변경행위허가에 붙은 기부채납의 부관에 따라 토지를 국가나 지방자치단체에 기부채납한 경우, 기부채납의 부관이 당연무효이거나 취소가 아니라도 증여계약의 중요 부분에 착오가 있음을 이유로 증여계약을 취소할 수 있다.

③ 행정처분에 붙인 부담인 부관이 제소기간 도과로 불가쟁력이 생긴 경우에는 그 부담의 이행으로 한 사법상 법률행위의 효력을 다툴 수 없다.

④ 부담이 처분 당시 법령을 기준으로 적법하더라도, 처분 후 부담의 전제가 된 주된 행정처분의 근거법령이 개정됨으로써 행정청이 더 이상 부관을 붙일 수 없게 되었다면 그 부담은 곧바로 위법하게 되거나 그 효력이 소멸한 것으로 보아야 한다.

해설

① (×) 재량행위나 수익적 행위에는 법률의 근거가 없어도 부관을 붙일 수 있다.

② (×) 행정법관계에서는 착오를 이유로 취소할 수 없다.

> 토지소유자가 토지형질변경행위허가에 붙은 기부채납의 부관에 따라 토지를 국가나 지방자치단체에 기부채납(증여)한 경우, 기부채납의 부관이 당연무효이거나 취소되지 아니한 이상 토지소유자는 위 부관으로 인하여 증여계약의 중요 부분에 착오가 있음을 이유로 증여계약을 취소할 수 없다. (대판 1999.5.25. 98다53134)

③ (○)

> 행정처분에 붙은 부담인 부관이 제소기간의 도과로 확정되어 이미 불가쟁력이 생겼다면 그 하자가 중대하고 명백하여 당연무효로 보아야 할 경우 외에는 누구나 그 효력을 부인할 수 없을 것이지만, 부담의 이행으로서 하게 된 사법상 매매 등의 법률행위는 부담을 붙인 행정처분과는 어디까지나 별개의 법률행위이므로 그 부담의 불가쟁력의 문제와는 별도로 법률행위가 사회질서 위반이나 강행규정에 위반되는지 여부 등을 따져보아 그 법률행위의 유효 여부를 판단하여야 한다. (대판 2009.6.25. 2006다18174)

④ (×)

> 행정청이 수익적 행정처분을 하면서 부가한 부담의 위법 여부는 처분 당시 법령을 기준으로 판단하여야 하고, 부담이 처분 당시 법령을 기준으로 적법하다면 처분 후 부담의 전제가 된 주된 행정처분의 근거법령이 개정됨으로써 행정청이 더 이상 부관을 붙일 수 없게 되었다고 하더라도 곧바로 위법하게 되거나 그 효력이 소멸하게 되는 것은 아니다. 따라서 행정처분의 상대방이 수익적 행정처분을 얻기 위하여 행정청과 사이에 행정처분에 부가할 부담에 관한 협약을 체결하고 행정청이 수익적 행정처분을 하면서 협약상의 의무를 부담으로 부가하였으나 부담의 전제가 된 주된 행정처분의 근거법령이 개정됨으로써 행정청이 더 이상 부관을 붙일 수 없게 된 경우에도 곧바로 협약의 효력이 소멸하는 것은 아니다. (대판 2009.2.12. 2005다65500)

정답 ③

15

「행정대집행법」상 행정대집행에 관한 설명으로 옳지 않은 것은? (다툼이 있는 경우 판례에 의함)

① 관계 법령상 행정대집행의 절차가 인정되어 행정청이 행정대집행의 방법으로 건물의 철거 등 대체적 작위의무의 이행을 실현할 수 있는 경우에는 따로 민사소송의 방법으로 그 의무의 이행을 구할 수 없다.

② 행정청이 행정대집행을 한 경우 그에 따른 비용의 징수는 「행정대집행법」의 절차에 따라 「국세징수법」의 예에 의하여 징수하여야 하며, 손해배상을 구하는 민사소송으로 징수할 수는 없다.

③ 행정대집행에 있어 대집행대상인 건물의 점유자가 철거의무자일 때에는 건물철거의무에 퇴거의무도 포함되어 있는 것이어서 별도로 퇴거를 명하는 집행권원이 필요하지 않다.

④ 판례에 의하면 대집행계고처분의 요건과 그 주장 · 입증책임은 대집행에 불복하는 처분상대방에게 있음이 원칙이다.

해설

① (○) 대판 2017.4.28. 2016다213916

② (○) 국세징수법상 체납처분이 더 간이한 절차이기 때문이다.

③ (○)

> [1] 건물의 점유자가 철거의무자일 때에는 건물철거의무에 퇴거의무도 포함되어 있는 것이어서 별도로 퇴거를 명하는 집행권원이 필요하지 않다.
> [2] 행정청이 행정대집행의 방법으로 건물철거의무의 이행을 실현할 수 있는 경우에는 건물철거 대집행과정에서 부수적으로 건물의 점유자들에 대한 퇴거조치를 할 수 있고, 점유자들이 적법한 행정대집행을 위력을 행사하여 방해하는 경우 형법상 공무집행방해죄가 성립하므로, 필요한 경우에는 경찰관 직무집행법에 근거한 위험발생방지조치 또는 형법상 공무집행방해죄의 범행방지 내지 현행범체포의 차원에서 경찰의 도움을 받을 수도 있다. (대판 2017.4.28. 2016다213916)

④ (×) 대집행요건 충족의 주장 · 입증책임은 권한발생사실이므로 행정청에 있다는 것이 판례의 입장이다.

> 건축법에 위반하여 건축한 것이어서 철거의무가 있는 건물이라고 하더라도 그 철거의무를 대집행하기 위한 계고처분을 하려면 다른 방법으로는 이행의 확보가 어렵고 불이행을 방치함이 심히 공익을 해하는 것으로 인정될 때에 한하여 허용되고 이러한 요건의 주장입증책임은 처분행정청에 있다. (대판 1974.10.25. 74누122)

정답 ④

16

「공익사업을 위한 토지 등의 취득 및 보상에 관한 법률」에 관한 설명으로 옳지 않은 것은? (다툼이 있는 경우 판례에 의함)

① 어떤 보상항목이 공익사업을 위한 토지 등의 취득 및 보상에 관한 법령상 손실보상대상에 해당함에도 관할 토지수용위원회가 사실을 오인하거나 법리를 오해함으로써 손실보상대상에 해당하지 않는다고 잘못된 내용의 재결을 한 경우에는, 피보상자는 사업시행자를 상대로 보상금증감청구소송을 제기하여야 한다.

② 토지수용위원회의 재결에 대한 토지소유자의 행정소송 제기는 사업의 진행 및 토지의 수용 또는 사용을 정지시키지 아니한다.

③ 사업인정은 공익사업의 시행자에게 그 후 일정한 절차를 거칠 것을 조건으로 일정한 내용의 수용권을 설정하여 주는 형성행위이다.

④ 구 「하천법」에 의한 하천수 사용권은 「공익사업을 위한 토지 등의 취득 및 보상에 관한 법률」이 손실보상의 대상이 아니다.

해설

① (○) 대판 2018.7.20. 2015두4044

② (○) 집행부정지원칙을 말한다. (공익사업을 위한 토지 등의 취득 및 보상에 관한 법률 제88조)

③ (○)

> 공익사업을 위한 토지 등의 취득 및 보상에 관한 법률에 의한 사업인정처분이라 함은 공익사업을 토지 등을 수용 또는 사용할 사업으로 결정하는 것으로서 단순한 확인행위가 아니라 형성행위이다. (대판 2005.4.29. 2004두14670)

④ (×)

> 하천법 제50조에 의한 하천수 사용권은 특허에 의한 공물사용권의 일종으로서, 독립된 재산적 가치가 있는 구체적인 권리라고 보아야 한다. 따라서 하천법 제50조에 의한 하천수 사용권은 공익사업을 위한 토지 등의 취득 및 보상에 관한 법률 제76조가 손실보상의 대상으로 규정하고 있는 '물의 사용에 관한 권리'에 해당한다. (대판 2018.12.27. 2014두11601)

정답 ④

17

〈보기 1〉에서 설명하고 있는 소송의 종류와 〈보기 2〉에서 설명하고 있는 소송의 사례가 바르게 연결된 것은?

〈보기 1〉

(가)는 행정청의 처분 등이나 부작위에 대하여 제기하는 소송을 말하며, (나)는 행정청의 처분 등을 원인으로 하는 법률관계에 관한 소송, 그 밖에 공법상 법률관계에 관한 소송으로서 그 법률관계의 한쪽당사자를 피고로 하는 소송을 말한다.

〈보기 2〉

ㄱ. 사업주가 당연가입자가 되는 고용보험 및 산재보험에서 보험료 납부의무부존재확인의 소
ㄴ. 재단법인 한국연구재단이 과학기술기본법령에 따라 체결한 연구개발비 지원사업 협약의 해지통보에 대한 불복의 소
ㄷ. 지방자치단체가 보조금 지급결정을 하면서 일정 기한 내에 보조금을 반환하도록 하는 교부조건을 부가한 경우, 보조사업자에 대한 지방자치단체의 보조금반환청구의 소

① (가) - ㄱ, ㄴ
② (가) - ㄴ, ㄷ
③ (나) - ㄱ, ㄷ
④ (나) - ㄱ, ㄴ, ㄷ

해설

(가)는 항고소송, (나)는 당사자소송이다.

ㄱ. [당사자소송]

고용보험 및 산업재해보상보험의 보험료징수 등에 관한 법률 제4조, 제16조의2, 제17조, 제19조, 제23조의 각 규정에 의하면, 사업주가 당연가입자가 되는 고용보험 및 산재보험에서 보험료 납부의무 부존재확인의 소는 공법상의 법률관계 그 자체를 다투는 소송으로서 공법상 당사자소송이다. (대판 2016.10.13. 2016다221658)

ㄴ. [항고소송] 사업계약의 해지통보는 처분성이 인정되므로 항고소송의 대상이다. 다만, 징계요구는 내부적 행위이므로 처분성이 부정된다.

재단법인 한국연구재단이 甲대학교 총장에게 乙에 대한 대학 자체 징계를 요구한 것은 법률상 구속력이 없는 권유 또는 사실상의 통지로서 乙의 권리·의무 등 법률상 지위에 직접적인 법률적 변동을 일으키지 않는 행위에 해당하므로, 항고소송의 대상인 행정처분에 해당하지 않는다고 본 원심판단을 정당하다. (대판 2014.12.11. 2012두28704)

ㄷ. [당사자소송]

지방자치단체가 보조금 지급결정을 하면서 일정 기한 내에 보조금을 반환하도록 하는 교부조건을 부가한 사안에서, 보조사업자의 지방자치단체에 대한 보조금반환의무는 행정처분인 위 보조금 지급결정에 부가된 부관상 의무이고, 이러한 부관상 의무는 보조사업자가 지방자치단체에 부담하는 공법상 의무이므로, 보조사업자에 대한 지방자치단체의 보조금반환청구는 공법상 권리관계의 일방당사자를 상대로 하여 공법상 의무 이행을 구하는 청구로서 행정소송법 제3조 제2호에 규정한 당사자소송의 대상이다. (대판 2011.6.9. 2011다2951)

정답 ③

18

행정행위의 부관에 관한 설명으로 옳지 않은 것은? (다툼이 있는 경우 판례에 의함)

① 처분 전에 미리 상대방과 협의하여 부담의 내용을 협약의 형식으로 정한 다음 처분을 하면서 해당 부관을 붙이는 것도 가능하다.
② 「행정기본법」은 부관의 사후변경에 관하여, 법률에 근거가 있는 경우, 부관의 사후변경이 유보되어 있는 경우, 당사자의 동의가 있는 경우, 사정이 변경되어 부관을 새로 붙이거나 종전의 부관을 변경하지 아니하면 해당 처분의 목적을 달성할 수 없다고 인정되는 경우를 규정하고 있다.
③ 처분을 하면서 처분과 관련한 소의 제기를 금지하는 내용의 부제소특약을 부관으로 붙이는 것은 허용되지 않는다.
④ 부당결부금지원칙에 위반하여 허용되지 않는 부관을 행정처분과 상대방 사이의 사법상 계약의 형식으로 체결하는 것은 허용되지 않는다.

해설

① (O)

수익적 행정처분에 있어서는 법령에 특별한 근거규정이 없다고 하더라도 그 부관으로서 부담을 붙일 수 있고, 그와 같은 부담은 행정청이 행정처분을 하면서 일방적으로 부가할 수도 있지만 부담을 부가하기 이전에 상대방과 협의하여 부담의 내용을 협약의 형식으로 미리 정한 다음 행정처분을 하면서 이를 부가할 수도 있다. (대판 2009.2.12. 2005다65500)

② (X) 행정기본법은 부관의 사후변경이 가능한 경우로서 부관의 사후변경이 유보되어 있는 경우를 규정하고 있지 않다.

행정기본법 제17조(부관)

① 행정청은 처분에 재량이 있는 경우에는 부관(조건, 기한, 부담, 철회권의 유보 등을 말한다. 이하 이 조에서 같다)을 붙일 수 있다.
② 행정청은 처분에 재량이 없는 경우에는 법률에 근거가 있는 경우에 부관을 붙일 수 있다.
③ 행정청은 부관을 붙일 수 있는 처분이 다음 각 호의 어느 하나에 해당하는 경우에는 그 처분을 한 후에도 부관을 새로 붙이거나 종전의 부관을 변경할 수 있다.
 1. 법률에 근거가 있는 경우
 2. 당사자의 동의가 있는 경우
 3. 사정이 변경되어 부관을 새로 붙이거나 종전의 부관을 변경하지 아니하면 해당 처분의 목적을 달성할 수 없다고 인정되는 경우

③ (O) 부제소특약의 부관은 위법하다.

지방자치단체장이 도매시장법인의 대표이사에 대하여 위 지방자치단체장이 개설한 농수산물도매시장의 도매시장법인으로 다시 지정함에 있어서 그 지정조건으로 "지정기간 중이라도 개설자가 농수산물 유통정책의 방침에 따라 도매시장법인 이전 및 지정취소 또는 폐쇄지시에도 일체 소송이나 손실보상을 청구할 수 없다."라는 부관을 붙였으나, 그 중 부제소특약에 관한 부분은 당사자가 임의로 처분할 수 없는 공법상의 권리관계를 대상으로 하여 사인의 국가에 대한 공권인 소권을 당사자의 합의로 포기하는 것으로서 허용될 수 없다. (대판 1998.8.21. 98두8919)

④ (○)

[1] 행정처분과 부관 사이에 실제적 관련성이 있다고 볼 수 없는 경우 공무원이 위와 같은 공법상의 제한을 회피할 목적으로 행정처분의 상대방과 사이에 사법상 계약을 체결하는 형식을 취하였다면 이는 법치행정의 원리에 반하는 것으로서 위법하다.
[2] 지방자치단체가 골프장사업계획승인과 관련하여 사업자로부터 기부금을 지급받기로 한 증여계약은 공무수행과 결부된 금전적 대가로서 그 조건이나 동기가 사회질서에 반하므로 민법 제103조에 의해 무효이다. (대판 2009.12.10. 2007다63966)

정답 ②

19

행정소송에 관한 설명으로 옳지 않은 것은? (다툼이 있는 경우 판례에 의함)

① 행정청이 자신과 상대방 사이의 법률관계를 일방적인 의사표시로 종료시켰다고 하더라도 곧바로 그 의사표시가 행정청으로서 공권력을 행사하여 행하는 행정처분이라고 단정할 수는 없고, 관계 법령이 상대방의 법률관계에 관하여 구체적으로 어떻게 규정하고 있는지에 따라 개별적으로 판단하여야 한다.
② 채용계약상 특별한 약정이 없는 한, 지방계약직공무원에 대하여 「지방공무원법」, 「지방공무원 징계 및 소청 규정」에 정한 징계절차에 의하지 않고서는 보수를 삭감할 수 없다.
③ 주민감사청구가 '지방자치단체와 그 장의 권한에 속하는 사무의 처리'를 대상으로 하는 데 반하여, 주민소송은 '그 감사청구한 사항과 관련이 있는 위법한 행위나 업무를 게을리한 사실'에 대하여 제기할 수 있는 것이므로, 주민소송의 대상은 주민감사를 청구한 사항과 관련이 있는 것으로 충분하고, 주민감사를 청구한 사항과 반드시 동일하여야 한다.
④ 계약직공무원 채용계약해지는 국가 또는 지방자치단체가 대등한 지위에서 행하는 의사표시로서 처분이 아니므로 「행정절차법」에 의하여 근거와 이유를 제시하여야 하는 것은 아니다.

해설

① (○) 판례에 따르면 국가의 통보는 그 자체만으로 처분성이 인정되는지를 판단할 수 없고 내용에 따라 결정된다.

[1] 행정청이 자신과 상대방 사이의 법률관계를 일방적인 의사표시로 종료시켰다고 하더라도 곧바로 의사표시가 행정청으로서 공권력을 행사하여 행하는 행정처분이라고 단정할 수는 없고, 관계 법령이 상대방의 법률관계에 관하여 구체적으로 어떻게 규정하고 있는지에 따라 의사표시가 항고소송의 대상이 되는 행정처분에 해당하는지 아니면 공법상 계약관계의 일방당사자로서 대등한 지위에서 행하는 의사표시인지를 개별적으로 판단하여야 한다.
[2] 중소기업기술정보진흥원장이 甲주식회사와 중소기업 정보화지원사업 지원대상인 사업의 지원에 관한 협약을 체결하였는데, 협약이 甲회사에 책임이 있는 사업실패로 해지되었다는 이유로 협약에서 정한 대로 지급받은 정부지원금을 반환할 것을 통보한 경우, 중소기업 정보화지원사업에 따른 지원금 출연을 위하여 중소기업청장이 체결하는 협약은 공법상 대등한 당사자 사이의 의사표시의 합치로 성립하는 공법상 계약에 해당하는 점 등을 종합하면, 협약의 해지 및 그에 따른 환수통보는 공법상 계약에 따라 행정청이 대등한 당사자의 지위에서 하는 의사표시로 보아야 하고, 이를 행정청이 우월한 지위에서 행하는 공권력의 행사로서 행정처분에 해당한다고 볼 수는 없다. (대판 2015.8.27. 2015두41449)

② (○) 지방계약직공무원에 대한 보수의 삭감조치는 처분성이 인정된다.

지방계약직공무원에 대한 보수의 삭감은 이를 당하는 공무원의 입장에서는 징계처분의 일종인 감봉과 다를 바 없으므로, 채용계약상 특별한 약정이 없는 한 징계절차에 의하지 않고서는 보수를 삭감할 수 없다. (대판 2008.6.12. 2006두16328)

③ (×)

[1] 주민소송제도는 지방자치단체 주민이 지방자치단체의 위법한 재무회계행위의 방지 또는 시정을 구하거나 그로 인한 손해의 회복청구를 요구할 수 있도록 함으로써 지방자치단체 재무행정의 적법성, 지방재정의 건전하고 적정한 운영을 확보하려는 데 목적이 있다. 그러므로 주민소송은 원칙적으로 지방자치단체의 재무회계에 관한 사항의 처리를 직접 목적으로 하는 행위에 대하여 제기할 수 있고, 지방자치법 제17조 제1항에서 주민소송의 대상으로 규정한 '재산의 취득 · 관리 · 처분에 관한 사항', '해당 지방자치단체를 당사자로 하는 계약의 체결 · 이행에 관한 사항' 등에 해당하는지 여부도 그 기준에 의하여 판단하여야 한다.
[2] 주민감사청구가 '지방자치단체와 그 장의 권한에 속하는 사무의 처리'를 대상으로 하는 데 반하여, 주민소송은 '그 감사청구한 사항과 관련이 있는 위법한 행위나 업무를 게을리한 사실'에 대하여 제기할 수 있는 것이므로, 주민소송의 대상은 주민감사를 청구한 사항과 관련이 있는 것으로 충분하고, 주민감사를 청구한 사항과 반드시 동일할 필요는 없다. 주민감사를 청구한 사항과 관련성이 있는지는 주민감사청구사항의 기초인 사회적 사실관계와 기본적인 점에서 동일한지에 따라 결정되는 것이며 그로부터 파생되거나 후속하여 발생하는 행위나 사실은 주민감사청구사항과 관련이 있다고 보아야 한다.
[3] 지방자치법 제17조 제2항 제1호부터 제3호까지의 주민소송은 해당 지방자치단체의 장을 상대방으로 하여 위법한 재무회계행위의 방지, 시정 또는 확인 등을 직접적으로 구하는 것인 데 반하여, 제4호 주민소송은 감사청구한 사항과 관련이 있는 위법한 행위나 업무를 게을리한 사실에 대하여 지방자치단체의 장 및 직원, 지방의회 의원, 해당 행위와 관련이 있는 상대방(이하 '상대방'이라 한다)에게 손해배상청구, 부당이득반환청구, 변상명령 등을 할 것을 요구하는 소송이다. 따라서 제4호 주민소송 판결이 확정되면 지방자치단체의 장인 피고는 상대방에 대하여 판결에 따라 결정된 손해배상금이나 부당이득반환금의 지불 등을 청구할 의무가 있으므로, 제4호 주민소송을 제기하는 자는 상대방, 재무회계행위의 내용, 감사청구와의 관련성, 상대방에게 요구할 손해배상금 내지 부당이득금 등을 특정하여야 한다.
[4] 지방자치단체의 장은 지방자치법 제17조 제2항 제4호 주민소송에 따라 손해배상청구나 부당이득반환청구를 명하는 판결 또는 회계관계직원 등의 책임에 관한 법률(이하 '회계직원책임법'이라 한다)에 따른 변상명령을 명하는 판결이 확정되면 위법한 재무회계행위와 관련이 있는 상대방에게 손해배상금이나 부당이득반환금을 청구하여야 하거나 변상명령을 할 수 있다. 그리고 이에 더 나아가 상대방이 손해배상금 등의 지급을 이행하지 않으면 지방자치단체의 장은 손해배상금 등을 청구하는 소송을 제기하여야 한다. 이때 상대방인 지방자치단체의 장이나 공무원은 국가배상법 제2조 제2항, 회계직원책임법 제4조 제1항의 각 규정 내용 및 취지 등에 비

추어 볼 때, 그 위법행위에 대하여 고의 또는 중대한 과실이 있는 경우에 제4호 주민소송의 손해배상책임을 부담하는 것으로 보아야 한다. (대판 2020.7.29. 2017두63467)

④ (○) 이유제시는 처분절차에 적용되므로 처분이 아니면 이유제시를 하지 않아도 된다.

정답 ③

20

행정에 관한 설명으로 옳지 않은 것은? (다툼이 있는 경우 판례에 의함)

① 「농지법」상 이행강제금 부과처분은 항고소송을 제기할 수 없다.

② 자동처분은 기속행위와 재량행위에 모두 가능하다.

③ 지방자치단체 소속 공무원이 지방자치단체 고유의 자치사무를 수행하던 중 「도로법」 규정에 의한 위반행위를 한 경우, 지방자치단체는 「도로법」의 양벌규정에 따라 처벌대상이 되는 법인에 해당한다.

④ 구 「여객자동차 운수사업법」상 과징금 부과처분은 원칙적으로 위반자의 고의·과실을 요하지 아니하나, 위반자의 의무 해태를 탓할 수 없는 정당한 사유가 있는 등의 특별한 사정이 있는 경우에는 이를 부과할 수 없다.

해설

① (○) 이행강제금은 개념상 급부하명이지만 개별법에 별도의 구제절차가 없는 경우(건축법)에는 처분성이 인정되어 항고소송이 가능하다. 한편, 개별법에 별도의 구제절차가 있는 경우(농지법)에는 처분성이 부정된다.

② (×)

행정기본법 제20조(자동적 처분)
행정청은 법률로 정하는 바에 따라 완전히 자동화된 시스템(인공지능 기술을 적용한 시스템을 포함한다)으로 처분을 할 수 있다. 다만, 처분에 재량이 있는 경우는 그러하지 아니하다.

③ (○)

[1] 국가가 본래 그의 사무 일부를 지방자치단체의 장에게 위임하여 그 사무를 처리하게 하는 기관위임사무의 경우에는 지방자치단체는 국가기관의 일부로 볼 수 있는 것이지만, 지방자치단체가 그 고유의 자치사무를 처리하는 경우에는 지방자치단체는 국가기관의 일부가 아니라 국가기관과는 별도의 독립한 공법인이므로, 지방자치단체 소속 공무원이 지방자치단체 고유의 자치사무를 수행하던 중 도로법 제81조 내지 제85조의 규정에 의한 위반행위를 한 경우에는 지방자치단체는 도로법 제86조의 양벌규정에 따라 처벌대상이 되는 법인에 해당한다.
[2] 지방자치단체 소속 공무원이 압축트럭 청소차를 운전하여 고속도로를 운행하던 중 제한축중을 초과 적재 운행함으로써 도로관리청의 차량운행제한을 위반한 사안에서, 해당 지방자치단체가 도로법 제86조의 양벌규정에 따른 처벌대상이 된다. (대판 2005.11.10. 2004도2657)

④ (○)

행정법규 위반에 대하여 가하는 제재조치는 행정목적의 달성을 위하여 행정법규 위반이라는 객관적 사실에 착안하여 가하는 제재이므로 위반자의 고의·과실이 있어야만 하는 것은 아니나, 그렇다고 하여 위반자의 의무 해태를 탓할 수 없는 정당한 사유가 있는 경우까지 부과할 수 있는 것은 아니다. (대판 2014.12.24. 2010두6700)

정답 ②

21

행정심판의 재결에 관한 설명으로 옳지 않은 것은? (다툼이 있는 경우 판례에 의함)

① 조세 부과처분이 국세청장에 대한 불복심사청구에 의하여 그 불복사유가 이유 있다고 인정되어 취소되었음에도 처분청이 동일한 사실에 관하여 부과처분을 되풀이한 것이라면 설령 그 부과처분이 감사원의 시정요구에 의한 것이라고 하더라도 위법하다.

② 행정심판위원회는 의무이행재결이 있는 경우에 피청구인이 처분을 하지 아니한 경우에는 당사자의 신청 또는 직권으로 기간을 정하여 시정을 명하고 그 기간에 이행하지 아니하면 직접 처분을 할 수 있다.

③ 행정심판의 재결이 확정된 경우에도 처분의 기초가 된 사실관계나 법률적 판단이 확정되고 당사자들이나 법원이 이에 기속되어 모순되는 주장이나 판단을 할 수 없게 되는 것은 아니다.

④ 처분 취소재결이 있는 경우 해당 처분청은 재결의 취지에 반하지 아니하는 한 그 재결에 적시된 위법사유를 시정·보완하여 새로운 처분을 할 수 있는 것이고, 이러한 새로운 부과처분은 재결의 기속력에 저촉되지 아니한다.

해설

① (○) 대판 1986.5.27. 86누127

② (×) 직접 처분은 신청이 있어야 하고 직권으로는 할 수 없다.

행정심판법 제50조(위원회의 직접 처분)
① 위원회는 피청구인이 제49조 제3항에도 불구하고 처분을 하지 아니하는 경우에는 당사자가 신청하면 기간을 정하여 서면으로 시정을 명하고 그 기간에 이행하지 아니하면 직접 처분을 할 수 있다. 다만, 그 처분의 성질이나 그 밖의 불가피한 사유로 위원회가 직접 처분을 할 수 없는 경우에는 그러하지 아니하다.

③ (○) 재결에는 기판력이 인정되지 않는다.

④ (○) 새로운 사유로 처분을 하면 기속력에 위반되지 않는다.

정답 ②

22

판례상 성질이 다른 것은?

① 「식품위생법」에 근거하여 위해식품 등의 판매를 이유로 한 영업허가취소처분

② 「식품위생법」에 근거하여 원산지표시의무 위반을 이유로 한 영업허가취소처분

③ 「도로교통법」에 근거하여 연령을 속여 발급받은 운전면허의 취소처분

④ 「공중위생관리법」에 근거하여 면허증을 무단으로 다른 사람에게 대여하였다는 이유로 한 미용사면허의 취소처분

해설

① ② ④ 각 선지상 취소처분은 명칭이 '취소'이지만, 그 실질은 성립상 하자가 아닌 법령 위반을 이유로 하여 후발적으로 그 효력을 소멸시키는 행정행위인 '철회'에 속한다.

③ 도로교통법에 근거하여 연령을 속여 발급받은 운전면허의 취소처분은 성립상 하자를 이유로 그 행정행위의 효력을 소급하여 소멸시키는 '취소'에 해당한다.

정답 ③

23

현행법상 행정입법에 관한 통제가 아닌 것은? (다툼이 있는 경우 판례에 의함)

① 긴급명령, 긴급재정·경제명령에 대한 국회의 사후승인제도

② 국회의 국정조사 및 감사제도

③ 「국회법」상 법규명령의 국회에의 송부제도

④ 대법원에 의하여 위헌·위법으로 확정된 법규명령의 일반적 효력 부인

해설

① (O) ② (O) ③ (O)

④ (X) 대법원에 의하여 위헌·위법으로 확정된 법규명령은 당해 사건에서만 적용이 배제되는 개별적 효력이고, 헌법재판소가 위헌결정을 하면 일반적 효력이 인정된다.

정답 ④

24

행정소송의 대상에 관한 설명으로 옳지 않은 것은? (다툼이 있는 경우 판례에 의함)

① 「수도법」에 의하여 지방자치단체인 수도사업자가 그 수돗물의 공급을 받는 자에게 하는 수도료 부과·징수와 이에 따른 수도료 납부관계는 공법상 권리·의무관계이므로, 이에 관한 분쟁은 행정소송의 대상이다.

② 지방자치단체의 장이 「공유재산 및 물품 관리법」에 근거하여 기부채납 및 사용·수익허가방식으로 민간투자사업을 추진하는 과정에서 사업시행자를 지정하기 위한 전 단계에서 공모제안을 받아 일정한 심사를 거쳐 우선협상대상자를 선정하는 행위는 처분이 아니다.

③ 「도시 및 주거환경정비법」상 주택재건축정비사업조합을 상대로 관리처분계획안에 대한 조합 총회결의의 효력 등을 다투는 소송은 「행정소송법」상 당사자소송에 해당한다.

④ 공익사업을 위한 토지 등의 취득 및 보상에 관한 법령에 의한 협의취득은 사법상 법률행위이므로, 이에 관한 분쟁은 민사소송의 대상이다.

해설

① (O)

> 수도법에 의하여 지방자치단체인 수도사업자가 그 수돗물의 공급을 받은 자에 대하여 하는 수도료의 부과·징수와 이에 따른 수도료의 납부관계는 공법상의 권리·의무관계라 할 것이므로 이에 관한 소송절차에 의하여야 하고, 민사소송절차에 의할 수 없다. (대판 1977.2.22. 76다2517)

② (X)

> 지방자치단체의 장이 공유재산 및 물품 관리법(이하 '공유재산법'이라 한다)에 근거하여 기부채납 및 사용·수익허가방식으로 민간투자사업을 추진하는 과정에서 사업시행자를 지정하기 위한 전 단계에서 공모제안을 받아 일정한 심사를 거쳐 우선협상대상자를 선정하는 행위와 이미 선정된 우선협상대상자를 그 지위에서 배제하는 행위는 민간투자사업의 세부 내용에 관한 협상을 거쳐 공유재산법에 따른 공유재산의 사용·수익허가를 우선적으로 부여받을 수 있는 지위를 설정하거나 또는 이미 설정한 지위를 박탈하는 조치이므로 모두 항고소송의 대상이 되는 행정처분으로 보아야 한다. (대판 2020.4.29. 2017두31064)

③ (O) 관리처분계획을 다투는 것은 항고소송이고, 관리처분계획안을 다투는 것은 당사자소송이다.

④ (O)

> 공익사업을 위한 토지 등의 취득 및 보상에 관한 법률에 의한 보상합의는 공공기관이 사경제주체로서 행하는 사법상 계약의 실질을 가지는 것으로서, 당사자 간의 합의로 같은 법 소정의 손실보상의 기준에 의하지 아니한 손실보상금을 정할 수 있다. (대판 2013.8.22. 2012다3517)

정답 ②

25

「행정심판법」상 행정심판에 관한 설명으로 옳지 않은 것은? (다툼이 있는 경우 판례에 의함)

① 행정청의 부당한 처분을 변경하는 행정심판은 현행법상 허용된다.

② 당사자의 신청에 대한 행정청의 부당한 거부처분에 대하여 일정한 처분을 하도록 하는 행정심판은 현행법상 허용된다.

③ 당사자의 신청에 대한 행정청의 위법한 부작위에 대하여 행정청의 부작위가 위법하다는 것을 확인하는 행정심판은 현행법상 허용되지 않는다.

④ 당사자의 신청에 대한 행정청의 부당한 거부처분을 취소하는 행정심판은 현행법상 허용되지 않는다.

해설

행정심판법 제5조(행정심판의 종류)
행정심판의 종류는 다음 각 호와 같다.
1. 취소심판: 행정청의 위법 또는 부당한 처분을 취소하거나 변경하는 행정심판
2. 무효등확인심판: 행정청의 처분의 효력 유무 또는 존재 여부를 확인하는 행정심판
3. 의무이행심판: 당사자의 신청에 대한 행정청의 위법 또는 부당한 거부처분이나 부작위에 대하여 일정한 처분을 하도록 하는 행정심판

① (O) 취소소송은 위법에 대하여 제기할 수 있고 부당한 처분에 대하여는 제기할 수 없지만, 행정심판은 위법 또는 부당한 처분에 대하여 청구할 수 있다. 또한 소송은 소극적 변경만 가능하지만, 행정심판은 처분의 내용을 변경하는 적극적 변경이 가능하다.

② (O) 의무이행심판을 말한다.

③ (O) 행정심판법에는 부작위위법확인심판이 없고, 부작위에 대해서는 의무이행심판이 가능하다.

④ (X) 거부처분에 대해서는 취소심판 또는 의무이행심판이 가능하다.

정답 ④

제05회 실전동형 모의고사 p. 033~038

01 ③	02 ④	03 ②	04 ②	05 ③	06 ④	07 ②	08 ①	09 ②
10 ④	11 ③	12 ③	13 ③	14 ②	15 ③	16 ④	17 ④	18 ②
19 ①	20 ④	21 ③	22 ②	23 ③	24 ④	25 ②		

01

행정법관계에 관한 설명으로 옳은 것은? (다툼이 있는 경우 판례에 의함)

① 기간의 계산에 있어서 기간의 초일은 원칙상 산입하여 계산한다.

② 판례에 따르면 국유재산 중 일반재산은 시효취득의 대상이 되지 아니한다.

③ 법령 등 또는 처분에서 국민의 권익을 제한하거나 의무를 부과하는 경우 권익이 제한되거나 의무가 지속되는 기간의 계산은 기간의 말일이 토요일 또는 공휴일인 경우에도 기간은 그날로 만료한다.

④ 금전의 급부를 목적으로 하는 국가의 권리로서 시효에 관하여 다른 법률에 규정이 없는 것은 10년 동안 행사하지 아니하면 소멸한다.

해설

① (X) 기간의 계산에는 민법이 준용되기 때문에 원칙적으로 초일을 산입하지 않는다.

② (X) 행정재산과 보존재산은 시효취득의 대상이 아니지만, 일반재산(잡종재산)은 시효취득이 가능하다.

③ (O)

행정기본법 제6조(행정에 관한 기간의 계산)
① 행정에 관한 기간의 계산에 관하여는 이 법 또는 다른 법령 등에 특별한 규정이 있는 경우를 제외하고는 민법을 준용한다.
② 법령 등 또는 처분에서 국민의 권익을 제한하거나 의무를 부과하는 경우 권익이 제한되거나 의무가 지속되는 기간의 계산은 다음 각 호의 기준에 따른다. 다만, 다음 각 호의 기준에 따르는 것이 국민에게 불리한 경우에는 그러하지 아니하다.
1. 기간을 일, 주, 월 또는 연으로 정한 경우에는 기간의 첫날을 산입한다.
2. 기간의 말일이 토요일 또는 공휴일인 경우에도 기간은 그날로 만료한다.

④ (X) 공법상 시효는 특별한 규정이 없는 한 5년이다. 다만, 다른 법률에 그보다 짧은 기간이 있으면 그에 따른다. 한편, 체납액이 5억 원 이상이면 10년의 시효가 적용된다.

정답 ③

02

공법관계와 사법관계의 구별에 관한 설명으로 옳지 않은 것은? (다툼이 있는 경우 판례에 의함)

① 국유재산 중 행정재산의 사용허가는 공법관계이나, 한국공항공단이 무상사용허가를 받은 행정재산에 대하여 하는 전대행위는 사법관계이다.

② 조달청장이 구 「예산회계법」에 따라 계약을 체결하거나 입찰보증금 국고귀속조치를 취하는 것은 사법관계에 해당한다.

③ 국유재산의 무단점유에 대한 변상금 부과는 공법관계에 해당하나, 국유일반재산의 대부행위는 사법관계에 해당한다.

④ 「공공기관의 운영에 관한 법률」 제39조 제2항과 그 하위 법령에 따른 입찰참가자격제한조치는 처분이 아니다.

해설

① (○) 전대는 임대받은 부동산을 다시 임대하는 것으로서 법적 성질은 사법관계이다.

② (○) 구 예산회계법에 따라 체결되는 계약은 사법상 계약이고, 입찰보증금의 국고귀속조치는 국가가 사법상 재산권의 주체로서 행위하는 것이다.

> 예산회계법에 따라 체결되는 계약은 사법상의 계약이라고 할 것이고 동법 제70조의5의 입찰보증금은 낙찰자의 계약체결의무 이행의 확보를 목적으로 하여 그 불이행시에 이를 국고에 귀속시켜 국가의 손해를 전보하는 사법상의 손해배상예정으로서의 성질을 갖는 것이라고 할 것이므로 입찰보증금의 국고귀속조치는 국가가 사법상의 재산권의 주체로서 행위하는 것이지 공권력을 행사하는 것이거나 공권력작용과 일체성을 가진 것이 아니라 할 것이므로 이에 관한 분쟁은 행정소송이 아닌 민사소송의 대상이 될 수밖에 없다고 할 것이다. (대판 1983.12.27. 81누366)

③ (○) 변상금 부과는 처분성이 인정되므로 공법관계에 해당하나, 국유일반재산의 대부행위는 사법관계에 해당한다.

④ (×) 공공기관의 운영에 관한 법률 제39조 제2항과 그 하위 법령에 따른 입찰참가자격제한조치는 '구체적 사실에 관한 법집행으로서의 공권력의 행사'로서 행정처분에 해당한다.

> [1] 한국수력원자력 주식회사는 공공기관의 운영에 관한 법률(이하 '공공기관운영법'이라 한다)에 따른 '공기업'으로 지정됨으로써 공공기관운영법 제39조 제2항에 따라 입찰참가자격제한처분을 할 수 있는 권한을 부여받았으므로 '법령에 따라 행정처분권한을 위임받은 공공기관'으로서 행정청에 해당한다.
> [2] 공공기관운영법이나 그 하위 법령은 공기업이 거래상대방 업체에 대하여 공공기관운영법 제39조 제2항 및 공기업·준정부기관 계약사무규칙 제15조에서 정한 범위를 뛰어넘어 추가적인 제재조치를 취할 수 있도록 위임한 바 없다. 따라서 한국수력원자력 주식회사가 조달하는 기자재, 용역 및 정비공사, 기기수리의 공급자에 대한 관리업무절차를 규정함을 목적으로 제정·운용하고 있는 '공급자관리지침' 중 등록취소 및 그에 따른 일정 기간의 거래제한조치에 관한 규정들은 공공기관으로서 행정청에 해당하는 한국수력원자력 주식회사가 상위 법령의 구체적 위임 없이 정한 것이어서 대외적 구속력이 없는 행정규칙이다. (대판 2020.5.28. 2017두66541)

정답 ④

03

행정행위의 하자와 행정소송 상호 간의 관계에 관한 설명으로 옳지 않은 것은? (다툼이 있는 경우 판례에 의함)

① 취소사유 있는 영업정지처분에 대한 취소소송의 제소기간이 도과한 경우 처분상대방은 국가배상청구소송을 제기하여 재산상 손해의 배상을 구할 수 있다.

② 취소사유 있는 과세처분에 의하여 세금을 납부한 자는 과세처분 취소소송을 제기하지 않은 채 곧바로 부당이득반환청구소송을 제기하더라도 납부한 금액을 반환받을 수 있다.

③ 파면처분을 당한 공무원은 그 처분에 취소사유인 하자가 존재하는 경우 파면처분 취소소송을 제기하여야 하고 곧바로 공무원지위확인소송을 제기할 수 없다.

④ 무효인 과세처분에 의하여 세금을 납부한 자는 납부한 금액을 반환받기 위하여 부당이득반환청구소송을 제기하지 않고 곧바로 과세처분 무효확인소송을 제기할 수 있다.

해설

① (○) 취소소송의 제소기간이 도과한 경우라도 국가배상청구소송을 제기하여 재산상 손해의 배상을 구할 수 있다.

② (×) 취소사유 있는 과세처분에 의하여 세금을 납부한 자는 과세처분 취소소송을 제기하여 인용판결을 받은 후 부당이득반환청구소송을 제기하여 납부한 금액을 반환받을 수 있다.

③ (○) 행정처분은 비록 하자가 있더라도 당연무효의 흠이 아닌 한, 공적 기관에 의하여 취소될 때까지는 일단 유효한 것으로 취급되는 것이므로, 행정처분에 취소사유의 흠이 있는 경우에는 취소소송 이외의 방법으로 그 효력을 부인할 수 없다. 따라서 공무원이 파면을 당한 경우, 그 처분에 취소원인인 흠이 있는 때에는 파면처분 취소소송을 제기하여야 하고 직접 당사자소송으로 공무원지위확인소송을 제기할 수 없다.

④ (○) 무효인 경우에는 공정력이 인정되지 않기 때문이다.

정답 ②

04

행정행위의 취소와 철회에 관한 설명으로 옳지 않은 것은? (다툼이 있는 경우 판례에 의함)

① 행정행위의 철회사유는 행정행위가 성립되기 이후에 발생한 것으로서 행정행위의 효력을 존속시킬 수 없는 사유를 말한다.

② 행정청은 적법한 처분에 대해 그 처분의 전부 또는 일부를 소급하여 철회할 수 있다.

③ 수익적 처분이 상대방의 허위 기타 부정한 방법으로 인하여 행하여졌다면 상대방은 그 처분이 그와 같은 사유로 인하여 취소될 것임을 예상할 수 있으므로, 이러한 경우까지 상대방의 신뢰를 보호하여야 하는 것은 아니다.

④ 수익적 행정처분을 직권취소할 때에는 이를 취소하여야 할 중대한 공익상 필요와 취소로 인하여 처분상대방이 입게 될 기득권과 법적 안정성에 대한 침해 정도 등 불이익을 비교·교량한 후 공익상 필요가 처분상대방이 입을 불이익을 정당화할 만큼 강한 경우에 한하여 취소할 수 있다.

해설

① (○) 철회사유는 행정행위 성립 이후의 사유를 대상으로 한다.

② (×)

행정기본법 제19조(적법한 처분의 철회)
① 행정청은 적법한 처분이 다음 각 호의 어느 하나에 해당하는 경우에는 그 처분의 전부 또는 일부를 장래를 향하여 철회할 수 있다.
1. 법률에서 정한 철회사유에 해당하게 된 경우
2. 법령 등의 변경이나 사정변경으로 처분을 더 이상 존속시킬 필요가 없게 된 경우
3. 중대한 공익을 위하여 필요한 경우
② 행정청은 제1항에 따라 처분을 철회하려는 경우에는 철회로 인하여 당사자가 입게 될 불이익을 철회로 달성되는 공익과 비교·형량하여야 한다.

③ (○) 신뢰보호는 고의나 과실이 없어야 한다. (대판 1995.1.20. 94누6529)

④ (○) 대판 2020.7.23. 2019두31839

행정기본법 제18조(위법 또는 부당한 처분의 취소)
① 행정청은 위법 또는 부당한 처분의 전부나 일부를 소급하여 취소할 수 있다. 다만, 당사자의 신뢰를 보호할 가치가 있는 등 정당한 사유가 있는 경우에는 장래를 향하여 취소할 수 있다.
② 행정청은 제1항에 따라 당사자에게 권리나 이익을 부여하는 처분을 취소하려는 경우에는 취소로 인하여 당사자가 입게 될 불이익을 취소로 달성되는 공익과 비교·형량하여야 한다. 다만, 다음 각 호의 어느 하나에 해당하는 경우에는 그러하지 아니하다.
1. 거짓이나 그 밖의 부정한 방법으로 처분을 받은 경우
2. 당사자가 처분의 위법성을 알고 있었거나 중대한 과실로 알지 못한 경우

정답 ②

05

판례상 항고소송의 대상으로 인정되는 것은?

① 상표권자인 법인에 대한 청산종결등기가 되었음을 이유로 특허청장이 행한 상표권 말소등록행위

② 사업자등록증 말소행위

③ 교도소장이 특정 수형자를 '접견 내용 녹음·녹화 및 접견시 교도관 참여대상자'로 지정한 행위

④ 행정청이 토지대장상 소유자명의변경신청을 거부한 행위

해설

① (×)

상표권 설정등록이 말소된 경우에도 등록령 제27조에 따른 회복등록의 신청이 가능하고, 회복신청이 거부된 경우에는 거부처분에 대한 항고소송이 가능하다. 그러나 상표권자인 법인에 대한 청산종결등기가 되었음을 이유로 한 상표권의 말소등록행위는 항고소송의 대상이 아니다. (대판 2015.10.29. 2014두2362)

② (×) 사업자등록증 직권말소는 처분이 아니다.

③ (○)

교도소장이 수형자 甲을 '접견 내용 녹음·녹화 및 접견시 교도관 참여대상자'로 지정한 사안에서, 위 지정행위는 수형자의 구체적 권리·의무에 직접적 변동을 가져오는 행정청의 공법상 행위로서 항고소송의 대상이 되는 '처분'에 해당한다. (대판 2014.2.13. 2013두20899)

④ (×)

등기부상 소유자가 토지대장의 소유자 기재가 잘못되었다는 이유로 토지대장상의 소유자명의변경신청을 한 것에 대하여 행정청이 등기부 기재가 착오로 잘못 기재된 것으로 보인다는 이유로 이를 거부한 것은 행정처분으로 볼 수 없다. (대판 2012.1.12. 2010두12354)

정답 ③

06

강학상 인가에 관한 설명으로 옳지 않은 것은? (다툼이 있는 경우 판례에 의함)

① 토지거래허가를 받기 전 상태를 유동적 무효라고 하고 허가를 받으면 토지거래가 확정적으로 유효해진다.

② 「민법」상 재단법인의 정관변경에 대한 주무관청의 허가는 법률상 표현이 허가로 되어 있기는 하나, 그 성질은 법률행위의 효력을 보충해 주는 것이지 일반적 금지를 해제하는 것은 아니다.

③ 인가처분에 하자가 없다면 기본행위에 하자가 있더라도 기본행위의 무효를 내세워 그에 대한 행정청의 인가처분의 취소 또는 무효확인을 구할 소의 이익이 없다.

④ 「도시 및 주거환경정비법」상 관리처분계획에 대한 인가는 강학상 인가의 성격을 갖고 있으므로 관리처분계획에 대한 인가가 있더라도 관리처분계획안에 대한 총회결의에 하자가 있다면 민사소송으로 총회결의의 하자를 다투어야 한다.

해설

① (○) 유동적 무효의 개념이다.

② (○)

> 민법 제45조와 제46조에서 말하는 재단법인의 정관변경 '허가'는 법률상의 표현이 허가로 되어 있기는 하나, 그 성질에 있어 법률행위의 효력을 보충해 주는 것이지 일반적 금지를 해제하는 것이 아니므로, 그 법적 성격은 인가라고 보아야 한다. (대판 1996.5.16. 95누4810 전원합의체)

③ (○) 기본행위에 하자가 있으면 기본행위를 다투어야 하고, 인가에 하자가 있으면 인가를 다투어야 한다.

> 기본행위인 관리처분계획이 적법·유효하고 보충행위인 인가처분 자체에만 하자가 있다면 그 인가처분의 무효나 취소를 주장할 수 있지만, 인가처분에 하자가 없다면 기본행위에 하자가 있다 하더라도 따로 그 기본행위의 하자를 다투는 것은 별론으로 하고 기본행위의 무효를 내세워 바로 그에 대한 행정청의 인가처분의 취소 또는 무효확인을 소구할 법률상의 이익이 있다고 할 수 없다. (대판 1994.10.14. 93누22753)

④ (×)

> 도시 및 주거환경정비법상 주택재건축정비사업조합이 같은 법 제48조에 따라 수립한 관리처분계획에 대하여 관할 행정청의 인가·고시까지 있게 되면 관리처분계획은 행정처분으로서 효력이 발생하게 되므로, 총회결의의 하자를 이유로 하여 행정처분의 효력을 다투는 항고소송의 방법으로 관리처분계획의 취소 또는 무효확인을 구하여야 하고, 그와 별도로 행정처분에 이르는 절차적 요건 중 하나에 불과한 총회결의 부분만을 따로 떼어내어 효력 유무를 다투는 확인의 소를 제기하는 것은 특별한 사정이 없는 한 허용되지 않는다. (대판 2009.9.17. 2007다2428 전원합의체)

정답 ④

07

행정절차법령에 관한 설명으로 옳지 않은 것은?

① 행정청은 신청인의 편의를 위하여 다른 행정청에 신청을 접수하게 할 수 있다.

② 확약은 구두로 가능하다.

③ 행정청은 처리기간이 '즉시'로 되어 있는 신청의 경우에는 접수증을 주지 아니할 수 있다.

④ 행정청은 다수의 행정청이 관여하는 처분을 구하는 신청을 접수한 경우에는 관계 행정청과의 신속한 협조를 통하여 그 처분이 지연되지 아니하도록 하여야 한다.

해설

① (○) 행정절차법 제17조 제7항

② (×)

> **행정절차법 제40조의2(확약)**
> ① 법령 등에서 당사자가 신청할 수 있는 처분을 규정하고 있는 경우 행정청은 당사자의 신청에 따라 장래에 어떤 처분을 하거나 하지 아니할 것을 내용으로 하는 의사표시(이하 '확약'이라 한다)를 할 수 있다.
> ② 확약은 문서로 하여야 한다.
> ③ 행정청은 다른 행정청과의 협의 등의 절차를 거쳐야 하는 처분에 대하여 확약을 하려는 경우에는 확약을 하기 전에 그 절차를 거쳐야 한다.
> ④ 행정청은 다음 각 호의 어느 하나에 해당하는 경우에는 확약에 기속되지 아니한다.
> 1. 확약을 한 후에 확약의 내용을 이행할 수 없을 정도로 법령 등이나 사정이 변경된 경우
> 2. 확약이 위법한 경우
>
> ⑤ 행정청은 확약이 제4항 각 호의 어느 하나에 해당하여 확약을 이행할 수 없는 경우에는 지체 없이 당사자에게 그 사실을 통지하여야 한다.

③ (○)

> **행정절차법 제17조(처분의 신청)**
> ④ 행정청은 신청을 받았을 때에는 다른 법령 등에 특별한 규정이 있는 경우를 제외하고는 그 접수를 보류 또는 거부하거나 부당하게 되돌려 보내서는 아니 되며, 신청을 접수한 경우에는 신청인에게 접수증을 주어야 한다. 다만, 대통령령으로 정하는 경우에는 접수증을 주지 아니할 수 있다.
>
> **행정절차법 시행령 제9조(접수증)**
> 법 제17조 제4항 단서에서 '대통령령이 정하는 경우'라 함은 다음 각 호의 1에 해당하는 신청의 경우를 말한다.
> 1. 구술·우편 또는 정보통신망에 의한 신청
> 2. 처리기간이 '즉시'로 되어 있는 신청
> 3. 접수증에 갈음하는 문서를 주는 신청

④ (○) 행정절차법 제18조

정답 ②

08

행정행위의 부관에 관한 설명으로 옳지 않은 것은? (다툼이 있는 경우 판례에 의함)

① 부담 아닌 부관이 위법할 경우 신청인이 부관부행정행위의 변경을 청구하고, 행정청이 이를 거부할 경우 거부처분의 취소를 구하는 소송을 제기할 수 없다.

② 기선선망어업의 허가를 하면서 운반선, 등선 등 부속선을 사용할 수 없도록 제한한 부관은 그 어업허가의 목적 달성을 사실상 어렵게 하여 그 본질적 효력을 해하는 것이므로 위법하다.

③ 부관은 면허발급 당시에 붙이는 것뿐만 아니라 면허발급 이후에 붙이는 것도 법률에 명문규정이 있거나 변경이 미리 유보되어 있는 경우 또는 상대방의 동의가 있는 경우 등에는 특별한 사정이 없는 한 허용된다.

④ 토지소유자가 토지형질변경행위허가에 붙은 기부채납의 부관에 따라 토지를 국가나 지방자치단체에 기부채납한 경우, 기부채납의 부관이 당연무효이거나 취소되지 아니한 이상 토지소유자는 위 부관으로 인하여 기부채납계약의 중요 부분에 착오가 있음을 이유로 기부채납계약을 취소할 수 없다.

해설

① (X) 부담의 경우에 진정일부취소소송으로 부담만의 취소를 구하는 소송이 가능하지만, 부담 이외의 부관에 대하여는 부관부행정행위의 전체의 취소를 청구하든지 아니면 먼저 부관부행정행위의 변경을 청구한 다음 행정청이 그것을 거부하면 거부처분취소소송을 제기하여야 한다.

② (O) 기선선망어업의 허가를 하면서 부속선을 사용할 수 없도록 제한한 부관은 위법하다.

> 수산업법 제15조에 의하여 어업의 면허 또는 허가에 붙이는 부관은 그 성질상 허가된 어업의 본질적 효력을 해하지 않는 한도의 것이어야 하고 허가된 어업의 내용 또는 효력 등에 대하여는 행정청이 임의로 제한 또는 조건을 붙일 수 없다고 보아야 할 것이며 수산업법 시행령 제14조의4 제3항의 규정 내용은 기선선망어업에는 그 어선규모의 대소를 가리지 않고 등선과 운반선을 갖출 수 있고, 또 갖추어야 하는 것이라고 해석되므로 기선선망어업의 허가를 하면서 운반선, 등선 등 부속선을 사용할 수 없도록 제한한 부관은 그 어업허가의 목적 달성을 사실상 어렵게 하여 그 본질적 효력을 해하는 것일 뿐만 아니라 시행령의 규정에도 어긋나는 것이며, 더욱이 어업조정이나 기타 공익상 필요하다고 인정되는 사정이 없는 이상 위법한 것이다. (대판 1990.4.27. 89누6808)

③ (O)

> 행정처분에 이미 부담이 부가되어 있는 상태에서 그 의무의 범위 또는 내용을 변경하는 부관의 사후변경은 ㉠ 법률에 명문규정이 있거나 ㉡ 그 변경이 미리 유보되어 있는 경우 또는 ㉢ 상대방의 동의가 있는 경우에 한하여 허용되는 것이 원칙이지만, ㉣ 사정변경으로 인하여 당초에 부담을 부가한 목적을 달성할 수 없게 된 경우에도 그 목적 달성에 필요한 범위 내에서 예외적으로 허용된다. (대판 1997.5.30. 97누2627)

④ (O) 민법에서는 중요 부분에 착오가 있으면 취소할 수 있지만, 행정법에서는 착오를 이유로 취소할 수 없다.

정답 ①

09

행정절차에 관한 설명으로 옳지 않은 것은? (다툼이 있는 경우 판례에 의함)

① 「국가공무원법」상 직위해제처분은 당해 행정작용의 성질상 행정절차를 거치기 곤란하거나 불필요하다고 인정되는 사항 또는 행정절차에 준하는 절차를 거친 사항에 해당하므로 처분의 사전통지 및 의견청취 등에 관한 「행정절차법」의 규정이 별도로 적용되지 않는다.

② 침익적 행정처분은 물론 수익적 행정처분의 신청에 대한 거부처분도 특별한 사정이 없는 한 사전통지와 의견제출절차의 대상이 된다.

③ 행정청이 근거법률에 의하여 영업자지위승계신고를 수리하는 처분은 종전 영업자의 권익을 제한하는 처분이라고 할 것이고 행정청은 종전의 영업자에 대하여 근거법률 소정의 행정절차를 실시하고 처분을 하여야 한다.

④ 행정청이 침익적 처분을 함에 있어 「행정절차법」상 예외에 속하는 경우가 아닌 한 당사자에게 사전통지를 하지 않고 의견제출절차를 거치지 않았다면 독립적 취소사유가 된다.

해설

① (O) 직위해제처분은 가행정행위로서 개략적 심사를 하게 되므로 사전통지의 대상이 아니다.

② (X)

> 신청에 따른 처분이 이루어지지 아니한 경우에는 아직 당사자에게 권익이 부과되지 아니하였으므로 특별한 사정이 없는 한 신청에 대한 거부처분이라고 하더라도 직접 당사자의 권익을 제한하는 것은 아니어서 신청에 대한 거부처분을 여기에서 말하는 '당사자의 권익을 제한하는 처분'에 해당한다고 할 수 없는 것이어서 처분의 사전통지대상이 된다고 할 수 없다. (대판 2003.11.28. 2003두674)

③ (O)

> 행정청이 구 식품위생법 규정에 의하여 영업자지위승계신고를 수리하는 처분은 종전의 영업자의 권익을 제한하는 처분이라고 할 것이고 따라서 종전의 영업자는 그 처분에 대하여 직접 그 상대가 되는 자에 해당한다고 봄이 상당하므로, 행정청으로서는 위 신고를 수리하는 처분을 함에 있어서 행정절차법 규정 소정의 당사자에 해당하는 종전의 영업자에 대하여 위 규정 소정의 행정절차를 실시하고 처분을 하여야 한다. (대판 2003.2.14. 2001두7015)

④ (O) 기속행위이든 재량행위이든 절차상 하자만으로 독립된 취소사유가 된다.

정답 ②

10

인허가의제에 관한 설명으로 옳지 않은 것은? (다툼이 있는 경우 판례에 의함)

① 주택건설사업계획 승인권자가 구 「주택법」에 따라 도시 · 군관리계획 결정권자와 협의를 거쳐 관계 주택건설사업계획을 승인하면 도시 · 군관리계획 결정이 이루어진 것으로 의제되고, 이러한 협의절차와 별도로 「국토의 계획 및 이용에 관한 법률」 등에서 정한 도시 · 군관리계획 입안을 위한 주민의견청취절차를 거칠 필요는 없다.

② 건축물의 건축이 「국토의 계획 및 이용에 관한 법률」(이하 '국토계획법'이라 한다)상 개발행위에 해당할 경우 그 건축의 허가권자는 국토계획법령의 개발행위허가기준을 확인하여야 하므로, 국토계획법상 건축물의 건축에 관한 개발행위허가가 의제되는 건축허가신청이 국토계획법령이 정한 개발행위허가기준에 부합하지 아니하면 허가권자로서는 이를 거부할 수 있다.

③ 「건축법」에서 관련 인허가의제제도를 둔 취지는 인허가의제사항 관련 법률에 따른 각각의 인허가요건에 관한 일체의 심사를 배제하려는 것이 아니다.

④ 주택건설사업계획 승인처분에 따라 의제된 인허가가 위법함을 다투고자 하는 이해관계인은 주택건설사업계획 승인처분의 취소를 구해야지 의제된 인허가의 취소를 구해서는 아니 되며, 의제된 인허가는 주택건설사업계획 승인처분과 별도로 항고소송의 대상이 되는 처분에 해당하지 않는다.

해설

① (O) ④ (X)

> [1] 의제된 인허가는 통상적인 인허가와 동일한 효력을 가지므로, 적어도 '부분 인허가의제'가 허용되는 경우에는 그 효력을 제거하기 위한 법적 수단으로 의제된 인허가의 취소나 철회가 허용될 수 있고, 이러한 직권취소 · 철회가 가능한 이상 그 의제된 인허가에 대한 쟁송취소 역시 허용된다. 따라서 주택건설사업계획 승인처분에 따라 의제된 인허가가 위법함을 다투고자 하는 이해관계인은, 주택건설사업계획 승인처분의 취소를 구할 것이 아니라 의제된 인허가의 취소를 구하여야 하며, 의제된 인허가는 주택건설사업계획 승인처분과 별도로 항고소송의 대상이 되는 처분에 해당한다.
>
> [2] 주택건설사업계획 승인권자가 구 주택법 제17조 제3항에 따라 도시 · 군관리계획 결정권자와 협의를 거쳐 관계 주택건설사업계획을 승인하면 같은 조 제1항 제5호에 따라 도시 · 군관리계획 결정이 이루어진 것으로 의제되고, 이러한 협의절차와 별도로 국토의 계획 및 이용에 관한 법률 제28조 등에서 정한 도시 · 군관리계획 입안을 위한 주민의견청취절차를 거칠 필요는 없다. (대판 2018.11.29. 2016두38792)

② (O) 의제되는 요건이 갖추어져 있지 않다는 것을 이유로 주된 인허가를 거부할 수 있다.

③ (O) 인허가의제제도를 둔 취지는 절차의 간소화를 위한 것이지, 일체의 심사를 배제하려는 것이 아니다.

정답 ④

11

판례상 재량행위에 해당하지 않는 것은?

① 재외동포에 대한 사증발급

② 구 「수도권대기환경특별법」상 대기오염물질 총량관리사업장 설치허가

③ 「국가공무원법」상 휴직사유 소멸을 이유로 한 신청에 대한 복직명령

④ 「출입국관리법」상 체류자격변경허가

해설

① (O) 재외동포에 대한 사증발급은 재량행위이다. (대판 2019.7.11. 2017두38874)

② (O) 구 수도권대기환경특별법상 대기오염물질 총량관리사업장 설치허가는 재량행위이다.

> 대기오염물질총량관리사업장 설치의 허가 또는 변경허가에 관한 규정들의 문언 및 그 체제 · 형식과 함께 구 수도권대기환경특별법의 입법목적, 규율대상, 허가의 방법, 허가 후 조치권한 등을 종합적으로 고려할 때, 구 수도권대기환경특별법 제14조 제1항에서 정한 대기오염물질총량관리사업장 설치의 허가 또는 변경허가는 특정인에게 인구가 밀집되고 대기오염이 심각하다고 인정되는 수도권 대기관리권역에서 총량관리대상 오염물질을 일정량을 초과하여 배출할 수 있는 특정한 권리를 설정하여 주는 행위로서 그 처분의 여부 및 내용의 결정은 행정청의 재량에 속한다. (대판 2013.5.9. 2012두22799)

③ (X) 국가공무원상 휴직사유 소멸을 이유로 한 신청에 대한 복직명령은 기속행위이다.

> '만 6세 이하의 초등학교 취학 전 자녀'를 양육대상으로 하여 '교육공무원이 그 자녀를 양육하기 위하여 필요한 경우'를 육아휴직의 사유로 규정하고 있으므로, 육아휴직 중 그 사유가 소멸하였는지는 해당 자녀가 사망하거나 초등학교에 취학하는 등으로 양육대상에 관한 요건이 소멸한 경우뿐만 아니라 육아휴직 중인 교육공무원에게 해당 자녀를 더 이상 양육할 수 없거나, 양육을 위하여 휴직할 필요가 없는 사유가 발생하였는지 여부도 함께 고려하여야 하고, 국가공무원법 제73조 제2항의 문언에 비추어 복직명령은 기속행위이므로 휴직사유가 소멸하였음을 이유로 신청하는 경우 임용권자는 지체 없이 복직명령을 하여야 한다. (대판 2014.6.12. 2012두4852)

④ (O) 출입국관리법상 체류자격변경허가는 특허로서 재량행위이다. (대판 2016.7.14. 2015두48846)

정답 ③

12

행정의 실효성 확보수단의 예와 그 법적 성질의 연결이 옳지 않은 것은? (다툼이 있는 경우 판례에 의함)

① 「건축법」에 따른 이행강제금 부과 - 집행벌

② 「식품위생법」에 따른 영업소 폐쇄 - 직접강제

③ 「공유재산 및 물품 관리법」에 따른 공유재산 원상복구명령의 강제적 이행 - 직접강제

④ 「부동산등기 특별조치법」에 따른 과태료 부과 - 행정벌

해설

① (○) 이행강제금을 집행벌이라고도 한다.

② (○)

③ (×) 원상복구명령의 강제적 이행은 '대집행'의 방법으로 한다.

④ (○)

정답 ③

13

정보공개에 관한 설명으로 옳은 것은? (다툼이 있는 경우 판례에 의함)

① 「공공기관의 정보공개에 관한 법률」 제9조 제1항 제4호의 '진행 중인 재판에 관련된 정보'에 해당한다는 사유로 정보공개를 거부하려면 그 정보가 진행 중인 재판의 소송기록 자체에 포함된 내용이어야만 한다.

② 「공공기관의 정보공개에 관한 법률」 제9조 제1항 제6호 본문 규정에 따라 비공개대상이 되는 정보는 성명·주민등록번호 등 개인식별정보에 한정된다.

③ 「공공기관의 정보공개에 관한 법률」 제9조 제1항 제5호의 '공개될 경우 업무의 공정한 수행에 현저한 지장을 초래한다고 인정할 만한 상당한 이유가 있는 경우'란 공개될 경우 업무의 공정한 수행이 객관적으로 현저하게 지장을 받을 것이라는 고도의 개연성이 존재하는 경우를 의미한다.

④ 「공공기관의 정보공개에 관한 법률」 제5조 제1항의 국민에는 자연인은 물론 법인을 포함하지만, 권리능력 없는 사단이나 재단은 이에 해당하지 아니한다.

해설

① (×)

> 법원 이외의 공공기관이 공공기관의 정보공개에 관한 법률 제9조 제1항 제4호에서 정한 '진행 중인 재판에 관련된 정보'에 해당한다는 사유로 정보공개를 거부하기 위하여는 반드시 그 정보가 진행 중인 재판의 소송기록 자체에 포함된 내용일 필요는 없다. 그러나 재판에 관련된 일체의 정보가 그에 해당하는 것은 아니고 진행 중인 재판의 심리 또는 재판 결과에 구체적으로 영향을 미칠 위험이 있는 정보에 한정된다고 보는 것이 타당하다. (대판 2011.11.24. 2009두19021)

② (×)

> 비공개대상이 되는 정보에는 공공기관의 정보공개에 관한 법률의 이름·주민등록번호 등 정보 형식이나 유형을 기준으로 비공개대상정보에 해당하는지를 판단하는 '개인식별정보'뿐만 아니라 그 외에 정보의 내용을 구체적으로 살펴 '개인에 관한 사항의 공개로 개인의 내밀한 내용의 비밀 등이 알려지게 되고, 그 결과 인격적·정신적 내면생활에 지장을 초래하거나 자유로운 사생활을 영위할 수 없게 될 위험성이 있는 정보'도 포함된다. (대판 2012.6.18. 2011두2361 전원합의체)

③ (○) 대판 2010.2.25. 2007두9877

④ (×)

> 공공기관의 정보공개에 관한 법률 제6조 제1항은 "모든 국민은 정보의 공개를 청구할 권리를 가진다."라고 규정하고 있는데, 여기에서 말하는 국민에는 자연인은 물론 법인, 권리능력 없는 사단·재단도 포함되고, 법인, 권리능력 없는 사단·재단 등의 경우에는 설립목적을 불문하며, 한편 정보공개청구권은 법률상 보호되는 구체적인 권리이므로 청구인이 공공기관에 대하여 정보공개를 청구하였다가 거부처분을 받은 것 자체가 법률상 이익의 침해에 해당한다. (대판 2003.12.12. 2003두8050)

정답 ③

14

「질서위반행위규제법」에 관한 설명으로 옳지 않은 것은?

① 질서위반행위 후 법률이 변경되어 그 행위가 질서위반행위에 해당하지 아니하게 되거나 과태료가 변경되기 전의 법률보다 가볍게 된 때에는 법률에 특별한 규정이 없는 한 변경된 법률을 적용하여야 한다.

② 심신장애로 인하여 능력이 미약한 자의 질서위반행위는 과태료를 감경할 수 있다.

③ 행정청의 과태료 부과에 불복하는 당사자는 과태료 부과 통지를 받은 날부터 60일 이내에 해당 행정청에 서면으로 이의제기를 할 수 있다.

④ 법원이 심문 없이 과태료 재판을 하고자 하는 때에는 당사자와 검사는 특별한 사정이 없는 한 약식재판의 고지를 받은 날부터 7일 이내에 이의신청을 할 수 있다.

해설

① (○)

> **질서위반행위규제법 제3조(법 적용의 시간적 범위)**
> ① 질서위반행위의 성립과 과태료 처분은 행위시의 법률에 따른다.
> ② 질서위반행위 후 법률이 변경되어 그 행위가 질서위반행위에 해당하지 아니하게 되거나 과태료가 변경되기 전의 법률보다 가볍게 된 때에는 법률에 특별한 규정이 없는 한 변경된 법률을 적용한다.
> ③ 행정청의 과태료 처분이나 법원의 과태료 재판이 확정된 후 법률이 변경되어 그 행위가 질서위반행위에 해당하지 아니하게 된 때에는 변경된 법률에 특별한 규정이 없는 한 과태료의 징수 또는 집행을 면제한다.

② (×)

> **질서위반행위규제법 제10조(심신장애)**
> ① 심신장애로 인하여 행위의 옳고 그름을 판단할 능력이 없거나 그 판단에 따른 행위를 할 능력이 없는 자의 질서위반행위는 과태료를 부과하지 아니한다.
> ② 심신장애로 인하여 제1항에 따른 능력이 미약한 자의 질서위반행위는 과태료를 감경한다.
> ③ 스스로 심신장애상태를 일으켜 질서위반행위를 한 자에 대하여는 제1항 및 제2항을 적용하지 아니한다.

③ (○) 질서위반행위규제법 제20조 제1항

④ (○) 질서위반행위규제법 제45조 제1항

정답 ②

15

「국가배상법」 제2조의 국가배상책임이 인정되기 위한 요건에 관한 설명으로 옳지 않은 것은? (다툼이 있는 경우 판례에 의함)

① 공무원의 부작위가 공무원으로서 마땅히 지켜야 할 준칙이나 규범을 위반한 경우를 포함하여 널리 객관적인 정당성이 없는 경우, 그 부작위는 '법령을 위반'하는 경우에 해당한다.

② 상급행정기관이 소속 공무원이나 하급행정기관에 대하여 업무처리지침이나 법령의 해석적용기준을 정해 주는 행정규칙을 위반한 공무원의 조치가 있다고 해서 그러한 사정만으로 곧바로 그 조치의 위법성이 인정되는 것은 아니다.

③ 개별공시지가 산정업무 담당공무원 등이 그 직무상 의무에 위반하여 현저하게 불합리한 개별공시지가가 결정되도록 함으로써 甲의 재산권을 침해한 경우 상당인과관계가 인정되므로 그 손해에 대하여 그 담당공무원 등이 속한 지방자치단체가 배상책임을 지게 된다.

④ 공무원에게 부과된 직무상 의무의 내용이 전적으로 또는 부수적으로라도 사회구성원 개인의 안전과 이익을 보호하기 위하여 설정된 것이어야 직무상 의무 위반과 피해자가 입은 손해 사이에 상당인과관계가 인정될 수 있다.

해설

① (○)

> 국가배상책임에서의 법령 위반은 인권존중, 권력남용금지, 신의성실, 공서양속 등의 위반도 포함해 널리 그 행위가 객관적인 정당성을 결여하고 있음을 의미한다. (대판 2015.8.27. 2012다204587)

② (○) 행정규칙 위반은 위법의 문제가 아니라 부당의 문제이다.

③ (×)

> [1] 개별공시지가가 산정업무를 담당하는 공무원으로서는 … 적정한 개별공시지가가 결정 · 공시되도록 조치할 직무상의 의무가 있고, 이러한 직무상 의무는 단순히 공공일반의 이익을 위한 것이거나 행정기관 내부의 질서를 규율하기 위한 것이 아니고 전적으로 또는 부수적으로 국민 개개인의 재산권 보장을 목적으로 하여 규정된 것이라고 봄이 상당하다. 따라서 개별공시지가 산정업무 담당공무원 등이 그 직무상 의무에 위반하여 현저하게 불합리한 개별공시지가가 결정되도록 함으로써 국민 개개인의 재산권을 침해한 경우에는 그 손해에 대하여 상당인과관계 있는 범위 내에서 그 담당공무원 등이 소속된 지방자치단체가 배상책임을 지게 된다.
> [2] 시장이 토지의 이용상황을 실제 이용되고 있는 '자연림'으로 하여 개별공시지가를 산정한 다음 감정평가법인에 검증을 의뢰하였는데, 감정평가법인이 그 토지의 이용상황을 '공업용'으로 잘못 정정하여 검증지가를 산정하고, 시 부동산평가위원회가 검증지가를 심의하면서 그 잘못을 발견하지 못함에 따라, 그 토지의 개별공시지가가 적정가격보다 훨씬 높은 가격으로 결정 · 공시된 사안에서, 이는 개별공시지가 산정업무 담당공무원 등이 직무상 의무를 위반한 것으로 불법행위에 해당한다.
> [3] 개별공시지가는 토지의 거래 또는 담보제공에서 그 실제 거래가액 또는 담보가치를 보장하는 등의 구속력을 갖지 않으며, 개개 토지에 관한 개별공시지가를 기준으로 거래하거나 담보제공을 받았다가 토지의 실제 거래가액 또는 담보가치가 개별공시지가에 미치지 못함으로 인하여 발생한 손해에 대해서는 개별공시지가를 결정 · 공시한 지방자치단체가 손해배상책임을 부담하지 않는다.

[4] 담당공무원 등의 개별공시지가 산정에 관한 직무상 위반행위와 위 손해 사이에 상당인과관계가 있다고 보기 어렵다. (대판 2010.7.22. 2010다13527)

④ (O) 개인적 공권이 인정되려면 강행법규성과 사익보호성이 있어야 한다.

정답 ③

16

공익사업을 위한 토지 등의 취득 및 보상에 관한 법령상 재결에 관한 설명으로 옳은 것은? (다툼이 있는 경우 판례에 의함)

① 관할 토지수용위원회가 사실을 오인하여 어떤 보상항목이 손실보상대상에 해당하지 않는다고 잘못된 내용의 재결을 한 경우, 피보상자가 이를 다투려면 그 재결에 대한 항고소송을 제기하여야 한다.

② 사업시행자가 토지소유자 등의 재결신청의 청구를 거부하는 경우, 토지소유자 등은 민사소송의 방법으로 그 절차 이행을 구할 수 있다.

③ 토지수용위원회의 수용재결이 있은 후에는 토지소유자 등과 사업시행자가 다시 협의하여 토지 등의 취득이나 사용 및 그에 대한 보상에 관하여 임의로 계약을 체결할 수 없다.

④ 중앙토지수용위원회가 생태하천조성사업에 편입되는 토지 상의 무허가건축물에서 축산업을 영위하는 甲에 대하여 「공익사업을 위한 토지 등의 취득 및 보상에 관한 법률 시행규칙」에 따라 영업손실을 인정하지 않는 내용의 수용재결을 한 것은 위임범위를 벗어나거나 정당한 보상의 원칙에 위배된다고 하기 어렵다.

해설

① (X) 수용 자체는 합의가 되고 보상금의 범위만 문제이므로 보상금증감소송을 하여야 한다.

어떤 보상항목이 공익사업을 위한 토지 등의 취득 및 보상에 관한 법령상 손실보상대상에 해당함에도 관할 토지수용위원회가 사실을 오인하거나 법리를 오해함으로써 손실보상대상에 해당하지 않는다고 잘못된 내용의 재결을 한 경우에는, 피보상자는 관할 토지수용위원회를 상대로 그 재결에 대한 취소소송을 제기할 것이 아니라, 사업시행자를 상대로 구 공익사업을 위한 토지 등의 취득 및 보상에 관한 법률 제85조 제2항에 따른 보상금증감소송을 제기하여야 한다. (대판 2018.7.20. 2015두4044)

② (X)

기업자가 토지소유자 등의 재결신청의 청구를 거부한다고 하여 이를 이유로 민사소송의 방법으로 그 절차 이행을 구할 수는 없다. (대판 1997.11.14. 97다13016)

③ (X)

수용재결이 있은 후에 사법상 계약의 실질을 가지는 협의취득절차를 금지해야 할 별다른 필요성을 찾기 어려운 점 등을 종합해 보면, 토지수용위원회의 수용재결이 있은 후라고 하더라도 토지소유자 등과 사업시행자가 다시 협의하여 토지 등의 취득이나 사용 및 그에 대한 보상에 관하여 임의로 계약을 체결할 수 있다고 보아야 한다. (대판 2017.4.13. 2016두64241)

④ (O)

규칙 조항이 '영업'의 개념에 '적법한 장소에서 운영될 것'이라는 요소를 포함하고 있다고 하여 공익사업을 위한 토지 등의 취득 및 보상에 관한 법률의 위임범위를 벗어났다거나 정당한 보상의 원칙에 위배된다고 하기 어렵다. (대판 2014.3.27. 2013두25863)

정답 ④

17

행정소송의 당사자에 관한 설명으로 옳지 않은 것은? (다툼이 있는 경우 판례에 의함)

① 대리기관이 대리관계를 표시하고 피대리 행정청을 대리하여 행정처분을 한 때에는 피대리 행정청이 피고로 되어야 한다.

② 개발제한구역 안에서의 공장설립을 승인한 처분이 위법하다는 이유로 쟁송취소되었다면, 설령 그 승인처분에 기초한 공장건축허가처분이 잔존하는 경우에는 인근 주민들에게는 공장건축허가처분의 취소를 구할 법률상 이익이 있다.

③ 약제를 제조·공급하는 제약회사는 보건복지부 고시인 약제 급여·비급여 목록 및 급여 상한금액표 중 약제의 상한금액 인하 부분에 대하여 그 취소를 구할 원고적격이 있다.

④ 대리에 있어서 대리청이 대리관계를 표시하지 않은 경우 상대방이 대리관계가 있다는 것을 안 경우에도 대리청이 피고가 된다.

해설

① (O) ④ (X)

권한의 위임(위탁)·대리·내부위임이 있는 경우의 피고적격

구분	위임	대리	내부위임
법적 근거	필요	불요	불요
권한의 귀속	수임청	피대리청(대리를 시킨 청)	위임청
피고적격	수임청	• 현명한 경우: 피대리청 • 현명하지 않은 경우: 대리청	• 현명한 경우: 위임청 • 현명하지 않은 경우: 수임청

대리청이 피대리청을 밝히지 않은 경우에도 상대방이 대리가 있었다는 것을 안 경우에는 피대리청이 피고가 됨.

② (O)

공장설립승인처분이 있고 난 뒤에 또는 그와 동시에 공장건축허가처분을 하는 것이 허용되므로, 공장설립승인처분이 취소된 경우에는 그 승인처분을 기초로 한 공장건축허가처분 역시 취소되어야 하고, 공장설립승인처분에 근거하여 토지의 형질변경이 이루어진 경우에는 원상회복을 해야 함이 원칙이다. 따라서 개발제한구역 안에서의 공장설립을 승인한 처분이 위법하다는 이유로 쟁송취소되었다고 하더라도 그 승인처분에 기초한 공장건축허가처분이 잔존하는 이상, 공장설립승인처분이 취소되었다는 사정만으로 인근 주민들의 환경상 이익이 침해되는 상태나 침해될 위험이 종료되었다거나 이를 시정할 수 있는 단계가 지나버렸다고 단정할 수는 없고, 인근 주민들은 여전히 공장건축허가처분의 취소를 구할 법률상 이익이 있다고 보아야 한다. (대판 2018.7.12. 2015두3485)

③ (O) 대판 2006.9.22. 2005두2506

정답 ④

18

「행정소송법」상 취소소송에 관한 설명으로 옳지 않은 것은? (다툼이 있는 경우 판례에 의함)

① 지방자치단체인 원고가 건축협의 거부를 다툴 실효적 해결수단이 없는 이상, 원고는 건축물 소재지 관할 허가권자인 지방자치단체의 장을 상대로 항고소송을 통해 건축협의 취소의 취소를 구할 수 있다.

② 조달청이 국가종합전자조달시스템인 나라장터 종합쇼핑몰에 거래정지조치를 하는 것은 사법관계에 속한다.

③ 국가가 국토이용계획과 관련한 지방자치단체의 장의 기관위임사무의 처리에 관하여 지방자치단체의 장을 상대로 취소소송을 제기하는 것은 허용되지 않는다.

④ 어떠한 처분의 근거가 행정규칙에 규정되어 있는 경우에도, 그 처분이 상대방의 권리·의무에 직접 영향을 미치는 행위라면 취소소송의 대상이 되는 행정처분에 해당한다.

해설

① (○)

> 건축협의의 실질은 지방자치단체 등에 대한 건축허가와 다르지 않으므로, 지방자치단체 등이 건축물을 건축하려는 경우 등에는 미리 건축물의 소재지를 관할하는 허가권자인 지방자치단체의 장과 건축협의를 하지 않으면, 지방자치단체라 하더라도 건축물을 건축할 수 없다. … 건축협의 취소는 상대방이 다른 지방자치단체 등 행정주체라고 하더라도 '행정청이 행하는 구체적 사실에 관한 법집행으로 서의 공권력 행사'로서 처분에 해당한다고 볼 수 있고, 지방자치단체인 원고가 이를 다툴 실효적 해결수단이 없는 이상, 원고는 건축물 소재지 관할 허가권자인 지방자치단체의 장을 상대로 항고소송을 통해 건축협의 취소의 취소를 구할 수 있다. (대판 2014.2.27. 2012두22980)

② (×)

> 甲주식회사가 조달청과 물품구매계약을 체결하고 국가종합전자조달 시스템인 나라장터 종합쇼핑몰 인터넷 홈페이지를 통해 요구받은 제품을 수요기관에 납품하였는데, 조달청이 계약 이행내역 점검 결과 일부 제품이 계약 규격과 다르다는 이유로 물품구매계약 추가특수조건규정에 따라 甲회사에 대하여 6개월의 나라장터 종합쇼핑몰 거래정지조치를 한 사안에서, 위 거래정지조치는 항고소송의 대상이 되는 행정처분에 해당한다. (대판 2018.11.29. 2015두52395)

③ (○)

> 건설교통부장관(현 국토교통부장관)은 지방자치단체의 장이 기관위임사무인 국토이용계획사무를 처리함에 있어 자신과 의견이 다를 경우 행정협의조정위원회에 협의·조정신청을 하여 그 협의·조정결정에 따라 의견불일치를 해소할 수 있고, 법원에 의한 판결을 받지 않고서도 행정권한의 위임 및 위탁에 관한 규정이나 구 지방자치법에서 정하고 있는 지도·감독을 통하여 직접 지방자치단체의 장의 사무처리에 대하여 시정명령을 발하고 그 사무처리를 취소 또는 정지할 수 있으며, 지방자치단체의 장에게 기간을 정하여 직무이행명령을 하고 지방자치단체의 장이 이를 이행하지 아니할 때에는 직접 필요한 조치를 할 수도 있으므로, 국가가 국토이용계획과 관련한 지방자치단체의 장의 기관위임사무의 처리에 관하여 지방자치단체의 장을 상대로 취소소송을 제기하는 것은 허용되지 않는다. (대판 2007.9.20. 2005두6935)

④ (○) 대판 2002.7.26. 2001두3532

정답 ②

19

「행정소송법」상 행정소송에 관한 설명으로 옳은 것은? (다툼이 있는 경우 판례에 의함)

① 「도시 및 주거환경정비법」상 주택재건축정비사업조합을 상대로 관리처분계획안에 대한 조합 총회결의의 효력을 다투는 소송은 당사자소송에 해당하므로 당해 소송에서 「민사집행법」상 가처분에 관한 규정이 준용된다.

② 처분에 대한 취소소송에 당해 처분의 취소를 선결문제로 하는 부당이득반환청구가 병합된 경우, 부당이득반환청구가 인용되기 위해서는 당해 처분이 그 소송절차에서 판결에 의해 취소되는 것만으로는 부족하고 당해 처분의 취소가 확정되어야 한다.

③ 원고가 고의 또는 중대한 과실 없이 행정소송으로 제기하여야 할 사건을 민사소송으로 잘못 제기한 경우, 행정소송에 대한 관할을 가지고 있지 아니한 수소법원은 당해 소송이 행정소송으로서의 제소기간을 도과한 것이 명백하더라도 관할 법원에 이송하여야 한다.

④ 「도시 및 주거환경정비법」상 주택재건축사업조합이 새로이 조합설립인가처분을 받은 것과 동일한 요건과 절차를 거쳐 조합설립변경인가처분을 받은 경우, 당초의 조합설립인가처분이 유효한 것을 전제로 당해 주택재건축사업조합이 시공사 선정 등의 후속행위를 하였다고 하더라도 특별한 사정이 없는 한 당초의 조합설립인가처분의 무효확인을 구할 소의 이익은 없다.

해설

① (○) 당사자소송은 집행정지가 안 되므로 가처분이 인정된다.

② (×)

> 행정소송법 제10조는 처분의 취소를 구하는 취소소송에 당해 처분과 관련되는 부당이득반환소송을 관련 청구로 병합할 수 있다고 규정하고 있는바, 이 조항을 둔 취지에 비추어 보면, 취소소송에 병합할 수 있는 당해 처분과 관련되는 부당이득반환소송에는 당해 처분의 취소를 선결문제로 하는 부당이득반환청구가 포함되고, 이러한 부당이득반환청구가 인용되기 위해서는 그 소송절차에서 판결에 의해 당해 처분이 취소되면 충분하고 그 처분의 취소가 확정되어야 하는 것은 아니라고 보아야 한다. (대판 2009.4.9. 2008두23153)

③ (×)

> 원고가 고의 또는 중대한 과실 없이 행정소송으로 제기하여야 할 사건을 민사소송으로 잘못 제기한 경우, 수소법원으로서는 만약 그 행정소송에 대한 관할도 동시에 가지고 있다면 이를 행정소송으로 심리·판단하여야 하고, 그 행정소송에 대한 관할을 가지고 있지 아니하다면 당해 소송이 이미 행정소송으로서의 전심절차 및 제소기간을 도과하였거나 행정소송의 대상이 되는 처분 등이 존재하지도 아니한 상태에 있는 등 행정소송으로서의 소송요건을 결하고 있음이 명백하여 행정소송으로 제기되었더라도 어차피 부적법하게 되는 경우가 아닌 이상 이를 부적법한 소라고 하여 각하할 것이 아니라 관할 법원에 이송하여야 한다. (대판 1997.5.30. 95다28960)

④ (×)

주택재건축사업조합이 새로 조합설립인가처분을 받는 것과 동일한 요건과 절차를 거쳐 조합설립변경인가처분을 받는 경우 당초 조합설립인가처분의 유효를 전제로 당해 주택재건축사업조합이 매도청구권 행사, 시공자 선정에 관한 총회 결의, 사업시행계획의 수립, 관리처분계획의 수립 등과 같은 후속 행위를 하였다면 당초 조합설립인가처분이 무효로 확인되거나 취소될 경우 그것이 유효하게 존재하는 것을 전제로 이루어진 위와 같은 후속 행위 역시 소급하여 효력을 상실하게 되므로, 특별한 사정이 없으면 위와 같은 형태의 조합설립변경인가가 있다고 하여 당초 조합설립인가처분의 무효확인을 구할 소의 이익이 소멸된다고 볼 수는 없다. (대판 2012.10.25. 2010두25107)

정답 ①

20

판례상 공법상 당사자소송으로 옳지 않은 것은?

① 재개발조합을 상대로 조합원의 자격 유무에 관한 확인을 구하는 소송

② 사업주가 당연가입자가 되는 고용보험 및 산재보험에서 보험료 납부의무 부존재확인소송

③ 한국전력공사가 한국방송공사로부터 수신료의 징수업무를 위탁받아 자신의 고유업무와 관련된 고지행위와 결합하여 수신료를 징수할 권한이 있는지 여부를 다투는 쟁송

④ 조세 부과처분의 당연무효를 전제로 하여 이미 납부한 세금의 반환청구

해설

① (○) ② (○) ③ (○) 당사자소송에 해당한다.

④ (×)

조세 부과처분이 당연무효임을 전제로 하여 이미 납부한 세금의 반환을 청구하는 것은 민사상의 부당이득반환청구로서 민사소송절차에 따라야 한다. (대판 1995.4.28. 94다55019)

참고 부가가치세 환급은 당사자소송의 대상이다.

정답 ④

21

「도시 및 주거환경정비법」상 행정처분에 관한 설명으로 옳지 않은 것은? (다툼이 있는 경우 판례에 의함)

① 주택재개발조합설립추진위원회 구성승인처분은 조합의 설립을 위한 주체인 주택재개발조합설립추진위원회의 구성행위를 보충하여 그 효력을 부여하는 처분이다.

② 주택재건축조합의 정관변경에 대한 시장·군수 등의 인가는 그 대상이 되는 기본행위를 보충하여 법률상 효력을 완성시키는 행위로서 시장·군수 등이 변경된 정관을 인가하면 그때부터 효력이 발생한다.

③ 이주대책은 생활보상의 한 내용이므로 이주대책이 수립되면 이주자들에게는 구체적인 권리가 발생하며, 사업시행자의 확인·결정이 있어야만 구체적인 수분양권이 발생하는 것은 아니다.

④ 토지 등 소유자들이 도시환경정비사업을 위한 조합을 따로 설립하지 아니하고 직접 그 사업을 시행하고자 하는 경우, 사업시행계획 인가처분은 일종의 설권적 처분의 성격을 가지므로 토지 등 소유자들이 작성한 사업시행계획은 독립된 행정처분이 아니다.

해설

① (○) 조합설립인가처분은 설권적 처분으로서 강학상 특허이고, 구성승인처분은 보충행위로서 강학상 인가이다.

조합설립추진위원회의 구성을 승인하는 처분은 조합의 설립을 위한 주체에 해당하는 비법인사단인 추진위원회를 구성하는 행위를 보충하여 그 효력을 부여하는 처분인데 반하여, 조합설립인가처분은 법령상 요건을 갖출 경우 도시 및 주거환경정비법상 주택재개발사업을 시행할 수 있는 권한을 가지는 행정주체(공법인)로서의 지위를 부여하는 일종의 설권적 처분이다. (대판 2013.12.26. 2011두8291)

② (○)

시장 등의 인가는 그 대상이 되는 기본행위를 보충하여 법률상 효력을 완성시키는 행위로서 이러한 인가를 받지 못한 경우 변경된 정관은 효력이 없고, 시장 등이 변경된 정관을 인가하더라도 정관변경의 효력이 총회의 의결이 있었던 때로 소급하여 발생한다고 할 수 없다. (대판 2014.7.10. 2013도11532)

③ (×) 사업시행자의 확인·결정이 있어야만 구체적인 수분양권이 발생하게 된다.

이주대책은 공공사업의 시행으로 생활근거를 상실하게 되는 이주자에게 이주정착지의 택지를 분양하도록 하는 것이고, 사업시행자는 특별공급주택의 수량, 특별공급대상자의 선정 등에 있어 재량을 가진다. (대판 2007.2.22. 2004두7481)

④ (○)

[1] 도시 및 주거환경정비법상 토지 등 소유자들이 조합을 따로 설립하지 않고 직접 시행하는 도시환경정비사업에서 사업시행인가처분은 정비사업을 시행할 수 있는 권한을 가지는 행정주체로서의 지위를 부여하는 일종의 설권적 처분의 성격을 가진다.

[2] 도시환경정비사업을 직접 시행하려는 토지 등 소유자들이 사업시행인가를 받기 전에 작성한 사업시행계획은 항고소송의 대상이 되는 독립된 행정처분에 해당하지 아니한다. (대판 2013.6.13. 2011두19994)

정답 ③

22

「공익사업을 위한 토지 등의 취득 및 보상에 관한 법률」상 손실보상에 관한 설명으로 옳지 않은 것은? (다툼이 있는 경우 판례에 의함)

① 잔여지 수용청구권은 그 요건을 구비한 때에는 잔여지를 수용하는 토지수용위원회의 재결이 없더라도 그 청구에 의하여 수용의 효과가 발생하는 형성권적 성질을 가진다.

② 공익사업에 영업시설 일부가 편입됨으로 인하여 잔여 영업시설에 손실을 입은 자는 재결절차를 거치지 않은 채 곧바로 사업시행자를 상대로 잔여 영업시설의 손실에 대한 보상을 청구할 수 있다.

③ 국가 등의 공적 기관이 직접 수용의 주체가 되는 것이든 그러한 공적 기관의 최종적인 허부 판단과 승인결정하에 민간기업이 수용의 주체가 되는 것이든, 양자 사이에 공공필요에 대한 판단과 수용의 범위에 있어서 본질적인 차이가 있는 것은 아니다.

④ 손실보상금 산정을 위한 감정평가 중 어느 한 가지 점이라도 위법사유가 있으면 그것으로써 감정평가 결과는 위법하게 되나, 법원은 그 감정 내용 중 위법하지 않은 부분을 추출하여 판결에서 참작할 수 있다.

해설

① (○) 잔여지 수용청구권은 형성권이다.

② (×) 공익사업을 위한 토지 등의 취득 및 보상에 관한 법률상 손실보상은 소송 전에 재결절차를 먼저 거쳐야 한다.

③ (○) 공공필요의 판단은 사업의 내용을 기준으로 하고 사업주체는 문제가 아니다.

④ (○)

> 감정은 법원이 어떤 사항을 판단하기 위하여 특별한 지식과 경험을 필요로 하는 경우 판단의 보조수단으로 그러한 지식이나 경험을 이용하는 데 지나지 아니하는 것이므로, 보상금의 증감에 관한 소송에서 동일한 사실에 관하여 상반되는 여러 개의 감정평가가 있고, 그중 어느 하나의 감정평가가 오류가 있음을 인정할 자료가 없는 이상 법원이 각 감정평가 중 어느 하나를 채용하거나 하나의 감정평가 중 일부만에 의거하여 사실을 인정하였다고 하더라도 그것이 논리나 경험의 법칙에 반하지 않는 한 위법하다고 할 수 없다. 그리고 손실보상금 산정을 위한 감정평가 중 어느 한 가지 점이라도 위법사유가 있으면 그것으로써 감정평가 결과는 위법하게 되나, 감정평가가 위법하다고 하여도 법원은 그 감정 내용 중 위법하지 않은 부분을 추출하여 판결에서 참작할 수 있다. (대판 2014.12.11. 2012두1570)

정답 ②

23

행정행위의 부관에 관한 설명으로 옳지 않은 것은? (다툼이 있는 경우 판례에 의함)

① 도로점용허가의 점용기간을 정함에 있어 위법사유가 있다면 도로점용허가처분 전부가 위법하게 된다.

② 기속행위에 대해서는 법령상 특별한 근거가 없는 한 부관을 붙일 수 없고, 부관을 붙였다고 하더라도 이는 무효이다.

③ 행정처분에 부담인 부관을 붙인 경우, 부관이 무효라면 부담의 이행으로 이루어진 사법상 매매행위도 당연히 무효가 된다.

④ 사정변경으로 당초에 부담을 부가한 목적을 달성할 수 없게 된 경우에도 그 목적 달성에 필요한 범위 내에서 예외적으로 부담의 사후변경이 허용된다.

해설

① (○)

> 도로점용허가의 점용기간은 행정행위의 본질적인 요소에 해당한다고 볼 것이어서 부관인 점용기간을 정함에 있어서 위법사유가 있다면 이로써 도로점용허가처분 전부가 위법하게 된다고 할 것인데, … 수락한 조건대로 원고의 총 공사비와 피고시의 징수조례에 의한 도로점용료가 같아지는 33 · 34년까지로 하여야 할 것임에도 불구하고, 합리적인 근거도 없이 그 점용기간을 20년으로 정하여 이 사건 도로점용허가를 한 것은 위법하다. (대판 1985.7.9. 84누604)

② (○)

> 일반적으로 기속행위나 기속적 재량행위에는 부관을 붙일 수 없고 가사 부관을 붙였다고 하더라도 이는 무효이다. (대판 1988.4.27. 87누1106)

③ (×)

> 행정처분에 부담인 부관을 붙인 경우 부관의 무효화에 의하여 본체인 행정처분 자체의 효력에도 영향이 있게 될 수는 있지만, 그 처분을 받은 사람이 부담의 이행으로 사법상 매매 등의 법률행위를 한 경우에는 그 부관은 특별한 사정이 없는 한 법률행위를 하게 된 동기 내지 연유로 작용하였을 뿐이므로 이는 법률행위의 취소사유가 될 수 있음은 별론으로 하고 그 법률행위 자체를 당연히 무효화하는 것은 아니다. (대판 2009.6.25. 2006다18174)

④ (○) 대판 1997.5.30. 97누2627

정답 ③

24

법률유보원칙에 관한 설명으로 옳지 않은 것은? (다툼이 있는 경우 판례에 의함)

① 법률유보원칙에서 요구되는 법적 근거는 작용법적 근거를 의미한다.

② 법률유보원칙은 국민의 기본권 실현과 관련된 영역에 있어서는 입법자가 그 본질적 사항에 대해서 스스로 결정하여야 한다는 요구까지 내포하고 있다.

③ 국회가 형식적 법률로 직접 규율하여야 하는 필요성은 규율대상이 기본권 및 기본적 의무와 관련된 중요성을 가질수록 그에 관한 공개적 토론의 필요성 또는 상충하는 이익 사이의 조정 필요성이 클수록 더 증대된다.

④ 법외노조 통보는 이미 법률에 의하여 법외노조가 된 것을 사후적으로 고지하거나 확인하는 행위가 아니라 그 통보로써 비로소 법외노조가 되도록 하는 형성적 행정처분으로서 법률유보원칙에 위반되지 않는다.

해설

① (○) 행정은 모든 경우에 조직법적 근거가 있어야 한다. 즉, 행정은 소관 사무 내에서만 가능하다. 따라서 법률유보의 원칙에서 문제되는 것은 조직법적 근거(임무규정)가 아니라 행정의 작용법적 근거(수권규범, 권능규정, 권한규정)이다.

② (○) 헌재 1999.5.27. 98헌바70

③ (○) 대판 2015.8.20. 2012두23808 전원합의체

④ (×)

> 법외노조 통보는 적법하게 설립된 노동조합의 법적 지위를 박탈하는 중대한 침익적 처분으로서 원칙적으로 국민의 대표자인 입법자가 스스로 형식적 법률로써 규정하여야 할 사항이고, 행정입법으로 이를 규정하기 위하여는 반드시 법률의 명시적이고 구체적인 위임이 있어야 한다. 그런데 노동조합 및 노동관계조정법(이하 '노동조합법'이라 한다) 시행령 제9조 제2항은 법률의 위임 없이 법률이 정하지 아니한 법외노조 통보에 관하여 규정함으로써 헌법상 노동3권을 본질적으로 제한하고 있으므로 그 자체로 무효이다. 법외노조 통보는 이미 법률에 의하여 법외노조가 된 것을 사후적으로 고지하거나 확인하는 행위가 아니라 그 통보로써 비로소 법외노조가 되도록 하는 형성적 행정처분이다. 이러한 법외노조 통보는 단순히 노동조합에 대한 법률상 보호만을 제거하는 것에 그치지 않고 헌법상 노동3권을 실질적으로 제약한다. 그런데 노동조합 및 노동관계조정법은 법상 설립요건을 갖추지 못한 단체의 노동조합 설립신고서를 반려하도록 규정하면서도, 그보다 더 침익적인 설립 후 활동 중인 노동조합에 대한 법외노조 통보에 관하여는 아무런 규정을 두고 있지 않고, 이를 시행령에 위임하는 명문규정도 두고 있지 않다. 더욱이 법외노조 통보제도는 입법자가 반성적 고려에서 폐지한 노동조합 해산명령제도와 실질적으로 다를 바 없다. 결국 노동조합법 시행령 제9조 제2항은 법률이 정하고 있지 아니한 사항에 관하여, 법률의 구체적이고 명시적인 위임도 없이 헌법이 보장하는 노동3권에 대한 본질적인 제한을 규정한 것으로서 법률유보원칙에 반한다. (대판 2020.9.3. 2016두32992 전원합의체)

정답 ④

25

「행정소송법」과 「행정심판법」상 피고 및 피신청인에 관한 설명으로 옳은 것은? (다툼이 있는 경우 판례에 의함)

① 취소소송에서 원고가 처분청 아닌 행정관청을 피고로 잘못 지정한 경우, 법원은 석명권의 행사 없이 소송요건의 불비를 이유로 소를 각하할 수 있다.

② 청구인이 피청구인을 잘못 지정한 경우에는 위원회는 직권으로 또는 당사자의 신청에 의하여 결정으로써 피청구인을 경정할 수 있다.

③ 상급행정청의 지시에 의해 하급행정청이 자신의 명의로 처분을 하였다면, 해당 처분에 대한 취소소송에서는 지시를 내린 상급행정청이 피고가 된다.

④ 취소소송에서 피고가 될 수 있는 행정청에는 대외적으로 의사를 표시할 수 있는 기관이 아니더라도 국가나 공공단체의 의사를 실질적으로 결정하는 기관이 포함된다.

해설

① (×)

> 원고가 피고를 잘못 지정하였다면 법원으로서는 당연히 석명권을 행사하여 원고로 하여금 피고를 경정하게 하여 소송을 진행하게 하였어야 할 것임에도 불구하고 이러한 조치를 취하지 아니한 채 피고의 지정이 잘못되었다는 이유로 소를 각하한 것은 위법하다. (대판 2004.7.8. 2002두7852)

② (○) 행정심판법 제17조 제2항

③ (×)

> 행정처분의 취소 또는 무효확인을 구하는 행정소송은 다른 법률에 특별한 규정이 없는 한 소송의 대상인 행정처분 등을 외부적으로 그의 명의로 행한 행정청을 피고로 하여야 하는 것으로서 그 행정처분을 하게 된 연유가 상급행정청이나 타행정청의 지시나 통보에 의한 것이라고 하여 다르지 않다고 할 것이며, 권한의 위임이나 위탁을 받아 수임행정청이 정당한 권한에 기하여 그 명의로 한 처분에 대하여는 말할 것도 없고, 내부위임이나 대리권을 수여받은 데 불과하여 원행정청 명의나 대리관계를 밝히지 아니하고는 그의 명의로 처분 등을 할 권한이 없는 행정청이 권한 없이 그의 명의로 한 처분에 대하여도 처분명의자인 행정청이 피고가 되어야 할 것이다. (대판 1995.12.22. 95누14688)

④ (×)

> 취소소송에서 피고가 되는 '행정청'이라 함은 국가 또는 공공단체의 기관으로서 국가나 공공단체의 의견을 결정하여 외부에 표시할 수 있는 권한, 즉 처분권한을 가진 기관을 말하고, 대외적으로 의사를 표시할 수 있는 기관이 아닌 내부기관은 실질적인 의사가 그 기관에 의하여 결정되더라도 피고적격을 갖지 못한다. (대판 2014.5.16. 2014두274)

정답 ②

제06회 실전동형 모의고사

p. 039~045

01 ③ 02 ② 03 ① 04 ④ 05 ③ 06 ① 07 ③ 08 ① 09 ②
10 ④ 11 ② 12 ③ 13 ④ 14 ④ 15 ④ 16 ① 17 ① 18 ①
19 ③ 20 ④ 21 ③ 22 ② 23 ② 24 ③ 25 ②

01

행정입법에 관한 설명으로 옳지 않은 것은? (다툼이 있는 경우 판례에 의함)

① 총리령 · 부령의 제정절차는 대통령령의 경우와는 달리 국무회의 심의는 거치지 않아도 된다.

② 상위 법령의 위임이 없음에도 상위 법령에 규정된 처분요건에 해당하는 사항을 부령에서 변경하여 규정한 경우 그 부령의 규정은 국민에 대한 대외적 구속력이 없다.

③ 위임명령과 집행명령은 새로운 법규사항을 정할 수 있으나 행정규칙은 새로운 법규사항을 정할 수 없다.

④ 「특정다목적댐법」에서 댐 건설로 손실을 입으면 국가가 보상하여야 하고 그 절차와 방법은 대통령령으로 제정하도록 명시되어 있음에도 미제정된 경우, 법령제정의 여부는 「행정소송법」상 부작위위법확인 소송의 대상이 될 수 없다.

해설

① (○) 대통령령은 반드시 법제처의 심사와 국무회의의 심의를 거쳐야 하는 반면, 총리령 · 부령은 법제처의 심사를 거치지만 국무회의의 심의는 거치지 않아도 된다. 다만, 국무회의의 심의를 거치는 것이 불가능하지는 않다.

② (○)

> 법령의 위임이 없음에도 법령에 규정된 처분요건에 해당하는 사항을 부령에서 변경하여 규정한 경우에는 그 부령의 규정은 행정청 내부의 사무처리기준 등을 정한 것으로서 행정조직 내에서 적용되는 행정명령의 성격을 지닐 뿐 국민에 대한 대외적 구속력은 없다고 보아야 한다. 따라서 이 경우 처분의 적법 여부는 그러한 규칙 등에서 정한 요건에 합치하는지 여부가 아니라 일반국민에 대하여 구속력을 가지는 법률 등 법규성이 있는 관계 법령의 규정을 기준으로 판단하여야 한다. (대판 2013.9.12. 2011두10584)

③ (×) 위임명령은 위임받은 범위 내에서 법규적 사항을 규율할 수 있으나, 집행명령은 법규적 사항을 규율할 수 없다.

④ (○) 행정입법부작위는 부작위위법확인소송의 대상이 아니다. 다만, 헌법소원이나 국가배상은 가능하다.

정답 ③

02

행정법의 일반원칙에 관한 설명으로 옳지 않은 것은? (다툼이 있는 경우 판례에 의함)

① 「행정기본법」은 비례의 원칙을 명문으로 규정하고 있다.

② 폐기물처리업 사업계획에 대한 적정통보에는 당해 토지에 대한 형질변경신청을 허가하는 취지의 공적 견해표명이 있다고 볼 수 있다.

③ 공적 견해표명 당시의 사정이 사후에 변경된 경우 특별한 사정이 없는 한 행정청이 그 견해표명에 반하는 처분을 하더라도 신뢰보호원칙에 위반된다고 할 수 없다.

④ 주택사업계획 승인을 하면서 그 주택사업과 아무 관련이 없는 토지를 기부채납하도록 하는 부관을 붙인 경우, 그 부관은 부당결부금지원칙에 위반되어 위법하다.

해설

① (○)

> **행정기본법 제10조(비례의 원칙)**
> 행정작용은 다음 각 호의 원칙에 따라야 한다.
> 1. 행정목적을 달성하는 데 유효하고 적절할 것
> 2. 행정목적을 달성하는 데 필요한 최소한도에 그칠 것
> 3. 행정작용으로 인한 국민의 이익 침해가 그 행정작용이 의도하는 공익보다 크지 아니할 것

② (×)

> 폐기물관리법령에 의한 폐기물처리업 사업계획에 대한 적정통보와 국토이용관리법령에 의한 국토이용계획변경은 각기 그 제도적 취지와 결정단계에서 고려해야 할 사항들이 다르므로, 폐기물처리업 사업계획에 대하여 적정통보를 한 것만으로 그 사업부지 토지에 대한 국토이용계획 변경신청을 승인하여 주겠다는 취지의 공적인 견해표명을 한 것으로 볼 수 없다. (대판 2005.4.28. 2004두8828)

③ (○)

> 행정청이 상대방에게 장차 어떤 처분을 하겠다고 확약 또는 공적 견해표명을 하였다고 하더라도, 그 자체에서 둔 유효기간 내에 상대방의 신청이 없었다거나 공적 견해표명 후에 그 전제로 된 사실적 · 법률적 상태가 변경되었다면 그러한 견해표명은 행정청의 별다른 의사표시를 기다리지 않고 실효된다. (대판 1996.8.20. 95누10877)

④ (○)

> 지방자치단체장이 사업자에게 주택사업계획 승인을 하면서 그 주택사업과는 아무런 관련이 없는 토지를 기부채납하도록 하는 부관을 주택사업계획 승인에 붙인 경우, 그 부관은 부당결부금지의 원칙에 위반되어 위법하지만, 부관의 하자가 중대하고 명백하여 당연무효라고는 볼 수 없다. (대판 1997.3.11. 96다49650)

정답 ②

03

행정행위의 하자에 관한 설명으로 옳은 것은? (다툼이 있는 경우 판례에 의함)

① 재건축조합설립인가처분 당시 동의율을 충족하지 못한 하자는 후에 추가동의서가 제출되었다는 사정만으로도 치유되지 않는다.

② 처분 당시 당사자가 어떠한 근거와 이유로 처분이 이루어진 것인지를 충분히 알 수 있어서 그에 불복하여 행정구제절차로 나아가는 데에 별다른 지장이 없었던 것으로 인정되는 경우에는 처분서에 처분의 근거와 이유가 구체적으로 명시되어 있지 않았어도, 그 처분은 위법하다.

③ 적법한 건축물에 대한 철거명령은 그 하자가 중대하고 명백하여 당연무효라고 할 것이지만, 그 후행행위인 건축물철거대집행계고처분은 당연무효라고 할 수 없다.

④ 세액산출근거가 기재되지 아니한 납세고지서에 의한 부과처분은 강행법규에 위반하여 취소대상이 된다고 할 것이지만 이와 같은 하자는 납세의무자가 전심절차에서 이를 주장하지 아니하였거나 그 후 부과된 세금을 자진납부하였다거나 조세채권의 소멸시효기간이 만료된 경우 치유된다.

해설

① (○)

> 원심은 토지 또는 건축물 소유자의 동의서가 추가로 제출됨으로써 토지 또는 건축물 소유자의 4분의 3 이상의 동의율 요건이 충족되었으므로 2008.11.20.자 설립인가처분의 흠이 치유되었거나 그 요건이 보완되었다는 피고의 주장에 대하여, 구 도시 및 주거환경정비법 제16조 제2항·제3항에서 정하는 조합설립인가처분은 설권적 처분의 성질을 가지고 있고, 흠 있는 2008.11.20.자 설립인가처분의 치유나 전환을 인정하더라도 원고들을 비롯한 토지 또는 건축물 소유자에게 아무런 손해가 발생하지 않는다고 단정할 수 없다는 점 등을 이유로 이를 배척하였고, 그 판단은 정당하다. (대판 2014.5.16. 2011두13736)

② (×)

> 처분서에 기재된 내용과 관계 법령 및 당해 처분에 이르기까지의 전체적인 과정 등을 종합적으로 고려하여, 처분 당시 당사자가 어떠한 근거와 이유로 처분이 이루어진 것인지를 충분히 알 수 있어서 그에 불복하여 행정구제절차로 나아가는 데에 별다른 지장이 없었던 것으로 인정되는 경우에는 처분서에 처분의 근거와 이유가 구체적으로 명시되어 있지 않았다고 하더라도 그로 말미암아 그 처분이 위법한 것으로 된다고 할 수는 없다. (대판 2009.12.10. 2007두20348)

③ (×) 선행처분이 무효이면 후행처분도 무효사유이다.

④ (×)

> 세액산출근거가 기재되지 아니한 납세고지서에 의한 부과처분은 강행법규에 위반하여 취소대상이 된다 할 것이므로 이와 같은 하자는 납세의무자가 전심절차에서 이를 주장하지 아니하였거나 그 후 부과된 세금을 자진납부하였다거나 또는 조세채권의 소멸시효기간이 만료되었다 하여 치유되는 것이라고는 할 수 없다. (대판 1985.4.9. 84누431)

정답 ①

04

공익신고자 丙은 甲이 「국민기초생활 보장법」상 복지급여를 부정수급하고 있다고 관할 乙행정청에 신고하였다. 이에 대하여 甲은 乙에게 부정수급신고를 한 자와 그 내용에 대해 정보공개청구를 하였다. 이후 甲은 乙의 비공개결정통지를 받았고(2022.8.26.) 이에 대해 국민권익위원회에 고충민원을 제기하였으나(2022.9.16.), 국민권익위원회로부터 乙의 결정은 문제가 없다는 안내를 받았다(2022.10.26.). 그리고 甲은 乙의 비공개결정의 취소를 구하는 행정심판을 제기하게 되었다(2022.12.27.). 이에 관한 설명으로 옳은 것은? (다툼이 있는 경우 판례에 의함)

① 「개인정보 보호법」상 정보주체에게 열람청구권이 보장되어 있으므로 甲은 이에 근거하여 乙에게 신고자에 대한 정보공개를 요구하여 그 정보를 받을 수 있다.

② 甲의 행정심판청구는 행정심판 제기기간 내에 이루어졌으므로 적법하다.

③ 甲의 국민권익위원회에 대한 고충민원 제기는 이의신청에 해당하므로, 고충민원에 대한 답변을 받은 날이 행정심판 제기기간의 기산점이 된다.

④ 공공기관 중 중앙행정기관 및 대통령령으로 정하는 기관은 전자적 형태로 보유·관리하는 정보 중 공개대상으로 분류된 정보를 국민의 정보공개청구가 없더라도 정보통신망을 활용한 정보공개시스템 등을 통하여 공개하여야 한다.

해설

① (×) 정보공개청구권이 있다는 것은 일반적으로 공개청구가 가능하고 거부가 되었을 때 항고소송이 가능하다는 의미이다. 다만, 정보의 성질상 비공개정보의 경우에는 공개가 허용되지 않는다.

② (×) ③ (×) 행정심판은 행정심판위원회에 하는 것이고, 이의신청은 해당 행정청에 하는 것이다. 그렇다면 국민권익위원회에 대한 이의신청은 행정심판이 아니다.

④ (○) 공공기관의 정보공개에 관한 법률 제8조의2

정답 ④

05

「행정절차법」상 송달과 처분절차에 관한 설명으로 옳지 않은 것은?

① 처분기준의 설정·공표의 규정은 침익적 처분뿐만 아니라 수익적 처분의 경우에도 적용된다.

② 정보통신망을 이용하여 전자문서로 송달하는 경우에는 송달받을 자가 지정한 컴퓨터 등에 입력된 때에 도달된 것으로 본다.

③ 공청회가 개최는 되었으나 정상적으로 진행되지 못하고 무산된 횟수가 2회인 경우 온라인공청회를 단독으로 개최할 수 있다.

④ 송달이 불가능한 경우에는 송달받을 자가 알기 쉽도록 관보, 공보, 게시판, 일간신문 중 하나 이상에 공고하고 인터넷에도 공고하여야 한다.

해설

① (○)

행정절차법상 처분절차

공통적으로 적용되는 절차	수익적 처분에만 적용되는 절차	불이익 처분에만 적용되는 절차
• 처분기준의 설정·공표 • 처분의 이유제시 • 처분의 방식: 문서주의 • 처분의 정정 • 고지제도	• 처분의 신청 • 다수의 행정청이 관여하는 처분	• 처분의 사전통지 • 의견청취 • 의견제출 • 청문 • 공청회

② (○) 행정절차법 제15조 제2항

③ (×)

> **행정절차법 제38조의2(온라인공청회)**
> ① 행정청은 제38조에 따른 공청회와 병행하여서만 정보통신망을 이용한 공청회(이하 '온라인공청회'라 한다)를 실시할 수 있다.
> ② 제1항에도 불구하고 다음 각 호의 어느 하나에 해당하는 경우에는 온라인공청회를 단독으로 개최할 수 있다.
> 1. 국민의 생명·신체·재산의 보호 등 국민의 안전 또는 권익보호 등의 이유로 제38조에 따른 공청회를 개최하기 어려운 경우
> 2. 제38조에 따른 공청회가 행정청이 책임질 수 없는 사유로 개최되지 못하거나 개최는 되었으나 정상적으로 진행되지 못하고 무산된 횟수가 3회 이상인 경우
> 3. 행정청이 널리 의견을 수렴하기 위하여 온라인공청회를 단독으로 개최할 필요가 있다고 인정하는 경우. 다만, 제22조 제2항 제1호 또는 제3호에 따라 공청회를 실시하는 경우는 제외한다.
>
> ③ 행정청은 온라인공청회를 실시하는 경우 의견제출 및 토론 참여가 가능하도록 적절한 전자적 처리능력을 갖춘 정보통신망을 구축·운영하여야 한다.
> ④ 온라인공청회를 실시하는 경우에는 누구든지 정보통신망을 이용하여 의견을 제출하거나 제출된 의견 등에 대한 토론에 참여할 수 있다.

④ (○) 행정절차법 제4조 제4항

정답 ③

06

행정행위에 관한 설명으로 옳은 것은? (다툼이 있는 경우 판례에 의함)

① 건축물의 건축이 「국토의 계획 및 이용에 관한 법률」상 개발행위에 해당할 경우 그 건축의 허가권자는 개발행위허가가 의제되는 건축허가신청이 국토의 계획 및 이용에 관한 법령이 정한 개발행위허가기준에 부합하지 아니하면 이를 거부할 수 있다.

② 주택건설사업계획 승인처분에 따라 의제된 인허가의 위법함을 다투고자 하는 이해관계인은 의제된 인허가의 취소를 구할 것이 아니라, 주된 처분인 주택건설사업계획 승인처분의 취소를 구하여야 한다.

③ 「하천법」에 의한 하천점용허가는 강학상 허가에 해당한다.

④ 「출입국관리법」상 체류자격변경허가는 기속행위이므로 신청인이 관계 법령에서 정한 요건을 충족하면 허가권자는 신청을 받아들여 허가하여야 한다.

해설

① (○)

> 건축물의 건축이 국토의 계획 및 이용에 관한 법률(이하 '국토계획법'이라 한다)상 개발행위에 해당할 경우 그에 대한 건축허가를 하는 허가권자는 건축허가에 배치·저촉되는 관계 법령상 제한사유의 하나로 국토계획법령의 개발행위허가기준을 확인하여야 하므로, 국토계획법상 건축물의 건축에 관한 개발행위허가가 의제되는 건축허가신청이 국토계획법령이 정한 개발행위허가기준에 부합하지 아니하면 허가권자로서는 이를 거부할 수 있고, 이는 건축법 제16조 제3항에 의하여 개발행위허가의 변경이 의제되는 건축허가사항의 변경허가에서도 마찬가지이다. (대판 2016.8.24. 2016두35762)

② (×) 통상 주된 인허가가 소의 대상이 되고 의제되는 인허가는 소송의 대상이 아니지만, 주택법의 경우에는 그렇지 않다.

> 주택건설사업계획 승인처분에 따라 의제된 인허가가 위법함을 다투고자 하는 이해관계인은, 주택건설사업계획 승인처분의 취소를 구할 것이 아니라 의제된 인허가의 취소를 구하여야 하며, 의제된 인허가는 주택건설사업계획 승인처분과 별도로 항고소송의 대상이 되는 처분에 해당한다. (대판 2018.11.29. 2016두38792)

③ (×) 도로·하천점용허가는 강학상 특허에 해당한다.

④ (×)

> 체류자격변경허가는 신청인에게 당초의 체류자격과 다른 체류자격에 해당하는 활동을 할 수 있는 권한을 부여하는 일종의 설권적 처분의 성격을 가지므로, 허가권자는 신청인이 관계 법령에서 정한 요건을 충족하였더라도, 신청인의 적격성, 체류목적, 공익상의 영향 등을 참작하여 허가 여부를 결정할 수 있는 재량을 가진다. (대판 2016.7.14. 2015두48846)

정답 ①

07

행정행위에 관한 설명으로 옳지 않은 것은? (다툼이 있는 경우 판례에 의함)

① 개별공시지가결정과 이를 기초로 한 과세처분인 양도소득세 부과처분에서는 흠의 승계가 긍정된다.

② 하자 있는 행정처분이 당연무효가 되기 위해서는 그 하자가 법규의 중요한 부분을 위반한 중대한 것으로서 객관적으로 명백한 것이어야 하며, 하자가 중대하고 명백한지 여부를 판별할 때에는 그 법규의 목적, 의미, 기능 등을 목적론적으로 고찰함과 동시에 구체적 사안 자체의 특수성에 관하여도 합리적으로 고찰함을 요한다.

③ 무효인 행정행위에 대하여 무효의 주장을 취소소송의 형식(무효선언적 취소)으로 제기하는 경우에 있어서, 취소소송의 형식에 의하여 제기되었더라도 이러한 소송에 있어서는 취소소송의 제소요건의 제한을 받지 아니한다.

④ 위법한 행정대집행이 완료되면 그 처분의 무효확인 또는 취소를 구할 소의 이익은 없다고 하더라도, 미리 그 행정처분의 취소판결이 있어야만 그 행정처분의 위법임을 이유로 한 손해배상청구를 할 수 있는 것은 아니다.

해설

① (○) 동일한 목적을 추구하지 않지만 선행행위의 후행행위에 대한 구속력을 인정할 수 없어 하자승계가 인정된 예외적 사례이다.

> 개별공시지가결정에 위법이 있는 경우에는 그 자체를 행정소송의 대상이 되는 행정처분으로 보아 그 위법 여부를 다툴 수 있음은 물론 이를 기초로 한 과세처분 등 행정처분의 취소를 구하는 행정소송에서도 선행처분인 개별공시지가결정의 위법을 독립된 위법사유로 주장할 수 있다고 해석함이 타당하다. (대판 1994.1.25. 93누8542)

② (○) 명백성을 판단하는 기준이다.

③ (×) 무효선언적 의미의 취소소송은 취소소송과 같다. 따라서 제소기간 등 소송요건에 관하여 취소소송과 동일하게 적용된다.

④ (○) 손해배상은 공정력이 없으므로 취소소송과 관계없이 청구할 수 있다.

정답 ③

08

이행강제금에 관한 설명으로 옳지 않은 것은? (다툼이 있는 경우 판례에 의함)

① 이행강제금은 과거의 의무 불이행에 대한 제재의 기능을 지니고 있으므로, 이행강제금이 부과되기 전에 의무를 이행한 경우에도 시정명령에서 정한 기간을 지나서 이행한 경우라면 이행강제금을 부과할 수 있다.

② 「건축법」상 허가권자는 이행강제금을 부과하기 전에 이행강제금을 부과·징수한다는 뜻을 미리 문서로써 계고하여야 한다.

③ 「건축법」상 이행강제금 납부의 최초 독촉은 징수처분으로서 항고소송의 대상이 되는 행정처분이 될 수 있다.

④ 부작위의무나 비대체적 작위의무뿐만 아니라 대체적 작위의무의 위반에 대하여도 이행강제금을 부과할 수 있다.

해설

① (×)

> 이행강제금의 본질상 시정명령을 받은 의무자가 이행강제금이 부과되기 전에 그 의무를 이행한 경우에는 비록 시정명령에서 정한 기간을 지나서 이행한 경우라도 이행강제금을 부과할 수 없다. (대판 2018.1.25. 2015두35116)

② (○) 건축법 제80조 제3항

③ (○) 최초의 독촉은 처분이지만, 제2차, 제3차 독촉은 처분에 해당하지 않는다.

④ (○)

> 전통적으로 행정대집행은 대체적 작위의무에 대한 강제집행수단으로, 이행강제금은 부작위의무나 비대체적 작위의무에 대한 강제집행수단으로 이해되어 왔으나, 이는 이행강제금제도의 본질에서 오는 제약은 아니며, 이행강제금은 대체적 작위의무의 위반에 대하여도 부과될 수 있다. 현행 건축법상 위법건축물에 대한 이행강제수단으로 대집행과 이행강제금[제83조(현 제80조) 제1항]이 인정되고 있는데, 양 제도는 각각의 장단점이 있으므로 행정청은 개별사건에 있어서 위반 내용, 위반자의 시정의지 등을 감안하여 대집행과 이행강제금을 선택적으로 활용할 수 있으며, 이처럼 그 합리적인 재량에 의해 선택하여 활용하는 이상 중첩적인 제재에 해당한다고 볼 수 없다. (헌재 2004.2.26. 2001헌바80 등)

정답 ①

09

「행정절차법」상 사전통지와 의견제출에 관한 설명으로 옳은 것은? (다툼이 있는 경우 판례에 의함)

① 항만시설 사용허가신청에 대하여 거부처분을 하는 경우, 사전에 통지하여 의견제출의 기회를 주어야 한다.

② 공매를 통하여 체육시설을 인수한 자의 체육시설업자 지위승계 신고를 수리하는 경우, 종전 체육시설업자에게 사전에 통지하여 의견제출의 기회를 주어야 한다.

③ 고시의 방법으로 불특정 다수인을 상대로 권익을 제한하는 처분을 하는 경우, 상대방에게 사전에 통지하여 의견제출의 기회를 주어야 한다.

④ 용도를 무단변경한 건물의 원상복구를 명하는 시정명령 및 계고처분을 하는 경우, 사전에 통지할 필요가 없다.

해설

① (×)

신청에 따른 처분이 이루어지지 아니한 경우에는 아직 당사자에게 권익이 부과되지 아니하였으므로 특별한 사정이 없는 한 신청에 대한 거부처분이라고 하더라도 직접 당사자의 권익을 제한하는 것은 아니어서 신청에 대한 거부처분을 여기에서 말하는 '당사자의 권익을 제한하는 처분'에 해당한다고 할 수 없는 것이어서 처분의 사전통지대상이 된다고 할 수 없다. (대판 2003.11.28. 2003두674)

② (○)

행정청이 구 관광진흥법 또는 구 체육시설의 설치·이용에 관한 법률의 규정에 의하여 유원시설업자 또는 체육시설업자 지위승계신고를 수리하는 처분은 종전 유원시설업자 또는 체육시설업자의 권익을 제한하는 처분이고, 종전 유원시설업자 또는 체육시설업자는 그 처분에 대하여 직접 그 상대가 되는 자에 해당한다고 보는 것이 타당하므로, 행정청이 그 신고를 수리하는 처분을 할 때에는 행정절차법 규정에서 정한 당사자에 해당하는 종전 유원시설업자 또는 체육시설업자에 대하여 위 규정에서 정한 행정절차를 실시하고 처분을 하여야 한다. (대판 2012.12.13. 2011두29144)

③ (×)

구 행정절차법 제22조 제3항에 따라 행정청이 의무를 부과하거나 권익을 제한하는 처분을 할 때 의견제출의 기회를 주어야 하는 '당사자'는 '행정청의 처분에 대하여 직접 그 상대가 되는 당사자'를 의미한다. 그런데 '고시'의 방법으로 불특정 다수인을 상대로 의무를 부과하거나 권익을 제한하는 처분은 성질상 의견제출의 기회를 주어야 하는 상대방을 특정할 수 없으므로, 이와 같은 처분에 있어서까지 구 행정절차법 제22조 제3항에 의하여 그 상대방에게 의견제출의 기회를 주어야 한다고 해석할 것은 아니다. (대판 2014.10.27. 2012두7745)

④ (×)

행정청이 온천지구임을 간과하여 지하수개발·이용신고를 수리하였다가 행정절차법상의 사전통지를 하거나 의견제출의 기회를 주지 아니한 채 그 신고 수리처분을 취소하고 원상복구명령의 처분을 한 경우, 행정지도방식에 의한 사전고지나 그에 따른 당사자의 자진폐공의 약속 등의 사유만으로는 사전통지 등을 하지 않아도 되는 행정절차법 소정의 예외의 경우에 해당한다고 볼 수 없다. (대판 2000.11.14. 99두5870)

정답 ②

10

행정상 손실보상에 관한 설명으로 옳지 않은 것은? (다툼이 있는 경우 판례에 의함)

① 어떤 보상항목이 공익사업을 위한 토지 등의 취득 및 보상에 관한 법령상 손실보상대상에 해당함에도 관할 토지수용위원회가 법리를 오해함으로써 손실보상대상에 해당하지 않는다고 잘못된 내용의 재결을 한 경우에는, 피보상자는 사업시행자를 상대로 구 「공익사업을 위한 토지 등의 취득 및 보상에 관한 법률」 제85조 제2항에 따른 보상금증감소송을 제기하여야 한다.

② 공공사업시행지구 밖에서 발생한 간접손실에 관하여 그 피해자와 사업시행자 사이에 협의가 이루어지지 아니하고, 그 보상에 관한 명문의 근거법령이 없는 경우라고 하더라도 공공사업의 시행으로 인하여 그러한 손실이 발생하리라는 것을 쉽게 예견할 수 있고, 그 손실의 범위도 구체적으로 특정할 수 있다면 그 손실보상에 관하여 관련 규정 등을 유추적용할 수 있다.

③ 수용재결에 불복하여 취소소송을 제기하는 때에는 이의신청을 거친 경우에도 이의신청에 대한 재결 자체에 고유한 위법이 없는 한 수용재결을 한 중앙토지수용위원회 또는 지방토지수용위원회를 피고로 하여 수용재결의 취소를 구하여야 한다.

④ 손실보상과 손해배상은 근거규정 및 요건·효과를 달리하지만 손실보상청구권에 '손해전보'라는 요소가 포함되어 있어 실질적으로 같은 내용의 손해에 관하여 양자의 청구권이 동시에 성립한다면 청구권자는 양자의 청구권을 동시에 행사할 수 있다.

해설

① (○) 대판 2018.7.20. 2015두4044

② (○) 대판 2004.9.23. 2004다25581

③ (○)

수용재결에 불복하여 취소소송을 제기하는 때에는 이의신청을 거친 경우에도 수용재결을 한 중앙토지수용위원회 또는 지방토지수용위원회를 피고로 하여 수용재결의 취소를 구하여야 하고, 다만 이의신청에 대한 재결 자체에 고유한 위법이 있음을 이유로 하는 경우에는 그 이의재결을 한 중앙토지수용위원회를 피고로 하여 이의재결의 취소를 구할 수 있다고 보아야 한다. (대판 2010.1.28. 2008두1504)

④ (×)

손실보상과 손해배상은 근거규정과 요건·효과를 달리하는 것으로서, 각 요건이 충족되면 성립하는 별개의 청구권이다. 다만 손실보상청구권에는 이미 '손해전보'라는 요소가 포함되어 있어 실질적으로 같은 내용의 손해에 관하여 양자의 청구권을 동시에 행사할 수 있다고 본다면 이중배상의 문제가 발생하므로, 실질적으로 같은 내용의 손해에 관하여 양자의 청구권이 동시에 성립하더라도 영업자는 어느 하나만을 선택적으로 행사할 수 있을 뿐이고, 양자의 청구권을 동시에 행사할 수는 없다. (대판 2019.11.28. 2018두227)

정답 ④

11

「행정대집행법」상 대집행에 관한 설명으로 옳지 않은 것은? (다툼이 있는 경우 판례에 의함)

① 계고처분의 후속절차인 대집행에 위법이 있다고 하더라도, 그와 같은 후속절차에 위법성이 있다는 점을 들어 선행절차인 계고처분이 부적법하다는 사유로 삼을 수는 없다.
② 행정청은 해가 지기 전에 대집행을 착수한 경우라도 해가 진 후에는 대집행을 할 수 없다.
③ 무허가증축 부분으로 인하여 건물의 미관이 나아지고 증축 부분을 철거하는 데 비용이 많이 소요된다고 하더라도 건물철거대집행계고처분을 할 요건에 해당된다.
④ 「건축법」에 위반하여 증·개축함으로써 철거의무가 있더라도 그 철거의무를 대집행하기 위한 계고처분을 하려면 다른 방법으로는 그 이행의 확보가 어렵고, 그 불이행을 방치함이 심히 공익을 해하는 것으로 인정되는 경우에 한한다.

해설

① (○) 하자승계는 선행처분의 위법을 이유로 후행행위의 위법을 다투는 것이다.

② (×)

> **행정대집행법 제4조(대집행의 실행 등)**
> ① 행정청(제2조에 따라 대집행을 실행하는 제3자를 포함한다. 이하 이 조에서 같다)은 해가 뜨기 전이나 해가 진 후에는 대집행을 하여서는 아니 된다. 다만, 다음 각 호의 어느 하나에 해당하는 경우에는 그러하지 아니하다.
> 1. 의무자가 동의한 경우
> 2. 해가 지기 전에 대집행을 착수한 경우
> 3. 해가 뜬 후부터 해가 지기 전까지 대집행을 하는 경우에는 대집행의 목적 달성이 불가능한 경우
> 4. 그 밖에 비상시 또는 위험이 절박한 경우

③ (○)

> 무허가증축 부분으로 인하여 건물의 미관이 나아지고 위 증축 부분을 철거하는 데 비용이 많이 소요된다고 하더라도 위 무허가증축 부분을 그대로 방치한다면 이를 단속하는 당국의 권능이 무력화되어 건축행정의 원활한 수행이 위태롭게 되며 건축법 소정의 제한규정을 회피하는 것을 사전예방하고 또한 도시계획구역 안에서 토지의 경제적이고 효율적인 이용을 도모한다는 더 큰 공익을 심히 해할 우려가 있다고 보아 건물철거대집행계고처분을 할 요건에 해당된다. (대판 1992.3.10. 91누4140)

④ (○) 대집행의 요건 중 하나이다.

대집행의 요건

- 공법상 의무 불이행이 있어야 함.
- 대체적 작위의무의 불이행이 있어야 함.
- 다른 수단으로는 그 이행을 확보하기 곤란하여야 함.
- 그 불이행을 방치하는 것이 심히 공익을 해쳐야 함.

정답 ②

12

행정행위의 부관에 관한 설명으로 옳지 않은 것은? (다툼이 있는 경우 판례에 의함)

① 행정청은 처분에 재량이 없는 경우에는 법률에 근거가 있는 경우에 부관을 붙일 수 있다.
② 부담이 처분 당시 법령을 기준으로 적법하다면 처분 후 부담의 전제가 된 주된 처분의 근거법령이 개정됨으로써 행정청이 더 이상 부관을 붙일 수 없게 되었다고 하더라도 곧바로 그 효력이 소멸되는 것은 아니다.
③ 처분과 실제적 관련성이 없어 부관으로 붙일 수 없는 부담이라도 사법상 계약의 형식으로 처분상대방에게 부과할 수 있다.
④ 행정재산에 대한 사용·수익허가에서 공유재산의 관리청이 정한 사용·수익허가의 기간에 대해서는 독립하여 행정소송을 제기할 수 없다.

해설

① (○) 행정기본법 제17조 제2항

② (○) 대판 2009.2.12. 2005다65500

③ (×)

> 행정처분과 부관 사이에 실제적 관련성이 있다고 볼 수 없는 경우 공무원이 위와 같은 공법상의 제한을 회피할 목적으로 행정처분의 상대방과 사이에 사법상 계약을 체결하는 형식을 취하였다면 이는 법치행정의 원리에 반하는 것으로서 위법하다. (대판 2009.12.10. 2007다63966)

④ (○) 부담 외에는 독립하여 소송의 대상이 될 수 없다.

정답 ③

13

다음 사례에 관한 설명으로 옳은 것은? (다툼이 있는 경우 판례에 의함)

> 「도시 및 주거환경정비법」에 따라 설립된 A주택재건축정비사업조합은 관할 B구청장으로부터 ㉠ 조합설립인가를 받은 후, 조합총회에서 재건축 관련 ㉡ 관리처분계획에 대한 의결을 하였고, 관할 B구청장으로부터 위 ㉢ 관리처분계획에 대한 인가를 받았다. 이후 조합원 甲은 위 관리처분계획의 의결에는 조합원 전체의 5분의 4 이상의 결의가 있어야 함에도 불구하고, 이를 위반하여 위법한 것임을 이유로 ㉣ 관리처분계획의 무효를 주장하며 소송으로 다투려고 한다.

① ㉠과 ㉢의 인가의 강학상 법적 성격은 동일하다.

② 甲이 ㉡에 대해 소송으로 다투려면 A주택재건축정비사업조합을 상대로 민사소송을 제기하여야 한다.

③ 甲이 ㉣에 대해 소송으로 다투려면 당사자소송을 제기하여야 한다.

④ 甲이 ㉣에 대해 소송으로 다투려면 재건축조합을 피고로 하여야 한다.

해설

① (×) ㉠ 조합설립인가는 강학상 특허이고, ㉢ 관리처분계획에 대한 인가는 강학상 인가이다.

② (×) 관리처분에 대한 의결을 다투는 소송은 당사자소송이다.

③ (×) 관리처분계획은 처분이므로 항고소송의 대상이다.

④ (○) 관리처분계획의 피고는 사업주체인 재건축조합이다.

정답 ④

14

정보공개에 관한 설명으로 옳은 것은? (다툼이 있는 경우 판례에 의함)

① 지방자치단체의 업무추진비 세부 항목별 집행내역 및 그에 관한 증빙서류에 포함된 개인에 관한 정보는 「공공기관의 정보공개에 관한 법률」 소정의 '공개하는 것이 공익을 위하여 필요하다고 인정되는 정보'에 해당하여 공개대상이 된다.

② 학교환경위생구역 내 금지행위(숙박시설) 해제결정에 관한 학교환경위생정화위원회의 회의록에 기재된 발언 내용에 대한 해당 발언자의 인적 사항 부분에 관한 정보는 「공공기관의 정보공개에 관한 법률」 소정의 비공개대상정보에 해당하지 않는다.

③ 「보안관찰법」 소정의 보안관찰 관련 통계자료는 「공공기관의 정보공개에 관한 법률」 소정의 비공개대상정보에 해당하지 않는다.

④ 정보공개거부처분의 취소를 구하는 소송에서 공공기관이 청구정보를 증거 등으로 법원에 제출하여 법원을 통하여 그 사본을 청구인에게 교부 또는 송달되게 하여 청구인에게 정보를 공개하는 셈이 되었다고 하더라도, 이러한 우회적인 방법에 의한 공개는 「공공기관의 정보공개에 관한 법률」에 의한 공개라고 볼 수 없다.

해설

① (×)

> 지방자치단체의 업무추진비 세부 항목별 집행내역 및 그에 관한 증빙서류에 포함된 개인에 관한 정보는 '공개하는 것이 공익을 위하여 필요하다고 인정되는 정보'에 해당하지 않는다. (대판 2003.3.11. 2001두6425)

② (×)

> 의사결정과정에 제공된 회의 관련 자료나 의사결정과정이 기록된 회의록 등은 의사가 결정되거나 의사가 집행된 경우에는 더 이상 의사결정과정에 있는 사항 그 자체라고는 할 수 없으나, 의사결정과정에 있는 사항에 준하는 사항으로서 비공개대상정보에 포함될 수 있다. (대판 2003.8.22. 2002두12946)

정보공개법 자체의 배제	법률에 의하여야 하고 법규명령으로는 불가
정보공개법상 비공개정보	법률 또는 법규명령으로 가능. 다만, 대통령령, 총리령, 부령 모두를 의미하는 것이 아니라 법률의 구체적 위임 아래 제정된 법규명령(위임명령)을 말함.

③ (×)

> 보안관찰법상의 보안관찰 관련 통계자료는 공공기관의 정보공개에 관한 법률 제7조 제1항 제2호·제3호에서 규정하는 비공개대상정보에 해당한다. (대판 2004.3.26. 2002두6583)

④ (○) 대판 2016.12.15. 2012두11409, 11416

정답 ④

15

「대기환경보전법」상 개선명령에 대한 다음 조문에 관한 설명으로 옳지 않은 것은? (다툼이 있는 경우 판례에 의함)

> **제1조(목적)**
> 이 법은 대기오염으로 인한 국민건강이나 환경에 관한 위해를 예방하고 대기환경을 적정하고 지속가능하게 관리 · 보전하여 모든 국민이 건강하고 쾌적한 환경에서 생활할 수 있게 하는 것을 목적으로 한다.
> **제33조(개선명령)**
> 환경부장관은 제30조에 따른 신고를 한 후 조업 중인 배출시설에서 나오는 오염물질의 정도가 제16조나 제29조 제3항에 따른 배출허용기준을 초과한다고 인정하면 대통령령으로 정하는 바에 따라 기간을 정하여 사업자(제29조 제2항에 따른 공동 방지시설의 대표자를 포함한다)에게 그 오염물질의 정도가 배출허용기준 이하로 내려가도록 필요한 조치를 취할 것(이하 '개선명령'이라 한다)을 명할 수 있다.

① 환경부장관에게는 하자 없는 재량 행사를 할 의무가 인정되므로, 위 개선명령의 근거 및 관련 조항의 사익보호성이 있다면 인근 주민에게는 소위 무하자재량행사청구권이 인정된다.

② 환경부장관이 인근 주민의 개선명령신청에 대해 거부한 행위가 항고소송의 대상이 되는 처분이 되기 위해서는 인근 주민에게 개선명령을 발할 것을 요구할 수 있는 신청권이 있어야 한다.

③ 인근 주민이 배출시설에서 나오는 대기오염물질로 인하여 생명과 건강에 심각한 위협을 받고 있다면, 환경부장관의 개선명령에 대한 재량권은 축소될 수 있다.

④ 환경부장관은 위 법률 제33조에서 위임한 사항을 규정한 대통령령을 개정하였을 때에는 10일 이내에 이를 국회 소관 상임위원회에 제출하여야 하지만 입법예고를 할 때는 제출하지 않아도 된다.

해설

① (○) 무하자재량행사청구권의 경우에도 사익보호성이 있어야 한다.

② (○) 거부처분이나 부작위에 대한 항고소송을 하기 위해서는 법규상 · 조리상 신청권이 있어야 한다.

③ (○) 생명과 건강에 심각한 위협을 받고 있다면, 재량이 영(0)으로 수축된다.

④ (×)

> **국회법 제98조의2(대통령령 등의 제출 등)**
> ① 중앙행정기관의 장은 법률에서 위임한 사항이나 법률을 집행하기 위하여 필요한 사항을 규정한 대통령령 · 총리령 · 부령 · 훈령 · 예규 · 고시 등이 제정 · 개정 또는 폐지되었을 때에는 10일 이내에 이를 국회 소관 상임위원회에 제출하여야 한다. 다만, 대통령령의 경우에는 입법예고를 할 때(입법예고를 생략하는 경우에는 법제처장에게 심사를 요청할 때를 말한다)에도 그 입법예고안을 10일 이내에 제출하여야 한다.

정답 ④

16

甲은 A지방자치단체가 관리하는 도로를 운행하던 중 도로에 방치된 낙하물로 인하여 손해를 입었고, 이를 이유로 「국가배상법」상 손해배상을 청구하려고 한다. 이에 관한 설명으로 옳지 않은 것은? (다툼이 있는 경우 판례에 의함)

① A지방자치단체가 위 도로를 권원 없이 사실상 관리하고 있는 경우에는 A지방자치단체의 배상책임은 인정될 수 없다.

② 위 도로의 설치 · 관리상 하자가 있는지 여부는 위 도로가 그 용도에 따라 통상 갖추어야 할 안전성을 갖추었는지 여부에 따라 결정된다.

③ 위 도로가 국도이며 그 관리권이 A지방자치단체의 장에 위임되었다면, A지방자치단체가 도로의 관리에 필요한 일체의 경비를 대외적으로 지출하는 자에 불과하더라도 甲은 A지방자치단체에 대해 국가배상을 청구할 수 있다.

④ 甲이 배상을 받기 위하여 소송을 제기하는 경우에는 민사소송을 제기하여야 한다.

해설

① (×)

> 특정 공공의 목적에 공여된 물이라 함은 일반공중의 자유로운 사용에 직접적으로 제공되는 공공용물에 한하지 아니하고 행정주체 자신의 사용에 제공되는 공용물도 포함하며, 국가 또는 지방자치단체가 소유권, 임차권, 그 밖의 권한에 기하여 관리하고 있는 경우뿐만 아니라 사실상의 관리를 하고 있는 경우도 포함한다. (대판 1995.1.24. 94다45302)

② (○)

> 국가배상법 제5조 제1항에 정하여진 '영조물 설치 · 관리상의 하자'라 함은 공공의 목적에 공여된 영조물이 그 용도에 따라 통상 갖추어야 할 안전성을 갖추지 못한 상태에 있음을 말하는바, 영조물의 설치 및 관리에 있어서 항상 완전무결한 상태를 유지할 정도의 고도의 안전성을 갖추지 아니하였다고 하여 영조물의 설치 또는 관리에 하자가 있다고 단정할 수 없는 것이고, 영조물의 설치자 또는 관리자에게 부과되는 방호조치의무는 영조물의 위험성에 비례하여 사회통념상 일반적으로 요구되는 정도의 것을 의미하므로 영조물인 도로의 경우도 다른 생활필수시설과의 관계나 그것을 설치하고 관리하는 주체의 재정적, 인적, 물적 제약 등을 고려하여 그것을 이용하는 자의 상식적이고 질서 있는 이용방법을 기대한 상대적인 안전성을 갖추는 것으로 족하다. (대판 2002.8.23. 2002다9158)

③ (○) 사무가 위임된 경우에는 피해자에 대한 관계에서 위임자와 수임자 모두 배상책임이 있다.

> 지방자치단체의 장이 기관위임된 국가행정사무를 처리하는 경우 그에 소요되는 경비의 실질적 · 궁극적 부담자는 국가라고 하더라도 당해 지방자치단체는 국가로부터 내부적으로 교부된 금원으로 그 사무에 필요한 경비를 대외적으로 지출하는 자이므로, 이러한 경우 지방자치단체는 국가배상법 제6조 제1항 소정의 비용부담자로서 공무원의 불법행위로 인한 같은 법에 의한 손해를 배상할 책임이 있다. (대판 1994.12.9. 94다38137)

④ (○) 대법원은 국가배상을 민사소송으로 해결한다.

정답 ①

17

행정규칙에 관한 설명으로 옳지 않은 것은? (다툼이 있는 경우 판례에 의함)

① 중앙행정기관의 장이 정한 훈령·예규 및 고시 등 행정규칙은 상위 법령의 위임이 있다고 하더라도 「행정기본법」상 '법령'에 해당하지 않는다.

② 처분이 행정규칙을 위반하였다고 해서 그러한 사정만으로 곧바로 위법하게 되는 것은 아니다.

③ 처분의 근거나 법적인 효과가 행정규칙에 규정되어 있더라도 그 상대방의 권리·의무에 직접 영향을 미치는 행위라면, 항고소송의 대상이 되는 행정처분에 해당한다.

④ 행정규칙의 내용이 상위 법령이나 법의 일반원칙에 반하는 것이라면 행정내부적 효력도 인정될 수 없다.

해설

① (×)

> **행정기본법 제2조(정의)**
> 이 법에서 사용하는 용어의 뜻은 다음과 같다.
> 1. '법령 등'이란 다음 각 목의 것을 말한다.
> 가. 법령: 다음의 어느 하나에 해당하는 것
> 1) 법률 및 대통령령·총리령·부령
> 2) 국회규칙·대법원규칙·헌법재판소규칙·중앙선거관리위원회규칙 및 감사원규칙
> 3) 1) 또는 2)의 위임을 받아 중앙행정기관(정부조직법 및 그 밖의 법률에 따라 설치된 중앙행정기관을 말한다. 이하 같다)의 장이 정한 훈령·예규 및 고시 등 행정규칙
> 나. 자치법규: 지방자치단체의 조례 및 규칙

② (○) 행정규칙은 법규성이 없으므로 이를 위반하면 부당의 문제는 있어도 위법의 문제는 발생하지 않는다.

③ (○) 대판 2002.7.26. 2001두3532

④ (○) 대판 2020.11.26. 2020두42262

정답 ①

18

항고소송의 대상에 관한 설명으로 옳지 않은 것은? (다툼이 있는 경우 판례에 의함)

① 병무청장이 「병역법」에 따라 병역의무 기피자의 인적 사항 등을 인터넷 홈페이지에 게시하는 등의 방법으로 공개한 경우 병무청장의 공개결정은 항고소송의 대상이 되는 행정처분이 아니다.

② 국민건강보험공단이 행한 '직장가입자 자격상실 및 자격변동 안내' 통보는 가입자 자격의 변동 여부 및 시기를 확인하는 의미에서 한 사실상 통지행위에 불과할 뿐, 항고소송의 대상이 되는 행정처분에 해당하지 않는다.

③ 어떠한 처분에 법령상 근거가 있는지, 「행정절차법」에서 정한 처분절차를 준수하였는지는 소송요건 심사단계가 아니라 본안에서 고려하여야 한다.

④ 행정청의 행위가 '처분'에 해당하는지가 불분명한 경우에는 그에 대한 불복방법 선택에 중대한 이해관계를 가지는 상대방의 인식가능성과 예측가능성을 중요하게 고려하여 규범적으로 판단하여야 한다.

해설

① (×)

> 병무청장이 병역법 제81조의2 제1항에 따라 병역의무 기피자의 인적사항 등을 인터넷 홈페이지에 게시하는 등의 방법으로 공개한 경우 병무청장의 공개결정을 항고소송의 대상이 되는 행정처분으로 보아야 한다. (대판 2019.6.27. 2018두49130)

② (○)

> 국민건강보험공단이 甲 등에게 '직장가입자 자격상실 및 자격변동 안내' 통보 및 '사업장 직권탈퇴에 따른 가입자 자격상실 안내' 통보를 한 사안에서, 국민건강보험 직장가입자 또는 지역가입자 자격변동은 법령이 정하는 사유가 생기면 별도 처분 등의 개입 없이 사유가 발생한 날부터 변동의 효력이 당연히 발생하므로, 국민건강보험공단이 甲 등에 대하여 가입자 자격이 변동되었다는 취지의 '직장가입자 자격상실 및 자격변동 안내' 통보를 하였거나 그로 인하여 사업장이 국민건강보험법상의 적용대상사업장에서 제외되었다는 취지의 '사업장 직권탈퇴에 따른 가입자 자격상실 안내' 통보를 하였더라도, 이는 甲 등의 가입자 자격의 변동 여부 및 시기를 확인하는 의미에서 한 사실상 통지행위에 불과할 뿐, 위 각 통보에 의하여 가입자 자격이 변동되는 효력이 발생한다고 볼 수 없고, 또한 위 각 통보로 甲 등에게 지역가입자로서의 건강보험료를 납부하여야 하는 의무가 발생함으로써 甲 등의 권리·의무에 직접적 변동을 초래하는 것도 아니므로, 위 각 통보의 처분성이 인정되지 않는다. (대판 2019.2.14. 2016두41729)

③ (○) 절차준수 여부는 소송요건이 아니므로 본안에서 판단하여야 한다.

④ (○)

> 공기업·준정부기관이 법령 또는 계약에 근거하여 선택적으로 입찰참가자격제한조치를 할 수 있는 경우, 계약상대방에 대한 입찰참가자격 제한조치가 법령에 근거한 행정처분인지 아니면 계약에 근거한 권리 행사인지는 원칙적으로 의사표시의 해석 문제이다. 이때에는 공기업·준정부기관이 계약상대방에게 통지한 문서의 내용과 해당 조치에 이르기까지의 과정을 객관적·종합적으로 고찰하여 판단하여야 한다. 그럼

에도 불구하고 공기업·준정부기관이 법령에 근거를 둔 행정처분으로서의 입찰참가자격제한조치를 한 것인지 아니면 계약에 근거한 권리행사로서의 입찰참가자격제한조치를 한 것인지가 여전히 불분명한 경우에는, 그에 대한 불복방법 선택에 중대한 이해관계를 가지는 그 조치 상대방의 인식가능성 내지 예측가능성을 중요하게 고려하여 규범적으로 이를 확정함이 타당하다. (대판 2018.10.25. 2016두33537)

정답 ①

19

행정행위의 하자에 관한 설명으로 옳지 않은 것은? (다툼이 있는 경우 판례에 의함)

① 인가처분에 하자가 없다면 기본행위에 하자가 있다고 하더라도 기본행위의 무효를 내세워 바로 그에 대한 행정청의 인가처분의 취소 또는 무효확인을 소구할 법률상 이익이 없다.

② 행정처분의 당연무효를 선언하는 의미에서 취소를 구하는 행정소송을 제기한 경우에는 취소소송의 제소요건을 갖추어야 한다.

③ 무권한은 중대·명백한 하자이므로 항상 무효사유라는 것이 판례의 입장이다.

④ 납세자가 아닌 제3자의 재산을 대상으로 한 압류처분은 그 처분의 내용이 법률상 실현될 수 없는 것이어서 당연무효이다.

해설

① (○) 인가의 경우 효력은 운명공동체이지만, 소의 대상은 분리된다. 기본행위에 하자가 있으면 기본행위를 다투어야 한다.

② (○) 무효를 선언하는 의미에서 취소를 구하는 행정소송은 취소소송과 같으므로 취소소송의 제소요건을 갖추어야 한다.

③ (×) 무권한의 행위가 무효로 될 가능성이 많은 것은 사실이다. 그러나 언제나 무효가 되는 것은 아니다.

납세지를 관할하는 세무서장이 아닌 다른 세무서장의 소득세 부과·징수처분은 관할 없는 과세관청의 처분으로서 위법하고 그 하자가 중대하다고 할 것이나, 납세자가 주민등록을 빈번히 이전·말소한 경위, 세무서장이 처분에 이르기까지 그 주소를 확인한 과정과 구 소득세법상 납세지 확정에 관련된 규정들에 비추어 보아, 그 하자가 일견하여 객관적으로 명백한 것이라고 할 수 없으므로 당연무효사유는 아니다. (대판 2001.6.1. 99다1260)

④ (○)

과세관청이 납세자에 대한 체납처분으로서 제3자의 소유 물건을 압류하고 공매하더라도 그 처분으로 인하여 제3자가 소유권을 상실하는 것이 아니고, 체납처분으로서 압류의 요건을 규정하는 국세징수법 제24조 각 항의 규정을 보면 어느 경우에나 압류의 대상을 납세자의 재산에 국한하고 있으므로, 납세자가 아닌 제3자의 재산을 대상으로 한 압류처분은 그 처분의 내용이 법률상 실현될 수 없는 것이어서 당연무효이다. (대판 2006.4.3. 2005두15151)

정답 ③

20

「행정소송법」상 행정소송에 관한 설명으로 옳지 않은 것은? (다툼이 있는 경우 판례에 의함)

① 교도소장이 수형자를 '접견 내용 녹음·녹화 및 접견시 교도관 참여대상자'로 지정한 행위는 수형자의 구체적 권리·의무에 직접적 변동을 가져오는 행정청의 공법상 행위로서 항고소송의 대상이 되는 처분에 해당한다.

② 법원이 어느 하나의 사유에 의한 과징금 부과처분에 대하여 그 사유와 기본적 사실관계의 동일성이 인정되지 아니하는 다른 처분사유가 존재한다는 이유로 적법하다고 판단하는 것은 특별한 사정이 없는 한 직권심사주의의 한계를 넘는 것이다.

③ 일정한 납부기한을 정한 과징금 부과처분에 대하여 집행정지결정이 내려졌다면 과징금 부과처분에서 정한 과징금의 납부기간은 더 이상 진행되지 아니하고 집행정지결정의 주문에 표시된 종기의 도래로 인하여 집행정지가 실효된 때부터 다시 진행된다.

④ 어느 하나의 처분의 취소를 구하는 소에 당해 처분과 관련되는 처분의 취소를 구하는 청구를 추가적으로 병합한 경우, 추가적으로 병합된 소의 소제기기간의 준수 여부는 처음 소가 제기된 때를 기준으로 한다.

해설

① (○) 대판 2014.2.13. 2013두20899

② (○)

명의신탁등기 과징금과 장기미등기 과징금은 위반행위의 태양, 부과요건, 근거조항을 달리하므로, 각 과징금 부과처분의 사유는 상호 간에 기본적 사실관계의 동일성이 있다고 할 수 없다. 그러므로 그중 어느 하나의 처분사유에 의한 과징금 부과처분에 대하여 당해 처분사유가 아닌 다른 처분사유가 존재한다는 이유로 적법하다고 판단하는 것은 특별한 사정이 없는 한 행정소송법상 직권심사주의의 한계를 넘는 것으로서 허용될 수 없다. (대판 2017.5.17. 2016두53050)

③ (○)

행정소송법 제23조에 의한 집행정지결정의 효력은 결정주문에서 정한 시기까지 존속하며 그 시기의 도래와 동시에 효력이 당연히 소멸하는 것이므로, 일정 기간 동안 영업을 정지할 것을 명한 행정청의 영업정지처분에 대하여 법원이 집행정지결정을 하면서 주문에서 당해 법원에 계속 중인 본안소송의 판결선고시까지 처분의 효력을 정지한다고 선언하였을 경우에는 처분에서 정한 영업정지기간의 진행은 그때까지 저지되는 것이고 본안소송의 판결선고에 의하여 당해 정지결정의 효력은 소멸하고 이와 동시에 당초의 영업정지처분의 효력이 당연히 부활되어 처분에서 정하였던 정지기간(정지결정 당시 이미 일부 진행되었다면 나머지 기간)은 이때부터 다시 진행한다. (대판 1999.2.23. 98두14471)

④ (×)

보충역편입처분 취소처분의 효력을 다투는 소에 공익근무요원복무중단처분, 현역병입영대상편입처분 및 현역병입영통지처분의 취소를 구하는 청구를 추가적으로 병합한 경우, 공익근무요원복무중단처분, 현역병입영대상편입처분 및 현역병입영통지처분의 취소를 구하는 소의 소제기기간의 준수 여부는 각 그 청구취지의 추가·변경신청이 있은 때를 기준으로 개별적으로 판단한다. (대판 2004.12.10. 2003두12257)

정답 ④

21

재결의 기속력에 관한 설명으로 옳지 않은 것은? (다툼이 있는 경우 판례에 의함)

① 재결에 의하여 취소되거나 무효 또는 부존재로 확인되는 처분이 당사자의 신청을 거부하는 것을 내용으로 하는 경우에는 그 처분을 한 행정청은 재결의 취지에 따라 다시 이전의 신청에 대한 처분을 하여야 한다.

② 재결의 기속력은 인용재결의 경우에만 인정되고, 기각재결에서는 인정되지 않는다.

③ 기속력은 재결의 주문에만 미치고, 처분 등의 구체적 위법사유에 관한 판단에는 미치지 않는다.

④ 행정심판 인용재결에 따른 행정청의 재처분의무에도 불구하고 행정청이 인용재결에 따른 처분을 하지 아니하는 경우에, 행정심판위원회는 청구인의 신청이 있어야 결정으로 일정한 배상을 하도록 명할 수 있다.

해설

① (○) 재결의 기속력을 말한다. (행정심판법 제49조 제2항)

② (○) 형성력과 기속력은 인용판결에만 인정된다.

③ (×) 기판력은 주문에만 미치지만, 기속력은 주문과 이유 중 요건사실까지 미친다.

> 재결의 기속력은 재결의 주문 및 그 전제가 된 요건사실의 인정과 판단, 즉 처분 등의 구체적 위법사유에 관한 판단에만 미친다. (대판 2005.12.9. 2003두7705)

④ (○) 직접 처분은 신청이 있어야 하고 직권으로 하지는 못한다.

> **행정심판법 제50조의2(위원회의 간접강제)**
> ① 위원회는 피청구인이 제49조 제2항(제49조 제4항에서 준용하는 경우를 포함한다) 또는 제3항에 따른 처분을 하지 아니하면 청구인의 신청에 의하여 결정으로 상당한 기간을 정하고 피청구인이 그 기간 내에 이행하지 아니하는 경우에는 그 지연기간에 따라 일정한 배상을 하도록 명하거나 즉시 배상을 할 것을 명할 수 있다.

정답 ③

22

「행정소송법」상 집행정지결정에 관한 설명으로 옳지 않은 것은? (다툼이 있는 경우 판례에 의함)

① 법원은 당사자의 신청 또는 직권에 의하여 처분 등의 효력이나 그 집행 또는 절차의 속행의 전부 또는 일부의 정지를 결정하거나 집행정지의 취소를 결정할 수 있다.

② 집행정지결정은 속행정지, 집행정지, 효력정지로 구분되고 이 중 속행정지는 처분의 집행이나 효력을 정지함으로써 목적을 달성할 수 있는 경우에는 허용되지 아니한다.

③ 과징금납부명령의 처분이 사업자의 자금 사정이나 경영 전반에 미치는 파급효과가 매우 중대하다는 이유로 인한 손해는 효력정지 내지 집행정지의 적극적 요건인 '회복하기 어려운 손해'에 해당한다.

④ 효력기간이 정해져 있는 제재적 행정처분에 대한 취소소송에서 법원이 본안소송의 판결선고시까지 집행정지결정을 하면, 처분에서 정해 둔 효력기간은 판결선고시까지 진행하지 않다가 판결이 선고되면 그때 집행정지결정의 효력이 소멸함과 동시에 처분의 효력이 당연히 부활하여 처분에서 정한 효력기간이 다시 진행한다.

해설

① (○) 행정소송법 제23조, 제24조

② (×)

> **행정소송법 제23조(집행정지)**
> ② 취소소송이 제기된 경우에 처분 등이나 그 집행 또는 절차의 속행으로 인하여 생길 회복하기 어려운 손해를 예방하기 위하여 긴급한 필요가 있다고 인정할 때에는 본안이 계속되고 있는 법원은 당사자의 신청 또는 직권에 의하여 처분 등의 효력이나 그 집행 또는 절차의 속행의 전부 또는 일부의 정지를 결정할 수 있다. 다만, 처분의 효력정지는 처분 등의 집행 또는 절차의 속행을 정지함으로써 목적을 달성할 수 있는 경우에는 허용되지 아니한다.

③ (○) 금전은 회복하기 어려운 손해가 아닌 경우가 많지만, 선지와 같은 예외가 있다.

④ (○) 집행정지의 기간에 대한 내용이다.

정답 ②

23

「행정소송법」상 당사자소송에 관한 설명으로 옳지 않은 것은? (다툼이 있는 경우 판례에 의함)

① 공법상 당사자소송에서 재산권의 청구를 인용하는 판결을 하는 경우 가집행선고를 할 수 있다.

② 소송형태는 당사자소송의 형식을 취하지만 실질적으로는 처분 등의 효력을 다투는 항고소송의 성질을 가지는 소송은 현행법상 인정되지 아니한다.

③ 「도시 및 주거환경정비법」상 행정주체인 주택재건축정비사업조합을 상대로 관리처분계획안에 대한 조합 총회결의의 효력 등을 다투는 소송은 당사자소송에 해당한다.

④ 「석탄산업법」과 관련하여 피재근로자는 석탄산업합리화사업단이 한 재해위로금 지급거부의 의사표시에 불복이 있는 경우 공법상 당사자소송을 제기하여야 한다.

해설

① (O) 행정소송법상 가집행선고를 할 수 없다고 되어 있지만, 판례상 가집행이 인정된다.

참고 국가를 상대로 하는 당사자소송의 경우 가집행선고를 할 수 없도록 한 행정소송법 제43조는 단순위헌결정되었다. (현재 2022.2.24. 2020헌가12)

② (X) 선지는 형식적 당사자소송에 관한 것으로, 손실보상금증감청구소송이 형식적 당사자소송으로 인정된다.

③ (O) 관리처분계획안에 대한 조합 총회결의의 효력 등을 다투는 소송은 당사자소송이다.

④ (O)

> 석탄가격안정지원금은 석탄의 수요 감소와 열악한 사업환경 등으로 점차 경영이 어려워지고 있는 석탄광업의 안정 및 육성을 위하여 국가정책적 차원에서 지급하는 지원비의 성격을 갖는 것이고, 석탄광업자가 석탄산업합리화사업단에 대하여 가지는 이와 같은 지원금 지급청구권은 석탄사업법령에 의하여 정책적으로 당연히 부여되는 공법상의 권리이므로, 석탄광업자가 석탄산업합리화사업단을 상대로 석탄산업법령 및 석탄가격안정지원금 지급요령에 의하여 지원금의 지급을 구하는 소송은 공법상의 법률관계에 관한 소송인 공법상의 당사자소송에 해당한다. (대판 1997.5.30. 95다28960)

정답 ②

24

행정소송에 관한 설명으로 옳지 않은 것은? (다툼이 있는 경우 판례에 의함)

① 무효확인소송에서 '무효확인을 구할 법률상 이익'이 있는지를 판단할 때, 행정처분의 무효를 전제로 한 이행소송 등과 같은 직접적인 구제수단이 있는지를 먼저 따질 필요는 없다.

② 「국토의 계획 및 이용에 관한 법률」상 토지소유자 등이 도시·군계획시설 사업시행자의 토지의 일시사용에 대하여 정당한 사유 없이 동의를 거부한 경우, 사업시행자가 토지소유자를 상대로 동의의 의사표시를 구하는 소송은 당사자소송으로 보아야 한다.

③ 합의제 행정청의 처분에 대하여는 합의제 행정청이 피고가 되므로, 부당노동행위에 대한 구제명령 등 중앙노동위원회의 처분에 대한 소송에서는 중앙노동위원회가 피고가 된다.

④ 권한의 내부위임이 있는 경우 내부수임기관이 착오 등으로 원처분청의 명의가 아닌 자기명의로 처분을 하였다면, 내부수임기관이 그 처분에 대한 항고소송의 피고가 된다.

해설

① (O)

> 행정처분의 근거법률에 의하여 보호되는 직접적이고 구체적인 이익이 있는 경우에는 행정소송법 제35조에 규정된 '무효확인을 구할 법률상 이익'이 있다고 보아야 하고, 이와 별도로 무효확인소송의 보충성이 요구되는 것은 아니므로 행정처분의 무효를 전제로 한 이행소송 등과 같은 직접적인 구제수단이 있는지 여부를 따질 필요가 없다고 해석함이 상당하다. (대판 2008.3.20. 2007두6342 전원합의체)

② (O)

> 토지의 소유자·점유자 또는 관리인이 사업시행자의 일시사용에 대하여 정당한 사유 없이 동의를 거부하는 경우, 사업시행자는 해당 토지의 소유자 등을 상대로 동의의 의사표시를 구하는 소를 제기할 수 있다. 이와 같은 토지의 일시사용에 대한 동의의 의사표시를 할 의무는 국토의 계획 및 이용에 관한 법률에서 특별히 인정한 공법상의 의무이므로, 그 의무의 존부를 다투는 소송은 '공법상의 법률관계에 관한 소송으로서 그 법률관계의 한쪽당사자를 피고로 하는 소송', 즉 행정소송법 제3조 제2호에서 규정한 당사자소송이라고 보아야 한다. (대판 2019.9.9. 2016다262550)

③ (X) 중앙노동위원회가 아니라 중앙노동위원장이 피고가 된다.

④ (O) 내부위임의 경우 위임청을 밝히면 위임청이 피고가 되지만, 밝히지 않으면 수임청이 피고가 된다.

정답 ③

25

사정판결에 관한 설명으로 옳지 않은 것은? (다툼이 있는 경우 판례에 의함)

① 사정판결은 본안심리 결과 원고의 청구가 이유 있다고 인정됨에도 불구하고 처분을 취소하는 것이 현저히 공공복리에 적합하지 아니하다고 인정하는 때 원고의 청구를 기각하는 판결을 말한다.

② 사정판결은 항고소송 중 취소소송 및 무효등확인소송에서 인정되는 판결의 종류이다.

③ 법원이 사정판결을 함에 있어서는 미리 원고가 그로 인하여 입게 될 손해의 정도와 배상방법, 그 밖의 사정을 조사하여야 한다.

④ 원고는 피고인 행정청이 속하는 국가 또는 공공단체를 상대로 손해배상, 제해시설의 설치, 그 밖에 적당한 구제방법의 청구를 해당 취소소송 등이 계속된 법원에 병합하여 제기할 수 있다.

해설

① (○) 사정판결의 개념이다.

② (×) 사정판결은 취소소송에만 인정되고, 사정재결은 취소심판과 의무이행심판에 인정된다.

③ (○) 행정소송법 제28조 제2항

④ (○) 행정소송법 제28조 제3항

정답 ②

제07회 실전동형 모의고사 p. 046~051

01 ② 02 ④ 03 ③ 04 ② 05 ③ 06 ③ 07 ④ 08 ① 09 ②
10 ② 11 ④ 12 ③ 13 ① 14 ③ 15 ④ 16 ① 17 ④ 18 ②
19 ① 20 ① 21 ④ 22 ③ 23 ② 24 ④ 25 ①

01

위임명령의 한계에 관한 설명으로 옳지 않은 것은? (다툼이 있는 경우 판례에 의함)

① 법률이 공법적 단체 등의 정관에 자치법적 사항을 위임한 경우에는 헌법 제75조가 정하는 포괄적인 위임입법의 금지는 원칙적으로 적용되지 않지만, 그 사항이 국민의 권리·의무에 관련되는 것일 경우에는 적어도 국민의 권리·의무에 관한 기본적이고 본질적인 사항은 국회가 정하여야 한다.

② 죄형법정주의원칙상 형벌에 관한 내용은 행정입법에 위임할 수 없다.

③ 법률에서 위임받은 사항에 관하여 대강을 정하고 그중의 특정 사항을 범위를 정하여 하위 법령에 다시 위임하는 경우에는 재위임이 허용된다. 이러한 법리는 조례가 「지방자치법」에 따라 주민의 권리 제한 또는 의무 부과에 관한 사항을 법률로부터 위임받은 후, 이를 다시 지방자치단체장이 정하는 '규칙'이나 '고시' 등에 재위임하는 경우에도 마찬가지이다.

④ 법률의 시행령이나 시행규칙의 내용이 모법 조항의 취지에 근거하여 이를 구체화하기 위한 것인 때에는 모법의 규율범위를 벗어난 것으로 볼 수 없다. 이러한 경우에는 모법에 이에 관하여 직접 위임하는 규정을 두지 않았다고 하여도 이를 무효라고 볼 수 없다.

해설

① (○) 조례와 정관에는 포괄적 위임이 가능하지만, 중요사항(권리 의무에 관한 사항)은 법률에 근거를 두고 위임하여야 한다.

② (×)

> 형벌법규에 대하여도 특히 긴급한 필요가 있거나 미리 법률로써 자세히 정할 수 없는 부득이한 사정이 있는 경우에 한하여 수권법률(위임법률)이 구성요건의 점에서는 처벌대상인 행위가 어떠한 것일 거라고 이를 예측할 수 있을 정도로 구체적으로 정하고, 형벌의 점에서는 형벌의 종류 및 그 상한과 폭을 명확히 규정하는 것을 조건으로 위임입법이 허용되며, 이러한 위임입법은 죄형법정주의에 반하지 않는다. (헌재 1996.2.29. 94헌마213)

③ (○) 재위임에 대한 일반적 기준이다.

④ (○) 대판 2014.8.20. 2012두19526

정답 ②

02

「질서위반행위규제법」상 과태료에 관한 설명으로 옳지 않은 것은?

① 신분에 의하여 성립하는 질서위반행위에 신분이 없는 자가 가담한 때에는 신분이 없는 자에 대하여도 질서위반행위가 성립한다.

② 하나의 행위가 2 이상의 질서위반행위에 해당하는 경우에는 각 질서위반행위에 대하여 정한 과태료 중 가장 중한 과태료를 부과한다.

③ 자신의 행위가 위법하지 아니한 것으로 오인하고 행한 질서위반행위는 그 오인에 정당한 이유가 있는 때에 한하여 과태료를 부과하지 아니한다.

④ 행정청이 위반사실을 적발하면 과태료를 부과받을 자의 주소지를 관할하는 지방법원에 통보하여야 하고, 당해 법원은 「비송사건절차법」에 따라 결정으로써 과태료를 부과한다.

해설

① (○)

> **질서위반행위규제법 제12조(다수인의 질서위반행위 가담)**
> ① 2인 이상이 질서위반행위에 가담한 때에는 각자가 질서위반행위를 한 것으로 본다.
> ② 신분에 의하여 성립하는 질서위반행위에 신분이 없는 자가 가담한 때에는 신분이 없는 자에 대하여도 질서위반행위가 성립한다.
> ③ 신분에 의하여 과태료를 감경 또는 가중하거나 과태료를 부과하지 아니하는 때에는 그 신분의 효과는 신분이 없는 자에게는 미치지 아니한다.

② (○)

> **질서위반행위규제법 제13조(수개의 질서위반행위의 처리)**
> ① 하나의 행위가 2 이상의 질서위반행위에 해당하는 경우에는 각 질서위반행위에 대하여 정한 과태료 중 가장 중한 과태료를 부과한다.
> ② 제1항의 경우를 제외하고 2 이상의 질서위반행위가 경합하는 경우에는 각 질서위반행위에 대하여 정한 과태료를 각각 부과한다. 다만, 다른 법령(지방자치단체의 조례를 포함한다. 이하 같다)에 특별한 규정이 있는 경우에는 그 법령으로 정하는 바에 따른다.

③ (○) 질서위반행위규제법 제8조

④ (×) 과태료는 법원이 아니라 행정청이 부과한다.

정답 ④

03

「행정조사기본법」상 행정조사에 관한 설명으로 옳지 않은 것은?

① 행정기관의 장은 조사원이 조사목적의 달성을 위하여 한 시료채취로 조사대상자에게 손실을 입힌 때에는 그 손실을 보상하여야 한다.

② 개별법령 등에서 행정조사를 규정하고 있지 않더라도, 행정기관은 조사대상자가 자발적으로 협조하는 경우에는 행정조사를 실시할 수 있다.

③ 조사원이 조사목적의 달성을 위하여 시료채취를 하는 경우에는 그 시료의 소유자 및 관리자의 정상적인 경제활동을 방해하지 아니하는 범위 안에서 필요한 양만큼 하여야 한다.

④ 행정기관의 장은 당해 행정기관 내의 2 이상의 부서가 동일하거나 유사한 업무분야에 대하여 동일한 조사대상자에게 행정조사를 실시하는 경우에는 공동조사를 하여야 한다.

해설

① (○) ③ (×)

> **행정조사기본법 제12조(시료채취)**
> ① 조사원이 조사목적의 달성을 위하여 시료채취를 하는 경우에는 그 시료의 소유자 및 관리자의 정상적인 경제활동을 방해하지 아니하는 범위 안에서 최소한도로 하여야 한다.
> ② 행정기관의 장은 제1항에 따른 시료채취로 조사대상자에게 손실을 입힌 때에는 대통령령으로 정하는 절차와 방법에 따라 그 손실을 보상하여야 한다.

② (○)

> **행정조사기본법 제5조(행정조사의 근거)**
> 행정기관은 법령 등에서 행정조사를 규정하고 있는 경우에 한하여 행정조사를 실시할 수 있다. 다만, 조사대상자의 자발적인 협조를 얻어 실시하는 행정조사의 경우에는 그러하지 아니하다.

④ (○)

> **행정조사기본법 제14조(공동조사)**
> ① 행정기관의 장은 다음 각 호의 어느 하나에 해당하는 행정조사를 하는 경우에는 공동조사를 하여야 한다.
> 1. 당해 행정기관 내의 2 이상의 부서가 동일하거나 유사한 업무분야에 대하여 동일한 조사대상자에게 행정조사를 실시하는 경우
> 2. 서로 다른 행정기관이 대통령령으로 정하는 분야에 대하여 동일한 조사대상자에게 행정조사를 실시하는 경우

정답 ③

04

다음 설명 중 옳지 않은 것은? (다툼이 있는 경우 판례에 의함)

① 거부처분에 대한 집행정지는 그 거부처분으로 인하여 신청인에게 생길 손해를 방지하는 데 아무런 보탬이 되지 아니하므로 허용되지 않는다.

② 본안판결까지 기다릴 수 없는 긴급한 필요가 있을 것은 행정청이 입증하여야 한다.

③ 집행정지의 요건으로 규정하고 있는 '공공복리에 중대한 영향을 미칠 우려'가 없을 것이라고 할 때의 '공공복리'는 그 처분의 집행과 관련된 구체적이고도 개별적인 공익을 말하는 것으로서 이러한 집행정지의 소극적 요건에 대한 주장·소명책임은 행정청에게 있다.

④ 「도시 및 주거환경정비법」에 근거한 조합설립인가처분은 행정주체로서의 지위를 부여하는 설권적 처분이고, 조합설립결의는 조합설립인가처분의 요건이므로, 조합설립결의에 하자가 있다면 그 하자를 이유로 직접 항고소송의 방법으로 조합설립인가처분의 취소 또는 무효확인을 구하여야 한다.

해설

① (○) 거부처분에 대한 집행정지는 개념상 생각하기 어렵다.

② (×) ③ (○)

적극적 요건(신청인이 주장소명)	소극적 요건(행정청이 주장소명)
• 집행정지대상인 처분 등이 존재할 것 • 본안소송이 적법하게 계속되어 있을 것 • 회복하기 어려운 손해발생의 우려가 있을 것 • 집행정지신청의 이익이 있을 것 • 본안판결까지 기다릴 수 없는 긴급한 필요가 있을 것	• 공공복리에 중대한 영향을 미칠 우려가 없을 것 • 본안청구가 이유 없음이 명백하지 아니할 것

④ (○)

> 행정청이 도시 및 주거환경정비법 등 관련 법령에 근거하여 행하는 조합설립인가처분은 단순히 사인들의 조합설립행위에 대한 보충행위로서의 성질을 갖는 것에 그치는 것이 아니라 법령상 요건을 갖출 경우 도시 및 주거환경정비법상 주택재건축사업을 시행할 수 있는 권한을 갖는 행정주체(공법인)로서의 지위를 부여하는 일종의 설권적 처분의 성격을 갖는다고 보아야 한다. 그리고 그와 같이 보는 이상 조합설립결의는 조합설립인가처분이라는 행정처분을 하는 데 필요한 요건 중 하나에 불과한 것이어서, 조합설립결의에 하자가 있다면 그 하자를 이유로 직접 항고소송의 방법으로 조합설립인가처분의 취소 또는 무효확인을 구하여야 하고, 이와는 별도로 조합설립결의 부분만을 따로 떼어내어 그 효력 유무를 다투는 확인의 소를 제기하는 것은 원고의 권리 또는 법률상의 지위에 현존하는 불안·위험을 제거하는 데 가장 유효·적절한 수단이라 할 수 없어 특별한 사정이 없는 한 확인의 이익은 인정되지 아니한다. (대판 2009.9.24. 2008다60568)

정답 ②

05

「국가배상법」상 이중배상금지에 관한 설명으로 옳지 않은 것은? (다툼이 있는 경우 판례에 의함)

① 「국가배상법」 제2조 제1항 단서에서 정한 '다른 법령의 규정'에 따른 보상금청구권이 모두 시효로 소멸된 경우라고 하더라도 「국가배상법」 제2조 제1항 단서규정이 적용된다.

② 경찰공무원인 피해자가 「공무원연금법」에 따라 공무상 요양비를 지급받는 것은 「국가배상법」 제2조 제1항 단서에서 정한 '다른 법령의 규정'에 따라 보상을 지급받는 것에 해당하지 않는다.

③ 형벌에 관한 법령이 헌법재판소의 위헌결정으로 소급하여 효력을 상실한 경우, 위헌선언 전 그 법령에 기초하여 수사가 개시되어 공소가 제기되고 유죄판결이 선고되었다면, 국가의 손해배상책임이 발생한다.

④ 군인이 교육훈련으로 공상을 입은 경우라도 「군인연금법」 또는 구 「국가유공자 예우 등에 관한 법률」에 의하여 재해보상금·유족연금·상이연금 등 별도의 보상을 받을 수 없는 경우에는 「국가배상법」 제2조 제1항 단서의 적용대상에서 제외하여야 한다.

해설

① (○) 다른 법령에 의한 보상을 받을 수 있었으나, 그 청구권이 시효로 소멸한 경우에는 국가배상청구를 할 수 없다.

> 공상을 입은 군인이 국가배상법에 의한 손해배상청구소송 도중에 국가유공자 등 예우 및 지원에 관한 법률에 의한 국가유공자 등록신청을 하였다가 인과관계가 없어 공상군경요건에 해당되지 않는다는 이유로 비해당결정통보를 받고 이에 불복하지 아니한 후 위 법률에 의한 보상금 청구권과 군인연금법에 의한 재해보상금청구권이 모두 시효완성된 경우, 국가배상법 제2조 제1항 단서 소정의 '다른 법령에 의하여 보상을 받을 수 있는 경우'라고 하여 국가배상청구를 할 수 없다. (대판 2002.5.10. 2000다39735)

② (○) 구 공무원연금법상 장해보상금 지급규정은 국가배상법의 '다른 법령의 규정'에 해당되지 않으므로 장해보상금 지급을 받아도 국가배상이 가능하다.

> 구 공무원연금법 소정의 장해보상금 지급제도와 국가배상법 제2조 제1항 단서 소정의 재해보상금 등의 보상을 지급하는 제도와는 취지와 목적을 달리하는 것이어서 두 제도는 서로 아무런 관련이 없다고 할 것이므로 구 공무원연금법상의 장해보상금 지급규정은 국가배상법 제2조 제1항 단서 소정의 '다른 법령의 규정'에 해당하지 아니하고, 따라서 경찰공무원이 구 공무원연금법의 규정에 의하여 장해보상을 지급받는 것은 국가배상법 제2조 제1항 단서 소정의 '다른 법령의 규정'에 의한 재해보상을 지급받은 것에 해당하지 아니한다. (대판 1988.12.27. 84다카796)

③ (×)

> 형벌에 관한 법령이 헌법재판소의 위헌결정으로 소급하여 효력을 상실한 경우, 위헌선언 전 그 법령에 기초하여 수사가 개시되어 공소가 제기되고 유죄판결이 선고되었더라도, 그러한 사정만으로 국가의 손해배상 책임이 발생한다고 볼 수 없다. (대판 2014.10.27. 2013다217962)

④ (○) 군인 또는 경찰공무원이 직무 수행 중 상이를 입고 전역 또는 퇴직한 자라고 하더라도 국가보훈처장(현 국가보훈부장관)이 실시하는 신체검사에서 대통령령이 정하는 상이등급에 해당하는

신체의 장애를 입지 않은 경우에는 국가배상을 청구할 수 있다.

> 군인 또는 경찰공무원으로서 교육훈련 또는 직무수행 중 상이(공무상의 질병을 포함한다)를 입고 전역 또는 퇴직한 자라고 하더라도 국가유공자 예우 등에 관한 법률에 의하여 국가보훈처장(현 국가보훈부장관)이 실시하는 신체검사에서 대통령이 정하는 상이등급에 해당하는 신체의 장애를 입지 않은 것으로 판명되고 또한 군인연금법상의 재해보상 등을 받을 수 있는 장애등급에도 해당하지 않는 것으로 판명된 자는 위 각 법에 의한 적용대상에서 제외되고, 따라서 그러한 자는 국가배상법 제2조 제1항 단서의 적용을 받지 않아 국가배상을 청구할 수 있다. (대판 1997.2.14. 96다28066)

정답 ③

06

조례제정권의 범위와 한계에 관한 설명으로 옳지 않은 것은? (다툼이 있는 경우 판례에 의함)

① 지방자치단체는 법령에 위반되지 않는 범위 내에서 자치사무에 관하여 주민의 권리를 제한하거나 의무를 부과하는 사항이 아닌 한 법률의 위임 없이 조례를 제정할 수 있다.
② 담배자동판매기의 설치를 금지하고 설치된 판매기를 철거하도록 하는 조례는 기존 담배자동판매기업자의 직업의 자유와 재산권을 제한하는 조례이므로 법률의 위임이 필요하다.
③ 영유아 보육시설 종사자의 정년을 조례로 규정하고자 하는 경우에는 법률의 위임이 필요 없다.
④ 군민의 출산을 장려하기 위하여 세 자녀 이상 세대 중 세 번째 이후 자녀에게 양육비 등을 지원할 수 있도록 하는 조례의 제정에는 법률의 위임이 필요 없다.

해설

① (O)

> 지방자치단체는 그 내용이 주민의 권리의 제한 또는 의무의 부과에 관한 사항이거나 벌칙에 관한 사항이 아닌 한 법률의 위임이 없더라도 조례를 제정할 수 있다고 할 것인데 청주시의회에서 의결한 청주시행정정보공개조례안은 행정에 대한 주민의 알 권리의 실현을 그 근본 내용으로 하면서도 이로 인한 개인의 권익침해가능성을 배제하고 있으므로 이를 들어 주민의 권리를 제한하거나 의무를 부과하는 조례라고는 단정할 수 없고 따라서 그 제정에 있어서 반드시 법률의 개별적 위임이 따로 필요한 것은 아니다. (대판 1992.6.23. 92추17)

② (O)

> 이 사건 조례들은 담배소매업을 영위하는 주민들에게 자판기 설치를 제한하는 것을 내용으로 하고 있으므로 주민의 직업선택의 자유 특히 직업수행의 자유를 제한하는 것이 되어 지방자치법 제15조(현 제28조) 단서 소정의 주민의 권리 · 의무에 관한 사항을 규율하는 조례라고 할 수 있으므로 지방자치단체가 이러한 조례를 제정함에 있어서는 법률의 위임을 필요로 한다. 그런데 조례의 제정권자인 지방의회는 선거를 통해 서 그 지역적인 민주적 정당성을 지니고 있는 주민의 대표기관이고, 헌법이 지방자치단체에 대해 포괄적인 자치권을 보장하고 있는 취지로 볼 때 조례제정권에 대한 지나친 제약은 바람직하지 않으므로 조례에 대한 법률의 위임은 법규명령에 대한 법률의 위임과 같이 반드시 구체적으로 범위를 정하여 할 필요가 없으며 포괄적인 것으로 족하다고 할 것이다. (헌재 1995.4.20. 92헌마264 등)

③ (X)

> 영유아보육법이 보육시설 종사자의 정년에 관한 규정을 두거나 이를 지방자치단체의 조례에 위임한다는 규정을 두고 있지 않음에도 보육시설 종사자의 정년을 규정한 '서울특별시 중구 영유아 보육조례 일부개정조례안' 제17조 제3항은 법률의 위임 없이 헌법이 보장하는 직업을 선택하여 수행할 권리의 제한에 관한 사항을 정한 것이어서 그 효력을 인정할 수 없으므로, 위 조례안에 대한 재의결은 무효이다. (대판 2009.5.28. 2007추134)

④ (O)

> 세 자녀 이상 세대 양육비 등 지원에 관한 사무는 자치사무로서 주민의 편의 및 복리증진에 관한 사무이므로, 그에 관한 조례안을 제정함에 있어서 법률의 개별적 위임이 따로 필요한 것은 아니다. (대판 2006.10.12. 2006추38)

정답 ③

07

A구의회의원인 甲은 공무원을 폭행하는 등 의원으로서 품위를 손상시키는 행위를 하였다. 이러한 사유를 들어 A구의회는 甲을 의원직에서 제명하는 의결을 하였다. 이에 甲은 위 제명의결을 행정소송의 방법으로 다투고자 한다. 이에 관한 설명으로 옳은 것은? (다툼이 있는 경우 판례에 의함)

① 법원이 甲이 제기한 행정소송을 받아들여 소송의 계속 중에 甲의 임기가 만료되었다면 수소법원은 소의 이익을 인정할 수 없다.
② A구의회는 입법기관으로서 행정청의 지위를 갖지 못하므로 甲에 대한 제명의결을 다투는 행정소송에서는 A구의회 사무총장이 피고가 되어야 한다.
③ 「행정소송법」 제12조의 '법률상 이익' 개념에 관하여 법률상 이익구제설에 따르는 판례에 의하면 甲은 제명의결을 다툴 원고적격을 갖지 못한다.
④ 甲이 제명의결을 행정소송으로 다투는 경우 소송의 유형은 취소소송 또는 무효확인소송으로 할 수 있다.

해설

① (X)

> 지방의회의원에 대한 제명의결 취소소송 계속 중 의원의 임기가 만료된 사안에서, 제명의결의 취소로 의원의 지위를 회복할 수는 없다고 하더라도 제명의결시부터 임기만료일까지의 기간에 대한 월정수당의 지급을 구할 수 있는 등 여전히 그 제명의결의 취소를 구할 법률상 이익이 있다. (대판 2009.1.30. 2007두13487)

② (X) 지방의회는 행정청의 지위가 인정되므로 지방의회가 피고가 된다.
③ (X) 제명을 당한 의원은 원고적격이 인정된다.
④ (O) 제명은 처분이므로 취소소송과 무효등확인소송 모두 가능하다.

정답 ④

08

행정계획에 관한 설명으로 옳지 않은 것은? (다툼이 있는 경우 판례에 의함)

① 행정청은 행정청이 수립하는 계획을 변경·폐지할 때에는 관련된 여러 이익을 정당하게 형량하여야 한다.
② '4대강 살리기 마스터플랜'은 행정처분이 아니다.
③ 행정주체는 구체적인 행정계획을 입안·결정함에 있어서 비교적 광범위한 형성의 자유를 가진다.
④ 행정주체가 행정계획을 입안·결정함에 있어서 이익형량의 고려대상에 마땅히 포함시켜야 할 사항을 누락한 경우 그 행정계획 결정은 재량권을 일탈·남용한 것으로서 위법하다.

해설

① (X)

> **행정절차법 제40조의4(행정계획)**
> 행정청은 행정청이 수립하는 계획 중 국민의 권리·의무에 직접 영향을 미치는 계획을 수립하거나 변경·폐지할 때에는 관련된 여러 이익을 정당하게 형량하여야 한다.

② (O)

> 국토해양부, 환경부, 문화체육관광부, 농림수산부, 식품부가 합동으로 2009.6.8. 발표한 '4대강 살리기 마스터플랜' 등은 4대강 정비사업과 주변 지역의 관련 사업을 체계적으로 추진하기 위하여 수립한 종합계획이자 '4대강 살리기 사업'의 기본방향을 제시하는 계획으로서, 행정기관 내부에서 사업의 기본방향을 제시하는 것일 뿐, 국민의 권리·의무에 직접 영향을 미치는 것이 아니어서 행정처분에 해당하지 않는다. (대결 2011.4.21. 2010무111 전원합의체)

③ (O) 행정계획은 일반재량보다 재량의 범위가 넓다.
④ (O)

> 이익형량을 전혀 행하지 아니하거나 이익형량의 고려대상에 마땅히 포함시켜야 할 사항을 누락한 경우 또는 이익형량을 하였으나 정당성과 객관성이 결여된 경우에는 그 행정계획결정은 형량에 하자가 있어 위법하게 된다. (대판 2007.4.12. 2005두1893)

정답 ①

09

「행정기본법」상 처분의 취소 및 철회에 관한 설명으로 옳지 않은 것은?

① 행정청은 당사자의 신뢰를 보호할 가치가 있는 등 정당한 사유가 있는 경우에는 위법한 처분을 장래를 향하여 취소할 수 있다.
② 당사자가 부정한 방법으로 수익적 처분을 받은 경우에도 행정청이 그 처분을 취소하려면 취소로 인하여 당사자가 입게 될 불이익을 취소로 달성되는 공익과 비교·형량하여야 한다.
③ 행정청은 중대한 공익을 위하여 필요한 경우에는 적법한 처분의 전부 또는 일부를 장래를 향하여 철회할 수 있다.
④ 처분은 무효가 아닌 한 권한이 있는 기관이 취소 또는 철회하거나 기간의 경과 등으로 소멸되기 전까지는 유효한 것으로 통용된다.

해설

① (O) ② (X)

> **행정기본법 제18조(위법 또는 부당한 처분의 취소)**
> ① 행정청은 위법 또는 부당한 처분의 전부나 일부를 소급하여 취소할 수 있다. 다만, 당사자의 신뢰를 보호할 가치가 있는 등 정당한 사유가 있는 경우에는 장래를 향하여 취소할 수 있다.
> ② 행정청은 제1항에 따라 당사자에게 권리나 이익을 부여하는 처분을 취소하려는 경우에는 취소로 인하여 당사자가 입게 될 불이익을 취소로 달성되는 공익과 비교·형량하여야 한다. 다만, 다음 각 호의 어느 하나에 해당하는 경우에는 그러하지 아니하다.
> 1. 거짓이나 그 밖의 부정한 방법으로 처분을 받은 경우
> 2. 당사자가 처분의 위법성을 알고 있었거나 중대한 과실로 알지 못한 경우

③ (O)

> **행정기본법 제19조(적법한 처분의 철회)**
> ① 행정청은 적법한 처분이 다음 각 호의 어느 하나에 해당하는 경우에는 그 처분의 전부 또는 일부를 장래를 향하여 철회할 수 있다.
> 1. 법률에서 정한 철회사유에 해당하게 된 경우
> 2. 법령 등의 변경이나 사정변경으로 처분을 더 이상 존속시킬 필요가 없게 된 경우
> 3. 중대한 공익을 위하여 필요한 경우
> ② 행정청은 제1항에 따라 처분을 철회하려는 경우에는 철회로 인하여 당사자가 입게 될 불이익을 철회로 달성되는 공익과 비교·형량하여야 한다.

④ (O) 공정력의 개념이다.

> **행정기본법 제15조(처분의 효력)**
> 처분은 권한이 있는 기관이 취소 또는 철회하거나 기간의 경과 등으로 소멸되기 전까지는 유효한 것으로 통용된다. 다만, 무효인 처분은 처음부터 그 효력이 발생하지 아니한다.

정답 ②

10

행정소송의 판결에 관한 설명으로 옳지 않은 것은? (다툼이 있는 경우 판례에 의함)

① 처분 등을 취소하는 확정판결은 제3자에 대하여도 효력이 있다.

② 취소 확정판결의 기속력은 판결의 주문 및 전제가 되는 처분 등의 구체적 위법사유에 관한 판단에도 미치므로, 이유로 제시된 모든 사유에 대해 기속력이 미친다.

③ 법원은 원고의 청구가 이유 있다고 인정하는 경우에도 처분 등을 취소하는 것이 현저히 공공복리에 적합하지 아니하다고 인정하는 때에는 원고의 청구를 기각할 수 있다.

④ 과세의 절차 내지 형식에 위법이 있어 과세처분을 취소하는 판결이 확정되었을 경우 과세관청은 그 위법사유를 보완하여 다시 새로운 과세처분을 할 수 있고, 그 새로운 과세처분은 확정판결에 의하여 취소된 종전의 과세처분과는 별개의 처분이다.

해설

① (O) 판결의 효력 중 형성력은 제3자에게도 미친다. (행정소송법 제29조 제1항)

② (X) 취소 확정판결의 기속력은 판결의 주문 및 전제가 되는 처분 등의 구체적 위법사유에 관한 판단에도 미친다. 이유 중 요건사실에는 기속력이 미치지만, 간접사실에는 기속력이 미치지 않는다.

③ (O) 사정판결의 개념이다.

④ (O)

> 과세관청이 당초 법인세의 부과처분을 하면서 그 납세고지서에 세액산출근거 등을 기재하지 아니하고 고지하였다는 이유로 과세처분을 취소하는 판결이 확정된 후에 과세관청이 다시 세액산출근거 등을 기재하여 당초의 부과처분과 동일한 내용의 법인세 부과처분을 하였다면, 후자의 과세처분은 판결에 의하여 취소된 종전처분에 있어서의 흠결을 보완한 별개의 처분으로서 확정판결의 기속력에 저촉되지 않는다. (대판 1987.2.24. 85누229)

정답 ②

11

행정절차에 관한 설명으로 옳지 않은 것은? (다툼이 있는 경우 판례에 의함)

① 직위해제처분은 사전통지의 대상이 아니다.

② 환경영향평가절차를 거쳤다면, 환경영향평가의 내용이 다소 부실하다고 하더라도, 그 부실의 정도가 환경영향평가를 하지 아니한 것과 다를 바 없는 정도의 것이 아니라면 당연히 당해 승인 등 처분이 위법하게 되는 것은 아니다.

③ 행정청이 당사자와 도시계획사업의 시행과 관련한 협약을 체결하면서 관계 법령 및 「행정절차법」에 규정된 청문의 실시 등 의견청취절차를 배제하는 조항을 두었다고 하더라도, 청문의 실시에 관한 규정의 적용을 배제할 수 있다고 볼 만한 법령상 규정이 없는 한, 청문의 실시에 관한 규정의 적용이 배제된다거나 청문을 실시하지 않아도 되는 예외적인 경우에 해당한다고 할 수 없다.

④ 당사자가 근거규정 등을 명시하여 신청하는 인허가 등을 거부하는 처분을 함에 있어 당사자가 그 근거를 알 수 있을 정도로 상당한 이유를 제시한 경우에는 당해 처분의 근거 및 이유를 구체적 조항 및 내용까지 명시하지 않았다면 그 처분은 위법하다.

해설

① (O) 직위해제처분은 가행정행위로서 개략적 심사를 하게 되므로 사전통지의 대상이 아니다.

② (O)

환경영향평가를 거친 경우	• 평가가 부실한 경우에도 적법 • 평가와 다른 내용의 처분을 한 경우에도 적법
환경영향평가를 거치지 않은 경우	무효

③ (O)

> 행정청이 당사자와 사이에 도시계획사업의 시행과 관련한 협약을 체결하면서 관계 법령 및 행정절차법에 규정된 청문의 실시 등 의견청취절차를 배제하는 조항을 두었다고 하더라도, 국민의 행정참여를 도모함으로써 행정의 공정성·투명성 및 신뢰성을 확보하고 국민의 권익을 보호한다는 행정절차법의 목적 및 청문제도의 취지 등에 비추어 볼 때, 위와 같은 협약의 체결로 청문의 실시에 관한 규정의 적용을 배제할 수 있다고 볼 만한 법령상의 규정이 없는 한, 이러한 협약이 체결되었다고 하여 청문의 실시에 관한 규정의 적용이 배제된다거나 청문을 실시하지 않아도 되는 예외적인 경우에 해당한다고 할 수 없다. (대판 2004.7.8. 2002두8350)

④ (X)

> 당사자가 근거규정 등을 명시하여 신청하는 인허가 등을 거부하는 처분을 함에 있어 당사자가 그 근거를 알 수 있을 정도로 상당한 이유를 제시한 경우에는 당해 처분의 근거 및 이유를 구체적 조항 및 내용까지 명시하지 않았더라도 그로 말미암아 그 처분이 위법한 것이 된다고 할 수 없다. (대판 2002.5.17. 2000두8912)

정답 ④

12

행정조사에 관한 설명으로 옳지 않은 것은? (다툼이 있는 경우 판례에 의함)

① 세무조사에 중대한 위법사유가 있는 경우 이러한 세무조사에 의하여 수집된 과세자료를 기초로 한 과세처분 역시 위법하다.

② 과세관청의 질문조사권이 행해지는 세무조사결정은 납세의무자의 권리·의무에 직접 영향을 미치는 공권력의 행사에 따른 행정작용으로서 항고소송의 대상이 된다.

③ 「행정조사기본법」 제4조(행정조사의 기본원칙)는 조세·보안처분에 관한 사항에 대하여 적용하지 아니한다.

④ 행정기관의 장은 법령 등에 특별한 규정이 있는 경우를 제외하고는 행정조사의 결과를 확정한 날부터 7일 이내에 그 결과를 조사대상자에게 통지하여야 한다.

해설

① (○) 대판 2016.12.15. 2016두47659

② (○) 대판 2011.3.10. 2009두23624

③ (×) 조세·보안처분에 관한 사항에 대하여 원칙적으로 행정조사기본법이 적용되지 않지만 행정조사의 기본원칙과 같은 조문은 적용된다.

> **행정조사기본법 제3조(적용범위)**
> ① 행정조사에 관하여 다른 법률에 특별한 규정이 있는 경우를 제외하고는 이 법으로 정하는 바에 따른다.
> ② 다음 각 호의 어느 하나에 해당하는 사항에 대하여는 이 법을 적용하지 아니한다.
> 1. 행정조사를 한다는 사실이나 조사 내용이 공개될 경우 국가의 존립을 위태롭게 하거나 국가의 중대한 이익을 현저히 해칠 우려가 있는 국가안전보장·통일 및 외교에 관한 사항
> 2. 국방 및 안전에 관한 사항 중 다음 각 목의 어느 하나에 해당하는 사항
>   가. 군사시설·군사기밀보호 또는 방위사업에 관한 사항
>   나. 병역법·예비군법·민방위기본법·비상대비에 관한 법률·재난관리자원의 관리 등에 관한 법률에 따른 징집·소집·동원 및 훈련에 관한 사항
> 3. 공공기관의 정보공개에 관한 법률 제4조 제3항의 정보에 관한 사항
> 4. 근로기준법 제101조에 따른 근로감독관의 직무에 관한 사항
> 5. 조세·형사·행형 및 보안처분에 관한 사항
> 6. 금융감독기관의 감독·검사·조사 및 감리에 관한 사항
> 7. 독점규제 및 공정거래에 관한 법률, 표시·광고의 공정화에 관한 법률, 하도급거래 공정화에 관한 법률, 가맹사업거래의 공정화에 관한 법률, 방문판매 등에 관한 법률, 전자상거래 등에서의 소비자보호에 관한 법률, 약관의 규제에 관한 법률 및 할부거래에 관한 법률에 따른 공정거래위원회의 법률위반행위 조사에 관한 사항
> ③ 제2항에도 불구하고 제4조(행정조사의 기본원칙), 제5조(행정조사의 근거) 및 제28조(정보통신수단을 통한 행정조사)는 제2항 각 호의 사항에 대하여 적용한다.

④ (○) 행정조사기본법 제24조

정답 ③

13

제재처분에 관한 설명으로 옳지 않은 것은? (다툼이 있는 경우 판례에 의함)

① 법령 등을 위반한 행위 후 법령 등의 변경에 의하여 그 행위가 법령 등을 위반한 행위에 해당하지 아니하거나 제재처분기준이 가벼워진 경우로서 해당 법령 등에 특별한 규정이 없는 경우에는 위반 당시의 법령 등을 적용한다.

② 행정청이 여러 개의 위반행위에 대하여 하나의 제재처분을 하였으나, 위반행위별로 제재처분의 내용을 구분하는 것이 가능하고 여러 개의 위반행위 중 일부의 위반행위에 대한 제재처분 부분만이 위법하다면, 법원은 제재처분 전부를 취소하여서는 아니 된다.

③ 일정한 법규 위반사실이 행정처분의 전제사실이자 형사법규의 위반사실이 되는 경우, 형사판결이 확정되기 전에 그 위반사실을 이유로 제재처분을 하였어도 절차적 위반은 아니다.

④ 행정법규 위반에 대한 영업정지처분은 행정목적의 달성을 위하여 행정법규 위반이라는 객관적 사실에 착안하여 가하는 제재이므로, 반드시 현실적인 행위자가 아니라도 법령상 책임자로 규정된 자에게 부과되고, 특별한 사정이 없는 한 위반자에게 고의나 과실이 없더라도 부과할 수 있다.

해설

① (×)

> **행정기본법 제14조(법 적용의 기준)**
> ① 새로운 법령 등은 법령 등에 특별한 규정이 있는 경우를 제외하고는 그 법령 등의 효력 발생 전에 완성되거나 종결된 사실관계 또는 법률관계에 대해서는 적용되지 아니한다.
> ② 당사자의 신청에 따른 처분은 법령 등에 특별한 규정이 있거나 처분 당시의 법령 등을 적용하기 곤란한 특별한 사정이 있는 경우를 제외하고는 처분 당시의 법령 등에 따른다.
> ③ 법령 등을 위반한 행위의 성립과 이에 대한 제재처분은 법령 등에 특별한 규정이 있는 경우를 제외하고는 법령 등을 위반한 행위 당시의 법령 등에 따른다. 다만, 법령 등을 위반한 행위 후 법령 등의 변경에 의하여 그 행위가 법령 등을 위반한 행위에 해당하지 아니하거나 제재처분기준이 가벼워진 경우로서 해당 법령 등에 특별한 규정이 없는 경우에는 변경된 법령 등을 적용한다.

② (○) 대판 2020.5.14. 2019두63515

③ (○)

> 행정처분과 형벌은 각각 그 권력적 기초, 대상, 목적이 다르다. 일정한 법규 위반사실이 행정처분의 전제사실이자 형사법규의 위반사실이 되는 경우에 동일한 행위에 관하여 독립적으로 행정처분이나 형벌을 부과하거나 이를 병과할 수 있다. 법규가 예외적으로 형사소추 선행원칙을 규정하고 있지 않은 이상 형사판결 확정에 앞서 일정한 위반사실을 들어 행정처분을 하였다고 하여 절차적 위반이 있다고 할 수 없다. (대판 2017.6.19. 2015두59808)

④ (○) 대판 2017.5.11. 2014두8773

정답 ①

14

「행정대집행법」상 대집행에 관한 설명으로 옳지 않은 것은? (다툼이 있는 경우 판례에 의함)

① 「공익사업을 위한 토지 등의 취득 및 보상에 관한 법률」상 협의취득시에 매매대상건물에 대한 철거의무를 부담하겠다는 취지의 약정을 건물소유자가 하였다고 하더라도, 그 철거의무는 대집행의 대상이 되지 않는다.

② 공유수면에 설치한 건물을 철거하여 공유수면을 원상회복하여야 할 의무는 대체적 작위의무에 해당하므로 행정대집행의 대상이 된다.

③ 행정청이 건물철거의무를 행정대집행의 방법으로 실현하는 과정에서 건물을 점유하고 있는 철거의무자들에 대하여 제기한 건물퇴거를 구하는 소송은 적법하다.

④ 철거대상건물의 점유자들이 적법한 행정대집행을 위력을 행사하여 방해하는 경우, 행정청은 필요하다면 「경찰관 직무집행법」에 근거한 위험발생방지조치 차원에서 경찰의 도움을 받을 수 있다.

해설

① (○) 대집행은 원칙적으로 공법상 의무 불이행에 대해 하는 것인데, 협의취득은 사법상 매매이므로 대집행의 대상이 아니다.

> 행정대집행법상 대집행의 대상이 되는 대체적 작위의무는 공법상 의무이어야 할 것인데, 구 공공용지의 취득 및 손실보상에 관한 특례법에 따른 토지 등의 협의취득은 공공사업에 필요한 토지 등을 그 소유자와의 협의에 의하여 취득하는 것으로서 공공기관이 사경제주체로서 행하는 사법상 매매 내지 사법상 계약의 실질을 가지는 것이므로, 그 협의취득시 건물소유자가 매매대상 건물에 대한 철거의무를 부담하겠다는 취지의 약정을 하였다고 하더라도 이러한 철거의무는 공법상의 의무가 될 수 없고, 이 경우에도 행정대집행법을 준용하여 대집행을 허용하는 별도의 규정이 없는 한 위와 같은 철거의무는 행정대집행법에 의한 대집행의 대상이 되지 않는다. (대판 2006.10.13. 2006두7096)

② (○) 대판 2017.4.28. 2016다213916

③ (×) ④ (○)

> [1] 관계 법령상 행정대집행의 절차가 인정되어 행정청이 행정대집행의 방법으로 건물의 철거 등 대체적 작위의무의 이행을 실현할 수 있는 경우에는 따로 민사소송의 방법으로 그 의무의 이행을 구할 수 없다. 한편, 건물의 점유자가 철거의무자일 때에는 건물철거의무에 퇴거의무도 포함되어 있는 것이어서 별도로 퇴거를 명하는 집행권원이 필요하지 않다. … 원심이 같은 취지에서 원고가 피고들에 대하여 건물퇴거를 구하는 이 사건 소가 부적법하다고 판단한 것은 정당하다.
> [2] 행정청이 행정대집행의 방법으로 건물철거의무의 이행을 실현할 수 있는 경우에는 건물철거대집행과정에서 부수적으로 건물의 점유자들에 대한 퇴거조치를 할 수 있고, 점유자들이 적법한 행정대집행을 위력을 행사하여 방해하는 경우 형법상 공무집행방해죄가 성립하므로, 필요한 경우에는 '경찰관 직무집행법'에 근거한 위험발생방지조치 또는 형법상 공무집행방해죄의 범행방지 내지 현행범체포의 차원에서 경찰의 도움을 받을 수도 있다. (대판 2017.4.28. 2016다213916)

정답 ③

15

기속행위와 재량행위에 관한 설명으로 옳지 않은 것은? (다툼이 있는 경우 판례에 의함)

① 재량행위는 요건이 충족되어도 공익과의 이익형량을 통하여 법에 정해진 효과를 부여하지 않을 수 있다.

② 기속행위의 경우 법원이 사실인정과 관련 법규의 해석 · 적용을 통하여 일정한 결론을 도출한 후 그 결론에 비추어 행정청이 한 판단의 적법 여부를 독자의 입장에서 판정한다.

③ 의제되는 인허가가 재량행위인 경우에는 주된 인허가가 기속행위인 경우에도 인허가가 의제되는 한도 내에서 재량행위로 보아야 한다.

④ 사실의 존부에 대한 판단에도 재량권이 인정될 수 있으므로, 사실을 오인하여 재량권을 행사한 경우라도 처분이 위법한 것은 아니다.

해설

① (○) 재량행위의 특성이다.

② (○)

> 양자에 대한 사법심사는 기속행위의 경우 그 법규에 대한 원칙적인 기속성으로 인하여 법원이 사실인정과 관련 법규의 해석 · 적용을 통하여 일정한 결론을 도출한 후 그 결론에 비추어 행정청이 한 판단의 적법 여부를 독자의 입장에서 판정하는 방식에 의하게 되나, 재량행위의 경우 행정청의 재량에 기한 공익판단의 여지를 감안하여 법원은 독자의 결론을 도출함이 없이 해당 행위에 재량권의 일탈 · 남용이 있는지 여부만을 심사하게 되고, 이러한 재량권의 일탈 · 남용 여부에 대한 심사는 사실오인, 비례 · 평등의 원칙 위배, 해당 행위의 목적 위반이나 동기의 부정 유무 등을 그 판단대상으로 한다. (대판 2001.2.9. 98두17593)

③ (○) 인허가의제의 특성이다.

④ (×) 사실의 존부(예 어제 비가 왔다)에 대해서는 재량이 인정되지 않으므로 사실을 오인하여 재량권을 행사한 경우에는 처분이 위법하다.

정답 ④

16

행정행위의 취소와 철회에 관한 설명으로 옳지 않은 것은? (다툼이 있는 경우 판례에 의함)

① 과세관청은 과세처분의 취소를 다시 취소함으로써 이미 효력을 상실한 과세처분을 소생시킬 수 있다.

② 행정청은 적법한 처분이 중대한 공익을 위하여 필요한 경우에는 그 처분을 장래를 향하여 철회할 수 있다.

③ 수익적 행정행위의 철회는 특별한 다른 규정이 없는 한 「행정절차법」상 절차에 따라 행해져야 한다.

④ 처분청은 처분의 성립에 하자가 있는 경우 별도의 법적 근거가 없더라도 직권으로 이를 취소할 수 있다.

해설

① (×) 취소의 취소는 원처분이 침익적이면 인정되지 않고, 원처분이 수익적이면 가능하다.

② (○) 행정기본법 제19조 제1항 제3호
③ (○) 수익적 행위의 철회는 결국 침익적이기 때문에 사전통지·의견제출의 기회를 주어야 한다.
④ (○) 취소와 철회는 법적 근거가 없어도 가능하다.

정답 ①

17

「행정절차법」의 적용대상이 되는 것은? (다툼이 있는 경우 판례에 의함)

① 「병역법」에 따른 징집·소집
② 「국가공무원법」상 직위해제처분
③ 헌법재판소의 심판을 거쳐 행하는 사항
④ 대통령의 한국방송공사 사장의 해임처분

해설

행정절차법 적용제외사항(행정절차법 제3조 제2항)

권력분립이 요구되는 경우	• 국회 또는 지방의회의 의결을 거치거나 동의 또는 승인을 받아 행하는 사항 • 법원 또는 군사법원의 재판에 의하거나 그 집행으로 행하는 사항 • 헌법재판소의 심판을 거쳐 행하는 사항
독립성 요구	• 각급 선거관리위원회의 의결을 거쳐 행하는 사항 • 감사원이 감사위원회의 결정을 거쳐 행하는 사항 • 형사, 행형 및 보안처분 관계 법령에 따라 행하는 사항
국가안보	국가안전보장·국방·외교 또는 통일에 관한 사항 중 행정절차를 거칠 경우 국가의 중대한 이익을 현저히 해칠 우려가 있는 사항
전문적 분야(행정심판)	심사청구, 해양안전심판, 조세심판, 특허심판, 행정심판, 그 밖의 불복절차에 따른 사항
병역, 외국인, 공무원 관련	병역법에 따른 징집·소집, 외국인의 출입국·난민인정·귀화, 공무원 인사 관계 법령에 따른 징계와 그 밖의 처분, 이해 조정을 목적으로 하는 법령에 따른 알선·조정·중재·재정 또는 그 밖의 처분 등 해당 행정작용의 성질상 행정절차를 거치기 곤란하거나 거칠 필요가 없다고 인정되는 사항과 행정절차에 준하는 절차를 거친 사항으로서 대통령령으로 정하는 사항

정답 ④

18

부관에 관한 설명으로 옳지 않은 것은? (다툼이 있는 경우 판례에 의함)

① 재량행위에 있어서는 관계 법령에 명시적인 금지규정이 없는 한 행정목적을 달성하기 위하여 조건이나 기한, 부담 등의 부관을 붙일 수 있다.
② 토지소유자가 토지형질변경행위허가에 붙은 기부채납의 부관에 따라 토지를 국가나 지방자치단체에 기부채납(증여)한 경우, 토지소유자는 원칙적으로 기부채납(증여)의 중요 부분에 착오가 있음을 이유로 증여계약을 취소할 수 있다.
③ 당초에 붙은 기한을 허가 자체의 존속기간이 아니라 허가조건의 존속기간으로 보더라도 그 후 당초의 기한이 상당 기간 연장되어 연장된 기간을 포함한 존속기간 전체를 기준으로 볼 경우 더 이상 허가된 사업의 성질상 부당하게 짧은 경우에 해당하지 않게 된 때에는 재량권의 행사로서 더 이상의 기간 연장을 불허가할 수도 있다.
④ 일반적으로 행정처분에 효력기간이 정하여져 있는 경우에는 그 기간의 경과로 그 행정처분의 효력은 상실되며, 다만 허가에 붙은 기한이 그 허가된 사업의 성질상 부당하게 짧은 경우에는 이를 그 허가 자체의 존속기간이 아니라 그 허가조건의 존속기간으로 볼 수 있다.

해설

① (○) 재량행위는 법적 근거가 없어도 원칙적으로 부관을 붙일 수 있다.
② (×) 사인의 공법행위는 착오를 이유로 취소할 수 없다.

> 토지소유자가 토지형질변경행위허가에 붙은 기부채납의 부관에 따라 토지를 국가나 지방자치단체에 기부채납(증여)한 경우, 기부채납의 부관이 당연무효이거나 취소되지 아니한 이상 토지소유자는 위 부관으로 인하여 증여계약의 중요 부분에 착오가 있음을 이유로 증여계약을 취소할 수 없다. (대판 1999.5.25. 98다53134)

③ (○) ④ (○)

> 일반적으로 행정처분에 효력기간이 정하여져 있는 경우에는 그 기간의 경과로 그 행정처분의 효력은 상실되며, 다만 허가에 붙은 기한이 그 허가된 사업의 성질상 부당하게 짧은 경우에는 이를 그 허가 자체의 존속기간이 아니라 그 허가조건의 존속기간으로 보아 그 기한이 도래함으로써 그 조건의 개정을 고려한다는 뜻으로 해석할 수 있지만, 이와 같이 당초에 붙은 기한을 허가 자체의 존속기간이 아니라 허가조건의 존속기간으로 보더라도 그 후 당초의 기한이 상당 기간 연장되어 연장된 기간을 포함한 존속기간 전체를 기준으로 볼 경우 더 이상 허가된 사업의 성질상 부당하게 짧은 경우에 해당하지 않게 된 때에는 관계 법령의 규정에 따라 허가 여부의 재량권을 가진 행정청으로서는 그 때에도 허가조건의 개정만을 고려하여야 하는 것은 아니고 재량권의 행사로서 더 이상의 기간 연장을 불허가할 수도 있는 것이며, 이로써 허가의 효력은 상실된다. (대판 2004.3.25. 2003두12837)

허가기간의 성질

허가기간이 충분한 경우	허가의 존속기간(기간만료로 허가 소멸)
허가기간이 짧은 경우	허가조건의 존속기간(기간만료 전 갱신 가능)

정답 ②

19

행정처분의 소멸에 관한 설명으로 옳지 않은 것은? (다툼이 있는 경우 판례에 의함)

① 취소심판을 제기한 경우 관할 행정심판위원회에서 취소재결하는 것은 직권취소에 해당한다.

② 도시계획시설사업의 사업자 지정을 한 관할청은 도시계획시설사업의 시행자 지정에 하자가 있는 경우, 별도의 법적 근거가 없더라도 스스로 이를 취소할 수 있다.

③ 종전 행정처분에 하자가 있음을 전제로 직권으로 이를 취소하는 행정처분의 경우 하자나 취소하여야 할 필요성에 관한 증명책임은 기존 이익과 권리를 침해하는 처분을 한 행정청에 있다.

④ 지방병무청장은 군의관의 신체등위판정이 금품수수에 따라 위법 또는 부당하게 이루어졌다고 인정하는 경우, 그 신체등위판정을 기초로 자신이 한 병역처분을 직권으로 취소할 수 있다.

해설

① (×) 직권취소는 처분청이 하는 것을 말한다. 행정심판위원회의 취소는 쟁송취소에 해당한다.

② (○) 취소와 철회는 별도의 법적 근거 없이 가능하다.

③ (○) 무효소송에서 중대·명백은 원고가 입증하여야 하지만, 직권취소의 경우에는 선지와 같다.

④ (○) 처분청이 하는 경우이므로 가능하다. (대판 2002.5.28. 2001두9653)

정답 ①

20

국가배상에 관한 설명으로 옳지 않은 것은? (다툼이 있는 경우 판례에 의함)

① 개별공시지가 산정에 있어 자연림을 공업용으로 잘못 평가하여 금융기관이 이를 근거로 대출하여 손해가 발생한 경우 지방자치단체는 배상책임이 있다.

② 어린이가 미니컵 젤리를 먹다가 사망한 경우에 국가의 과실은 인정되지 않는다.

③ 소음 등을 포함한 공해 등의 위험지역으로 이주하여 들어가 거주하는 경우와 같이 위험의 존재를 인식하거나 과실로 인식하지 못하고 이주한 경우에는 손해배상액의 산정에 있어 형평의 원칙상 과실상계에 준하여 감경 또는 면제사유로 고려하여야 한다.

④ 영조물책임은 면책이 인정되지 아니한다.

해설

① (×)

공시지가결정과 손해배상의 문제

[1] 개별공시지가는 개발부담금의 부과, 토지 관련 조세 부과 등 다른 법령이 정하는 목적을 위해 지가를 산정하는 경우에 그 산정기준이 되는 관계로 납세자인 국민 등의 재산상 권리·의무에 직접적인 영향을 미치게 되므로, 개별공시지가 산정업무를 담당하는 공무원으로서는 … 적정한 개별공시지가가 결정·공시되도록 조치할 직무상 의무가 있고, 이러한 직무상 의무는 단순히 공공일반의 이익을 위한 것이거나 행정기관 내부의 질서를 규율하기 위한 것이 아니고 전적으로 또는 부수적으로 국민 개개인의 재산권 보장을 목적으로 하여 규정된 것이라고 봄이 상당하다. 따라서 개별공시지가 산정업무 담당공무원 등이 그 직무상 의무에 위반하여 현저하게 불합리한 개별공시지가가 결정되도록 함으로써 국민 개개인의 재산권을 침해한 경우에는 그 손해에 대하여 상당인과관계가 있는 범위 내에서 그 담당공무원 등이 소속된 지방자치단체가 배상책임을 지게 된다.

[2] 시장이 토지의 이용상황을 실제 이용되고 있는 '자연림'으로 하여 개별공시지가를 산정한 다음 감정평가법인에 검증을 의뢰하였는데, 감정평가법인이 그 토지의 이용상황을 '공업용'으로 잘못 정정하여 검증지가를 산정하고, 시 부동산평가위원회가 검증지가를 심의하면서 그 잘못을 발견하지 못함에 따라, 그 토지의 개별공시지가가 적정가격보다 훨씬 높은 가격으로 결정·공시된 사안에서, 이는 개별공시지가 산정업무 담당공무원 등이 직무상 의무를 위반한 것으로 불법행위에 해당한다.

[3] 개별공시지가는 토지의 거래 또는 담보제공에서 그 실제 거래가액 또는 담보가치를 보장하는 등의 구속력을 갖지 않으며, 개개 토지에 관한 개별공시지가를 기준으로 거래하거나 담보제공을 받았다가 토지의 실제 거래가액 또는 담보가치가 개별공시지가에 미치지 못함으로 인하여 발생한 손해에 대해서는 개별공시지가를 결정·공시한 지방자치단체가 손해배상책임을 부담하지 않는다.

[4] 개별공시지가 산정업무 담당공무원 등이 잘못 산정·공시한 개별공시지가를 신뢰한 나머지 토지의 담보가치가 충분하다고 믿고 그 토지에 관하여 근저당권설정등기를 경료한 후 물품을 추가로 공급함으로써 손해를 입었음을 이유로 그 담당공무원이 속한 지방자치단체에 손해배상을 구한 사안에서, 그 담당공무원 등의 개별공시지가 산정에 관한 직무상 위반행위와 위 손해 사이에 상당인과관계가 있다고 보기 어렵다. (대판 2010.7.22. 2010다13527)

② (○)

어린이가 '미니컵 젤리'를 먹다가 질식하여 사망한 사안에서, 식품의약품안전청장 등이 그 사고 발생시까지 구 식품위생법상의 규제권한을 행사하여 미니컵 젤리의 수입·유통 등을 금지하거나 그 기준과 규격, 표시 등을 강화하고 그에 필요한 검사 등을 실시하는 조치를 취하지 않은 것이 현저하게 합리성을 잃어 사회적 타당성이 없다거나 객관적 정당성을 상실하여 위법하다고 할 수 있을 정도에까지 이르렀다고 보기 어렵고, 그 권한 불행사에 과실이 있다고 할 수도 없다. (대판 2010.9.9. 2008다77795)

③ (○)

공군사격장 주변지역에서 발생하는 소음 등으로 피해를 입은 주민들이 국가를 상대로 손해배상을 청구한 사안에서, 사격장의 소음피해를 인식하거나 과실로 인식하지 못하고 이주한 일부 주민들의 경우, 비록 소음으로 인한 피해를 용인하고 이용하기 위하여 이주하였다는 등의 사정이 인정되지 않아 국가의 손해배상책임을 완전히 면제할 수는 없다고 하더라도, 손해배상액을 산정함에 있어 그와 같은 사정을 전혀 참작하지 아니하여 감경조차 아니한 것은 형평의 원칙에 비추어 현저히 불합리하고, 불법행위로 인한 손해배상액의 산정에 관한 법리를 오해한 잘못이 있다는 이유로 원심판결을 파기한다. (대판 2010.11.11. 2008다57975)

④ (○)

국가배상법 제5조 소정의 영조물의 설치·관리상의 하자로 인한 책임은 무과실책임이고 나아가 민법 제758조 소정의 공작물의 점유자의 책임과는 달리 면책사유도 규정되어 있지 않으므로, 국가 또는 지방자치단체는 영조물의 설치·관리상의 하자로 인하여 타인에게 손해를 가한 경우에 그 손해의 방지에 필요한 주의를 해태하지 아니하였다 하여 면책을 주장할 수 없다. (대판 1994.11.22. 94다32924)

정답 ①

21

행정법상 의무의 강제방법에 관한 설명으로 옳지 않은 것은? (다툼이 있는 경우 판례에 의함)

① 법인은 기관을 통하여 행위하므로 법인이 대표자를 선임한 이상 그의 행위로 인한 법률효과는 법인에게 귀속되어야 하고, 법인 대표자의 범죄행위에 대하여는 법인이 자신의 행위에 대한 책임을 부담하는 것이다.

② 관계 법령상 행정대집행의 절차가 인정되어 행정청이 행정대집행의 방법으로 건물의 철거 등 대체적 작위의무의 이행을 실현할 수 있는 경우에는 따로 민사소송의 방법으로 그 의무의 이행을 구할 수 없다.

③ 행정청이 여러 개의 위반행위에 대하여 하나의 제재처분을 하였으나, 위반행위별로 제재처분의 내용을 구분하는 것이 가능하고 여러 개의 위반행위 중 일부의 위반행위에 대한 제재처분 부분만이 위법하다면, 법원은 제재처분 중 위법성이 인정되는 부분만 취소하여야 하고 제재처분 전부를 취소하여서는 아니 된다.

④ 행정대집행은 대체적 작위의무에 대한 강제집행수단이고, 이행강제금은 부작위의무나 비대체적 작위의무에 대한 강제집행수단이므로 이행강제금은 대체적 작위의무의 위반에 대하여는 부과될 수 없다.

해설

① (○) 종업원의 행위를 무조건 법인에 귀속시키는 것은 책임주의 위반이지만, 대표자의 행위를 법인의 행위로 보는 것은 가능하다.

② (○) 대판 2017.4.28. 2016다213916

③ (○)

> 공정거래위원회가 부당지원행위에 대한 과징금을 부과함에 있어 여러 개의 위반행위에 대하여 하나의 과징금 납부명령을 하였으나 여러 개의 위반행위 중 일부의 위반행위만이 위법하고 소송상 그 일부의 위반행위를 기초로 한 과징금액을 산정할 수 있는 자료가 있는 경우에는 하나의 과징금 납부명령일지라도 그중 위법하여 그 처분을 취소하게 된 일부의 위반행위에 대한 과징금액에 해당하는 부분만을 취소할 수 있다. (대판 2006.12.22. 2004두1483)

④ (×) 대체적 작위의무에 대해서는 원칙적으로 대집행을 하여야 하지만, 대형건물의 경우에는 현실적으로 대집행이 어렵기 때문에 이행강제금을 부과할 수 있다.

> 행정청은 개별사건에 있어서 위반 내용, 위반자의 시정의지 등을 감안하여 대집행과 이행강제금을 선택적으로 활용할 수 있으며, 이처럼 그 합리적인 재량에 의해 선택하여 활용하는 이상 중첩적인 제재에 해당한다고 볼 수 없다. (헌재 2004.2.26. 2001헌바80 등)

정답 ④

22

A도(道) B군(郡)에서 식품접객업을 하는 甲은 청소년에게 술을 팔다가 적발되었다. 「식품위생법」은 위법하게 청소년에게 주류를 제공한 영업자에게 "6개월 이내의 기간을 정하여 그 영업의 전부 또는 일부를 정지할 수 있다."라고 규정하고, 「식품위생법 시행규칙」 [별표 23]은 청소년 주류제공(1차 위반)시 행정처분기준을 '영업정지 2개월'로 정하고 있다. B군수는 甲에게 2개월의 영업정지처분을 하였다. 이에 관한 설명으로 옳지 않은 것은? (다툼이 있는 경우 판례에 의함)

① 甲은 영업정지처분에 불복하여 A도 행정심판위원회에 행정심판을 청구할 수 있다.

② 甲은 행정심판을 청구하지 않고 영업정지처분에 대한 취소소송을 제기할 수 있다.

③ 「식품위생법 시행규칙」의 행정처분기준은 행정규칙의 형식이나, 「식품위생법」의 내용을 보충하면서 「식품위생법」의 규정과 결합하여 위임의 범위 내에서 대외적인 구속력을 가진다.

④ 甲이 취소소송을 제기하는 경우 법원은 재량권의 일탈·남용이 인정되면 영업정지처분을 취소할 수 있다.

해설

① (○) 시·군·구청장의 처분에 대해서는 시·도 행정심판위원회에 행정심판을 제기할 수 있다.

② (○) 식당영업정지처분은 필요적 행정심판이 아니므로, 행정심판을 거치지 않고 소송이 가능하다.

③ (×) 시행규칙은 형식적으로 법규명령이지만, 제재적 내용을 담고 있으면 대외적 구속력이 인정되지 않는 행정규칙의 성격을 띤다.

④ (○)

정답 ③

23

「질서위반행위규제법」에 관한 설명으로 옳은 것은?

① 지방자치단체의 조례상 의무를 위반하여 과태료를 부과하는 행위는 질서위반행위에 해당되지 않는다.

② 법원의 과태료 재판이 확정된 후 법률이 변경되어 그 행위가 질서위반행위에 해당하지 아니하게 된 때에는 변경된 법률에 특별한 규정이 없는 한 과태료의 집행을 면제한다.

③ 과태료는 행정청의 과태료 부과처분이 있은 후 3년간 징수하지 아니하면 시효로 인하여 소멸한다.

④ 행정청의 과태료 부과에 대한 이의제기는 과태료 부과처분의 효력에 영향을 주지 아니한다.

해설

① (×)

> **질서위반행위규제법 제2조(정의)**
> 이 법에서 사용하는 용어의 뜻은 다음과 같다.
> 1. '질서위반행위'란 법률(지방자치단체의 조례를 포함한다. 이하 같다)상의 의무를 위반하여 과태료를 부과하는 행위를 말한다. 다만, 다음 각 목의 어느 하나에 해당하는 행위를 제외한다.
> 가. 대통령령으로 정하는 사법상 · 소송법상 의무를 위반하여 과태료를 부과하는 행위
> 나. 대통령령으로 정하는 법률에 따른 징계사유에 해당하여 과태료를 부과하는 행위

② (○) 질서위반행위규제법 제3조 제3항

③ (×)

> **질서위반행위규제법 제15조(과태료의 시효)**
> ① 과태료는 행정청의 과태료 부과처분이나 법원의 과태료 재판이 확정된 후 5년간 징수하지 아니하거나 집행하지 아니하면 시효로 인하여 소멸한다.

④ (×)

> **질서위반행위규제법 제20조(이의제기)**
> ② 제1항에 따른 이의제기가 있는 경우에는 행정청의 과태료 부과처분은 그 효력을 상실한다.

정답 ②

24

취소소송에 관한 설명으로 옳지 않은 것은? (다툼이 있는 경우 판례에 의함)

① 제재적 행정처분의 효력이 제재기간 경과로 소멸하였더라도 관련 법규에서 제재적 행정처분을 받은 사실을 가중사유나 전제요건으로 삼아 장래의 제재적 행정처분을 하도록 정하고 있다면, 선행처분의 취소를 구할 법률상 이익이 있다.

② 행정처분의 취소소송 계속 중 처분청이 다툼의 대상이 되는 행정처분을 직권으로 취소하면 그 처분은 효력을 상실하여 더 이상 존재하지 않는 것이므로 존재하지 않는 처분을 대상으로 한 항고소송은 원칙적으로 소의 이익이 소멸하여 부적법하다.

③ 고등학교 졸업이 대학 입학 자격이나 학력 인정으로서의 의미밖에 없다고 할 수 없으므로 고등학교졸업학력검정고시에 합격하였다고 하여 고등학교 학생으로서의 신분과 명예가 회복될 수 없는 것이니 퇴학처분을 받은 자로서는 퇴학처분의 위법을 주장하여 그 취소를 구할 소송상 이익이 있다.

④ 소송 계속 중 해당 처분이 기간의 경과로 그 효과가 소멸하더라도 예외적으로 그 처분의 취소를 구할 소의 이익을 인정할 수 있는 '행정처분과 동일한 사유로 위법한 처분이 반복될 위험성이 있는 경우'란 해당 사건의 동일한 소송당사자 사이에서 반복될 위험이 있는 경우만을 의미한다.

해설

① (○) 대판 2007.1.11. 2006두13312

② (○) 대판 2019.6.27. 2018두49130

③ (○) 대판 1992.7.14. 91누4737

④ (×) 당사자가 동일하지 않아도 반복될 위험성이 인정된다.

> 행정처분의 무효확인 또는 취소를 구하는 소가 제소 당시에는 소의 이익이 있어 적법하였는데, 소송 계속 중 해당 행정처분이 기간의 경과 등으로 그 효과가 소멸한 때에 처분이 취소되어도 원상회복이 불가능하다고 보이는 경우라도, 무효확인 또는 취소로써 회복할 수 있는 다른 권리나 이익이 남아 있거나 또는 그 행정처분과 동일한 사유로 위법한 처분이 반복될 위험성이 있어 행정처분의 위법성 확인 내지 불분명한 법률문제에 대한 해명이 필요한 경우에는 행정의 적법성 확보와 그에 대한 사법통제, 국민의 권리구제 확대 등의 측면에서 예외적으로 그 처분의 취소를 구할 소의 이익을 인정할 수 있다. 여기에서 '그 행정처분과 동일한 사유로 위법한 처분이 반복될 위험성이 있는 경우'란 불분명한 법률문제에 대한 해명이 필요한 상황에 대한 대표적인 예시일 뿐이며, 반드시 '해당 사건의 동일한 소송당사자 사이에서' 반복될 위험이 있는 경우만을 의미하는 것은 아니다. (대판 2020.12.24. 2020두30450)

정답 ④

25

행정입법에 관한 설명으로 옳은 것은? (다툼이 있는 경우 판례에 의함)

① 상위 법령 등의 단순한 집행을 위해 총리령을 제정하려는 경우, 행정상 입법예고를 하지 아니할 수 있다.

② 재량준칙은 제정됨으로써 일반적으로 행정조직 내부뿐만 아니라 대외적인 구속력을 갖는다.

③ 교육부장관이 대학입시기본계획의 내용에서 내신성적 산정기준에 관한 시행지침을 정한 경우, 각 고등학교는 이에 따라 내신성적을 산정할 수밖에 없어 이는 행정처분에 해당된다.

④ 행정소송에 대한 대법원 판결에 의하여 명령·규칙이 헌법 또는 법률에 위반된다는 것이 확정된 경우, 대법원은 지체 없이 그 사유를 해당 법령의 소관 부처의 장에게 통보하여야 한다.

해설

① (O) 행정절차법 제41조 제1항 제2호

② (X)

> 재량준칙은 일반적으로 행정조직 내부에서만 효력을 가질 뿐 대외적인 구속력을 갖는 것은 아니므로 행정처분이 이를 위반하였다고 하여 그러한 사정만으로 곧바로 위법하게 되는 것은 아니고, 다만 그 재량준칙이 정한 바에 따라 되풀이 시행되어 행정관행이 이루어지게 되면 평등의 원칙이나 신뢰보호의 원칙에 따라 행정기관은 상대방에 대한 관계에서 그 규칙에 따라야 할 자기구속을 받게 되므로, 이러한 경우에는 특별한 사정이 없는 한 그에 반하는 처분은 평등의 원칙이나 신뢰보호의 원칙에 어긋나 재량권을 일탈·남용한 위법한 처분이 된다. (대판 2013.11.14. 2011두28783)

③ (X)

> 교육부장관이 내신성적 산정기준의 통일을 기하기 위해 대학입시기본계획의 내용에서 내신성적 산정기준에 관한 시행지침을 마련하여 시·도 교육감에서 통보한 것은 행정조직 내부에서 내신성적 평가에 관한 내부적 심사기준을 시달한 것에 불과하며, … 그러한 사정만으로서 위 지침에 의하여 곧바로 개별적이고 구체적인 권리의 침해를 받은 것으로는 도저히 인정할 수 없으므로, 그것만으로는 현실적으로 특정인의 구체적인 권리·의무에 직접적으로 변동을 초래하게 하는 것은 아니라 할 것이어서 내신성적 산정지침을 항고소송의 대상이 되는 행정처분으로 볼 수 없다. (대판 1994.9.10. 94두33)

④ (X)

> **행정소송법 제6조(명령·규칙의 위헌판결 등 공고)**
> ① 행정소송에 대한 대법원 판결에 의하여 명령·규칙이 헌법 또는 법률에 위반된다는 것이 확정된 경우에는 대법원은 지체 없이 그 사유를 행정안전부장관에게 통보하여야 한다.

정답 ①

제08회 실전동형 모의고사

p. 052~057

01 ① 02 ③ 03 ① 04 ② 05 ② 06 ② 07 ④ 08 ③ 09 ④
10 ① 11 ④ 12 ④ 13 ② 14 ② 15 ② 16 ④ 17 ④ 18 ②
19 ③ 20 ④ 21 ④ 22 ③ 23 ④ 24 ④ 25 ①

01

행정소송에 관한 설명으로 옳지 않은 것은? (다툼이 있는 경우 판례에 의함)

① 당사자소송으로 서울행정법원에 제기할 것을 민사소송으로 지방법원에 제기하여 판결이 내려진 경우, 그 판결은 관할 위반으로 각하하여야 한다.

② 건축물의 하자를 다투는 입주예정자들은 건물의 사용검사처분에 대해 제3자효 행정행위의 차원에서 행정소송을 통해 다툴 수 없다.

③ 민사소송인 소가 서울행정법원에 제기되었는데도 피고가 제1심법원에서 관할 위반이라고 항변하지 않고 본안에서 변론을 한 경우에는 제1심법원에 변론관할이 생긴다.

④ 환경부장관이 생태·자연도 1등급으로 지정되었던 지역을 2등급으로 변경하는 내용의 생태·자연도 수정·보완을 고시하는 경우, 1등급지역에 거주하던 인근 주민은 생태·자연도 등급변경처분의 무효확인을 구할 원고적격이 없다.

해설

① (X) 행정소송은 행정법원의 전속관할이므로 관할 위반에 해당하지만, 관할권이 있는 법원으로 이송하여야 한다.

② (O) 구 주택법상 입주자나 입주예정자가 사용검사처분의 무효확인 또는 취소를 구할 법률상 이익이 없다.

> 건물의 사용검사처분은 건축허가를 받아 건축된 건물이 건축허가사항대로 건축행정목적에 적합한지 여부를 확인하고 사용검사필증을 교부하여 줌으로써 허가받은 사람으로 하여금 건축한 건물을 사용·수익할 수 있게 하는 법률효과를 발생시키는 것이다. 또한 건축물에 대한 사용검사처분의 무효확인을 받거나 처분이 취소된다고 하더라도 사용검사 전의 상태로 돌아가 건축물을 사용할 수 없게 되는 것에 그칠 뿐 곧바로 건축물의 하자상태 등이 제거되거나 보완되는 것도 아니다. (대판 2015.1.29. 2013두24976)

③ (O) 관할 위반의 경우에도 피고가 변론을 하면 관할이 발생한다. 이를 변론관할이라고 한다.

④ (O) 대판 2014.2.21. 2011두29052

정답 ①

02

행정법의 법원(法源)에 관한 설명으로 옳은 것은? (다툼이 있는 경우 판례에 의함)

① 인간다운 생활을 할 권리와 같은 헌법상 추상적인 기본권에 관한 규정은 행정법의 법원이 되지 못한다.

② 국제법규도 행정법의 법원이므로, 사인이 제기한 취소소송에서 WTO협정과 같은 국제협정 위반을 독립된 취소사유로 주장할 수 있다.

③ 알 권리와 같은 자유권적 기본권은 헌법만으로 공권성이 인정된다.

④ 행정의 자기구속의 원칙은 처분청이 아닌 제3자 행정청에 대해서도 적용된다.

해설

① (×) 헌법도 행정법의 법원이 된다.

② (×) WTO협정 위반을 처분의 독립된 취소사유로 주장할 수 없다.

> 우리나라가 1994.12.16. 국회의 비준동의를 얻어 1995.1.1. 발효된 '1994년 국제무역기구 설립을 위한 마라케쉬협정(Marrakesh Agreement Establishing the World Trade Organization, WTO협정)'의 일부인 '1994년 관세 및 무역에 관한 일반협정(General Agreement on Tariffs and Trade, GATT 1994) 제6조의 이행에 관한 협정'은 국가와 국가 사이의 권리·의무관계를 설정하는 국제협정으로, 그 내용 및 성질에 비추어 이와 관련한 법적 분쟁은 WTO분쟁해결기구에서 해결하는 것이 원칙이고, 사인에 대하여는 위 협정의 직접 효력이 미치지 아니한다고 보아야 할 것이므로, 위 협정에 따른 회원국 정부의 반덤핑 부과처분이 WTO협정 위반이라는 이유만으로 사인이 직접 국내 법원에 회원국 정부를 상대로 그 처분의 취소를 구하는 소를 제기하거나 위 협정 위반을 처분의 독립된 취소사유로 주장할 수는 없다. (대판 2009.1.30. 2008두17936)

③ (○)

④ (×) 자기구속은 처분을 하는 행정청에만 미친다.

정답 ③

03

손실보상에 관한 설명으로 옳은 것은? (다툼이 있는 경우 판례에 의함)

① 「공익사업을 위한 토지 등의 취득 및 보상에 관한 법률」에 따라 사업인정고시가 된 후 토지의 사용으로 인하여 토지의 형질이 변경되는 경우에 토지소유자는 사업시행자 또는 관할 토지수용위원회에 그 토지의 매수청구권을 행사할 수 있다.

② 「공익사업을 위한 토지 등의 취득 및 보상에 관한 법률」상 사업시행자와 토지소유자 사이의 협의취득에 대한 분쟁은 당사자소송으로 다투어야 한다.

③ 헌법재판소는 「개발제한구역의 지정 및 관리에 관한 특별조치법」 제11조 제1항 등에 대한 위헌소원 사건에서 토지의 효용이 감소한 토지소유자에게 토지매수청구권을 인정하는 등 보상규정을 두었지만 적절한 손실보상에 해당하지 않는다고 위헌결정을 하였다.

④ 사업시행자는 동일한 사업지역에 보상시기를 달리하는 동일인 소유의 토지 등이 여러 개가 있는 경우 토지 등의 소유자가 일괄보상을 요구하더라도 「공익사업을 위한 토지 등의 취득 및 보상에 관한 법률」에 따라 단계적으로 보상금을 지급하여야 한다.

해설

① (○) 매수보상청구권도 형성권이다.

> **공익사업을 위한 토지 등의 취득 및 보상에 관한 법률 제72조(사용하는 토지의 매수청구 등)**
> 사업인정고시가 된 후 다음 각 호의 어느 하나에 해당하는 때에는 해당 토지소유자는 사업시행자에게 해당 토지의 매수를 청구하거나 관할 토지수용위원회에 그 토지의 수용을 청구할 수 있다. 이 경우 관계인은 사업시행자나 관할 토지수용위원회에 그 권리의 존속을 청구할 수 있다.
> 1. 토지를 사용하는 기간이 3년 이상인 경우
> 2. 토지의 사용으로 인하여 토지의 형질이 변경되는 경우
> 3. 사용하려는 토지에 그 토지소유자의 건축물이 있는 경우

② (×) 수용절차에서 협의취득만 사법관계, 즉 민사소송이고 그 외는 공법관계이다.

③ (×) 개발제한구역의 나대지에 대해 보상규정이 없으면 위헌이지만, 보상규정이 있으면 헌법에 위반되지 않는다.

④ (×)

> **공익사업을 위한 토지 등의 취득 및 보상에 관한 법률 제65조(일괄보상)**
> 사업시행자는 동일한 사업지역에 보상시기를 달리하는 동일인 소유의 토지 등이 여러 개 있는 경우 토지소유자나 관계인이 요구할 때에는 한꺼번에 보상금을 지급하도록 하여야 한다.

정답 ①

04

행정입법에 관한 설명으로 옳지 않은 것은? (다툼이 있으면 판례에 의함)

① 헌법이 인정하고 있는 위임입법의 형식은 예시적인 것이다.
② 행정각부가 아닌 국무총리 소속의 독립기관은 독립하여 법규명령을 발할 수 있다.
③ 행정규칙인 고시가 법령의 수권에 의해 법령을 보충하는 사항을 정하는 경우에는 근거법령규정과 결합하여 대외적으로 구속력 있는 법규명령의 효력을 갖는다.
④ 재량권 행사의 기준을 정하는 행정규칙을 재량준칙이라고 한다.

해설

① (O) 헌재 2004.10.28. 99헌바91
② (X) 행정각부가 아닌 국무총리 소속의 독립기관(예 법제처)은 독립하여 법규명령을 발할 수 없고, 총리령의 형식으로 하여야 한다.
③ (O) 법령보충적 행정규칙의 개념이다.
④ (O) 재량준칙의 개념이다.

정답 ②

05

다음 설명 중 옳은 것은? (다툼이 있는 경우 판례에 의함)

① 단체소송의 소는 피고의 주된 사무소 또는 영업소가 있는 곳, 주된 사무소나 영업소가 없는 경우에는 주된 업무담당자의 주소가 있는 곳의 행정법원의 관할에 전속한다.
② 원고의 청구를 기각하는 판결이 확정된 경우 이와 동일한 사안에 관하여는 다른 단체는 단체소송을 제기할 수 없다.
③ 행정심판에 있어서 사건의 심리·의결에 관한 사무에 관여하는 직원에게는 「행정심판법」 제10조의 위원의 제척·기피·회피가 적용되지 않는다.
④ 해고의 효력을 다툴 때에는 중앙노동위원회를 피고로 하여야 한다.

해설

① (X)

> **개인정보 보호법 제52조(전속관할)**
> ① 단체소송의 소는 피고의 주된 사무소 또는 영업소가 있는 곳, 주된 사무소나 영업소가 없는 경우에는 주된 업무담당자의 주소가 있는 곳의 지방법원 본원 합의부의 관할에 전속한다.

② (O) 개인정보 보호법 제56조 본문
③ (X) 행정심판법 제10조 위원의 제척·기피·회피에 대한 내용은 직원에게도 적용된다.
④ (X) 해고의 효력을 다툴 때에는 중앙노동위원장을 피고로 하여야 한다.

정답 ②

06

행정의 실효성 확보수단에 관한 설명으로 옳지 않은 것은? (다툼이 있는 경우 판례에 의함)

① 「건축법」상 시정명령을 받은 의무자가 그 시정명령의 취지에 부합하는 의무를 이행하기 위한 정당한 방법으로 행정청에 신청 또는 신고를 하였으나 행정청이 위법하게 이를 거부 또는 반려함으로써 결국 그 처분이 취소되기에 이르렀다면, 이행강제금제도의 취지에 비추어 볼 때 그 시정명령의 불이행을 이유로 이행강제금을 부과할 수 없다.
② 행정청이 전체 위반행위에 대하여 하나의 과징금 부과처분을 할 경우에 산정되었을 정당한 과징금액에서 이미 부과된 과징금액을 뺀 나머지 금액을 한도로 하여서만 추가 과징금 부과처분을 할 수 없다.
③ 건물의 소유자에게 위법건축물을 일정 기간까지 철거할 것을 명함과 아울러 불이행할 때에는 대집행한다는 내용의 철거대집행 계고처분을 고지한 후 이에 불응하자 다시 제2차, 제3차 계고서를 발송하여 일정 기간까지의 자진철거를 촉구하고 불이행하면 대집행을 한다는 뜻을 고지한 경우, 제2차, 제3차의 계고처분은 새로운 철거의무를 부과한 것이 아니라 대집행기한을 연기통지한 것에 불과하다.
④ 행정법상 질서벌인 과태료의 부과처분과 형사처벌은 그 성질이나 목적을 달리하는 별개의 것이므로 행정법상 질서벌인 과태료를 납부한 후에 형사처벌을 한다고 하여 이를 일사부재리의 원칙에 반하는 것이라고 할 수는 없다.

해설

① (O) 처분이 취소되면 형성력에 의해 처분이 없어지므로 이행강제금을 부과할 수 없다.
② (X)

> 관할 행정청이 여객자동차운송사업자가 범한 여러 가지 위반행위 중 일부만 인지하여 과징금 부과처분을 하였는데 그 후 과징금 부과처분 시점 이전에 이루어진 다른 위반행위를 인지하여 이에 대하여 별도의 과징금 부과처분을 하게 되는 경우에도 종전 과징금 부과처분의 대상이 된 위반행위와 추가 과징금 부과처분의 대상이 된 위반행위에 대하여 일괄하여 하나의 과징금 부과처분을 하는 경우와의 형평을 고려하여 추가 과징금 부과처분의 처분양정이 이루어져야 한다. 다시 말해, 행정청이 전체 위반행위에 대하여 하나의 과징금 부과처분을 할 경우에 산정되었을 정당한 과징금액에서 이미 부과된 과징금액을 뺀 나머지 금액을 한도로 하여서만 추가 과징금 부과처분을 할 수 있다. 행정청이 여러 가지 위반행위를 언제 인지하였느냐는 우연한 사정에 따라 처분상대방에게 부과되는 과징금의 총액이 달라지는 것은 그 자체로 불합리하기 때문이다. (대판 2021.2.4. 2020두48390)

③ (O) 최초의 계고는 처분이지만, 제2차, 제3차 계고는 새로운 의무를 부과하는 것이 아니므로 처분이 아니다.

참고 거부의 경우는 제2차, 제3차 거부도 처분성이 인정된다.

④ (O) 일사부재리는 형벌을 두 번 부과하는 것을 금지하므로 형벌과 과태료를 병과하는 것은 가능하다.

정답 ②

07

서훈 또는 서훈취소에 관한 설명으로 옳지 않은 것은? (다툼이 있는 경우 판례에 의함)

① 서훈취소는 대통령이 국가원수로서 행하는 행위이지만 통치행위는 아니다.

② 서훈은 서훈대상자의 특별한 공적에 의하여 수여되는 것이므로 유족이 처분상대방이 될 수 없다.

③ 건국훈장 독립장이 수여된 망인에 대한 서훈취소를 국무회의에서 의결하고 대통령이 결재함으로써 서훈취소가 결정된 후에 국가보훈처장이 망인의 유족에게 독립유공자 서훈취소결정 통보를 하였다면 서훈취소처분 취소소송에서의 피고적격은 국가보훈처장(현 국가보훈부장관)이 아니라 대통령이다.

④ 국가보훈처장(현 국가보훈부장관)이 서훈추천신청자에 대한 서훈추천을 거부한 것은 항고소송의 대상으로 볼 수는 없어 항고소송을 제기할 수는 없으나 행정권력의 부작위에 대한 헌법소원으로서 다툴 수 있다.

해설

① (○)

구 상훈법 제8조는 서훈취소의 요건을 구체적으로 명시하고 있고 절차에 관하여 상세하게 규정하고 있다. 그리고 서훈취소는 서훈수여의 경우와는 달리 이미 발생된 서훈대상자 등의 권리 등에 영향을 미치는 행위로서 관련 당사자에게 미치는 불이익의 내용과 정도 등을 고려하면 사법심사의 필요성이 크다. 따라서 기본권의 보장 및 법치주의의 이념에 비추어 보면, 비록 서훈취소가 대통령이 국가원수로서 행하는 행위라고 하더라도 법원이 사법심사를 자제하여야 할 고도의 정치성을 띤 행위라고 볼 수는 없다. (대판 2015.4.23. 2012두26920)

② (○) ③ (○)

[1] 망인에게 수여된 서훈을 취소하는 경우, 유족이 서훈취소처분의 상대방이 되는 것이 아니다.

[2] **망인에 대한 서훈취소결정의 효력이 발생하기 위한 요건**
망인에 대한 서훈취소는 유족에 대한 것이 아니므로 유족에 대한 통지에 의해서만 성립하여 효력이 발생한다고 볼 수 없고, 그 결정이 처분권자의 의사에 따라 상당한 방법으로 대외적으로 표시됨으로써 행정행위로서 성립하여 효력이 발생한다고 봄이 타당하다.

[3] 국무회의에서 건국훈장 독립장이 수여된 망인에 대한 서훈취소를 의결하고 대통령이 결재함으로써 서훈취소가 결정된 후 국가보훈처장이 망인의 유족 甲에게 '독립유공자 서훈취소결정통보'를 하자 甲이 국가보훈처장(현 국가보훈부장관)을 상대로 서훈취소결정의 무효확인 등의 소를 제기한 사안에서, 甲이 서훈취소처분을 행한 행정청(대통령)이 아니라 국가보훈처장을 상대로 제기한 위 소는 피고를 잘못 지정한 경우에 해당한다. (대판 2014.9.26. 2013두2518)

참고 이때 법원은 각하할 것이 아니라 피고경정을 석명한 후에 재판을 진행하여야 한다.

④ (×)

독립유공자의 구체적 인정절차는 입법자가 헌법의 취지에 반하지 않는 한 입법재량으로 정할 수 있다. 독립유공자 인정의 전 단계로서 상훈법에 따른 서훈추천은 해당 후보자에 대한 공적심사를 거쳐서 이루어지며, 그러한 공적심사의 통과 여부는 해당 후보자가 독립유공자로서 인정될 만한 사정이 있는지에 달려 있다. 이에 관한 판단에 있어서 국가는 나름대로의 재량을 지닌다. 따라서 국가보훈처장(현 국가보훈부장관)이 서훈추천신청자에 대한 서훈추천을 하여 주어야 할 헌법적 작위의무가 있다고 할 수는 없으므로, 서훈추천을 거부한 것에 대하여 행정권력의 부작위에 대한 헌법소원으로서 다툴 수 없다. (헌재 2005.6.30. 2004헌마859)

정답 ④

08

행정벌에 관한 설명으로 옳지 않은 것은? (다툼이 있는 경우 판례에 의함)

① 법인의 독자적인 책임에 관한 규정이 없이 단순히 종업원이 업무에 관한 범죄행위를 하였다는 이유만으로 법인에게 형사처벌을 과하는 것은 책임주의원칙에 반한다.

② 죄형법정주의원칙 등 형벌법규의 해석원리는 행정형벌에 관한 규정을 해석할 때에도 적용되어야 한다.

③ 양벌규정에 의해 영업주가 처벌되기 위해서는 종업원의 범죄가 성립하거나 처벌이 이루어져야 함이 전제조건이 되어야 한다.

④ 지방자치단체 소속 공무원이 자치사무를 수행하던 중 법 위반행위를 한 경우 지방자치단체는 같은 법의 양벌규정에 따라 처벌되는 법인에 해당한다.

해설

① (○)

② (○)

③ (×)

양벌규정에 의한 영업주의 처벌은 금지위반행위자인 종업원의 처벌에 종속하는 것이 아니라 독립하여 그 자신의 종업원에 대한 선임·감독상의 과실로 인하여 처벌되는 것이므로 종업원의 범죄성립이나 처벌이 영업주 처벌의 전제조건이 될 필요는 없다. (대판 2006.2.24. 2005도7673)

④ (○)

[1] 지방자치단체가 그 고유의 자치사무를 처리하는 경우에는 지방자치단체는 국가기관의 일부가 아니라 국가기관과는 별도의 독립한 공법인이므로, 지방자치단체 소속 공무원이 지방자치단체 고유의 자치사무를 수행하던 중 도로법 제81조 내지 제85조의 규정에 의한 위반행위를 한 경우에는 지방자치단체는 도로법 제86조의 양벌규정에 따라 처벌대상이 되는 법인에 해당한다.

[2] 지방자치단체 소속 공무원이 압축트럭 청소차를 운전하여 고속도로를 운행하던 중 제한축중을 초과 적재 운행함으로써 도로관리청의 차량운행제한을 위반한 사안에서, 해당 지방자치단체는 도로법 제86조의 양벌규정에 따른 처벌대상이 된다. (대판 2005.11.10. 2004도2657)

정답 ③

09

행정행위에 관한 설명으로 옳지 않은 것은? (다툼이 있는 경우 판례에 의함)

① 공유수면의 점용 · 사용허가는 특정인에게 공유수면이용권이라는 독점적 권리를 설정하여 주는 처분이다.

② 시 · 도경찰청장이 횡단보도를 설치하여 보행자 통행방법 등을 규제하는 것은 국민의 권리 · 의무에 직접 관계가 있는 행위로서 행정처분이다.

③ 국유재산의 무단점유에 대한 변상금 징수의 요건은 「국유재산법」에 명백히 규정되어 있으므로 변상금을 징수할 것인가는 처분청의 재량을 허용하지 않는 기속행위이다.

④ 건축허가를 할 때 행정청으로서는 허가를 할 때에 건축주 또는 토지소유자가 누구인지 등 인적 요소에 관하여 실질적 심사를 한다.

해설

① (O) 도로점용허가, 공유수면점용허가는 독점적 권리를 설정하여 주는 처분으로서 강학상 특허이다.

② (O) 횡단보도 설치는 일반처분으로서 항고소송의 대상이다. 다만, 지하상가의 상인에게 원고적격이 인정되지는 않는다.

③ (O) 변상금 징수는 기속행위이다.

④ (X)

> 건축허가는 대물적 성질을 갖는 것이어서 행정청으로서는 허가를 할 때에 건축주 또는 토지소유자가 누구인지 등 인적 요소에 관하여는 형식적 심사만 한다. 건축주가 토지소유자로부터 토지사용승낙서를 받아 그 토지 위에 건축물을 건축하는 대물적 성질의 건축허가를 받았다가 착공에 앞서 건축주의 귀책사유로 해당 토지를 사용할 권리를 상실한 경우, 건축허가의 존재로 말미암아 토지에 대한 소유권 행사에 지장을 받을 수 있는 토지소유자로서는 건축허가의 철회를 신청할 수 있다고 보아야 한다. 따라서 토지소유자의 위와 같은 신청을 거부한 행위는 항고소송의 대상이 된다. (대판 2017.3.15. 2014두41190)

정답 ④

10

다단계행정결정에 관한 설명으로 옳지 않은 것은? (다툼이 있는 경우 판례에 의함)

① 「공유재산 및 물품 관리법」에 근거하여 공모제안을 받아 이루어지는 민간투자사업 '우선협상대상자 선정행위'나 '우선협상대상자 지위배제행위'에서 '우선협상대상자 지위배제행위'만이 항고소송의 대상인 처분에 해당한다.

② 구 「원자력법」상 원자로 및 관계 시설의 부지사전승인처분 후 건설허가처분까지 내려진 경우, 선행처분은 후행처분에 흡수되어 건설허가처분만이 행정쟁송의 대상이 된다.

③ 공정거래위원회가 부당한 공동행위를 한 사업자에게 과징금 부과처분을 한 뒤 다시 자진신고 등을 이유로 과징금 감면처분을 한 경우, 선행처분은 후행처분에 흡수되어 소멸하므로 선행처분의 취소를 구하는 소는 부적법하다.

④ 자동차운송사업 양도 · 양수인가신청에 대하여 행정청이 내인가를 한 후 그 본인가신청이 있음에도 내인가를 취소한 경우, 다시 본인가에 대하여 별도로 인가 여부의 처분을 한다는 사정이 보이지 않는다면 내인가취소는 행정처분에 해당한다.

해설

① (X)

> 지방자치단체의 장이 공유재산 및 물품 관리법에 근거하여 기부채납 및 사용 · 수익허가방식으로 민간투자사업을 추진하는 과정에서 사업시행자를 지정하기 위한 전 단계에서 공모제안을 받아 일정한 심사를 거쳐 우선협상대상자를 선정하는 행위와 이미 선정된 우선협상대상자를 그 지위에서 배제하는 행위는 민간투자사업의 세부 내용에 관한 협상을 거쳐 공유재산 및 물품 관리법에 따른 공유재산의 사용 · 수익허가를 우선적으로 부여받을 수 있는 지위를 설정하거나 또는 이미 설정한 지위를 박탈하는 조치이므로 모두 항고소송의 대상이 되는 행정처분으로 보아야 한다. (대판 2020.4.29. 2017두31064)

② (O) 본허가가 나면 사전승인은 소의 이익을 잃게 된다. (대판 1998.9.4. 97누19588)

③ (O) 자진신고에 의한 과징금 감면이 있었던 경우 선행 과징금처분과 후행 감면처분을 나누어 의결한 경우에 취소를 구하여야 할 처분은 후행처분이다.

> 선행처분은 이러한 종국적 처분을 예정하고 있는 일종의 잠정적 처분으로서 후행처분이 있을 경우 선행처분은 후행처분에 흡수되어 소멸한다고 봄이 타당하다. 따라서 위와 같은 경우에 선행처분의 취소를 구하는 소는 이미 효력을 잃은 처분의 취소를 구하는 것으로 부적법하다. (대판 2015.2.12. 2013두987)

④ (O)

> 자동차운송사업 양도 · 양수인가신청에 대하여 행정청이 내인가를 한 후 그 본인가신청이 있음에도 내인가를 취소함으로써 다시 본인가에 대하여 따로 인가 여부의 처분을 한다는 사정이 보이지 않는 경우 위 내인가 취소를 인가신청거부처분으로 보아야 한다. (대판 1991.6.28. 90누4402)

정답 ①

11

행정대집행에 관한 설명으로 옳지 않은 것은? (다툼이 있는 경우 판례에 의함)

① 행정대집행은 「행정기본법」상 행정상 강제에 해당한다.

② 대집행에 요한 비용에 대하여서는 행정청은 사무비의 소속에 따라 국세에 다음가는 순위의 선취득권을 가지며, 대집행에 요한 비용을 징수하였을 때에는 그 징수금은 국고의 수입으로 한다.

③ 「행정대집행법」상 대집행의 대상이 되는 대체적 작위의무는 공법상 의무이어야 한다.

④ 대집행에 요한 비용은 민사소송으로 징수할 수 있다.

해설

① (○) 행정기본법에 대집행, 이행강제금, 직접강제, 강제징수, 즉시강제에 대한 규정이 있다.

② (○) 행정대집행법 제6조 제2항 · 제3항

③ (○) 대집행의 대상이 되는 의무가 공법상 의무여야 하지만, 국·공유재산에 대한 대집행은 의무의 성질을 가리지 않고 대집행이 가능하다.

④ (×)

> **행정대집행법 제6조(비용징수)**
> ① 대집행에 요한 비용은 국세징수법의 예에 의하여 징수할 수 있다.

정답 ④

12

「공공기관의 정보공개에 관한 법률」상 정보공개에 관한 설명으로 옳지 않은 것은? (다툼이 있는 경우 판례에 의함)

① 정보의 공개 및 우송 등에 드는 비용은 실비의 범위에서 청구인이 부담한다.

② 공공기관은 공개청구된 정보가 공공기관이 보유·관리하지 아니하는 정보인 경우로서 「민원 처리에 관한 법률」에 따른 민원으로 처리할 수 있는 경우에는 민원으로 처리할 수 있다.

③ 청구인이 공공기관에 대하여 정보공개를 청구하였다가 거부처분을 받은 것 자체가 법률상 이익의 침해에 해당한다.

④ 오로지 공공기관의 담당공무원을 괴롭힐 목적으로 정보공개청구를 하는 경우에도 정보공개청구권의 행사는 허용되어야 한다.

해설

① (○) 공공기관의 정보공개에 관한 법률 제17조 제1항

② (○) 공공기관의 정보공개에 관한 법률 제1조 제5항 제1호

③ (○) 거부만으로 법률상 이익이 인정되고 더 이상의 법률상 이익을 요구하지 않는다.

> 정보공개청구권은 법률상 보호되는 구체적인 권리이므로 청구인이 공공기관에 대하여 정보공개를 청구하였다가 거부처분을 받은 것 자체가 법률상 이익의 침해에 해당한다. (대판 2003.12.12. 2003두8050)

④ (×)

> 실제로는 해당 정보를 취득 또는 활용할 의사가 전혀 없이 정보공개제도를 이용하여 사회통념상 용인될 수 없는 부당한 이득을 얻으려 하거나, 오로지 공공기관의 담당공무원을 괴롭힐 목적으로 정보공개청구를 하는 경우처럼 권리의 남용에 해당하는 것이 명백한 경우에는 정보공개청구권의 행사를 허용하지 아니하는 것이 옳다. (대판 2014.12.24. 2014두9349)

정답 ④

13

정보공개에 관한 설명으로 옳지 않은 것은? (다툼이 있는 경우 판례에 의함)

① 정보공개청구권자의 권리구제가능성은 정보의 공개 여부 결정에 영향을 미치지 못한다.

② 정보공개거부처분 취소소송에서 행정기관이 청구정보를 증거 등으로 법원에 제출하여 결과적으로 청구인에게 정보를 공개하는 결과가 되었다면, 당해 정보의 비공개결정의 취소를 구할 소의 이익은 소멸된다.

③ 정보공개청구에 대하여 행정청이 전부공개결정을 하는 경우에는, 청구인이 지정한 정보공개방법에 의하지 않았다면 청구인은 이를 다툴 수 있다.

④ 「형사소송법」은 형사재판확정기록의 공개 여부 등에 대하여 「공공기관의 정보공개에 관한 법률」과 달리 규정하고 있으므로, 형사재판확정기록의 공개에 관하여는 「공공기관의 정보공개에 관한 법률」에 의한 공개청구가 허용되지 아니한다.

해설

① (○) 대판 2017.9.7. 2017두44558

② (×)

> 청구인이 정보공개거부처분의 취소를 구하는 소송에서 공공기관이 청구정보를 증거 등으로 법원에 제출하여 법원을 통하여 그 사본을 청구인에게 교부 또는 송달되게 하여 결과적으로 청구인에게 정보를 공개하는 셈이 되었다고 하더라도, 이러한 우회적인 방법은 공공기관의 정보공개에 관한 법률이 예정하고 있지 아니한 방법으로서 공공기관의 정보공개에 관한 법률에 의한 공개라고 볼 수는 없으므로, 당해 정보의 비공개결정의 취소를 구할 소의 이익은 소멸되지 않는다. (대판 2016.12.15. 2012두11409, 11416)

③ (○)

> 정보공개청구인에게는 특정한 공개방법을 지정하여 정보공개를 청구할 수 있는 법령상 신청권이 있다. 따라서 공공기관이 공개청구의 대상이 된 정보를 공개는 하되, 청구인이 신청한 공개방법 이외의 방법으로 공개하기로 하는 결정을 하였다면, 이는 정보공개청구 중 정보공개방법에 관한 부분에 대하여 일부 거부처분을 한 것이고, 청구인은 그에 대하여 항고소송으로 다툴 수 있다. (대판 2016.11.10. 2016두44674)

④ (○) 대판 2016.12.15. 2013두20882

정답 ②

14

X시의 공무원 甲은 乙이 건축한 건물이 건축허가에 위반하였다는 이유로 철거명령과 「행정대집행법」상 절차를 거쳐 대집행을 완료하였다. 乙은 행정대집행의 처분들이 하자가 있다는 이유로 행정소송 및 손해배상소송을 제기하려고 한다. 이에 관한 설명으로 옳지 않은 것은? (다툼이 있는 경우 판례에 의함)

① 乙이 취소소송을 제기하는 경우, 행정대집행이 이미 완료된 것이므로 소의 이익이 없어 각하판결을 받을 것이다.

② 乙이 손해배상소송을 제기하는 경우, 민사법원은 그 행정처분이 위법인지 여부는 심사할 수 없다.

③ 「행정소송법」은 처분 등의 효력 유무 또는 존재 여부가 민사소송의 선결문제로 되는 경우 해당 민사소송의 수소법원이 이를 심리·판단할 수 있는 것으로 규정하고 있다.

④ X시의 손해배상책임이 인정된다면 X시는 고의 또는 중대한 과실이 있는 甲에게 구상할 수 있다.

해설

① (○)

② (×) 손해배상은 공정력과 관계가 없으므로 민사법원이 판단할 수 있다.

> 계고처분 행정처분이 위법임을 이유로 배상을 청구하는 취지 인정될 수 있는 본건에 있어 미리 그 행정처분의 취소판결이 있어야만 그 행정처분의 위법임을 이유로 피고에게 배상을 청구할 수 있는 것은 아니다. (대판 1972.4.28. 72다337)

③ (○)

④ (○)

정답 ②

15

「국가배상법」 제5조상 영조물의 설치 · 관리의 하자로 인한 손해배상책임에 관한 설명으로 옳지 않은 것은? (다툼이 있는 경우 판례에 의함)

① '공공의 영조물'에는 철도시설물인 대합실과 승강장 및 도로 상에 설치된 보행자 신호기와 차량 신호기도 포함된다.

② 하천의 제방이 계획홍수위를 넘고 있더라도, 하천이 그 후 새로운 하천시설을 설치할 때 '하천시설기준'으로 정한 여유고를 확보하지 못하고 있다면 그 사정만으로 안정성이 결여된 하자가 있다고 보아야 한다.

③ 국가나 지방자치단체가 손해를 배상할 책임이 있는 경우에 영조물의 설치 · 관리를 맡은 자와 영조물의 설치 · 관리 비용을 부담하는 자가 동일하지 아니하면 그 비용을 부담하는 자도 손해를 배상하여야 한다.

④ 사실상 군민(郡民)의 통행에 제공되고 있던 도로라고 하여도 군(郡)에 의하여 노선인정 기타 공용개시가 없었던 이상 이 도로를 '공공의 영조물'이라 할 수 없다.

해설

① (○) 그 외의 동물이나 자동차 등도 영조물에 포함된다.

② (×)

> 자연영조물로서의 하천은 원래 이를 설치할 것인지 여부에 대한 선택의 여지가 없고, 위험을 내포한 상태에서 자연적으로 존재하고 있으며, 간단한 방법으로 위험상태를 제거할 수 없는 경우가 많고, 유수라고 하는 자연현상을 대상으로 하면서도 그 유수의 원천인 강우의 규모, 범위, 발생시기 등의 예측이나 홍수의 발생작용 등의 예측이 곤란하고, 실제로 홍수가 어떤 작용을 하는지는 실험에 의한 파악이 거의 불가능하고 실제 홍수에 의하여 파악할 수밖에 없어 결국 과거의 홍수 경험을 토대로 하천관리를 할 수밖에 없는 특질이 있고, 또 국가나 하천관리청이 목표로 하는 하천의 개수작업을 완성함에 있어서는 막대한 예산을 필요로 하고, 대규모 공사가 되어 이를 완공하는 데 장기간이 소요되며, 치수의 수단은 강우의 특성과 하천 유역의 특성에 의하여 정해지는 것이므로 그 특성에 맞는 방법을 찾아내는 것은 오랜 경험이 필요하고 또 기상의 변화에 따라 최신의 과학기술에 의한 방법이 효용이 없을 수도 있는 등 그 관리상의 특수성도 있으므로 이와 같은 관리상의 특질과 특수성을 감안한다면, 하천의 관리청이 관계 규정에 따라 설정한 계획홍수위를 변경시켜야 할 사정이 생기는 등 특별한 사정이 없는 한, 이미 존재하는 하천의 제방이 계획홍수위를 넘고 있다면 그 하천은 용도에 따라 통상 갖추어야 할 안전성을 갖추고 있다고 보아야 하고, 그와 같은 하천이 그 후 새로운 하천시설을 설치할 때 기준으로 삼기 위하여 제정한 '하천시설기준'이 정한 여유고를 확보하지 못하고 있다는 사정만으로 바로 안전성이 결여된 하자가 있다고 볼 수는 없다. (대판 2003.10.23. 2001다48057)

③ (○) 위임사무의 경우에 피해자인 국민은 국가나 지방자치단체 어디에나 배상청구가 가능하다.

> 지방자치단체의 장이 기관위임된 국가행정사무를 처리하는 경우 그에 소요되는 경비의 실질적 · 궁극적 부담자는 국가라고 하더라도 당해 지방자치단체는 국가로부터 내부적으로 교부된 금원으로 그 사무에 필요한 경비를 대외적으로 지출하는 자이므로, 이러한 경우 지방자치단체는 국가배상법 제6조 제1항 소정의 비용부담자로서 공무원의 불법행위로 인한 같은 법에 의한 손해를 배상할 책임이 있다. (대판 1994.12.9. 94다38137)

④ (○)

> 국가배상법 제5조 소정의 공공의 영조물이란 공유나 사유임을 불문하고 행정주체에 의하여 특정 공공의 목적에 공여된 유체물 또는 물적 설비를 의미하므로 사실상 군민의 통행에 제공되고 있던 도로 옆의 암벽으로부터 떨어진 낙석에 맞아 소외인이 사망하는 사고가 발생하였다고 하여도 동 사고지점 도로가 피고 군에 의하여 노선인정 기타 공용개시가 없었으면 이를 영조물이라 할 수 없다. (대판 1981.7.7. 80다2478)

정답 ②

16

국가배상에 관한 설명으로 옳지 않은 것은? (다툼이 있는 경우 판례에 의함)

① 헌법재판소 재판관이 청구기간 내에 제기된 헌법소원심판청구 사건에서 청구기간을 오인하여 각하결정을 한 경우, 이에 대한 불복절차 내지 시정절차가 없는 때에는 국가배상책임을 인정할 수 있다.

② 형벌에 관한 법령이 헌법재판소의 위헌결정으로 소급하여 효력을 상실한 경우, 위헌선언 전 그 법령에 기초하여 수사가 개시되어 공소가 제기되고 유죄판결이 선고되었더라도, 그러한 사정만으로 국가의 손해배상책임이 발생한다고 볼 수 없다.

③ 법령의 위탁에 의해 지방자치단체로부터 대집행을 수권받은 한국토지공사(현 한국토지주택공사)는 「국가배상법」 제2조 소정의 공무원에 해당하지 않는다.

④ 취소판결의 기판력은 국가배상청구소송에도 미치므로, 행정처분이 후에 항고소송에서 위법을 이유로 취소된 경우에는 그 기판력에 의하여 해당 행정처분이 곧바로 공무원의 고의 또는 과실에 의한 불법행위를 구성한다고 보아야 한다.

해설

① (○) 대판 2003.7.11. 99다24218

② (○) 대판 2014.10.27. 2013다217962

③ (○) 국가배상법상 공무원은 최광의의 공무원이지만 국가와 지방자치단체로 한정되어 있으므로, 각종 공사 · 공단은 다른 법률의 적용에서 공무원으로 인정되는 것은 별론으로 하고 국가배상법상 공무원이 아니다.

④ (×) 항고소송의 승패와 국가배상의 승패는 연관성이 없다.

> 어떠한 행정처분이 후에 항고소송에서 취소된 사실만으로 당해 행정처분이 곧바로 공무원의 고의 또는 과실로 인한 것으로서 불법행위를 구성한다고 단정할 수는 없다. (대판 2007.5.10. 2005다31828)

정답 ④

17

「행정심판법」에 관한 설명으로 옳지 않은 것은?

① 행정심판위원회는 필요하면 당사자가 주장하지 아니한 사실에 대하여도 심리할 수 있다.

② 행정심판위원회는 임시처분을 결정한 후에 임시처분이 공공복리에 중대한 영향을 미치는 경우에는 직권으로 또는 당사자의 신청에 의하여 이 결정을 취소할 수 있다.

③ 청구인은 행정심판위원회의 간접강제결정에 불복하는 경우 그 결정에 대하여 행정소송을 제기할 수 있다.

④ 당사자의 신청을 거부하는 처분에 대한 취소심판에서 인용재결이 내려진 경우, 의무이행심판과 달리 행정청은 재처분의무를 지지 않는다.

해설

① (○) 행정심판법 제39조

② (○)

> **행정심판법 제31조(임시처분)**
> ② 제1항에 따른 임시처분에 관하여는 제30조 제3항부터 제7항까지를 준용한다. 〈이하 후단 생략〉
>
> **제30조(집행정지)**
> ④ 위원회는 집행정지를 결정한 후에 집행정지가 공공복리에 중대한 영향을 미치거나 그 정지사유가 없어진 경우에는 직권으로 또는 당사자의 신청에 의하여 집행정지결정을 취소할 수 있다.

③ (○)

> **행정심판법 제50조의2(위원회의 간접강제)**
> ① 위원회는 피청구인이 제49조 제2항(제49조 제4항에서 준용하는 경우를 포함한다) 또는 제3항에 따른 처분을 하지 아니하면 청구인의 신청에 의하여 결정으로 상당한 기간을 정하고 피청구인이 그 기간 내에 이행하지 아니하는 경우에는 그 지연기간에 따라 일정한 배상을 하도록 명하거나 즉시 배상을 할 것을 명할 수 있다.
> ② 위원회는 사정의 변경이 있는 경우에는 당사자의 신청에 의하여 제1항에 따른 결정의 내용을 변경할 수 있다.
> ③ 위원회는 제1항 또는 제2항에 따른 결정을 하기 전에 신청상대방의 의견을 들어야 한다.
> ④ 청구인은 제1항 또는 제2항에 따른 결정에 불복하는 경우 그 결정에 대하여 행정소송을 제기할 수 있다.

④ (×)

> **행정심판법 제49조(재결의 기속력 등)**
> ② 재결에 의하여 취소되거나 무효 또는 부존재로 확인되는 처분이 당사자의 신청을 거부하는 것을 내용으로 하는 경우에는 그 처분을 한 행정청은 재결의 취지에 따라 다시 이전의 신청에 대한 처분을 하여야 한다.

정답 ④

> **예상조문**
>
> **행정심판법 제36조(증거조사)**
> ① 위원회는 사건을 심리하기 위하여 필요하면 직권으로 또는 당사자의 신청에 의하여 다음 각 호의 방법에 따라 증거조사를 할 수 있다.
> 1. 당사자나 관계인(관계 행정기관 소속 공무원을 포함한다. 이하 같다)을 위원회의 회의에 출석하게 하여 신문하는 방법
> 2. 당사자나 관계인이 가지고 있는 문서 · 장부 · 물건 또는 그 밖의 증거자료의 제출을 요구하고 영치하는 방법
> 3. 특별한 학식과 경험을 가진 제3자에게 감정을 요구하는 방법
> 4. 당사자 또는 관계인의 주소 · 거소 · 사업장이나 그 밖의 필요한 장소에 출입하여 당사자 또는 관계인에게 질문하거나 서류 · 물건 등을 조사 · 검증하는 방법
>
> ② 위원회는 필요하면 위원회가 소속된 행정청의 직원이나 다른 행정기관에 촉탁하여 제1항의 증거조사를 하게 할 수 있다.

18

「행정심판법」에 따른 행정심판기관이 아닌 특별행정심판기관에 의하여 처리되는 특별행정심판에 해당하지 않는 것은? (다툼이 있는 경우 판례에 의함)

① 「국세기본법」상 조세심판

② 「도로교통법」상 행정심판

③ 「국가공무원법」상 소청심사

④ 「공익사업을 위한 토지 등의 취득 및 보상에 관한 법률」상 토지수용재결에 대한 이의신청

해설

① (○) 국세기본법상 조세심판은 조세심판원에 제기하는 특별행정심판이다.

② (×) 도로교통법상 행정심판은 중앙행정심판위원회(정확하게는 소위원회)에 제기하는 일반행정심판이다.

③ (○) 국가공무원법상 소청심사는 소청심사위원회에 제기하는 특별행정심판이다.

④ (○) 공익사업을 위한 토지 등의 취득 및 보상에 관한 법률상 토지수용재결에 대한 이의신청은 중앙토지수용위원회에 제기하는 특별행정심판이다.

정답 ②

19

항고소송에 관한 설명으로 옳지 않은 것은? (다툼이 있는 경우 판례에 의함)

① 건축물대장 소관청의 용도변경신청 거부행위는 국민의 권리관계에 영향을 미치는 것으로서 항고소송의 대상이 되는 행정처분에 해당한다.

② 감사원의 변상판정처분에 대해서는 행정소송을 제기할 수 없고 그 재결에 해당하는 재심의 판정에 대하여만 감사원을 피고로 하여 행정소송을 제기할 수 있다.

③ 「병역법」에 따라 관할 지방병무청장이 1차로 병역의무기피자 인적 사항 공개대상자 결정을 하고 그에 따라 병무청장이 같은 내용으로 최종적 공개결정을 하였더라도, 해당 공개대상자는 관할 지방병무청장의 공개대상자 결정을 다툴 수 있다.

④ 정보통신윤리위원회가 특정 인터넷 웹사이트를 청소년유해매체물로 결정하고 청소년보호위원회가 효력발생시기를 명시하여 고시하면 그 명시된 시점에 효력이 발생하였다고 보아야 한다.

해설

① (○)

> 구 건축법 제14조 제4항의 규정은 건축물의 소유자에게 건축물대장의 용도변경신청권을 부여한 것이고, 한편 건축물의 용도는 토지의 지목에 대응하는 것으로서 건물의 이용에 대한 공법상의 규제, 건축법상의 시정명령, 지방세 등의 과세대상 등 공법상 법률관계에 영향을 미치고, 건물소유자는 용도를 토대로 건물의 사용·수익·처분에 일정한 영향을 받게 된다. 이러한 점 등을 고려해 보면, 건축물대장의 용도는 건축물의 소유권을 제대로 행사하기 위한 전제요건으로서 건축물 소유자의 실체적 권리관계에 밀접하게 관련되어 있으므로, 건축물대장 소관청의 용도변경신청 거부행위는 국민의 권리관계에 영향을 미치는 것으로서 항고소송의 대상이 되는 행정처분에 해당한다. (대판 2009.1.30. 2007두7277)

② (○) 감사원의 변상판정에 대한 소송은 재결주의이므로 재심(일종의 행정심판)을 거쳐 그 재결을 대상으로 행정소송을 제기하여야 한다. (대판 1984.4.10. 84누91)

③ (×)

> [1] 병무청장이 병역법 제81조의2 제1항에 따라 병역의무기피자의 인적 사항 등을 인터넷 홈페이지에 게시하는 등의 방법으로 공개한 경우 병무청장의 공개결정을 항고소송의 대상이 되는 행정처분으로 보아야 한다.
>
> [2] 행정처분의 무효확인 또는 취소를 구하는 소가 제소 당시에는 소의 이익이 있어 적법하였더라도, 소송 계속 중 처분청이 다툼의 대상이 되는 행정처분을 직권으로 취소하면 그 처분은 효력을 상실하여 더 이상 존재하지 않는 것이므로, 존재하지 않는 그 처분을 대상으로 한 항고소송은 원칙적으로 소의 이익이 소멸하여 부적법하다. 다만, 처분청의 직권취소에도 불구하고 완전한 원상회복이 이루어지지 않아 무효확인 또는 취소로써 회복할 수 있는 다른 권리나 이익이 남아 있거나 또는 동일한 소송당사자 사이에서 그 행정처분과 동일한 사유로 위법한 처분이 반복될 위험성이 있어 행정처분의 위법성 확인 내지 불분명한 법률문제에 대한 해명이 필요한 경우 행정의 적법성 확보와 그에 대한 사법통제, 국민의 권리구제의 확대 등의 측면에서 예외적으로 그 처분의 취소를 구할 소의 이익을 인정할 수 있을 뿐이다. (대판 2019.6.27. 2018두49130)

④ (○)

> 구 청소년 보호법에 따른 청소년유해매체물 결정 및 고시처분은 당해 유해매체물의 소유자 등 특정인만을 대상으로 한 행정처분이 아니라 일반 불특정 다수인을 상대방으로 하여 일률적으로 표시의무, 포장의무, 청소년에 대한 판매·대여 등의 금지의무 등 각종 의무를 발생시키는 행정처분으로서, 정보통신윤리위원회가 특정 인터넷 웹사이트를 청소년유해매체물로 결정하고 청소년보호위원회가 효력발생시기를 명시하여 고시함으로써 그 명시된 시점에 효력이 발생하였다고 봄이 상당하고, 정보통신윤리위원회와 청소년보호위원회가 위 처분이 있었음을 위 웹사이트 운영자에게 제대로 통지하지 아니하였다고 하여 그 효력 자체가 발생하지 아니한 것으로 볼 수는 없다. (대판 2007.6.14. 2004두619)
>
> **참고** 구 청소년 보호법 제22조 제3항에 따르면 청소년보호위원회는 효력발생시기를 명시하여 고시하도록 하고 있다.

정답 ③

20

행정벌에 관한 설명으로 옳지 않은 것은? (다툼이 있는 경우 판례에 의함)

① 「질서위반행위규제법」상 법원의 과태료 재판이 확정된 후에는 법률이 변경되어 그 행위가 질서위반행위에 해당하지 아니하게 된 경우에는 과태료의 집행을 면제한다.

② 구 「행형법」에 의한 징벌을 받은 뒤에 형사처벌을 한다고 하여 일사부재리의 원칙에 반하는 것은 아니다.

③ 「도로교통법」상 경찰서장의 통고처분은 행정소송의 대상이 되는 행정처분이 아니다.

④ 「지방자치법」상 사기나 부정한 방법으로 사용료 징수를 면한 자에 대한 과태료의 부과·징수 등의 절차에 관한 사항은 「지방자치법」에 따른다.

해설

① (○) 질서위반행위규제법 제3조 제3항

② (○) 일사부재리는 형벌을 두 번 부과할 수 없는 것이므로 징벌과 형벌은 병과할 수 있다.

③ (○) 통고처분은 별도의 구제절차가 있으므로 처분이 아니다.

④ (×)

> **지방자치법 제156조(사용료의 징수조례 등)**
>
> ② 사기나 그 밖의 부정한 방법으로 사용료·수수료 또는 분담금의 징수를 면한 자에게는 그 징수를 면한 금액의 5배 이내의 과태료를, 공공시설을 부정사용한 자에게는 50만 원 이하의 과태료를 부과하는 규정을 조례로 정할 수 있다.
>
> ③ 제2항에 따른 과태료의 부과·징수, 재판 및 집행 등의 절차에 관한 사항은 「질서위반행위규제법」에 따른다.

정답 ④

21

부작위위법확인소송에 관한 설명으로 옳지 않은 것은? (다툼이 있는 경우 판례에 의함)

① 부작위위법확인소송은 처분의 신청을 한 자로서 부작위의 위법의 확인을 구할 법률상 이익이 있는 자만이 제기할 수 있다.

② 당사자가 행정청에 대하여 어떠한 행정처분을 하여 줄 것을 요청할 수 있는 법규상 또는 조리상 권리를 갖고 있지 아니한 경우에 제기한 부작위위법확인의 소는 부적법하다.

③ 부작위위법확인소송은 행정심판 등 전심절차를 거친 경우라면 「행정소송법」 제20조가 정한 제소기간 내에 제기하여야 한다.

④ 부작위위법확인소송의 경우 처분시점의 법적·사실적 상황을 근거로 행정청의 부작위의 위법성을 판단하여야 한다.

해설

① (○) 취소소송, 무효등확인소송, 부작위위법확인소송은 법률상 이익이 있는 자가 제기한다.

② (○) 거부처분과 부작위위법확인소송의 경우 법규상 또는 조리상 신청권이 있어야 가능하다.

③ (○) 부작위위법확인소송에는 제소기간의 준용이 되지만, 행정심판을 거치지 않은 경우에는 성질상 제소기간이 적용될 수 없다. 행정심판을 거친 경우에는 재결서 송달을 받은 날로부터 90일 이내에 소송을 제기하여야 한다.

④ (×) 취소소송, 무효등확인소송은 처분시를 기준으로 위법성을 판단하고, 부작위위법확인소송은 변론종결시를 기준으로 위법성을 판단한다.

정답 ④

22

행정강제에 관한 설명으로 옳은 것은? (다툼이 있는 경우 판례에 의함)

① 행정대집행의 방법으로 건물철거의무 이행을 실현할 수 있는 경우, 철거의무자인 건물 점유자의 퇴거의무를 실현하려면 퇴거를 명하는 별도의 집행권원이 있어야 하고, 철거대집행과정에서 부수적으로 건물점유자들에 대한 퇴거조치를 할 수는 없다.

② 즉시강제란 법령 또는 행정처분에 의한 선행의 구체적 의무의 불이행으로 인한 목전의 급박한 장해를 제거할 필요가 있는 경우에 행정기관이 즉시 국민의 신체 또는 재산에 실력을 행사하여 행정상 필요한 상태를 실현하는 작용을 말한다.

③ 공법인이 대집행권한을 위탁받아 공무인 대집행 실시에 지출한 비용을 「행정대집행법」에 따라 강제징수할 수 있음에도 민사소송절차에 의하여 상환을 청구하는 것은 허용되지 않는다.

④ 이행강제금은 심리적 압박을 통하여 간접적으로 의무 이행을 확보하는 수단인 행정벌과는 달리 의무 이행의 강제를 직접적인 목적으로 하므로, 강학상 직접강제에 해당한다.

해설

① (×)

> [1] 건물의 점유자가 철거의무자일 때에는 건물철거의무에 퇴거의무도 포함되어 있는 것이어서 별도로 퇴거를 명하는 집행권원이 필요하지 않다.
> [2] 행정청이 행정대집행의 방법으로 건물철거의무의 이행을 실현할 수 있는 경우에는 건물철거대집행과정에서 부수적으로 건물의 점유자들에 대한 퇴거조치를 할 수 있고, 점유자들이 적법한 행정대집행을 위력을 행사하여 방해하는 경우 형법상 공무집행방해죄가 성립하므로, 필요한 경우에는 경찰관 직무집행법에 근거한 위험발생방지조치 또는 형법상 공무집행방해죄의 범행방지 내지 현행범체포의 차원에서 경찰의 도움을 받을 수도 있다. (대판 2017.4.28. 2016다213916)

② (×) 즉시강제는 선행의 의무 불이행을 요하지 않는다.

③ (○)

> [1] 대한주택공사(현 한국토지주택공사)가 법 및 시행령에 의하여 대집행권한을 위탁받아 공무인 대집행을 실시하기 위하여 지출한 비용은 행정대집행법의 절차에 따라 국세징수법의 예에 의하여 징수할 수 있다고 봄이 상당하다.
> [2] 행정대집행법이 대집행비용의 징수에 관하여 민사소송절차에 의한 소송이 아닌 간이하고 경제적인 특별구제절차를 마련해 놓고 있으므로 민법 제750조에 기한 손해배상으로서 대집행비용의 상환을 구하는 원고의 이 사건 청구는 소의 이익이 없어 부적법하다. (대판 2011.9.8. 2010다48240)

④ (×)

> 건축법상 이행강제금은 시정명령의 불이행이라는 과거의 위반행위에 대한 제재가 아니라, 시정명령을 이행하지 않고 있는 건축주 등에 대하여 다시 상당한 이행기한을 부여하고 그 기한 안에 시정명령을 이행하지 않으면 이행강제금이 부과된다는 사실을 고지함으로써 의무자에게 심리적 압박을 주어 시정명령에 따른 의무의 이행을 간접적으로 강제하는 행정상의 간접강제수단에 해당한다. (대판 2016.7.14. 2015두46598)

정답 ③

23

취소소송의 제소기간에 관한 설명으로 옳은 것은? (다툼이 있는 경우 판례에 의함)

① 행정청이 행정심판청구를 할 수 있다고 잘못 알려 행정심판을 청구한 경우에는 재결서 정본을 송달받은 날이 아닌 처분이 있음을 안 날로부터 제소기간이 기산된다.

② 행정심판을 청구하였으나 심판청구기간을 도과하여 각하된 후 제기하는 취소소송은 재결서를 송달받은 날부터 90일 이내에 제기하면 된다.

③ '처분이 있음을 안 날'은 처분이 있었다는 사실을 현실적으로 안 날을 의미하므로, 처분서를 송달받기 전 정보공개청구를 통하여 처분을 하는 내용의 일체의 서류를 교부받았다면 그 서류를 교부받은 날부터 제소기간이 기산된다.

④ 동일한 처분에 대하여 무효확인의 소를 제기하였다가 그 처분의 취소를 구하는 소를 추가적으로 병합한 경우, 주된 청구인 무효확인의 소가 적법한 제소기간 내에 제기되었다면 추가로 병합된 취소청구의 소도 적법하게 제기된 것으로 볼 수 있다.

해설

① (×) 행정심판을 거쳤다면 재결서 송달을 받은 날로부터 기산한다.

② (×) 행정심판은 적법하여야 하므로 적법하지 않은 행정심판을 거친 경우에는 처분이 있은 날로부터 기산한다.

③ (×)

> [1] 행정소송법 제20조 제1항이 정한 제소기간의 기산점인 '처분 등이 있음을 안 날'이란 통지, 공고 기타의 방법에 의하여 당해 처분 등이 있었다는 사실을 현실적으로 안 날을 의미한다. 상대방이 있는 행정처분의 경우에는 특별한 규정이 없는 한 의사표시의 일반적 법리에 따라 행정처분이 상대방에게 고지되어야 효력을 발생하게 되므로, 행정처분이 상대방에게 고지되어 상대방이 이러한 사실을 인식함으로써 행정처분이 있다는 사실을 현실적으로 알았을 때 행정소송법 제20조 제1항이 정한 제소기간이 진행한다고 보아야 한다.
>
> [2] 지방보훈청장이 허혈성심장질환이 있는 甲에게 재심 서면판정 신체검사를 실시한 다음 종전과 동일하게 전(공)상군경 7급 국가유공자로 판정하는 '고엽제후유증전환 재심신체검사 무변동처분' 통보서를 송달하자 甲이 위 처분의 취소를 구한 사안에서, 위 처분이 甲에게 고지되어 처분이 있다는 사실을 현실적으로 알았을 때 행정소송법 제20조 제1항에서 정한 제소기간이 진행한다고 보아야 함에도, 甲이 통보서를 송달받기 전에 자신의 의무기록에 관한 정보공개를 청구하여 위 처분을 하는 내용의 통보서를 비롯한 일체의 서류를 교부받은 날부터 제소기간을 기산하여 위 소는 90일이 지난 후 제기한 것으로서 부적법하다고 본 원심판결에 법리를 오해한 위법이 있다. (대판 2014.9.25. 2014두8254)

④ (○) 대판 2005.12.23. 2005두3554

정답 ④

24

행정심판에 관한 설명으로 옳지 않은 것은? (다툼이 있는 경우 판례에 의함)

① 처분청이 처분을 통지할 때 행정심판을 제기할 수 있다는 사실과 기타 청구절차 및 청구기간 등에 대한 고지를 하지 않았다고 하여 처분에 하자가 있다고 할 수 없다.

② 행정심판청구서가 피청구인에게 접수된 경우, 피청구인은 심판청구가 이유 있다고 인정하면 직권으로 처분을 취소할 수 있다.

③ 수익적 처분의 거부처분이나 부작위에 대해 임시적 지위를 인정할 필요가 있어서 인정한 제도는 임시처분이다.

④ 의무이행심판에서 이행을 명하는 재결이 있음에도 불구하고 처분청이 이를 이행하지 아니할 때 위원회가 직접 처분을 할 수 있는데, 행정심판의 재결은 처분청을 기속하므로 지방자치단체는 직접 처분에 대해 행정심판위원회가 속한 국가기관을 상대로 권한쟁의심판을 청구할 수 없다.

해설

① (○) 고지는 비권력적 사실행위이기 때문에 고지를 하지 않았다고 해서 행정처분 자체의 효과에는 아무 영향도 미치지 아니한다.

② (○) 피청구인은 심판청구가 이유 있다고 인정하면 직권으로 처분을 취소할 수 있고, 직권취소를 하지 않으면 10일 이내에 행정심판위원회로 송부하여야 한다.

③ (○) 임시처분은 집행정지로 목적을 달성할 수 없을 때 하는 것이고, 집행정지를 할 수 없는 예로 거부처분이나 부작위가 있다.

④ (×) 지방자치단체는 직접 처분에 대해 행정심판위원회가 속한 국가기관을 상대로 권한쟁의심판을 청구할 수 있다. (헌재 1999.7.22. 98헌라4)

정답 ④

25

취소소송에서 협의의 소의 이익에 관한 설명으로 옳지 않은 것은? (다툼이 있는 경우 판례에 의함)

① 현역입영대상자가 현역병입영통지처분에 따라 현실적으로 입영을 한 후에는 처분의 집행이 종료되었고 입영으로 처분의 목적이 달성되어 실효되었으므로 입영통지처분을 다툴 법률상 이익이 인정되지 않는다.

② 가중요건이 법령에 규정되어 있는 경우, 업무정지처분을 받은 후 새로운 제재처분을 받음이 없이 법률이 정한 기간이 경과하여 실제로 가중된 제재처분을 받을 우려가 없어졌다면 특별한 사정이 없는 한 업무정지처분의 취소를 구할 법률상 이익이 인정되지 않는다.

③ 공장등록이 취소된 후 그 공장시설물이 철거되었고 다시 복구를 통하여 공장을 운영할 수 없는 상태라고 하더라도 대도시 안의 공장을 지방으로 이전할 경우 조세감면 및 우선입주 등의 혜택이 관계 법률에 보장되어 있다면, 공장등록취소처분의 취소를 구할 법률상 이익이 인정된다.

④ 지방의회의원에 대한 제명의결 취소소송 계속 중 의원의 임기가 만료된 경우에도 여전히 제명의결의 취소를 구할 법률상 이익이 인정된다.

해설

① (×) 소제기 후 모병에 의하여 자진입대한 경우는 소의 이익이 없지만, 선지와 같은 경우에는 소의 이익이 인정된다. (대판 2003.12.26. 2003두1875)

② (○)

> 제재적 행정처분이 그 처분에서 정한 제재기간의 경과로 인하여 그 효과가 소멸되었으나, 부령인 시행규칙 또는 지방자치단체의 규칙의 형식으로 정한 처분기준에서 제재적 행정처분을 받은 것을 가중사유나 전제요건으로 삼아 장래의 제재적 행정처분을 하도록 정하고 있는 경우, 제재적 행정처분의 가중사유나 전제요건에 관한 규정이 법령이 아니라 규칙의 형식으로 되어 있다고 하더라도, 그러한 규칙이 법령에 근거를 두고 있는 이상 그 법적 성질이 대외적 · 일반적 구속력을 갖는 법규명령인지 여부와는 상관없이, 관할 행정청이나 담당공무원은 이를 준수할 의무가 있으므로 이들이 그 규칙에 정해진 바에 따라 행정작용을 할 것이 당연히 예견되고, 그 결과 행정작용의 상대방인 국민으로서는 그 규칙의 영향을 받을 수밖에 없다. (대판 2006.6.22. 2003두1684 전원합의체)

③ (○)

> 공장등록이 취소된 후 그 공장시설물이 철거되었다고 하더라도 대도시 안의 공장을 지방으로 이전할 경우 조세특례제한법상의 세액공제 및 소득세 등의 감면혜택이 있고, 공업배치 및 공장설립에 관한 법률상의 간이한 이전절차 및 우선 입주의 혜택이 있는 경우, 그 공장등록취소처분의 취소를 구할 법률상의 이익이 있다. (대판 2002.1.11. 2000두3306)

④ (○) 대판 2009.1.30. 2007두13487

정답 ①

제09회 실전동형 모의고사

p. 058~065

01 ④	02 ①	03 ①	04 ③	05 ④	06 ④	07 ②	08 ③	09 ③
10 ①	11 ②	12 ③	13 ③	14 ①	15 ③	16 ③	17 ②	18 ④
19 ③	20 ②	21 ③	22 ④	23 ④	24 ②	25 ②		

01

「행정절차법」에 관한 설명으로 옳지 않은 것은?

① 확약은 문서로 하여야 한다.

② 행정청은 위반사실 등의 공표를 할 때에는 특별한 사정이 없는 한 미리 당사자에게 그 사실을 통지하고 의견제출의 기회를 주어야 한다.

③ 행정청은 행정청이 수립하는 계획 중 국민의 권리 · 의무에 직접 영향을 미치는 계획을 수립하거나 변경 · 폐지할 때에는 관련된 여러 이익을 정당하게 형량하여야 한다.

④ 행정청은 공법상 계약의 상대방을 선정하고 계약 내용을 정할 때 공법상 계약의 공공성과 제3자의 이해관계를 고려하여야 한다.

해설

① (○) 행정절차법 제40조의2 제2항

② (○) 행정절차법 제40조의3 제3항

③ (○) 행정절차법 제40조의4

④ (×) 행정절차법에는 공법상 계약에 관한 내용이 없고, 선지는 행정기본법의 내용이다.

> **행정기본법 제27조(공법상 계약의 체결)**
> ① 행정청은 법령 등을 위반하지 아니하는 범위에서 행정목적을 달성하기 위하여 필요한 경우에는 공법상 법률관계에 관한 계약(이하 '공법상 계약'이라 한다)을 체결할 수 있다. 이 경우 계약의 목적 및 내용을 명확하게 적은 계약서를 작성하여야 한다.
> ② 행정청은 공법상 계약의 상대방을 선정하고 계약 내용을 정할 때 공법상 계약의 공공성과 제3자의 이해관계를 고려하여야 한다.

정답 ④

02

행정행위의 효력에 관한 설명으로 옳지 않은 것은? (다툼이 있는 경우 판례에 의함)

① 조세 부과처분을 취소하는 행정판결이 확정된 경우 부과처분의 효력은 처분시에 소급하여 효력을 잃게 되므로 확정된 행정판결은 조세포탈에 대한 무죄를 인정할 명백한 증거라고 할 수 없다.

② 연령미달 결격자가 다른 사람 이름으로 교부받은 운전면허는 당연무효가 아니고 취소되지 않는 한 유효하므로 그 연령미달 결격자의 운전행위는 무면허운전에 해당하지 아니한다.

③ 구 「도시계획법」상 원상회복 등의 조치명령을 받고도 이를 따르지 않은 자에 대해 형사처벌을 하기 위해서는 적법한 조치명령이 전제되어야 하며, 이때 형사법원은 그 적법 여부를 심사할 수 있다.

④ 영업허가취소처분이 나중에 행정쟁송절차에 의하여 취소되었다면, 그 영업허가취소처분 이후의 영업행위는 무허가영업이 아니다.

해설

① (×)

> 조세의 부과처분을 취소하는 행정소송판결이 확정된 경우 그 조세 부과처분의 효력은 처분시에 소급하여 효력을 잃게 되고 따라서 그 부과처분을 받은 사람은 그 처분에 따른 납부의무가 없다고 할 것이므로 위 확정된 행정판결은 조세포탈에 대한 무죄 내지 원판결이 인정한 죄보다 경한 죄를 인정할 명백한 증거라고 할 것이다. (대판 1985.10.22. 83도2933)

② (○)

> 연령미달의 결격자인 피고인이 소외인의 이름으로 운전면허시험에 응시, 합격하여 교부받은 운전면허는 취소사유이므로 취소되지 않는 한 유효하므로 피고인의 운전행위는 무면허운전에 해당하지 아니한다. (대판 1982.6.8. 80도2646)

③ (○) 시정명령이 위법하면 이를 따르지 않아도 범죄가 성립되지 않지만, 적법한 명령의 경우에는 시정명령위반죄가 성립될 수 있다. 결국 위법성의 판단이므로 형사법원이 판단 가능하다.

④ (○) 형성력에 의해 영업허가취소처분 자체가 소급적으로 없어지므로 무허가영업이 아니다.

정답 ①

03

행정처분의 취소·철회에 관한 설명으로 옳지 않은 것은? (다툼이 있는 경우 판례에 의함)

① 법령 등의 변경이나 사정변경으로 처분을 더 이상 존속시킬 필요가 없게 된 경우에 행정청은 위법 또는 부당한 처분의 전부나 일부를 소급하여 취소할 수 있다.

② 처분상대방이 처분의 위법성을 알고 있었거나 중대한 과실로 알지 못한 경우에는 행정청이 처분상대방에게 권리나 이익을 부여하는 처분을 취소하는 경우에도 취소로 인하여 처분상대방이 입게 될 불이익과 취소로 달성되는 공익을 비교·형량하지 않아도 된다.

③ 행정청은 처분을 철회하려는 경우에는 철회로 인하여 처분상대방이 입게 될 불이익과 철회로 달성되는 공익을 비교·형량하여야 한다.

④ 수익적 행정처분에 대한 취소권 등의 행사는 기득권의 침해를 정당화할 만한 중대한 공익상 필요 또는 제3자의 이익보호의 필요가 있는 때에 한하여 허용될 수 있다는 법리는 처분청이 수익적 행정처분을 직권으로 취소·철회하는 경우에 적용되는 법리일 뿐 쟁송취소의 경우에는 적용되지 않는다.

해설

① (×) ② (○) ③ (○)

> **행정기본법 제18조(위법 또는 부당한 처분의 취소)**
> ① 행정청은 위법 또는 부당한 처분의 전부나 일부를 소급하여 취소할 수 있다. 다만, 당사자의 신뢰를 보호할 가치가 있는 등 정당한 사유가 있는 경우에는 장래를 향하여 취소할 수 있다.
> ② 행정청은 제1항에 따라 당사자에게 권리나 이익을 부여하는 처분을 취소하려는 경우에는 취소로 인하여 당사자가 입게 될 불이익을 취소로 달성되는 공익과 비교·형량하여야 한다. 다만, 다음 각 호의 어느 하나에 해당하는 경우에는 그러하지 아니하다.
> 1. 거짓이나 그 밖의 부정한 방법으로 처분을 받은 경우
> 2. 당사자가 처분의 위법성을 알고 있었거나 중대한 과실로 알지 못한 경우
>
> **제19조(적법한 처분의 철회)**
> ① 행정청은 적법한 처분이 다음 각 호의 어느 하나에 해당하는 경우에는 그 처분의 전부 또는 일부를 장래를 향하여 철회할 수 있다.
> 1. 법률에서 정한 철회 사유에 해당하게 된 경우
> 2. 법령 등의 변경이나 사정변경으로 처분을 더 이상 존속시킬 필요가 없게 된 경우
> 3. 중대한 공익을 위하여 필요한 경우
>
> ② 행정청은 제1항에 따라 처분을 철회하려는 경우에는 철회로 인하여 당사자가 입게 될 불이익을 철회로 달성되는 공익과 비교·형량하여야 한다.

④ (○) 대판 2019.10.17. 2018두104

정답 ①

04

「국가배상법」상 국가배상제도에 관한 설명으로 옳은 것은? (다툼이 있는 경우 판례에 의함)

① 영업허가취소처분이 나중에 행정심판에 의하여 재량권을 일탈한 위법한 처분임이 판명되어 취소되었다면, 그 처분이 당시 시행되던 「공중위생법 시행규칙」에 정하여진 행정처분의 기준에 따른 것이라고 하더라도 그 영업허가취소처분을 한 행정청의 공무원에게는 직무집행상 과실이 인정된다.

② 공무원이 직무를 수행함에 있어서 경과실로 타인에게 손해를 입힌 경우, 국가 등은 물론 공무원 개인도 그로 인한 손해에 대하여 국가배상을 할 책임을 부담한다.

③ 공무원이 자기 소유의 자동차로 공무수행 중 사고를 일으킨 경우에는 그 공무원은 「자동차손해배상 보장법」에 의한 '자기를 위하여 자동차를 운행하는 자'에 해당하므로 손해배상책임을 부담한다.

④ 지방자치단체가 손해를 배상할 책임이 있는 경우에 영조물의 설치·관리를 맡은 자와 영조물의 설치·관리 비용을 부담하는 자가 동일하지 아니하면 그 비용을 부담하는 자는 손해배상책임이 없다.

해설

① (×)

> 영업허가취소처분이 나중에 행정심판에 의하여 재량권을 일탈한 위법한 처분임이 판명되어 취소되었다고 하더라도 그 처분이 당시 시행되던 공중위생법 시행규칙에 정하여진 행정처분의 기준에 따른 것인 이상 그 영업허가취소처분을 한 행정청 공무원에게 그와 같은 위법한 처분을 한 데 있어 어떤 직무집행상의 과실이 있다고 할 수는 없다. (대판 1994.11.8. 94다26141)

② (×) 경과실의 경우 국가만 책임이 있고 공무원 개인의 책임은 없다.

③ (○) 자동차손해배상 보장법상 책임은 운행자(자동차 소유자)에게 인정된다.

구 분	자동차손해배상 보장법상 배상책임	국가배상법 책임	민법상 책임
관용차를 직무에 사용	국가 등이 운행자임. 따라서 국가 등이 자동차 손해배상 보장법상 손해배상책임을 짐.	직무관련성이 있으므로 국가가 국가배상법상 책임도 짐.	불법행위책임은 공무원이 짐.
관용차를 직무와 관련 없는 사적 용도에 사용		직무관련성이 없으므로 국가는 국가배상법상 책임이 없음.	
개인 차량을 직무에 사용	자동차손해배상 보장법상 운행자는 공무원 자신이 됨.	직무관련성이 있으므로 국가가 국가배상법상 책임도 짐.	
개인 차량을 직무와 관련 없는 사적 용도에 사용		직무관련성이 없으므로 국가는 국가배상법상 책임이 없음.	

④ (×) 지방자치단체가 손해배상할 책임이 있는 경우 영조물의 설치·관리를 맡은 자와 영조물의 설치·관리 비용을 부담하는 자가 동일하지 않으면 그 비용을 부담하는 자도 손해배상책임이 인정된다.

정답 ③

05

행정행위의 부관에 관한 설명으로 옳지 않은 것은? (다툼이 있는 경우 판례에 의함)

① 행정청은 처분에 재량이 없는 경우에는 법률에 근거가 있는 경우에 부관을 붙일 수 있다.

② 행정청은 부관을 붙일 수 있는 처분이 당사자의 동의가 있는 경우에는 그 처분을 한 후에도 부관을 새로 붙이거나 종전의 부관을 변경할 수 있다.

③ 행정처분에 붙인 부담인 부관이 무효가 되면 그 부담의 이행으로 한 사법상 법률행위도 당연히 무효가 되는 것은 아니다.

④ 판례는 행정행위를 할 때 부관의 사후변경이 유보된 경우 사후변경이 가능하다고 보며, 「행정기본법」의 규정도 같다.

해설

① (○) 행정기본법 제17조 제2항

② (○) ④ (×)

> **행정기본법 제17조(부관)**
>
> ③ 행정청은 부관을 붙일 수 있는 처분이 다음 각 호의 어느 하나에 해당하는 경우에는 그 처분을 한 후에도 부관을 새로 붙이거나 종전의 부관을 변경할 수 있다.
> 1. 법률에 근거가 있는 경우
> 2. 당사자의 동의가 있는 경우
> 3. 사정이 변경되어 부관을 새로 붙이거나 종전의 부관을 변경하지 아니하면 해당 처분의 목적을 달성할 수 없다고 인정되는 경우

> 행정처분에 이미 부담이 부가되어 있는 상태에서 그 의무의 범위 또는 내용을 변경하는 부관의 사후변경은 ㉠ 법률에 명문의 규정이 있거나 ㉡ 그 변경이 미리 유보되어 있는 경우 또는 ㉢ 상대방의 동의가 있는 경우에 한하여 허용되는 것이 원칙이지만, ㉣ 사정변경으로 인하여 당초에 부담을 부가한 목적을 달성할 수 없게 된 경우에도 그 목적 달성에 필요한 범위 내에서 예외적으로 허용된다. (대판 1997.5.30. 97누2627)

③ (○) 대판 2009.6.24. 2006다18174

정답 ④

06

강학상 특허에 관한 설명으로 옳지 않은 것은? (다툼이 있는 경우 판례에 의함)

① 강학상 특허사용권은 행정주체에 대하여 공공용물의 배타적, 독점적인 사용을 청구할 수 있는 권리로서 공법상 채권이다.

② 특별사용에 있어서의 점용료 부과처분은 공법상 의무를 부과하는 공권적인 처분으로서 항고소송의 대상이 되는 행정처분에 해당한다.

③ 구 「지역균형개발 및 지방중소기업 육성에 관한 법률」 및 같은 법 시행령상 개발촉진지구 안에서 시행되는 지역개발사업(이하 '지구개발사업'이라 한다)에서 지정권자의 실시계획 승인처분은 단순히 시행자가 작성한 실시계획에 대한 보충행위로서의 성질을 가지는 것이 아니라 시행자에게 지구개발사업을 시행할 수 있는 지위를 부여하는 일종의 설권적 처분의 성격을 가진 독립된 행정처분으로 보아야 한다.

④ 공원부지가 용도폐지되어 일반재산이 되었다고 해도 그 전에 이루어진 사용허가나 구 「공유재산 및 물품 관리법」에 근거하여 공원부지에 대한 사용료를 부과할 수 있다.

해설

① (○) 하천의 점용허가권은 특허에 의한 공물사용권의 일종이다. 다만, 하천의 관리주체에 대하여 일정한 특별사용을 청구할 수 있는 채권의 성질을 가진다. 한편, 점용자는 제3자와의 관계에서는 배타적인 물권의 성질을 가진다.

② (○)

> 하천법 및 공유수면관리법에 규정된 하천 또는 공유수면의 점용이라 함은 하천 또는 공유수면에 대하여 일반사용과는 별도로 하천 또는 공유수면의 특정 부분을 유형적 · 고정적으로 특정한 목적을 위하여 사용하는 이른바 특별사용을 의미하는 것이므로, 이러한 특별사용에 있어서의 점용료 부과처분은 공법상의 의무를 부과하는 공권적인 처분으로서 항고소송의 대상이 되는 행정처분에 해당한다. (대판 2004.10.15. 2002다68485)

③ (○) 대판 2014.9.26. 2012두5619

④ (×)

> 행정재산이 용도폐지로 일반재산이 된 경우에 용도폐지 되기 이전의 행정재산에 대하여 한 사용허가는 소멸되며 그 사용허가나 공유재산 및 물품 관리법 제22조를 근거로 하여 사용료를 부과할 수 없다고 해석함이 타당하다. (대판 2015.2.26. 2012두6612)

정답 ④

07

항고소송에서의 제3자의 원고적격에 관한 설명으로 옳지 않은 것은? (다툼이 있는 경우 판례에 의함)

① 일반적으로 면허 등의 수익적 행정처분의 근거가 되는 법률이 해당 업자들 사이의 과당경쟁으로 인한 경영의 불합리를 방지하는 것도 목적으로 하는 경우 이미 같은 종류의 면허 등을 받아 영업을 하고 있는 기존의 업자는 경업자에 대하여 이루어진 면허 등 행정처분의 상대방이 아니라고 하더라도 당해 행정처분의 취소를 구할 법률상 이익이 있다.

② 경업자에 대한 행정처분이 경업자에게 불리한 내용이라면 그와 경쟁관계에 있는 기존의 업자에게는 특별한 사정이 없는 한 유리할 것이지만 기존의 업자는 그 행정처분의 무효확인 또는 취소를 구할 법률상 이익이 있다.

③ 인허가 등 수익적 행정처분을 신청한 여러 사람이 서로 경원관계에 있어서 한 사람에 대한 허가 등 처분이 다른 사람에 대한 불허가 등으로 귀결될 수밖에 없을 때 허가 등 처분을 받지 못한 사람은 신청에 대한 거부처분의 직접 상대방으로서 원칙적으로 자신에 대한 거부처분의 취소를 구할 법률상 이익이 있다.

④ 상수원보호구역 설정의 근거가 되는 「수도법」이 보호하고자 하는 것은 상수원의 확보와 수질보전일 뿐이고, 그 상수원에서 급수를 받고 있는 지역주민들이 가지는 상수원의 오염을 막아 양질의 급수를 받을 이익은 반사적 이익에 불과하므로 지역주민들에게는 상수원보호구역변경처분의 취소를 구할 법률상 이익이 없다.

해설

① (○) ② (×)

> 일반적으로 면허나 인허가 등의 수익적 행정처분의 근거가 되는 법률이 해당 업자들 사이의 과당경쟁으로 인한 경영의 불합리를 방지하는 것도 목적으로 하고 있는 경우, 다른 업자에 대한 면허나 인허가 등의 수익적 행정처분에 대하여 미리 같은 종류의 면허나 인허가 등의 수익적 행정처분을 받아 영업을 하고 있는 기존의 업자는 경업자에 대하여 이루어진 면허나 인허가 등 행정처분의 상대방이 아니라고 하더라도 당해 행정처분의 무효확인 또는 취소를 구할 이익이 있다. 그러나 경업자에 대한 행정처분이 경업자에게 불리한 내용이라면 그와 경쟁관계에 있는 기존의 업자에게는 특별한 사정이 없는 한 유리할 것이므로 기존의 업자가 그 행정처분의 무효확인 또는 취소를 구할 이익은 없다고 보아야 한다. (대판 2020.4.9. 2019두49953)

③ (○) 경원자관계는 원칙적으로 원고적격이 인정된다.

④ (○) 상수원보호구역의 일부를 해제하여 화장장을 설치한 경우 화장장 1000미터 이내 20호 이상의 주민에게는 원고적격이 인정되지만, 그로부터 수돗물을 공급받는 주민의 경우에는 원고적격이 인정되지 않는다. (대판 1995.9.26. 94누14544)

정답 ②

08

영조물의 설치 · 관리상 하자로 인한 손해배상에 관한 설명으로 옳지 않은 것은? (다툼이 있는 경우 판례에 의함)

① 공공의 영조물은 사물(私物)이 아닌 공물(公物)이어야 하지만, 공유나 사유임을 불문하고 행정주체에 의하여 특정 공공의 목적에 공여된 유체물이면 족하다.

② 도로의 설치 및 관리에 있어 완전무결한 상태를 유지할 정도의 고도의 안전성을 갖추지 아니하였다고 하여 하자가 있다고 단정할 수는 없고, 그것을 이용하는 자의 상식적이고 질서 있는 이용 방법을 기대한 상대적인 안전성을 갖추는 것으로 족하다.

③ 하천의 홍수위가 「하천법」상 관련 규정이나 하천정비계획 등에서 정한 홍수위를 충족하고 있다고 해도 하천이 범람하거나 유량을 지탱하지 못해 제방이 무너지는 경우는 안전성을 결여한 것으로 하자가 있다.

④ 공군에 속한 군인이나 군무원의 경우 일반인에 비하여 공군비행장 주변의 항공기 소음 피해에 관하여 잘 인식하거나 인식할 수 있는 지위에 있다는 이유만으로 가해자가 면책되거나 손해배상액이 감액되지는 않는다.

해설

① (○) 대판 1981.7.7. 80다2478

② (○) 안정성은 고도의 안전성이 아니라 통상의 안전성, 즉 그 물건 본래의 용도에 적합한 정도의 안전성을 말한다.

③ (×)

> 관리청이 하천법 등 관련 규정에 의해 책정한 하천정비기본계획 등에 따라 개수를 완료한 하천 또는 아직 개수 중이라고 하더라도 개수를 완료한 부분에 있어서는, 위 하천정비기본계획 등에서 정한 계획홍수량 및 계획홍수위를 충족하여 하천이 관리되고 있다면 당초부터 계획홍수량 및 계획홍수위를 잘못 책정하였다거나 그 후 이를 시급히 변경하여야 할 사정이 생겼음에도 불구하고 이를 해태하였다는 등의 특별한 사정이 없는 한, 그 하천은 용도에 따라 통상 갖추어야 할 안전성을 갖추고 있다고 봄이 상당하다. (대판 2007.9.21. 2005다65678)

④ (○)

> [1] 소음 등 공해의 위험지역으로 이주하였을 때 위험의 존재를 인식하고 피해를 용인하면서 접근한 것으로 볼 수 있는 경우에는 가해자의 면책을 인정할 수 있다.
> [2] 일반인에 비하여 항공기 소음 피해에 관하여 잘 인식하거나 인식할 수 있는 공군에 속한 군인이나 군무원의 경우, 가해자의 면책이나 손해배상액의 감액에 있어 달리 볼 수는 없다. (대판 2015.10.15. 2013다23914)

정답 ③

09

기속행위와 재량행위에 관한 설명으로 옳지 않은 것은? (다툼이 있는 경우 판례에 의함)

① 「국토의 계획 및 이용에 관한 법률」상 개발행위허가는 허가기준 및 금지요건이 불확정개념으로 규정된 부분이 많아 그 요건에 해당하는지 여부는 행정청의 재량판단의 영역에 속한다.

② 처분을 할 것인지 여부와 처분의 정도에 관하여 재량이 인정되는 과징금 납부명령에 대하여 그 명령이 재량권을 일탈하였을 경우, 법원은 그 일부를 취소할 수 없다.

③ 「개발제한구역의 지정 및 관리에 관한 특별조치법」 및 구 「액화석유가스의 안전관리 및 사업법」 등의 관련 법규에 의하면, 개발제한구역에서의 자동차용 액화석유가스충전사업 허가는 그 기준 내지 요건이 불확정개념으로 규정되어 있지만 그 허가 여부를 판단함에 있어서 행정청에 재량권이 부여되어 있다고 볼 수 없다.

④ 마을버스운송사업면허의 허용 여부는 운수행정을 통한 공익실현과 아울러 합목적성을 추구하기 위하여 보다 구체적 타당성에 적합한 기준에 의하여야 할 것이므로 행정청의 재량에 속하는 것이라고 보아야 한다.

해설

① (○) 개발행위허가는 여러 가지 사정을 고려하여야 하는 재량행위이다.

② (○) 재량행위에 대해서는 일부취소할 수 없고, 원칙적으로 전부 취소하여야 한다.

> 자동차운수사업면허조건 등을 위반한 사업자에 대하여 행정청이 행정제재수단으로 사업정지를 명할 것인지, 과징금을 부과할 것인지, 과징금을 부과하기로 한다면 그 금액은 얼마로 할 것인지에 관하여 재량권이 부여되었다고 할 것이므로, 과징금 부과처분이 법이 정한 한도액을 초과하여 위법할 경우 법원으로서는 그 전부를 취소할 수밖에 없고, 그 한도액을 초과한 부분이나 법원이 적정하다고 인정되는 부분을 초과한 부분만을 취소할 수 없다. (대판 1998.4.10. 98두2270)

③ (×) 불확정개념에 대한 허가 여부를 판단함에 있어서 행정청에 재량권이 인정된다. (대판 2016.1.28. 2015두52432)

④ (○) 운송사업의 허가는 강학상 특허로서 재량행위에 속한다. (대판 2001.1.19. 99두3812)

정답 ③

10

행정행위의 효력에 관한 설명으로 옳지 않은 것은? (다툼이 있는 경우 판례에 의함)

① 일반적으로 행정처분이나 행정심판 재결이 불복기간의 경과로 확정될 경우에는 그 처분의 기초가 된 사실관계나 법률적 판단이 확정되고 당사자들이나 법원이 이에 기속되어 모순되는 주장이나 판단을 할 수 없게 된다.

② 제소기간이 이미 도과하여 불가쟁력이 생긴 행정처분에 대하여는 개별법규에서 그 변경을 요구할 신청권을 규정하고 있거나 관계 법령의 해석상 그러한 신청권이 인정될 수 있는 등 특별한 사정이 없는 한 국민에게 그 행정처분의 변경을 구할 신청권이 있다 할 수 없다.

③ 불가쟁력이 발생한 행정행위로 손해를 입은 국민은 그 위법성을 들어 국가배상청구를 할 수 있다.

④ 불가변력이란 행정행위를 한 행정청이 해당 행정행위를 직권으로 취소 또는 변경할 수 없게 하는 힘으로 실질적 확정력 또는 실체적 존속력이라고도 한다.

해설

① (×) 선지의 내용은 기판력인데, 행정심판의 재결에는 기판력이 발생하지 않는다.

> 행정처분이나 행정심판 재결이 불복기간의 경과로 인하여 확정될 경우 확정력은 처분으로 인하여 법률상 이익을 침해받은 자가 처분이나 재결의 효력을 더 이상 다툴 수 없다는 의미일 뿐 판결에 있어서와 같은 기판력이 인정되는 것은 아니어서 처분의 기초가 된 사실관계나 법률적 판단이 확정되고 당사자들이나 법원이 이에 기속되어 모순되는 주장이나 판단을 할 수 없게 되는 것은 아니다. (대판 1993.4.13. 92누17181)

② (○) 제소기간이 도과한 경우 행정청은 직권취소할 수 있다. 국민에게 처분의 변경을 요구할 신청권은 인정되지 않는 것이 원칙이지만, 법률에 규정이 있으면 가능하다. (대판 2007.4.26. 2005두11104)

③ (○) 처분에 대해 불가쟁력이 발생해도 손배배상은 별도로 청구할 수 있다.

④ (○) 불가변력의 개념이다.

참고 불가쟁력은 형식적 존속력이라고 한다.

정답 ①

11

취소판결의 기속력에 관한 설명으로 옳은 것은? (다툼이 있는 경우 판례에 의함)

① 취소확정판결의 기속력은 판결의 주문(主文)에 대해서만 발생하며, 처분의 구체적 위법사유에 대해서는 발생하지 않는다.

② 처분청이 재처분을 하였는데 종전 거부처분에 대한 취소확정판결의 기속력에 반하는 경우에는 간접강제의 대상이 될 수 있다.

③ 취소확정판결의 기속력에 대한 규정은 무효확인판결에도 준용되므로, 무효확인판결의 취지에 따른 처분을 하지 아니할 때에는 1심 수소법원은 간접강제결정을 할 수 있다.

④ 간접강제결정에서 정한 의무 이행기한이 경과한 후에는 확정판결의 취지에 따른 재처분의 이행이 있더라도 배상금의 추심이 허용된다.

해설

① (×)

> 행정소송법 제30조 제1항에 의하여 인정되는 취소소송에서 처분 등을 취소하는 확정판결의 기속력은 주로 판결의 실효성 확보를 위하여 인정되는 효력으로서 판결의 주문뿐만 아니라 그 전제가 되는 처분 등의 구체적 위법사유에 관한 이유 중의 판단에 대하여도 인정된다. (대판 2001.3.23. 99두5238)

② (○)

> 거부처분에 대한 취소의 확정판결이 있음에도 행정청이 아무런 재처분을 하지 아니하거나 재처분을 하였다고 하더라도 그것이 종전 거부처분에 대한 취소의 확정판결의 기속력에 반하는 등으로 당연무효라면 이는 아무런 재처분을 하지 아니한 때와 마찬가지라고 할 것이므로 이러한 경우에는 행정소송법 제30조 제2항, 제34조 제1항 등에 의한 간접강제신청에 필요한 요건을 갖춘 것으로 보아야 한다. (대결 2002.12.11. 2002무22)

③ (×) 무효확인소송에는 간접강제가 준용되지 않는다.

④ (×)

> 행정소송법 제34조 소정의 간접강제결정에 기한 배상금은 확정판결의 취지에 따른 재처분의 지연에 대한 제재나 손해배상이 아니고 재처분의 이행에 관한 심리적 강제수단에 불과한 것으로 보아야 하므로, 특별한 사정이 없는 한 간접강제결정에서 정한 의무이행기한이 경과한 후에라도 확정판결의 취지에 따른 재처분의 이행이 있으면 배상금을 추심함으로써 심리적 강제를 꾀할 목적이 상실되어 처분상대방이 더 이상 배상금을 추심하는 것은 허용되지 않는다. (대판 2004.1.15. 2002두2444)

정답 ②

12

행정계획에 관한 설명으로 옳지 않은 것은? (다툼이 있는 경우 판례에 의함)

① 관계 법령에는 추상적인 행정목표와 절차만이 규정되어 있을 뿐 행정계획의 내용에 관하여는 별다른 규정을 두고 있지 아니하므로 행정주체는 구체적인 행정계획을 입안·결정함에 있어서 비교적 광범위한 형성의 자유를 가진다.

② 행정주체가 가지는 형성의 자유는 무제한적인 것이 아니라 그 행정계획에 관련되는 자들의 이익을 공익과 사익 사이에서는 물론이고 공익 상호 간과 사익 상호 간에도 정당하게 비교·교량하여야 한다는 제한이 있다.

③ 판례에 따르면 행정계획에 있어서 형량의 부존재, 형량의 누락, 평가의 과오 및 형량의 불비례 등 형량의 하자별로 위법의 판단기준을 달리하여 개별화하여 판단한다.

④ 이미 고시된 실시계획에 포함된 상세계획으로 관리되는 토지 위 건물의 용도를 상세계획 승인권자의 변경승인 없이 임의로 판매시설에서 상세계획에 반하는 일반목욕장으로 변경한 사안에서, 그 영업신고를 수리하지 않고 영업소를 폐쇄한 처분은 적법하다고 한 판례가 있다.

해설

① (○) 행정계획에는 광범위한 형성의 자유가 인정된다.

② (○) 대판 2007.4.12. 2005두1893

③ (×) 위법의 기준을 달리하는 것이 아니라 동일한 기준을 적용한다.

> [1] 도시계획시설구역 내 토지 등을 소유하고 있는 주민이 장기간 집행되지 아니한 도시계획시설의 결정권자에게 도시계획시설의 변경을 신청하고, 결정권자가 이러한 신청을 받아들여 도시계획시설을 변경할 것인지를 결정하는 경우에도 형량하자이론은 동일하게 적용된다.
>
> [2] 甲 등이 자신들의 토지를 도시계획시설인 완충녹지에서 해제하여 달라는 신청을 하였으나 관할 구청장이 이를 거부하는 처분을 한 사안에서, 위 토지를 완충녹지로 유지하여야 할 공익상 필요성이 소멸되었다고 볼 수 있다는 이유로, 위 처분은 甲 등의 재산권 행사를 과도하게 제한한 것으로서 행정계획을 입안·결정하면서 이익형량을 전혀 하지 않았거나 이익형량의 정당성·객관성이 결여된 경우에 해당한다. (대판 2012.1.12. 2010두5806)

④ (○) 실시계획에 포함된 상세계획은 대외적 구속력이 있는 계획이므로 이에 반하는 행위는 인정될 수 없다. (대판 2008.3.27. 2006두3742)

정답 ③

13

항고소송의 대상인 재결에 관한 설명으로 옳지 않은 것은? (다툼이 있는 경우 판례에 의함)

① 행정심판청구가 부적법하지 않음에도 각하한 재결은 심판청구인의 실체심리를 받을 권리를 박탈한 것으로서 원처분에 없는 고유한 하자가 있는 경우에 해당하고, 따라서 위 재결은 취소소송의 대상이 된다.

② 토지수용에 관한 행정소송에 있어서 토지소유자는 수용재결에 대해 행정소송을 할 수도 있고, 중앙토지수용위원회의 이의재결에 대해서도 행정소송이 가능하다.

③ 제3자효를 수반하는 행정행위에 대한 행정심판청구에 있어서 그 청구를 인용하는 내용의 재결로 인하여 비로소 권리이익을 침해받게 되는 자는 그 인용재결에 대하여 다툴 필요가 있고, 그 인용재결은 원처분과 내용을 달리하는 것이므로 그 인용재결의 취소를 구하는 것은 항고소송의 대상이 아니다.

④ 제3자효 행정행위에 대하여 재결청이 직접 해당 사업계획 승인처분을 취소하는 형성적 재결을 한 경우에는 그 재결 외에 그에 따른 행정청의 별도의 처분이 있지 않기 때문에 재결 자체를 쟁송의 대상으로 할 수 있다.

해설

① (○) 대판 2001.7.27. 99두2970

② (○) 원처분주의이기 때문에 재결을 거쳐도 원칙적으로 수용재결이 소송의 대상이 된다.

> 수용재결에 불복하여 취소소송을 제기하는 때에는 이의신청을 거친 경우에도 수용재결을 한 중앙토지수용위원회 또는 지방토지수용위원회를 피고로 하여 수용재결의 취소를 구하여야 하고, 다만 이의신청에 대한 재결 자체에 고유한 위법이 있음을 이유로 하는 경우에는 그 이의재결을 한 중앙토지수용위원회를 피고로 하여 이의재결의 취소를 구할 수 있다고 보아야 한다. (대판 2010.1.28. 2008두1504)

③ (×)

> 이른바 복효적 행정행위, 특히 제3자효를 수반하는 행정행위에 대한 행정심판청구에 있어서 그 청구를 인용하는 내용의 재결로 인하여 비로소 권리이익을 침해받게 되는 자는 그 인용재결에 대하여 다툴 필요가 있고, 그 인용재결은 원처분과 내용을 달리하는 것이므로 그 인용재결의 취소를 구하는 것은 원처분에는 없는 재결에 고유한 하자를 주장하는 셈이어서 당연히 항고소송의 대상이 된다. (대판 1997.12.23. 96누10911)

④ (○) 대판 1997.12.23. 96누10911

정답 ③

14

이행강제금에 관한 설명으로 옳지 않은 것은? (다툼이 있는 경우 판례에 의함)

① 구 「건축법」상 이행강제금은 위반행위에 대하여 시정명령을 받은 후 시정기간 내에 해당 시정명령을 이행하지 아니한 건축주 등에 대하여 부과되는 간접강제의 일종으로서 금전제재의 성격을 가지므로 그 이행강제금 납부의무는 상속인 기타의 사람에게 승계될 수 있다.

② 행정청은 의무자가 행정상 의무를 이행할 때까지 이행강제금을 반복하여 부과할 수 있고, 의무자가 의무를 이행하면 새로운 이행강제금의 부과를 즉시 중지하되, 이미 부과한 이행강제금은 징수하여야 한다.

③ 장기 의무 위반자가 이행강제금 부과 전에 그 의무를 이행하였다면 이행강제금의 부과로써 이행을 확보하려는 목적은 이미 실현된 것이므로 이행강제금을 부과할 수 없다.

④ 이행강제금은 의무 위반에 대하여 장래의 의무 이행을 확보하는 수단이라는 점에서 과거의 의무 위반에 대한 제재인 행정벌과 구별된다.

해설

① (X) 이행강제금은 일신전속적이므로 승계되지 않지만, 부동산실명의자등기에 관한 법률상 과징금은 승계된다.

> 구 건축법상의 이행강제금은 구 건축법의 위반행위에 대하여 시정명령을 받은 후 시정기간 내에 당해 시정명령을 이행하지 아니한 건축주 등에 대하여 부과되는 간접강제의 일종으로서 그 이행강제금 납부의무는 상속인 기타의 사람에게 승계될 수 없는 일신전속적인 성질의 것이므로 이미 사망한 사람에게 이행강제금을 부과하는 내용의 처분이나 결정은 당연무효이다. (대판 2006.12.8. 2006마470)

② (O) ③ (O) ④ (O) 이행강제금의 특성이다.

정답 ①

15

국가배상에 관한 설명으로 옳은 것은? (다툼이 있는 경우 판례에 의함)

① 공익근무요원은 「국가배상법」 제2조 제1항 단서규정에 의하여 손해배상청구가 제한된다.

② 외국인이 피해자인 경우에는 해당 국가와 상호보증이 있을 때에만 「국가배상법」이 적용되며, 상호보증은 해당 국가와 조약이 체결되어 있어야 한다.

③ 헌법재판소 재판관의 위법한 직무집행의 결과 잘못된 각하결정을 함으로써 청구인으로 하여금 본안판단을 받을 기회를 상실하게 한 경우, 만약 본안판단을 하였더라도 어차피 청구가 기각되었을 것이라는 사정이 있다고 하더라도 국가배상책임이 인정된다.

④ 직무집행과 관련하여 공상을 입은 군인이 먼저 「국가배상법」에 따라 손해배상금을 지급받았다면 「국가유공자 등 예우 및 지원에 관한 법률」이 정한 보상금 등 보훈급여금의 지급을 청구하는 것은 이중배상금지원칙에 따라 인정되지 아니한다.

해설

① (X) 공익근무요원과 경비교도대원, 다른 법에 의한 보상을 받지 못한 군인 등은 국가배상이 가능하다.

② (X)

> [1] 상호보증은 외국의 법령, 판례 및 관례 등에 의하여 발생요건을 비교하여 인정되면 충분하고 반드시 당사국과의 조약이 체결되어 있을 필요는 없으며, 당해 외국에서 구체적으로 우리나라 국민에게 국가배상청구를 인정한 사례가 없더라도 실제로 인정될 것이라고 기대할 수 있는 상태이면 충분하다.
> [2] 일본인 甲이 대한민국 소속 공무원의 위법한 직무집행에 따른 피해에 대하여 국가배상청구를 한 사안에서, 우리나라와 일본 사이에 국가배상법 제7조가 정하는 상호보증이 있다. (대판 2015.6.11. 2013다208388)

③ (O)

> 헌법소원심판을 청구한 자로서는 헌법재판소 재판관이 일자계산을 정확하게 하여 본안판단을 할 것으로 기대하는 것이 당연하고, 따라서 헌법재판소 재판관의 위법한 직무집행의 결과 잘못된 각하결정을 함으로써 청구인으로 하여금 본안판단을 받을 기회를 상실하게 한 이상, 설령 본안판단을 하였더라도 어차피 청구가 기각되었을 것이라는 사정이 있다고 하더라도 잘못된 판단으로 인하여 헌법소원심판청구인의 위와 같은 합리적인 기대를 침해한 것이고, 이러한 기대는 인격적 이익으로서 보호할 가치가 있다고 할 것이므로 그 침해로 인한 정신상 고통에 대하여는 위자료를 지급할 의무가 있다. (대판 2003.7.11. 99다24218)

④ (X)

> [1] 군인 등이 직무집행과 관련하여 공상을 입는 등의 이유로 보훈보상대상자 지원에 관한 법률이 정한 보훈보상대상자요건에 해당하여 보상금 등 보훈급여금을 지급받을 수 있는 경우, 국가를 상대로 국가배상을 청구할 수 없다.
> [2] 직무집행과 관련하여 공상을 입은 군인 등이 먼저 국가배상법에 따라 손해배상금을 지급받은 다음 보훈보상대상자 지원에 관한 법률이 정한 보상금 등 보훈급여금의 지급을 청구하는 경우, 국가배상법에 따라 손해배상을 받았다는 이유로 그 지급을 거부할 수 없다.
> (대판 2017.2.3. 2015두60075)

정답 ③

16

조세의 부과 · 징수 및 그 구제에 관한 설명으로 옳지 않은 것은? (다툼이 있는 경우 판례에 의함)

① 심판청구 등에 대한 결정의 한 유형으로 실무상 행해지고 있는 재조사결정은 재결청의 결정에서 지적된 사항에 관하여 처분청의 재조사 결과를 기다려 그에 따른 후속 처분의 내용을 심판청구 등에 대한 결정의 일부분으로 삼겠다는 의사가 내포된 변형결정에 해당하므로, 처분청은 재조사결정의 취지에 따라 재조사를 한 후 그 내용을 보완하는 후속 처분만을 할 수 있다.

② 과세표준과 세액을 감액하는 경정처분에 대해서 그 감액경정처분으로도 아직 취소되지 아니하고 남아 있는 부분을 다투는 경우, 적법한 전심절차를 거쳤는지 여부, 제소기간의 준수 여부는 당해 당초 처분을 기준으로 판단하여야 한다.

③ 납세의무자에 대한 국가의 부가가치세 환급세액 지급의무는 그 납세의무자로부터 어느 과세기간에 과다하게 거래징수된 세액 상당을 국가가 실제로 납부받았는지와 관계없이 부가가치세법령의 규정에 의하여 직접 발생하는 것으로서, 그 법적 성질은 부당이득반환의무이다.

④ 증액경정처분이 있는 경우, 원칙적으로는 당초 신고나 결정에 대한 불복기간의 경과 여부 등에 관계없이 증액경정처분만이 항고소송의 심판대상이 되고, 납세의무자는 그 항고소송에서 당초 신고나 결정에 대한 위법사유도 함께 주장할 수 있다.

해설

① (○)

> 심판청구 등에 대한 결정의 한 유형으로 실무상 행해지고 있는 재조사결정은 재결청의 결정에서 지적된 사항에 관하여 처분청의 재조사 결과를 기다려 그에 따른 후속 처분의 내용을 심판청구 등에 대한 결정의 일부분으로 삼겠다는 의사가 내포된 변형결정에 해당하므로, 처분청은 재조사결정의 취지에 따라 재조사를 한 후 그 내용을 보완하는 후속 처분만을 할 수 있다. 따라서 처분청이 재조사결정의 주문 및 그 전제가 된 요건사실의 인정과 판단, 즉 처분의 구체적 위법사유에 관한 판단에 반하여 당초 처분을 그대로 유지하는 것은 재조사결정의 기속력에 저촉된다. (대판 2017.5.11. 2015두37549)

② (○) 대판 1987.12.22. 85누599

③ (×)

> 납세의무자에 대한 국가의 부가가치세 환급세액 지급의무는 그 납세의무자로부터 어느 과세기간에 과다하게 거래징수된 세액 상당을 국가가 실제로 납부받았는지와 관계없이 부가가치세법령의 규정에 의하여 직접 발생하는 것으로서, 그 법적 성질은 정의와 공평의 관념에서 수익자와 손실자 사이의 재산상태 조정을 위해 인정되는 부당이득반환의무가 아니라 부가가치세법령에 의하여 그 존부나 범위가 구체적으로 확정되고 조세 정책적 관점에서 특별히 인정되는 공법상 의무라고 봄이 타당하다. 그렇다면 납세의무자에 대한 국가의 부가가치세 환급세액 지급의무에 대응하는 국가에 대한 납세의무자의 부가가치세 환급세액 지급청구는 민사소송이 아니라 행정소송법 제3조 제2호에 규정된 당사자소송의 절차에 따라야 한다. (대판 2013.3.21. 2011다95564 전원합의체)

④ (○)

> 증액경정처분이 있는 경우 당초 신고나 결정은 증액경정처분에 흡수됨으로써 독립한 존재가치를 잃게 되어 원칙적으로는 증액경정처분만이 항고소송의 심판대상이 되고 납세자는 그 항고소송에서 당초 신고나 결정에 대한 위법사유도 함께 주장할 수 있으나, 불복기간이나 경정청구기간의 도과로 더 이상 다툴 수 없게 된 세액에 관하여는 그 취소를 구할 수 없고 증액경정처분에 의하여 증액된 세액의 범위 내에서만 취소를 구할 수 있다. (대판 2012.3.29. 2011두4855)

조세경정처분

당초 처분 (1억 원)	증액 처분	2억 원으로 증액한 경우 → 증액처분인 2억 원이 소의 대상임(흡수설).
	감액 처분	7천만 원을 감액한 경우 → 감액하고 남은 3천만 원이 소의 대상임(역흡수설).

정답 ③

17

「행정심판법」에 따른 행정심판을 제기할 수 없는 경우에 해당하는 것은? (다툼이 있는 경우 판례에 의함)

① 「공공기관의 정보공개에 관한 법률」상 정보공개와 관련한 공공기관의 비공개결정에 대하여 이의신청을 한 경우

② 「공익사업을 위한 토지 등의 취득 및 보상에 관한 법률」상 토지수용위원회의 수용재결에 이의가 있어 중앙토지수용위원회에 이의를 신청한 경우

③ 운전면허취소처분에 대하여 이의신청을 한 경우

④ 「민원 처리에 관한 법률」상 법정민원에 대한 행정기관의 장의 거부처분에 대해 그 행정기관의 장에게 이의신청을 한 경우

해설

① [일반행정심판] 행정심판법상 행정심판이다.

> **공공기관의 정보공개에 관한 법률 제19조(행정심판)**
> ① 청구인이 정보공개와 관련한 공공기관의 결정에 대하여 불복이 있거나 정보공개청구 후 20일이 경과하도록 정보공개결정이 없는 때에는 행정심판법에서 정하는 바에 따라 행정심판을 청구할 수 있다. 이 경우 국가기관 및 지방자치단체 외의 공공기관의 결정에 대한 감독행정기관은 관계 중앙행정기관의 장 또는 지방자치단체의 장으로 한다.

② [특별행정심판] 공익사업을 위한 토지 등의 취득 및 보상에 관한 법률에 의해 행해지는 특별행정심판이다.

③ [일반행정심판]

> **도로교통법 제94조(운전면허처분에 대한 이의신청)**
> ① 제93조 제1항 또는 제2항에 따른 운전면허의 취소처분 또는 정지처분이나 같은 조 제3항에 따른 연습운전면허취소처분에 대하여 이의가 있는 사람은 그 처분을 받은 날부터 60일 이내에 행정안전부령으로 정하는 바에 따라 시 · 도경찰청장에게 이의를 신청할 수 있다.
> ③ 제1항에 따라 이의를 신청한 사람은 그 이의신청과 관계없이 행정심판법에 따른 행정심판을 청구할 수 있다. 〈후단 생략〉

④ [일반행정심판] 행정심판법상 행정심판이다.

> **민원 처리에 관한 법률 제35조(거부처분에 대한 이의신청)**
> ① 법정민원에 대한 행정기관의 장의 거부처분에 불복하는 민원인은 그 거부처분을 받은 날부터 60일 이내에 그 행정기관의 장에게 문서로 이의신청을 할 수 있다.
> ② 행정기관의 장은 이의신청을 받은 날부터 10일 이내에 그 이의신청에 대하여 인용 여부를 결정하고 그 결과를 민원인에게 지체 없이 문서로 통지하여야 한다. 다만, 부득이한 사유로 정하여진 기간 이내에 인용 여부를 결정할 수 없을 때에는 그 기간의 만료일 다음 날부터 기산하여 10일 이내의 범위에서 연장할 수 있으며, 연장사유를 민원인에게 통지하여야 한다.
> ③ 민원인은 제1항에 따른 이의신청 여부와 관계없이 행정심판법에 따른 행정심판 또는 행정소송법에 따른 행정소송을 제기할 수 있다.

정답 ②

18

「행정소송법」에 관한 설명으로 옳지 않은 것은?

① 법원은 소송의 결과에 따라 권리 또는 이익의 침해를 받을 제3자가 있는 경우에는 당사자 또는 제3자의 신청 또는 직권에 의하여 결정으로써 그 제3자를 소송에 참가시킬 수 있다.

② 법원은 다른 행정청을 소송에 참가시킬 필요가 있다고 인정할 때에는 당사자 또는 당해 행정청의 신청 또는 직권에 의하여 결정으로써 그 행정청을 소송에 참가시킬 수 있다.

③ 법원이 제3자의 소송참가와 행정청의 소송참가에 관한 결정을 하는 경우에는 각각 당사자 및 제3자의 의견, 당사자 및 당해 행정청의 의견을 들어야 한다.

④ 법원은 취소소송을 당해 처분 등에 관계되는 사무가 귀속하는 국가 또는 공공단체에 대한 당사자소송 또는 취소소송 외의 항고소송으로 변경하는 것이 상당하다고 인정할 때에는 청구의 기초에 변경이 없는 한 사실심 변론종결시까지 원고의 신청 또는 직권에 의하여 결정으로써 소의 변경을 허가할 수 있다.

해설

① (O) 행정소송법 제16조 제1항

② (O) 행정소송법 제17조 제1항

③ (O) 행정소송법 제16조 제2항, 제17조 제2항

④ (X) 소변경은 신청이 있어야 하고 직권으로 할 수 없다.

> **행정소송법 제21조(소의 변경)**
> ① 법원은 취소소송을 당해 처분 등에 관계되는 사무가 귀속하는 국가 또는 공공단체에 대한 당사자소송 또는 취소소송 외의 항고소송으로 변경하는 것이 상당하다고 인정할 때에는 청구의 기초에 변경이 없는 한 사실심의 변론종결시까지 원고의 신청에 의하여 결정으로써 소의 변경을 허가할 수 있다.

정답 ④

19

항고소송에서 수소법원의 판결에 관한 설명으로 옳지 않은 것은? (다툼이 있는 경우 판례에 의함)

① 관할청이 「농지법」상 이행강제금 부과처분을 하면서 재결청에 행정심판을 청구하거나 관할 행정법원에 행정소송을 할 수 있다고 잘못 안내한 경우 행정법원의 항고소송 재판관할이 생기는 것은 아니다.

② 해임처분 취소소송 계속 중 임기가 만료되어 해임처분의 취소로 지위를 회복할 수는 없다고 할지라도, 그 취소로 해임처분일부터 임기만료일까지 기간에 대한 보수 지급을 구할 수 있는 경우에는 해임처분의 취소를 구할 법률상 이익이 있으므로, 수소법원은 본안에 대하여 판단하여야 한다.

③ 개발제한구역 안에서의 공장설립을 승인한 처분이 위법하다는 이유로 쟁송취소되었다고 하더라도 그 승인처분에 기초한 공장건축허가처분이 잔존하더라도, 인근 주민들은 공장건축허가처분의 취소를 구할 법률상 이익이 없다.

④ 「행정소송법」 제19조에서 말하는 '재결 자체에 고유한 위법'이란 원처분에는 없고 재결에만 있는 재결청의 권한 또는 구성의 위법, 재결의 절차나 형식의 위법, 내용의 위법 등을 뜻한다.

해설

① (O) 이행강제금은 개념상 급부하명이지만 개별법에 별도의 구제절차가 없는 경우(건축법)에는 처분성이 인정되고, 개별법에 별도의 구제절차가 있는 경우(농지법)에는 처분성이 부정된다.

> 농지법에 따른 이행강제금 부과처분에 불복하는 경우에는 비송사건절차법에 따른 재판절차가 적용되어야 하고, 행정소송법상 항고소송의 대상은 될 수 없다. … 설령 관할청이 이행강제금 부과처분을 하면서 재결청에 행정심판을 청구하거나 관할 행정법원에 행정소송을 할 수 있다고 잘못 안내하거나 관할 행정심판위원회가 각하재결이 아닌 기각재결을 하면서 관할 법원에 행정소송을 할 수 있다고 잘못 안내하였다고 하더라도, 그러한 잘못된 안내로 행정법원의 항고소송 재판관할이 생긴다고 볼 수도 없다. (대판 2019.4.11. 2018두42955)

② (O) 대판 2012.2.23. 2011두5001

③ (X)

> 공장설립승인처분이 있고 난 뒤에 또는 그와 동시에 공장건축허가처분을 하는 것이 허용되므로, 공장설립승인처분이 취소된 경우에는 그 승인처분을 기초로 한 공장건축허가처분 역시 취소되어야 하고, 공장설립승인처분에 근거하여 토지의 형질변경이 이루어진 경우에는 원상회복을 해야 함이 원칙이다. 따라서 개발제한구역 안에서의 공장설립을 승인한 처분이 위법하다는 이유로 쟁송취소되었다고 하더라도 그 승인처분에 기초한 공장건축허가처분이 잔존하는 이상, 공장설립승인처분이 취소되었다는 사정만으로 인근 주민들의 환경상 이익이 침해되는 상태나 침해될 위험이 종료되었다거나 이를 시정할 수 있는 단계가 지나버렸다고 단정할 수는 없고, 인근 주민들은 여전히 공장건축허가처분의 취소를 구할 법률상 이익이 있다고 보아야 한다. (대판 2018.7.12. 2015두3485)

④ (O) 재결의 고유한 하자란 주체, 내용, 형식, 절차상 하자를 포함한다.

정답 ③

20

경기도 A군수는 개발촉진지구에서 시행되는 지역개발사업의 시행자로 B를 지정·고시하고 실시계획을 승인·고시하였다. B는 개발사업구역에 편입된 甲 소유 토지에 관하여 「공익사업을 위한 토지 등의 취득 및 보상에 관한 법률」에 따라 甲과 협의를 하였으나 협의가 이루어지지 아니하자 경기도 지방토지수용위원회에 위 토지에 대한 수용재결신청을 하여 수용재결서 정본을 송달받았다. 이에 관한 설명으로 옳은 것은? (다툼이 있는 경우 판례에 의함)

① 甲은 수용재결에 불복할 때에는 그 재결서를 받은 날부터 60일 이내에, 이의신청을 거쳤을 때에는 이의신청에 대한 재결서를 받은 날부터 30일 이내에 각각 행정소송을 제기하여야 한다.

② 甲이 수용재결에 대하여 중앙토지수용위원회의 이의재결을 거친 후 취소소송을 제기할 경우, 이의재결에 고유한 위법이 없는 경우에도 지방토지수용위원회를 피고로 하여 수용재결의 취소를 구하여야 한다.

③ 甲이 수용재결에 이의가 있을 경우 경기도 지방토지수용위원회를 거치지 않고 중앙토지수용위원회에 이의를 신청할 수 있다.

④ 甲이 보상금의 증액청구를 하고자 하는 경우에는 경기도 지방토지수용위원회를 피고로 하여 당사자소송을 제기하여야 한다.

해설

① (X) ④ (X)

> **공익사업을 위한 토지 등의 취득 및 보상에 관한 법률 제85조 (행정소송의 제기)**
>
> ① 사업시행자, 토지소유자 또는 관계인은 제34조에 따른 재결에 불복할 때에는 재결서를 받은 날부터 90일 이내에, 이의신청을 거쳤을 때에는 이의신청에 대한 재결서를 받은 날부터 60일 이내에 각각 행정소송을 제기할 수 있다. 이 경우 사업시행자는 행정소송을 제기하기 전에 제84조에 따라 늘어난 보상금을 공탁하여야 하며, 보상금을 받을 자는 공탁된 보상금을 소송이 종결될 때까지 수령할 수 없다.
>
> ② 제1항에 따라 제기하려는 행정소송이 보상금의 증감에 관한 소송인 경우 그 소송을 제기하는 자가 토지소유자 또는 관계인일 때에는 사업시행자를, 사업시행자일 때에는 토지소유자 또는 관계인을 각각 피고로 한다.

② (O) 원처분주의가 적용되므로 이의재결을 거친 경우에도 원칙적으로 원처분에 해당하는 수용재결이 소의 대상이 되고 이때 피고는 지방토지수용위원회이다. 이의재결에 고유한 위법이 있는 경우에는 중앙토지수용위원회를 피고로 하여 수용재결의 취소를 구할 수 있다.

③ (X) 이의신청은 지방토지수용위원회를 거쳐 중앙토지수용위원회로 가게 된다. (공익사업을 위한 토지 등의 취득 및 보상에 관한 법률 제83조 제2항)

정답 ②

21

甲은 구 「주택건설촉진법」상 아파트를 건설하기 위해 관할 행정청인 A시장으로부터 주택건설사업계획 승인을 받았는데, 그 후 乙에게 위 주택건설사업에 관한 일체의 권리를 양도하였다. 乙은 A시장에 대하여 사업주체가 변경되었음을 이유로 사업계획 변경승인신청서를 제출하였는데, A시장은 사업계획 승인을 받은 날로부터 4년여 간 공사에 착수하지 않았다는 이유로 주택건설사업계획 승인을 취소한다고 甲과 乙에게 통지하고, 乙의 사업계획 변경승인신청을 반려하였다. 이에 관한 설명으로 옳지 않은 것은? (다툼이 있는 경우 판례에 의함)

① A시장의 주택건설사업계획 승인의 취소는 취소하여야 할 공익상 필요와 그 취소로 인하여 당사자가 입게 될 기득권의 침해, 신뢰보호 등을 비교·교량하였을 때 공익상 필요가 당사자가 입을 불이익을 정당화할 만큼 강하지 않다면 적법성을 인정받을 수 없다.

② 사실상 내지 사법상으로 주택건설사업 등이 양도·양수되었을지라도 아직 변경승인을 받기 이전에는 그 사업계획의 피승인자는 여전히 종전의 사업주체인 甲이다.

③ 주택건설사업계획 승인취소처분이 甲과 乙에게 같이 통지되면 乙로서는 甲에 대한 계획 승인취소를 다툴 원고적격이 인정된다.

④ A시장이 乙에 대하여 한 주택건설사업계획 승인취소의 통지는 항고소송의 대상이 되는 행정처분이 아니다.

해설

① (O) 수익적 처분의 취소는 상대방의 이익을 고려하여야 한다.

② (O) 지위승계신고는 수리를 요하는 신고이므로 수리 전에는 양도인이 법적 주체이다.

③ (X) ④ (O) A시장이 양도인 甲에 대하여 한 통지는 처분이지만, 양수인 乙에 대하여 한 통지는 관념의 통지로서 행정처분이 아니다. 다만, 이 사례에서의 실질적 피해자는 양수인 乙이기 때문에 양수인 乙에게 원고적격이 인정된다.

정답 ③

22

공법상 계약에 관한 설명으로 옳지 않은 것은? (다툼이 있는 경우 판례에 의함)

① 행정청은 공법상 계약의 상대방을 선정하고 계약 내용을 정할 때 공법상 계약의 공공성과 제3자의 이해관계를 고려하여야 한다.

② 중소기업 정보화지원사업에 따른 지원금 출연을 위하여 중소기업청장이 체결하는 협약은 공법상 대등한 당사자 사이의 의사표시의 합치로 성립하는 공법상 계약에 해당하고 그 협약의 해지 및 그에 따른 환수통보는 공법상 계약에 따라 행정청이 대등한 당사자의 지위에서 하는 의사표시이다.

③ 민간투자사업 실시협약을 체결한 당사자가 공법상 당사자소송에 의하여 그 실시협약에 따른 재정지원금의 지급을 구하는 경우에, 수소법원은 주무관청이 재정지원금액을 산정한 절차 등에 위법이 있는지 여부를 심사할 수는 있지만 실시협약에 따른 적정한 재정지원금액이 얼마인지를 구체적으로 심리 · 판단하여야 한다.

④ 공법상 계약의 목적 및 내용을 명확하게 적은 계약서를 작성하여야 하지만 경미한 사항은 구두계약도 가능하다.

해설

① (○) 행정기본법 제27조 제2항

② (○)

> 중소기업기술정보진흥원장이 甲주식회사와 중소기업 정보화지원사업 지원대상인 사업의 지원에 관한 협약을 체결하였는데, 협약이 甲회사에 책임이 있는 사업실패로 해지되었다는 이유로 협약에서 정한 대로 지급받은 정부지원금을 반환할 것을 통보한 경우, 중소기업 정보화지원사업에 따른 지원금 출연을 위하여 중소기업청장이 체결하는 협약은 공법상 대등한 당사자 사이의 의사표시의 합치로 성립하는 공법상 계약에 해당하는 점 등을 종합하면, 협약의 해지 및 그에 따른 환수통보는 공법상 계약에 따라 행정청이 대등한 당사자의 지위에서 하는 의사표시로 보아야 하고, 이를 행정청이 우월한 지위에서 행하는 공권력의 행사로서 행정처분에 해당한다고 볼 수는 없다. (대판 2015.8.27. 2015두41449)

③ (○) 대판 2019.1.31. 2017두46455

④ (×)

> **행정기본법 제27조(공법상 계약의 체결)**
> ① 행정청은 법령 등을 위반하지 아니하는 범위에서 행정목적을 달성하기 위하여 필요한 경우에는 공법상 법률관계에 관한 계약(이하 '공법상 계약'이라 한다)을 체결할 수 있다. 이 경우 계약의 목적 및 내용을 명확하게 적은 계약서를 작성하여야 한다.

정답 ④

23

「공익사업을 위한 토지 등의 취득 및 보상에 관한 법률」상 토지수용절차로서 사업인정에 관한 설명으로 옳지 않은 것은? (다툼이 있는 경우 판례에 의함)

① 사업시행자가 해당 공익사업을 수행할 의사와 능력이 있어야 한다는 것은 사업인정의 요건에 해당한다.

② 사업인정의 고시로 수용의 목적물은 확정되고 관계인의 범위가 제한된다.

③ 사업인정은 고시한 날부터 효력이 발생한다.

④ 사업인정을 할 때는 이해관계인의 의견청취를 하지 않아도 된다.

해설

① (○)

> 해당 공익사업을 수행하여 공익을 실현할 의사나 능력이 없는 자에게 타인의 재산권을 공권력적 · 강제적으로 박탈할 수 있는 수용권을 설정하여 줄 수는 없으므로, 사업시행자에게 해당 공익사업을 수행할 의사와 능력이 있어야 한다는 것도 사업인정의 한 요건이라고 보아야 한다. (대판 2011.1.27. 2009두1051)

② (○) 사업인정권자에 의해 결정된 사업인정이 고시되면, 그날로부터 토지수용권을 비롯한 각종 효과가 발생한다. 사업인정이 고시되면 수용의 목적물이 대상토지가 확정된다. 또한 고시 이후에 권리를 취득한 자는 공익사업을 위한 토지 등의 취득 및 보상에 관한 법률상 권리를 인정받지 못한다.

③ (○) 공익사업을 위한 토지 등의 취득 및 보상에 관한 법률 제22조 제3항

④ (×)

> **공익사업을 위한 토지 등의 취득 및 보상에 관한 법률 제21조(협의 및 의견청취 등)**
> ① 국토교통부장관은 사업인정을 하려면 관계 중앙행정기관의 장 및 특별시장 · 광역시장 · 도지사 · 특별자치도지사(이하 '시 · 도지사'라 한다) 및 제49조에 따른 중앙토지수용위원회와 협의하여야 하며, 대통령령으로 정하는 바에 따라 미리 사업인정에 이해관계가 있는 자의 의견을 들어야 한다.

정답 ④

24

「행정심판법」에 관한 설명으로 옳지 않은 것은?

① 행정심판위원회는 심판청구의 대상이 되는 처분보다 청구인에게 불리한 재결을 하지 못한다.

② 청구인이 피청구인을 잘못 지정한 경우에는 행정심판위원회는 당사자의 신청에 의하여 결정으로써 피청구인을 경정할 수 있지만, 직권으로는 할 수 없다.

③ 중앙행정심판위원회는 위법 또는 불합리한 명령 등의 시정조치를 관계 행정기관에 요청할 수 있다.

④ 법령의 규정에 따라 공고하거나 고시한 처분이 재결로써 취소되거나 변경되면 처분을 한 행정청은 지체 없이 그 처분이 취소 또는 변경되었다는 것을 공고하거나 고시하여야 한다.

해설

① (○) 불이익변경금지원칙이다. (행정심판법 제47조 제2항)

② (×) 소송에서 원고가 피고를 잘못 지정한 경우에는 신청이 있어야 하고 직권으로는 피고경정을 하지 못한다. 그러나 행정심판은 신청 또는 직권에 의한 경정이 가능하다.

> **행정심판법 제17조(피청구인의 적격 및 경정)**
> ② 청구인이 피청구인을 잘못 지정한 경우에는 위원회는 직권으로 또는 당사자의 신청에 의하여 결정으로써 피청구인을 경정할 수 있다.

③ (○) 시정요청은 중앙행정심판위원회만 할 수 있다.

> **행정심판법 제59조(불합리한 법령 등의 개선)**
> ① 중앙행정심판위원회는 심판청구를 심리·재결할 때에 처분 또는 부작위의 근거가 되는 명령 등(대통령령·총리령·부령·훈령·예규·고시·조례·규칙 등을 말한다. 이하 같다)이 법령에 근거가 없거나 상위 법령에 위배되거나 국민에게 과도한 부담을 주는 등 크게 불합리하면 관계 행정기관에 그 명령 등의 개정·폐지 등 적절한 시정조치를 요청할 수 있다. 이 경우 중앙행정심판위원회는 시정조치를 요청한 사실을 법제처장에게 통보하여야 한다.

④ (○) 행정심판법 제49조 제5항

정답 ②

25

판결의 효력에 관한 설명으로 옳지 않은 것은? (다툼이 있는 경우 판례에 의함)

① 취소판결 자체의 효력으로써 그 행정처분을 기초로 하여 새로 형성된 제3자의 권리까지 당연히 그 행정처분 전의 상태로 환원되는 것이라고는 할 수 없다.

② 처분의 취소를 구하는 청구에 대한 기각판결은 기판력이 발생하지 않는다.

③ 취소판결이 확정된 경우 행정청은 종전 처분과 다른 사유로 다시 처분할 수 있고, 이 경우 그 다른 사유가 종전 처분 당시 이미 존재하고 있었고 당사자가 이를 알고 있었다고 하더라도 확정판결의 기속력에 저촉되지 않는다.

④ 거부처분에 대한 취소판결이 확정된 후 법령이 개정된 경우 개정된 법령에 따라 다시 거부처분을 하여도 기속력에 반하지 아니하다.

해설

① (○)

> 행정처분을 취소하는 확정판결이 제3자에 대하여도 효력이 있다고 하더라도 일반적으로 판결의 효력은 주문에 포함한 것에 한하여 미치는 것이니 그 취소판결 자체의 효력으로써 그 행정처분을 기초로 하여 새로 형성된 제3자의 권리까지 당연히 그 행정처분 전의 상태로 환원되는 것이라고는 할 수 없고, 단지 취소판결의 존재와 취소판결에 의하여 형성되는 법률관계를 소송당사자가 아니었던 제3자라고 할지라도 이를 용인하지 않으면 아니 된다는 것을 의미하는 것에 불과하다고 할 것이며, 따라서 취소판결의 확정으로 인하여 당해 행정처분을 기초로 새로 형성된 제3자의 권리관계에 변동을 초래하는 경우가 있다고 하더라도 이는 취소판결 자체의 형성력에 기한 것이 아니라 취소판결의 위와 같은 의미에서의 제3자에 대한 효력의 반사적 효과로서 그 취소판결이 제3자의 권리관계에 대하여 그 변동을 초래할 수 있는 새로운 법률요건이 되는 까닭이라고 할 것이다. (대판 1986.8.19, 83다카2022)

② (×) 형성력과 기속력은 인용판결에만 발생하지만, 기판력은 인용, 기각판결 모두에 발생한다.

> 과세처분 취소청구를 기각하는 판결이 확정되면 그 처분이 적법하다는 점에 관하여 기판력이 생기고 그 후 원고가 이를 무효라고 하여 무효확인을 소구할 수 없는 것이어서 과세처분의 취소소송에서 청구가 기각된 확정판결의 기판력은 그 과세처분의 무효확인을 구하는 소송에도 미친다. (대판 2003.5.16, 2002두3669)

③ (○) ④ (○) 기속력은 동일인에게 동일이유로 동일한 처분을 하는 것을 금지한다.

정답 ②

제10회 실전동형 모의고사

p. 066~071

01 ① 02 ④ 03 ① 04 ③ 05 ④ 06 ③ 07 ② 08 ① 09 ④
10 ① 11 ③ 12 ③ 13 ① 14 ③ 15 ③ 16 ④ 17 ③ 18 ②
19 ② 20 ④ 21 ① 22 ④ 23 ④ 24 ④ 25 ②

01

공법과 사법의 관계에 관한 설명으로 옳지 않은 것은? (다툼이 있는 경우 판례에 의함)

① 구 「한국공항공단법」에 의하여 한국공항공단이 정부로부터 무상사용허가를 받은 행정재산을 전대하는 행위는 행정소송의 대상이 되는 행정처분이다.

② 서울특별시립무용단 단원의 위촉은 공법상 계약에 해당하므로 그 단원의 해촉에 대하여는 공법상 당사자소송으로 그 무효확인을 청구할 수 있다.

③ 지방자치단체가 사인과 체결한 자원회수시설에 대한 위탁운영협약은 사법상 계약에 해당하므로 그에 관한 다툼은 민사소송의 대상이 된다.

④ 국유재산 무단점유자에 대한 변상금 부과는 관리청이 공권력을 가진 우월적 지위에서 행한 것으로서 행정소송의 대상이 되는 행정처분이다.

해설

① (X) 전대는 임대받은 부동산을 다시 임대하는 것으로서 법적 성질은 사법관계이다.

② (O) 공법상 계약에 해당하는 대표적 사례이다.

③ (O)

> 甲지방자치단체가 乙주식회사 등 4개 회사로 구성된 공동수급체를 자원회수시설과 부대시설의 운영 · 유지 · 관리 등을 위탁할 민간사업자로 선정하고 乙회사 등의 공동수급체와 위 시설에 관한 위 · 수탁운영협약을 체결하였는데, … 위 협약은 甲지방자치단체가 사인인 乙회사 등에 위 시설의 운영을 위탁하고 그 위탁운영비용을 지급하는 것을 내용으로 하는 용역계약으로서 상호 대등한 입장에서 당사자의 합의에 따라 체결한 사법상 계약에 해당한다. (대판 2019.10.17. 2018두60588)

④ (O) 변상금 부과는 기속행위로서 처분성이 인정된다.

정답 ①

02

행정행위의 하자 및 하자의 승계에 관한 설명으로 옳지 않은 것은? (다툼이 있는 경우 판례에 의함)

① 과세처분 이후 조세 부과의 근거가 되었던 법률규정에 대하여 위헌결정이 내려진 후에 행한 그 과세처분의 집행은 당연무효이다.

② 구 「부동산 가격공시 및 감정평가에 관한 법률」상 선행처분인 표준지공시지가의 결정에 하자가 있는 경우에 그 하자는 보상금 산정을 위한 수용재결에 승계된다.

③ 재건축주택조합설립인가처분 당시 동의율을 충족하지 못한 하자는 후에 추가동의서가 제출되었다는 사정만으로 치유될 수 없다.

④ 건물소유자에게 소방시설 불량사항을 시정 · 보완하라는 명령을 구두로 고지한 것은 「행정절차법」에 위반한 것으로 하자가 중대하나 명백하지는 않아 취소사유에 해당한다.

해설

① (O) 위헌결정 이전의 처분은 취소사유이지만, 위헌결정 이후의 처분은 무효사유이다.

② (O) 동일한 목적이 아니지만 하자의 승계가 되는 경우이다.

③ (O)

> 토지 또는 건축물 소유자의 동의서가 추가로 제출됨으로써 토지 또는 건축물 소유자의 4분의 3 이상의 동의율 요건이 충족되었으므로 2008.11.20.자 설립인가처분의 흠이 치유되었거나 그 요건이 보완되었다는 피고의 주장에 대하여, 구 도시 및 주거환경정비법 제16조 제2항 · 제3항에서 정하는 조합설립인가처분은 설권적 처분의 성질을 가지고 있고, 흠 있는 2008.11.20.자 설립인가처분의 치유나 전환을 인정하더라도 원고들을 비롯한 토지 또는 건축물 소유자에게 아무런 손해가 발생하지 않는다고 단정할 수 없다는 점 등을 이유로 이를 배척하였다. (대판 2014.5.16. 2011두13736)

④ (X) 구두고지는 형식상 하자로서 무효사유에 해당한다.

> 소방시설 설치유지 및 안전관리에 관한 법률 제9조에 의한 소방시설 등의 설치 또는 유지 · 관리에 대한 명령이 행정처분으로서 하자가 있어 무효인 경우, 위 명령 위반을 이유로 행정형벌을 부과할 수 없다. 소방시설 설치유지 및 안전관리에 관한 법률 제9조에 의한 소방시설 등의 설치 또는 유지 · 관리에 대한 명령을 정당한 사유 없이 위반한 자는 같은 법 제48조의2 제1호에 의하여 행정형벌에 처해지는데, 위 명령이 행정처분으로서 하자가 있어 무효인 경우에는 명령에 따른 의무 위반이 생기지 아니하므로 행정형벌을 부과할 수 없다. (대판 2011.11.10. 2011도11109)

정답 ④

03

행정처분의 무효에 관한 설명으로 옳지 않은 것은? (다툼이 있는 경우 판례에 의함)

① 「행정기본법」은 행정처분이 무효가 되기 위해서는 그 하자가 법규의 중요한 부분을 위반한 중대한 것으로서 객관적으로 명백한 것이어야 한다고 규정하고 있다.

② 일반적으로 시행령이 헌법이나 법률에 위반된다는 사정은 그 시행령규정을 위헌 또는 위법하여 무효라고 선언한 대법원의 판결이 선고되지 아니한 상태에서는 그 시행령규정의 위헌 내지 위법 여부가 해석상 다툼의 여지가 없을 정도로 명백하였다고 인정되지 아니하는 이상 객관적으로 명백한 것이라고 할 수 없으므로 이러한 시행령에 근거한 행정처분의 하자는 취소사유에 해당할 뿐 무효사유가 된다고 볼 수는 없다.

③ 행정처분의 무효확인을 구하는 소에는 원고가 그 처분의 취소를 구하지 아니한다고 밝히지 아니한 이상 그 처분이 당연무효가 아니라면 그 취소를 구하는 취지도 포함되어 있는 것으로 보아야 하고, 그와 같은 경우에 취소청구를 인용하려면 먼저 취소를 구하는 항고소송으로서의 제소요건을 구비하여야 한다.

④ 국토의 계획 및 이용에 관한 법령이 정한 도시계획시설사업의 대상토지의 소유와 동의요건을 갖추지 못하였는데도 행정청이 사업시행자로 지정하였다면, 이는 국토의 계획 및 이용에 관한 법령이 정한 법규의 중요한 부분을 위반한 것으로서 특별한 사정이 없는 한 그 하자가 중대하다고 보아야 한다.

해설

① (X) 무효의 기준에 대한 규정은 없다. 학설과 판례에 의해 판단한다.

② (O) 위헌 이전에는 명백하지 않기 때문이다.

③ (O)

> 일반적으로 행정처분의 무효확인을 구하는 소에는 원고가 그 처분의 취소를 구하지 아니한다고 밝히지 아니한 이상 그 처분이 만약 당연무효가 아니라면 그 취소를 구하는 취지도 포함되어 있는 것으로 보아야 한다.
> (대판 1994.12.23. 94누477)

④ (O) 대판 2017.7.11. 2016두35120

정답 ①

04

자동화된 행정결정에 관한 설명으로 옳지 않은 것은?

① 「행정기본법」상 자동적 처분을 할 수 있는 '완전히 자동화된 시스템'에는 '인공지능 기술을 적용한 시스템'이 포함된다.

② 「행정기본법」상 자동적 처분은 항고소송의 대상이 된다.

③ 자동결정의 내부 프로그램은 항고소송의 대상인 처분이다.

④ 「행정기본법」은 재량행위에 대해서 자동적 처분을 허용하지 않고 있다.

해설

① (O) ④ (O)

> **행정기본법 제20조(자동적 처분)**
> 행정청은 법률로 정하는 바에 따라 완전히 자동화된 시스템(인공지능 기술을 적용한 시스템을 포함한다)으로 처분을 할 수 있다. 다만, 처분에 재량이 있는 경우는 그러하지 아니하다.

② (O) 자동화된 행정결정도 처분의 요건에 해당하면 행정행위로서 항고소송의 대상이 된다.

③ (X) 자동결정의 내부 프로그램은 법규명령 또는 행정규칙의 성질을 가진다.

정답 ③

05

「개인정보 보호법」상 개인정보 보호에 관한 설명으로 옳지 않은 것은? (다툼이 있는 경우 판례에 의함)

① 정보주체는 개인정보처리자가 「개인정보 보호법」을 위반한 행위로 손해를 입으면 개인정보처리자에게 손해배상을 청구할 수 있다. 이 경우 그 개인정보처리자는 고의 또는 과실이 없음을 입증하지 아니하면 책임을 면할 수 없다.

② 헌법재판소는 개인정보자기결정권을 사생활의 비밀과 자유, 일반적 인격권, 국민주권원리 등을 이념적 기초로 하는 독자적 기본권으로서 헌법에 명시되지 않은 기본권으로 보고 있다.

③ 「개인정보 보호법」상 개인정보란 살아있는 개인에 관한 정보로서 사자(死者)에 관한 정보는 해당되지 않는다.

④ 개인정보처리자가 「개인정보 보호법」 제49조에 따른 집단분쟁조정의 결과를 수락하지 아니한 경우에만 법원에 권리침해행위의 중지를 구하는 단체소송을 제기할 수 있다.

해설

① (O) 개인정보 보호법 제39조 제1항

② (O)

> 개인정보자기결정권의 헌법상 근거로는 헌법 제17조의 사생활의 비밀과 자유, 헌법 제10조 제1문의 인간의 존엄과 가치 및 행복추구권에 근거를 둔 일반적 인격권 또는 위 조문들과 동시에 우리 헌법의 자유민주적 기본질서규정 또는 국민주권원리와 민주주의원리 등을 고려할 수 있으나, 개인정보자기결정권으로 보호하려는 내용을 위 각 기본권들 및 헌법원리들 중 일부에 완전히 포섭시키는 것은 불가능하다고 할 것이므로, 그 헌법적 근거를 굳이 어느 한두 개에 국한시키는 것은 바람직하

지 않은 것으로 보이고, 오히려 개인정보자기결정권은 이들을 이념적 기초로 하는 독자적 기본권으로서 헌법에 명시되지 아니한 기본권이라고 보아야 할 것이다. (헌재 2005.5.26. 99헌마513 등)

③ (O)

개인정보 보호법 제2조(정의)

이 법에서 사용하는 용어의 뜻은 다음과 같다.

1. '개인정보'란 살아 있는 개인에 관한 정보로서 다음 각 목의 어느 하나에 해당하는 정보를 말한다.
   가. 성명, 주민등록번호 및 영상 등을 통하여 개인을 알아볼 수 있는 정보
   나. 해당 정보만으로는 특정 개인을 알아볼 수 없더라도 다른 정보와 쉽게 결합하여 알아볼 수 있는 정보. 이 경우 쉽게 결합할 수 있는지 여부는 다른 정보의 입수가능성 등 개인을 알아보는 데 소요되는 시간, 비용, 기술 등을 합리적으로 고려하여야 한다.
   다. 가목 또는 나목을 제1호의2에 따라 가명처리함으로써 원래의 상태로 복원하기 위한 추가 정보의 사용·결합 없이는 특정 개인을 알아볼 수 없는 정보(이하 '가명정보'라 한다)

1의2. '가명처리'란 개인정보의 일부를 삭제하거나 일부 또는 전부를 대체하는 등의 방법으로 추가 정보가 없이는 특정 개인을 알아볼 수 없도록 처리하는 것을 말한다.

④ (X)

개인정보 보호법 제51조(단체소송의 대상 등)

다음 각 호의 어느 하나에 해당하는 단체는 개인정보처리자가 제49조에 따른 집단분쟁조정을 거부하거나 집단분쟁조정의 결과를 수락하지 아니한 경우에는 법원에 권리침해행위의 금지·중지를 구하는 소송(이하 '단체소송'이라 한다)을 제기할 수 있다.

1. 소비자기본법 제29조에 따라 공정거래위원회에 등록한 소비자단체로서 다음 각 목의 요건을 모두 갖춘 단체
   가. 정관에 따라 상시적으로 정보주체의 권익증진을 주된 목적으로 하는 단체일 것
   나. 단체의 정회원 수가 1천명 이상일 것
   다. 소비자기본법 제29조에 따른 등록 후 3년이 경과하였을 것
2. 비영리민간단체 지원법 제2조에 따른 비영리민간단체로서 다음 각 목의 요건을 모두 갖춘 단체
   가. 법률상 또는 사실상 동일한 침해를 입은 100명 이상의 정보주체로부터 단체소송의 제기를 요청받을 것
   나. 정관에 개인정보 보호를 단체의 목적으로 명시한 후 최근 3년 이상 이를 위한 활동실적이 있을 것
   다. 단체의 상시 구성원 수가 5천명 이상일 것

정답 ④

06

허가에 관한 설명으로 옳지 않은 것은? (다툼이 있는 경우 판례에 의함)

① 개정 전 허가기준의 존속에 관한 국민의 신뢰가 개정된 허가기준의 적용에 관한 공익상 요구보다 더 보호가치가 있다고 인정되는 경우에는 그러한 국민의 신뢰를 보호하기 위하여 개정된 허가기준의 적용을 제한할 여지가 있다.

② 법령상 산림훼손금지 또는 제한지역에 해당하지 아니하더라도 중대한 공익상 필요가 있다고 인정되는 경우, 산림훼손허가신청을 거부할 수 있다.

③ 어업에 관한 허가의 경우 그 유효기간이 경과하면 그 허가의 효력이 당연히 소멸하지만, 유효기간의 만료 후라도 재차 허가를 받게 되면 그 허가기간이 갱신되어 종전의 어업허가의 효력 또는 성질이 계속된다.

④ 요허가행위를 허가받지 않고 행한 경우에는 행정법상 처벌의 대상이 되지만, 해당 무허가행위의 법률상 효력이 당연히 부정되는 것은 아니다.

해설

① (O) 신뢰보호를 위한 경과적 내용이다.

② (O)

산림훼손은 국토 및 자연의 유지와 수질 등 환경의 보전에 직접적으로 영향을 미치는 행위이므로, 법령이 규정하는 산림훼손금지 또는 제한지역에 해당하는 경우는 물론 금지 또는 제한지역에 해당하지 않더라도 허가관청은 산림훼손허가신청 대상토지의 현상과 위치 및 주위의 상황 등을 고려하여 국토 및 자연의 유지와 환경의 보전 등 중대한 공익상 필요가 있다고 인정될 때에는 허가를 거부할 수 있고, 그 경우 법규에 명문의 근거가 없더라도 거부처분을 할 수 있다. (대판 2002.10.25. 2002두6651)

③ (X)

어업에 관한 허가 또는 신고의 경우 그 유효기간이 경과하면 그 허가나 신고의 효력이 당연히 소멸하며, 재차 허가를 받거나 신고를 하더라도 허가나 신고의 기간만 갱신되어 종전의 어업허가나 신고의 효력 또는 성질이 계속된다고 볼 수 없고 새로운 허가 내지 신고로서의 효력이 발생한다고 할 것이다. (대판 2014.5.29. 2011다57692)

④ (O) 허가에 대한 규정은 단속규정이다.

정답 ③

07

원고에게 법률상 이익이 인정되지 않는 것은? (다툼이 있는 경우 판례에 의함)

① 주거지역 내에 법령상 제한면적을 초과한 연탄공장 건축허가처분에 대한 주거지역에 거주하는 거주자의 취소소송
② 지방자치단체장이 공장시설을 신축하는 회사에 대하여 사업승인 당시 부가하였던 조건을 이행할 때까지 신축공사를 중지하라는 명령을 발하였고, 회사는 중지명령의 원인사유가 해소되지 않았음에도 공사중지명령의 해제를 요구하였고, 이에 대한 지방자치단체장의 해제요구의 거부에 대한 회사의 취소소송
③ 관련 법령상 인허가 등 수익적 행정처분을 신청한 여러 사람이 서로 경원관계에 있어서 한 사람에 대한 허가 등 처분이 다른 사람에 대한 불허가 등으로 귀결될 수밖에 없는 경우에, 허가 등 처분을 받지 못한 자가 자신에 대한 거부에 대하여 제기하는 취소소송
④ 이른바 예탁금회원제 골프장에 있어서, 체육시설업자가 회원모집계획서를 제출하면서 사업계획의 승인을 받을 때 정한 예정인원을 초과하여 회원을 모집하는 내용의 회원모집계획서를 제출하여 그에 대한 시·도지사 등의 검토 결과 통보를 받은 경우, 기존회원이 회원모집계획서에 대한 시·도지사의 검토 결과 통보에 대한 취소소송

해설

① (O) 연탄공장 건축허가처분에 대한 주거지역 내에 거주하는 거주자는 법률상 이익이 인정되지만, 주거지역 외에 거주하는 거주자는 법률상 이익이 인정되지 않는다.
② (X)

> 행정청이 행한 공사중지명령의 상대방은 그 명령 이후에 그 원인사유가 소멸하였음을 들어 행정청에게 공사중지명령의 철회를 요구할 수 있는 조리상의 신청권이 있다고 할 것이고, 상대방으로부터 그 신청을 받은 행정청으로서는 상당한 기간 내에 그 신청을 인용하는 적극적 처분을 하거나 각하 또는 기각하는 등의 소극적 처분을 하여야 할 법률상의 응답의무가 있다고 할 것이며, 행정청이 상대방의 신청에 대하여 아무런 적극적 또는 소극적 처분을 하지 않고 있는 이상 행정청의 부작위는 그 자체로 위법하다고 할 것이고, 구체적으로 그 신청이 인용될 수 있는지 여부는 소극적 처분에 대한 항고소송의 본안에서 판단하여야 할 사항이라고 할 것이다. (대판 2005.4.14. 2003두7590)

③ (O) 경원자관계의 경우에는 원칙적으로 법률상 이익이 인정된다.
④ (O)

> [1] 예탁금회원제 골프장의 회원을 모집하고자 하는 자의 회원모집계획서 제출은 수리를 요하는 신고에서의 신고에 해당하며, 이에 대한 시·도지사 등의 검토 결과 통보는 수리행위로서 행정처분에 해당한다.
> [2] 행정처분으로서의 통보에 대하여는 그 직접 상대방이 아닌 제3자라도 그 취소를 구할 법률상의 이익이 있는 경우에는 원고적격이 인정되는바, 회사가 정하는 자격기준에 준하는 자로서 입회승인을 받은 회원은 일정한 입회금을 납부하고 회사가 지정한 시설을 이용할 때에는 회사가 정한 요금을 지불하여야 하며 회사는 회원의 입회금을 상환하도록 정해져 있는 이른바 예탁금회원제 골프장에 있어서, 체육시설업자 또는 그 사업계획의 승인을 얻은 자가 회원모집계획서를 제출하면서 허위의 사업시설 설치공정확인서를 첨부하거나 사업계획의 승인을 받을 때 정한 예정인원을 초과하여 회원을 모집하는 내용의 회원모집계획서를 제출하여 그에 대한 시·도지사 등의 검토 결과 통보를 받는다면 이는 기존회원의 골프장에 대한 법률상의 지위에 영향을 미치게 되므로, 이러한 경우 기존회원은 위와 같은 회원모집계획서에 대한 시·도지사의 검토 결과 통보의 취소를 구할 법률상의 이익이 있다고 보아야 한다. (대판 2009.2.26. 2006두16243)

정답 ②

08

행정행위에 관한 설명으로 옳은 것은? (다툼이 있는 경우 판례에 의함)

① 행정행위를 '행정청이 법아래서 구체적 사실에 대한 법집행으로서 행하는 공법행위'로 정의하면, 공법상 계약과 공법상 합동행위는 행정행위의 개념에 포함된다.
② 주택건설사업계획 승인처분에 따라 의제된 인허가의 위법함을 다투고자 하는 이해관계인은 의제된 인허가의 취소를 구할 것이 아니라, 주된 처분인 주택건설사업계획 승인처분의 취소를 구하여야 한다.
③ 「하천법」에 의한 하천의 점용허가는 강학상 허가에 해당한다.
④ 「출입국관리법」상 체류자격변경허가는 기속행위이므로 신청인이 관계 법령에서 정한 요건을 충족하면 허가권자는 신청을 받아들여 허가하여야 한다.

해설

① (O) 행정행위 개념을 행정청이 구체적 사실에 관한 법집행으로 행하는 공법행위로 정의하면 공권력(권력성, 강제력)이 요구되지 않으므로 비권력적 행위(공법상 계약, 공법상 합동행위)도 행정행위의 개념에 포함된다. 다만, 통설에 따르면 행정행위의 개념에 비권력적 행위(공법상 계약, 공법상 합동행위)는 제외된다.
② (X) 통상 주된 인허가가 소의 대상이 되고, 의제되는 인허가는 소송의 대상이 아니지만 주택법의 경우에는 그렇지 않다.

> 주택건설사업계획 승인처분에 따라 의제된 인허가가 위법함을 다투고자 하는 이해관계인은, 주택건설사업계획 승인처분의 취소를 구할 것이 아니라 의제된 인허가의 취소를 구하여야 하며, 의제된 인허가는 주택건설사업계획 승인처분과 별도로 항고소송의 대상이 되는 처분에 해당한다. (대판 2018.11.29. 2016두38792)

③ (X) 도로·하천점용허가는 강학상 특허에 해당한다.
④ (X)

> 체류자격변경허가는 신청인에게 당초의 체류자격과 다른 체류자격에 해당하는 활동을 할 수 있는 권한을 부여하는 일종의 설권적 처분의 성격을 가지므로, 허가권자는 신청인이 관계 법령에서 정한 요건을 충족하였더라도, 신청인의 적격성, 체류목적, 공익상의 영향 등을 참작하여 허가 여부를 결정할 수 있는 재량을 가진다. (대판 2016.7.14. 2015두48846)

정답 ①

09

행정상 손실보상에 관한 설명으로 옳지 않은 것은? (다툼이 있는 경우 판례에 의함)

① 「하천법」 제50조에 따른 하천수 사용권은 「공익사업을 위한 토지 등의 취득 및 보상에 관한 법률」이 손실보상의 대상으로 규정하고 있는 '물의 사용에 관한 권리'에 해당한다.

② 국가지정문화재에 대하여 관리단체로 지정된 지방자치단체의 장은 「문화재보호법」 및 「공익사업을 위한 토지 등의 취득 및 보상에 관한 법률」에 따라 국가지정문화재나 그 보호구역에 있는 토지 등을 수용할 수 있다.

③ 「공익사업을 위한 토지 등의 취득 및 보상에 관한 법률」상 보상금증액소송은 사업시행자를 피고로 한다.

④ 「공익사업을 위한 토지 등의 취득 및 보상에 관한 법률」상 보상대상이 되는 '기타 토지에 정착한 물건에 대한 소유권 그 밖의 권리를 가진 관계인'에는 수거 · 철거권 등 실질적 처분권을 가진 자는 포함되지 않는다.

해설

① (○) 대판 2018.12.27. 2014두11601

② (○) 문화재보호구역 내의 토지는 시효취득의 대상은 아니지만, 수용의 대상은 된다.

> 문화재보호법에 해당 문화재의 지정권자만이 토지 등을 수용할 수 있다는 등의 제한을 두고 있지 않으므로, 국가지정문화재에 대하여 관리단체로 지정된 지방자치단체의 장은 문화재보호법 제83조 제1항 및 공익사업을 위한 토지 등의 취득 및 보상에 관한 법률에 따라 국가지정문화재나 그 보호구역에 있는 토지 등을 수용할 수 있다. (대판 2019.2.28. 2017두71031)

③ (○) 보상금증액소송은 처분청인 토지수용위원회를 피고로 하지 않고, 사업시행자를 피고로 한다.

> **공익사업을 위한 토지 등의 취득 및 보상에 관한 법률 제85조(행정소송의 제기)**
> ② 제1항에 따라 제기하려는 행정소송이 보상금의 증감에 관한 소송인 경우 그 소송을 제기하는 자가 토지소유자 또는 관계인일 때에는 사업시행자를, 사업시행자일 때에는 토지소유자 또는 관계인을 각각 피고로 한다.

참고 수용재결을 대상으로 하면 지방토지수용위원회, 이의재결을 대상으로 하면 중앙토지수용위원회가 피고가 된다.

④ (×)

> 공익사업을 위한 토지 등의 취득 및 보상에 관한 법률상 보상대상이 되는 '기타 토지에 정착한 물건에 대한 소유권 그 밖의 권리를 가진 관계인' 에는 수거 · 철거권 등 실질적 처분권을 가진 자도 포함된다. (대판 2019.4.11. 2018다277419)

정답 ④

10

「공공기관의 정보공개에 관한 법률」상 정보공개에 관한 설명으로 옳지 않은 것은?

① 정보비공개결정 취소소송에서 원고인 청구인이 소송과정에서 공공기관이 법원에 제출한 정보의 사본을 송달받은 경우, 그 정보의 비공개결정의 취소를 구할 소의 이익이 소멸한다.

② 공공기관은 공개청구된 공개대상정보의 전부 또는 일부가 제3자와 관련이 있다고 인정할 때에는 그 사실을 제3자에게 지체 없이 통지하여야 하며, 필요한 경우에는 그의 의견을 들을 수 있다.

③ 정보공개를 청구하여 정보공개 여부에 대한 결정의 통지를 받은 자가 정당한 사유 없이 해당 정보의 공개를 다시 청구하는 경우, 공공기관은 종전 청구와의 내용적 유사성 · 관련성 등을 고려하여 해당 청구를 종결 처리할 수 있다.

④ 제3자가 자신과 관련된 정보를 공개하지 아니할 것을 요청하였음에도 불구하고 공공기관이 공개결정을 한 경우, 그 제3자는 해당 공공기관에 문서로 이의신청을 하거나 행정심판 또는 행정소송을 제기할 수 있다.

해설

① (×)

> 청구인이 정보공개거부처분의 취소를 구하는 소송에서 공공기관이 청구정보를 증거 등으로 법원에 제출하여 법원을 통하여 그 사본을 청구인에게 교부 또는 송달하게 하여 결과적으로 청구인에게 정보를 공개하는 셈이 되었다고 하더라도, 이러한 우회적인 방법은 법이 예정하고 있지 아니한 방법으로서 법에 의한 공개라고 볼 수는 없으므로, 당해 문서의 비공개결정의 취소를 구할 소의 이익은 소멸되지 않는다고 할 것이다. (대판 2004.3.26. 2002두6583)

② (○) 공공기관의 정보공개에 관한 법률 제11조 제3항

③ (○) 공공기관의 정보공개에 관한 법률 제11조의2 제1항

④ (○) 공공기관의 정보공개에 관한 법률 제21조 제2항

정답 ①

11

행정지도에 관한 설명으로 옳지 않은 것은? (다툼이 있는 경우 판례에 의함)

① 행정기관은 행정지도의 상대방이 행정지도에 따르지 아니하였다는 것을 이유로 불이익한 조치를 하여서는 아니 된다.

② 행정기관이 같은 행정목적을 실현하기 위하여 많은 상대방에게 행정지도를 하려는 경우에는 특별한 사정이 없으면 행정지도에 공통적인 내용이 되는 사항을 공표하여야 한다.

③ 교육인적자원부장관(현 교육부장관)의 대학총장들에 대한 학칙시정요구는 법령에 따른 것으로 행정지도의 일종이므로, 헌법소원의 대상이 아니다.

④ 행정지도가 강제성을 띠지 않은 비권력적 작용으로서 행정지도의 한계를 일탈하지 아니하였다면, 그로 인하여 상대방에게 손해가 발생하였다고 하더라도 행정기관은 손해배상책임이 없다.

해설

① (○) 행정절차법 제48조 제2항

② (○) 행정절차법 제51조

③ (×)

> 교육인적자원부장관(현 교육부장관)의 대학총장들에 대한 이 사건 학칙시정요구는 그 법적 성격이 대학총장의 임의적인 협력을 통하여 사실상의 효과를 발생시키는 행정지도의 일종이지만, 그에 따르지 않을 경우 일정한 불이익조치를 예정하고 있어 사실상 상대방에게 그에 따를 의무를 부과하는 것과 다를 바 없으므로 단순한 행정지도로서의 한계를 넘어 규제적 · 구속적 성격을 상당히 강하게 갖는 것으로서 헌법소원의 대상이 되는 공권력의 행사라고 볼 수 있다. (헌재 2003.6.26. 2002헌마337 등)

④ (○) 대판 2008.9.25. 2006다18228

정답 ③

12

「공익사업을 위한 토지 등의 취득 및 보상에 관한 법률」에 관한 설명으로 옳지 않은 것은?

① 사업시행자가 수용 또는 사용의 개시일까지 관할 토지수용위원회가 재결한 보상금을 지급하거나 공탁하지 아니하였을 때에는 해당 토지수용위원회의 재결은 효력을 상실한다. 이 경우 사업시행자는 재결의 효력이 상실됨으로 인하여 토지소유자 또는 관계인이 입은 손실을 보상하여야 한다.

② 사업시행자는 보상금을 받을 자가 그 수령을 거부하거나 보상금을 수령할 수 없을 때에는 수용 또는 사용의 개시일까지 수용하거나 사용하려는 토지 등의 소재지의 공탁소에 보상금을 공탁할 수 있다.

③ 공익사업에 필요한 토지 등의 취득 또는 사용으로 인하여 토지소유자나 관계인이 입은 손실은 국가 또는 지방자치단체가 보상하여야 한다.

④ 토지수용위원회의 재결이 있은 후 수용하거나 사용할 토지나 물건이 토지소유자 또는 관계인의 고의나 과실 없이 멸실되거나 훼손된 경우 그로 인한 손실은 사업시행자가 부담한다.

해설

① (○) 공익사업을 위한 토지 등의 취득 및 보상에 관한 법률 제42조 제1항 · 제2항

② (○) 공익사업을 위한 토지 등의 취득 및 보상에 관한 법률 제40조 제2항 제1호

③ (×)

> **공익사업을 위한 토지 등의 취득 및 보상에 관한 법률 제61조(사업시행자 보상)**
> 공익사업에 필요한 토지 등의 취득 또는 사용으로 인하여 토지소유자나 관계인이 입은 손실은 사업시행자가 보상하여야 한다.

④ (○) 위험부담은 사업시행자가 진다. 즉, 소유자의 고의 · 과실 없이 목적물이 멸실되면 사업시행자는 보상금을 지급하여야 한다. (공익사업을 위한 토지 등의 취득 및 보상에 관한 법률 제46조)

정답 ③

13

행정행위의 구성요건적 효력(공정력)과 선결문제에 관한 설명으로 옳지 않은 것은? (다툼이 있는 경우 판례에 의함)

① 甲이 영업정지처분이 위법하다고 주장하면서 국가를 상대로 손해배상청구소송을 제기한 경우, 법원은 취소사유에 해당하는 것을 인정하더라도 그 처분의 취소판결이 없는 한 손해배상청구를 인용할 수 없다.

② 선결문제가 행정행위의 당연무효이면 민사법원이 직접 그 무효를 판단할 수 있다.

③ 과세대상과 납세의무자 확정이 잘못되어 당연무효인 과세에 대해서는 체납이 문제될 여지가 없으므로 조세체납범이 문제되지 않는다.

④ 행정행위의 위법 여부가 범죄구성요건의 문제로 된 경우에는 형사법원이 행정행위의 위법성을 인정할 수 있다.

해설

① (×) 국가배상은 공정력과 관계없으므로 취소판결이 없어도 국가배상소송에서 인용판결이 가능하다.

② (○) 취소사유일 때는 취소판결 이전에 민사법원이 판단할 수 없지만, 무효사유는 공정력이 인정되지 않으므로 민사법원이 판단할 수 있다.

③ (○) 무효는 처음부터 아무런 효력이 인정되지 않으므로 세금을 내지 않아도 체납이 아니다.

④ (○) 공정력은 효력의 문제이고 위법에는 발생하지 않으므로 위법이 문제되는 경우에는 형사법원이 판단할 수 있다.

정답 ①

14

행정입법에 관한 설명으로 옳지 않은 것은? (다툼이 있는 경우 판례에 의함)

① 부령의 형식으로 정해진 제재적 행정처분의 기준은 그 규정의 성질과 내용이 행정청 내부의 사무처리준칙을 정한 것에 불과하므로 대외적으로 국민이나 법원을 구속하는 것은 아니다.

② 항정신병 치료제의 요양급여 인정기준에 관한 보건복지부 고시가 다른 집행행위의 매개 없이 그 자체로서 직접 국민의 구체적인 권리·의무와 법률관계를 규율하는 성격을 가질 때에는 항고소송의 대상이 되는 행정처분에 해당한다.

③ 법률의 위임에 의하여 효력을 갖는 법규명령이 법개정으로 위임의 근거가 없어지게 되더라도 효력을 상실하지 않는다.

④ 한국수력원자력 주식회사가 조달하는 기자재, 용역 및 정비공사, 기기수리의 공급자에 대한 관리업무절차를 규정함을 목적으로 제정·운용하고 있는 '공급자관리지침' 중 등록취소 및 그에 따른 일정 기간의 거래제한조치에 관한 규정들은 상위 법령의 구체적 위임 없이 정한 것이어서 대외적 구속력이 없는 행정규칙이다.

해설

① (○) 대통령령은 내용과 관계없이 법규명령이지만, 부령은 제재적 내용이면 행정규칙으로 대외적 구속력이 인정되지 않는다.

② (○) 대판 2006.9.22. 2005두2506

③ (×)

> 일반적으로 법률의 위임에 의하여 효력을 갖는 법규명령의 경우, 구법에 위임의 근거가 없어 무효였더라도 사후에 법개정으로 위임의 근거가 부여되면 그때부터는 유효한 법규명령이 되나, 반대로 구법의 위임에 의한 유효한 법규명령이 법개정으로 위임의 근거가 없어지게 되면 그때부터 무효인 법규명령이 되므로, 어떤 법령의 위임근거 유무에 따른 유효 여부를 심사하려면 법개정의 전·후에 걸쳐 모두 심사하여야만 그 법규명령의 시기에 따른 유효·무효를 판단할 수 있다. (대판 1995.6.30. 93추83)

④ (○) 대판 2020.5.28. 2017두66541

정답 ③

15

과징금에 관한 설명으로 옳지 않은 것은? (다툼이 있는 경우 판례에 의함)

① 초기에는 의무 위반으로 취득한 경제적 이익을 박탈하기 위한 행정상 제재수단으로 도입되었으나 최근에는 영업정지에 갈음하여 부과되는 형태로 많이 활용되고 있다.

② 과징금은 한꺼번에 납부하는 것이 원칙이나 행정청은 과징금을 부과받은 자가 재해 등으로 재산에 현저한 손실을 입어 전액을 한꺼번에 내기 어렵다고 인정될 때에는 그 납부기한을 연기하거나 분할납부하게 할 수 있다.

③ 「부동산 실권리자명의 등기에 관한 법률」상 실권리자명의 등기의무를 위반한 명의신탁자에 대한 과징금의 부과처분은 재량행위에 해당하므로 조세를 포탈하거나 법령에 의한 제한을 회피할 목적이 아닌 경우에는 이를 부과하지 않거나 전액감면할 수 있다.

④ 금전상 제재인 과징금은 법령이 규정한 범위 내에서 그 부과처분 당시까지 부과관청이 확인한 사실을 기초로 일의적으로 확정되어야 할 것이지, 추후에 부과금 산정기준이 되는 새로운 자료가 나왔다고 하여 새로운 부과처분을 할 수 있는 것은 아니다.

해설

① (○) 의무 위반으로 취득한 경제적 이익을 박탈하기 위한 과징금을 본래의 과징금, 영업정지에 갈음하여 부과되는 과징금을 변형된 과징금이라고 한다.

② (○) 행정기본법 제29조 제1호

③ (×) 일반적으로 과징금 부과는 재량행위이지만, 부동산 실권리자명의 등기에 관한 법률상 명의신탁자에 대한 과징금의 부과 여부는 기속행위이다.

> 부동산 실권리자명의 등기에 관한 법률 제3조 제1항, 제5조 제1항, 같은 법 시행령 제3조 제1항의 규정을 종합하면, 명의신탁자에 대하여 과징금을 부과할 것인지 여부는 기속행위에 해당한다. (대판 2007.7.12. 2005두17287)

④ (○)

> 구 독점규제 및 공정거래에 관한 법률 제23조 제1항의 규정에 위반하여 불공정거래행위를 한 사업자에 대하여 같은 법 제24조의2 제1항의 규정에 의하여 부과되는 과징금은 행정법상의 의무를 위반한 자에 대하여 당해 위반행위로 얻게 된 경제적 이익을 박탈하기 위한 목적으로 부과하는 금전적인 제재로서, 같은 법이 규정한 범위 내에서 그 부과처분 당시까지 부과관청이 확인한 사실을 기초로 일의적으로 확정되어야 할 것이고, 그렇지 아니하고 부과관청이 과징금을 부과하면서 추후에 부과금 산정기준이 되는 새로운 자료가 나올 경우에는 과징금액이 변경될 수도 있다고 유보한다든지, 실제로 추후에 새로운 자료가 나왔다고 하여 새로운 부과처분을 할 수는 없다고 할 것인바, 과징금의 부과와 같이 재산권의 직접적인 침해를 가져오는 처분을 변경하려면 법령에 그 요건 및 절차가 명백히 규정되어 있어야 할 것인데, 위와 같은 변경처분에 대한 법령상의 근거규정이 없고, 이를 인정하여야 할 합리적인 이유 또한 찾아 볼 수 없기 때문이다. (대판 1999.5.28. 99두1571)

정답 ③

16

「공익사업을 위한 토지 등의 취득 및 보상에 관한 법률」에 관한 설명으로 옳은 것은? (다툼이 있는 경우 판례에 의함)

① 중앙토지수용위원회의 이의재결에 대한 행정소송은 재결서를 받은 날부터 90일 이내에 제기하여야 한다.

② 지방토지수용위원회의 재결에 대하여 이의를 신청하여 중앙토지수용위원회의 재결을 받은 자가 재결의 취소소송을 제기하려면 중앙토지수용위원회의 이의재결을 대상으로 하여야 한다.

③ 공익사업의 시행자는 해당 공익사업을 위한 공사에 착수하기 이전에 토지소유자에게 보상액 전액을 지급하여야 하나, 사업시행자가 보상액을 지급하지 않고 승낙도 받지 않은 채 공사에 착수하였다고 하더라도 토지소유자에 대하여 불법행위로 인한 손해배상책임이 발생하는 것은 아니다.

④ 토지수용위원회가 「공익사업을 위한 토지 등의 취득 및 보상에 관한 법률」상 손실보상대상에 해당하는 보상항목을 손실보상대상에 해당하지 않는다고 잘못된 내용의 재결을 한 경우에는 피보상자는 그 재결에 대한 취소소송을 제기할 것이 아니라 사업시행자를 상대로 이 법에 따른 보상금증감소송을 제기하여야 한다.

해설

① (×)

> **공익을 위한 토지 등의 취득 및 보상에 관한 법률 제85조(행정소송의 제기)**
> ① 사업시행자, 토지소유자 또는 관계인은 제34조에 따른 재결에 불복할 때에는 재결서를 받은 날부터 90일 이내에, 이의신청을 거쳤을 때에는 이의신청에 대한 재결서를 받은 날부터 60일 이내에 각각 행정소송을 제기할 수 있다. 이 경우 사업시행자는 행정소송을 제기하기 전에 제84조에 따라 늘어난 보상금을 공탁하여야 하며, 보상금을 받을 자는 공탁된 보상금을 소송이 종결될 때까지 수령할 수 없다.

② (×) 원처분주의이므로 원처분에 해당하는 수용재결을 대상으로 소를 제기하여야 한다. 이의재결에 고유한 하자가 있으면 이의재결을 대상으로 하는 소송도 가능하다.

③ (×)

> 사업시행자가 토지소유자 및 관계인에게 보상금을 지급하지 아니하고 그 승낙도 받지 아니한 채 미리 공사에 착수하여 영농을 계속할 수 없게 하였다면 이는 공익사업을 위한 토지 등의 취득 및 보상에 관한 법률상 사전보상의 원칙을 위반한 것으로서 위법하다고 할 것이므로, 이 경우 사업시행자는 2년분의 영농손실보상금을 지급하는 것과 별도로, 공사의 사전착공으로 인하여 토지소유자나 관계인이 영농을 할 수 없게 된 때부터 수용개시일까지 입은 손해에 대하여 이를 배상할 책임이 있다. (대판 2013.11.14. 2011다27103)

④ (○) 대판 2018.7.20. 2015두4044

정답 ④

17

당사자소송에 관한 설명으로 옳지 않은 것은? (다툼이 있는 경우 판례에 의함)

① 국가에 대한 납세의무자의 부가가치세 환급세액 지급청구는 당사자소송의 대상이다.

② 지방자치단체가 보조금 지급결정을 하면서 일정 기한 내에 보조금을 반환하도록 교부조건을 부가한 경우, 보조사업자에 대한 지방자치단체의 보조금반환청구는 당사자소송의 대상이 된다.

③ 당사자소송에는 항고소송에서의 집행정지규정이 적용된다.

④ 조세 부과처분의 당연무효를 전제로 하여 이미 납부한 세금의 반환을 청구하는 것은 민사상 부당이득반환청구로서 당사자소송이 아니라 민사소송절차에 따른다.

해설

① (O)

> 납세의무자에 대한 국가의 부가가치세 환급세액 지급의무는 그 납세의무자로부터 어느 과세기간에 과다하게 거래징수된 세액 상당을 국가가 실제로 납부받았는지 여부와 관계없이 부가가치세법령의 규정에 의하여 직접 발생하는 것으로서, 그 법적 성질은 정의와 공평의 관념에서 수익자와 손실자 사이의 재산상태 조정을 위해 인정되는 부당이득반환 의무가 아니라 부가가치세법령에 의하여 그 존부나 범위가 구체적으로 확정되고 조세정책적 관점에서 특별히 인정되는 공법상 의무라고 봄이 타당하다. 그렇다면 납세의무자에 대한 국가의 부가가치세 환급세액 지급의무에 대응하는 국가에 대한 납세의무자의 부가가치세 환급세액 지급청구는 민사소송이 아니라 행정소송법 제3조 제2호에 규정된 당사자소송의 절차에 따라야 한다. (대판 2013.3.21. 2011다95564 전원합의체)

② (O)

> 지방자치단체가 보조금 지급결정을 하면서 일정 기한 내에 보조금을 반환하도록 하는 교부조건을 부가한 사안에서, 보조사업자의 지방자치단체에 대한 보조금반환의무는 행정처분인 위 보조금 지급결정에 부가된 부관상 의무이고, 이러한 부관상 의무는 보조사업자가 지방자치단체에 부담하는 공법상 의무이므로, 보조사업자에 대한 지방자치단체의 보조금반환청구는 공법상 권리관계의 일방당사자를 상대로 하여 공법상 의무 이행을 구하는 청구로서 행정소송법 제3조 제2호에 규정한 당사자소송의 대상이다. (대판 2011.6.9. 2011다2951)

③ (X)

> 당사자소송에 대하여는 행정소송법 제23조 제2항의 집행정지에 관한 규정이 준용되지 아니하므로, 이를 본안으로 하는 가처분에 대하여는 행정소송법 제8조 제2항에 따라 민사집행법상의 가처분에 관한 규정이 준용되어야 한다. (대결 2015.8.21. 2015무26)

④ (O) 대판 1995.4.28. 94다55019

정답 ③

18

행정상 즉시강제에 관한 설명으로 옳지 않은 것은? (다툼이 있는 경우 판례에 의함)

① 장래의 실현 확보를 위해서 가해지는 제재이다.

② 목전에 급박한 장해를 예방하기 위한 경우에는 예외적으로 법률의 근거가 없이도 발동될 수 있다는 것이 일반적인 견해이다.

③ 위법한 즉시강제작용으로 손해를 입은 자는 국가나 지방자치단체를 상대로 「국가배상법」이 정한 바에 따라 손해배상을 청구할 수 있다.

④ 강제건강진단과 예방접종은 대인적 강제수단에 해당한다.

해설

① (O) 즉시강제는 과거의 의무 위반이 아니라 급박할 때 장래의 이행을 확보하는 것이다.

② (X) 즉시강제는 법적 근거가 있어야 한다.

③ (O) 즉시강제도 국가배상의 대상인 직무행위에 해당한다.

④ (O) 강제 건강진단과 예방접종은 대인적 강제수단이지만, 즉시강제라기보다는 직접강제에 해당한다.

정답 ②

19

「행정심판법」상 행정심판에 관한 설명으로 옳지 않은 것은?

① 법인이 아닌 사단 또는 재단으로서 대표자나 관리인이 정하여져 있는 경우에는 그 사단이나 재단의 이름으로 심판청구를 할 수 있다.

② 행정청의 거부처분에 대해서는 의무이행심판을 청구하여야 하고, 취소심판은 청구할 수 없다.

③ 행정심판의 결과에 이해관계가 있는 행정청은 해당 심판청구에 대한 행정심판위원회의 의결이 있기 전까지 그 사건에 대하여 심판참가를 할 수 있다.

④ 행정심판위원회는 필요할 경우 당사자가 주장하지 아니한 사실에 대해서도 심리할 수 있다.

해설

① (O) 행정심판법 제14조

② (X) 거부처분에 대해서는 취소심판과 의무이행심판 모두 가능하다.

③ (O) 참가가 의무적인 것은 아니다. (행정심판법 제20조 제1항)

④ (O) 행정심판법 제39조

정답 ②

20

행정법상 의무의 강제방법에 관한 설명으로 옳지 않은 것은? (다툼이 있는 경우 판례에 의함)

① 법인은 기관을 통하여 행위하므로 법인이 대표자를 선임한 이상 그의 행위로 인한 법률효과는 법인에게 귀속되어야 하고, 법인 대표자의 범죄행위에 대하여는 법인이 자신의 행위에 대한 책임을 부담하는 것이다.

② 행정청이 여러 개의 위반행위에 대하여 하나의 제재처분을 하였으나, 위반행위별로 제재처분의 내용을 구분하는 것이 가능하고 여러 개의 위반행위 중 일부의 위반행위에 대한 제재처분 부분만이 위법하다면, 법원은 제재처분 중 위법성이 인정되는 부분만 취소하여야 하고 제재처분 전부를 취소하여서는 아니 된다.

③ 관계 법령상 행정대집행의 절차가 인정되어 행정청이 행정대집행의 방법으로 건물의 철거 등 대체적 작위의무의 이행을 실현할 수 있는 경우에는 따로 민사소송의 방법으로 그 의무의 이행을 구할 수 없다.

④ 행정대집행은 대체적 작위의무에 대한 강제집행수단이고, 이행강제금은 부작위의무나 비대체적 작위의무에 대한 강제집행수단이므로 이행강제금은 대체적 작위의무의 위반에 대하여는 부과될 수 없다.

해설

① (○) 종업원의 행위를 무조건 법인에 귀속시키는 것은 책임주의 위반이지만, 대표자의 행위를 법인의 행위로 보는 것은 가능하다.

② (○)

> 공정거래위원회가 부당지원행위에 대한 과징금을 부과함에 있어 여러 개의 위반행위에 대하여 하나의 과징금 납부명령을 하였으나 여러 개의 위반행위 중 일부의 위반행위만이 위법하고 소송상 그 일부의 위반행위를 기초로 한 과징금액을 산정할 수 있는 자료가 있는 경우에는, 하나의 과징금 납부명령일지라도 그중 위법하여 그 처분을 취소하게 된 일부의 위반행위에 대한 과징금액에 해당하는 부분만을 취소할 수 있다. (대판 2006.12.22. 2004두1483)

③ (○) 대판 2017.4.28. 2016다213916

④ (×) 대체적 작위의무에 대해서는 원칙적으로 대집행을 하여야 하지만, 대형건물의 경우에는 현실적으로 대집행이 어렵기 때문에 이행강제금을 부과할 수 있다.

> 행정대집행과 이행강제금제도는 각각의 장단점이 있으므로 행정청은 개별사건에 있어서 위반 내용, 위반자의 시정의지 등을 감안하여 대집행과 이행강제금을 선택적으로 활용할 수 있으며, 이처럼 그 합리적인 재량에 의해 선택하여 활용하는 이상 중첩적인 제재에 해당한다고 볼 수 없다. (헌재 2004.2.26. 2001헌바80)

정답 ④

21

행정처분의 소멸에 관한 설명으로 옳지 않은 것은? (다툼이 있는 경우 판례에 의함)

① 취소심판을 제기한 경우 관할 행정심판위원회에서 취소재결하는 것은 직권취소에 해당한다.

② 도시계획시설사업의 사업자 지정을 한 관할청은 도시계획시설사업의 시행자 지정에 하자가 있는 경우, 별도의 법적 근거가 없더라도 스스로 이를 취소할 수 있다.

③ 종전 행정처분에 하자가 있음을 전제로 직권으로 이를 취소하는 행정처분의 경우 하자나 취소하여야 할 필요성에 관한 증명책임은 기존이익과 권리를 침해하는 처분을 한 행정청에 있다.

④ 지방병무청장은 군의관의 신체등위판정이 금품수수에 따라 위법 또는 부당하게 이루어졌다고 인정하는 경우, 그 신체등위판정을 기초로 자신이 한 병역처분을 직권으로 취소할 수 있다.

해설

① (×) 직권취소는 처분청이 하는 것을 말한다. 행정심판위원회의 취소는 쟁송취소에 해당한다.

② (○) 취소와 철회는 별도의 법적 근거 없이 가능하다.

③ (○) 무효소송에서 중대·명백은 원고가 입증하여야 하지만 직권취소의 경우에는 선지와 같다.

④ (○) 처분청이 하는 경우이므로 가능하다.

정답 ①

22

「행정소송법」상 사정판결에 관한 내용으로 옳지 않은 것은?

> 제28조(사정판결) ① 원고의 청구가 (ㄱ)고 인정하는 경우에도 처분 등을 취소하는 것이 현저히 (ㄴ)에 적합하지 아니하다고 인정하는 때에는 법원은 원고의 청구를 (ㄷ)할 수 있다. 이 경우 법원은 그 판결의 (ㄹ)에서 그 처분 등이 (ㅁ)을 명시하여야 한다. ② 법원이 제1항의 규정에 의한 판결을 함에 있어서는 미리 원고가 그로 인하여 입게 될 (ㅂ)의 정도와 배상방법 그 밖의 사정을 조사하여야 한다. ③ 원고는 피고인 행정청이 속하는 국가 또는 공공단체를 상대로 (ㅅ), (ㅇ) 그 밖에 적당한 구제방법의 청구를 당해 취소소송 등이 계속된 법원에 병합하여 제기할 수 있다.

① ㄱ : 이유 있다	ㅇ : 제해시설의 설치
② ㄴ : 공공복리	ㅅ : 손해배상
③ ㄷ : 기각	ㅂ : 손해
④ ㄹ : 이유	ㅁ : 위법함

해설

행정소송법 제28조(사정판결)

① 원고의 청구가 이유 있다고 인정하는 경우에도 처분 등을 취소하는 것이 현저히 공공복리에 적합하지 아니하다고 인정하는 때에는 법원은 원고의 청구를 기각할 수 있다. 이 경우 법원은 그 판결의 주문에서 그 처분 등이 위법함을 명시하여야 한다.

② 법원이 제1항의 규정에 의한 판결을 함에 있어서는 미리 원고가 그로 인하여 입게 될 손해의 정도와 배상방법 그 밖의 사정을 조사하여야 한다.

③ 원고는 피고인 행정청이 속하는 국가 또는 공공단체를 상대로 손해배상, 제해시설의 설치 그 밖에 적당한 구제방법의 청구를 당해 취소소송 등이 계속된 법원에 병합하여 제기할 수 있다.

정답 ④

23

「행정기본법」상 처분에 관한 설명으로 옳은 것은? (다툼이 있는 경우 판례에 의함)

① 행정청은 적법한 처분의 경우 당사자의 신청이 있는 경우에만 철회가 가능하다.

② 행정청은 처분에 재량이 있는 경우 법령이나 행정규칙이 정하는 바에 따라 완전히 자동화된 시스템으로 처분할 수 있다.

③ 당사자의 신청에 따른 처분은 다른 법령에 특별한 규정이 있는 경우를 제외하고는 신청 당시의 법령 등에 따른다.

④ 검사에 대한 경고조치는 검사의 권리 · 의무에 영향을 미치는 행위로서 항고소송의 대상이 되는 처분이라고 보아야 한다.

해설

① (X) 취소와 철회는 직권으로 가능하다.

② (X)

행정기본법 제20조(자동적 처분)

행정청은 법률로 정하는 바에 따라 완전히 자동화된 시스템(인공지능 기술을 적용한 시스템을 포함한다)으로 처분을 할 수 있다. 다만, 처분에 재량이 있는 경우는 그러하지 아니하다.

③ (X)

행정기본법 제14조(법 적용의 기준)

② 당사자의 신청에 따른 처분은 법령 등에 특별한 규정이 있거나 처분 당시의 법령 등을 적용하기 곤란한 특별한 사정이 있는 경우를 제외하고는 처분 당시의 법령 등에 따른다.

④ (O)

[1] 검사에 대한 경고조치 관련 규정을 위 법리에 비추어 살펴보면, 검찰총장이 사무검사 및 사건평정을 기초로 대검찰청 자체감사규정 제23조 제3항, 검찰공무원의 범죄 및 비위 처리지침 제4조 제2항 제2호 등에 근거하여 검사에 대하여 하는 '경고조치'는 일정한 서식에 따라 검사에게 개별통지를 하고 이의신청을 할 수 있으며, 검사가 검찰총장의 경고를 받으면 1년 이상 감찰관리대상자로 선정되어 특별관리를 받을 수 있고, 경고를 받은 사실이 인사자료로 활용되어 복무평정, 직무성과금 지급, 승진 · 전보인사에서도 불이익을 받게 될 가능성이 높아지며, 향후 다른 징계사유로 징계처분을 받게 될 경우에 징계양정에서 불이익을 받게 될 가능성이 높아지므로, 검사의 권리 · 의무에 영향을 미치는 행위로서 항고소송의 대상이 되는 처분이라고 보아야 한다.

[2] 검사의 직무상 의무 위반의 정도가 중하지 않아 검사징계법에 따른 '징계사유'에는 해당하지 않더라도 징계처분보다 낮은 수준의 감독조치로서 '경고처분'을 할 수 있고, 법원은 그것이 직무감독권자에게 주어진 재량권을 일탈 · 남용한 것이라는 특별한 사정이 없는 한 이를 존중하는 것이 바람직하다. (대판 2021.2.10. 2020두47564)

정답 ④

24

행정쟁송에 관한 설명으로 옳은 것은? (다툼이 있는 경우 판례에 의함)

① 행정심판의 재결에도 판결에서와 같은 기판력이 인정되는 것이어서 재결이 확정되면 처분의 기초가 된 사실관계나 법률적 판단이 확정되는 것이므로 당사자는 이와 모순되는 주장을 할 수 없게 된다.

② 무효인 처분에 대해 무효선언을 구하는 취소소송을 제기하는 경우에는 제소기간의 제한이 없다.

③ 거부행위가 항고소송의 대상인 처분이 되기 위해서는 그 거부행위가 신청인의 실체상 권리관계에 직접적인 변동을 일으키는 것이어야 하며, 신청인이 실체상 권리자로서 권리를 행사함에 중대한 지장을 초래하는 것만으로는 부족하다.

④ 처분시에 행정청으로부터 행정심판 제기기간에 관하여 법정심판청구기간보다 긴 기간으로 잘못 통지받은 경우에 보호할 신뢰이익은 그 통지받은 기간 내에 행정소송을 제기한 경우에까지 확대되지 않는다.

해설

① (×) 기판력은 판결에만 인정되고 재결에는 인정되지 않는다.

② (×) 무효선언을 구하는 의미의 취소소송은 취소소송과 같다. 따라서 행정심판전치, 제소기간 등에 관하여 취소소송과 동일하게 적용된다.

③ (×)

> 국민의 적극적 행위 신청에 대하여 행정청이 그 신청에 따른 행위를 하지 않겠다고 거부한 행위가 항고소송의 상이 되는 행정처분에 해당하는 것이라고 하려면, 그 신청한 행위가 공권력의 행사 또는 이에 준하는 행정작용이어야 하고 그 거부행위가 신청인의 법률관계에 어떤 변동을 일으키는 것이어야 하며 그 국민에게 그 행위발동을 요구할 법규상 또는 조리상의 신청권이 있어야 한다고 할 것인바, 여기에서 '신청인의 법률관계에 어떤 변동을 일으키는 것'이라는 의미는 신청인의 실체상의 권리관계에 직접적인 변동을 일으키는 것은 물론 그렇지 않다고 하더라도 신청인이 실체상의 권리자로서 권리를 행사함에 중대한 지장을 초래하는 것도 포함한다고 해석함이 상당하다. (대판 2002.11.22. 2000두9229)

④ (○)

> [1] 행정청이 법정심판청구기간보다 긴 기간으로 잘못 알린 경우에 그 잘못 알린 기간 내에 심판청구가 있으면 그 심판청구는 법정심판청구기간 내에 제기된 것으로 본다는 취지의 행정심판법 제18조 제5항의 규정은 행정심판 제기에 관하여 적용되는 규정이지, 행정소송 제기에도 당연히 적용되는 규정이라고 할 수는 없다.
> [2] 행정처분시나 그 이후 행정청으로부터 행정심판 제기기간에 관하여 법정심판청구기간보다 긴 기간으로 잘못 통지받은 경우에 보호할 신뢰이익은 그 통지받은 기간 내에 행정심판을 제기한 경우에 한하는 것이지 행정소송을 제기한 경우에까지 확대된다고 할 수 없으므로, 당사자가 행정처분시나 그 이후 행정청으로부터 행정심판 제기기간에 관하여 법정심판청구기간보다 긴 기간으로 잘못 통지받아 행정소송법상 법정제소기간을 도과하였다고 하더라도, 그것이 당사자가 책임질 수 없는 사유로 인한 것이라고 할 수는 없다.
> (대판 2001.5.8. 2000두6916)

정답 ④

25

A행정청이 甲에게 한 처분에 대하여 甲은 B행정심판위원회에 행정심판을 청구하였다. 이에 관한 설명으로 옳은 것은? (다툼이 있는 경우 판례에 의함)

① 甲이 취소심판을 제기한 경우, B행정심판위원회는 심판청구가 이유가 있다고 인정하면 취소명령재결을 할 수 있다.

② B행정심판위원회의 기각재결이 있은 후에는 A행정청은 원처분을 직권으로 취소할 수 있다.

③ 甲이 무효확인심판을 제기한 경우, B행정심판위원회는 심판청구가 이유 있다고 인정하면서도 이를 인용하는 것이 공공복리에 크게 위배된다고 인정하면 甲의 심판청구를 기각할 수 있다.

④ B행정심판위원회의 재결에 고유한 위법이 있는 경우에는 甲은 다시 행정심판을 청구할 수 있다.

해설

① (×) 취소재결, 변경재결, 변경명령재결은 인정되지만, 취소명령재결은 인정되지 않는다.

② (○) 기각재결이 있으면 처분이 적법하므로 행정청이 원처분을 취소할 필요는 없지만, 국민의 권리구제를 위해 취소하는 것은 가능하다.

③ (×) 사정재결은 취소심판과 의무이행심판에 인정되므로 무효심판에서는 허용되지 않는다.

④ (×) 행정심판 후에 소송을 하는 것은 가능하지만, 행정심판을 다시 하는 것은 불가능하다.

정답 ②

절취선

빠른 정답 확인

제 01회 | 실전동형 모의고사

01 ③ 02 ② 03 ② 04 ② 05 ④ 06 ④ 07 ② 08 ④ 09 ② 10 ② 11 ④ 12 ③ 13 ④
14 ① 15 ④ 16 ① 17 ④ 18 ③ 19 ② 20 ③ 21 ② 22 ③ 23 ① 24 ① 25 ③

제 02회 | 실전동형 모의고사

01 ① 02 ④ 03 ① 04 ② 05 ③ 06 ④ 07 ① 08 ② 09 ② 10 ① 11 ② 12 ④ 13 ①
14 ① 15 ② 16 ① 17 ④ 18 ③ 19 ③ 20 ② 21 ④ 22 ① 23 ③ 24 ③ 25 ③

제 03회 | 실전동형 모의고사

01 ④ 02 ④ 03 ② 04 ④ 05 ③ 06 ② 07 ② 08 ③ 09 ① 10 ① 11 ④ 12 ④ 13 ①
14 ④ 15 ② 16 ③ 17 ② 18 ③ 19 ④ 20 ① 21 ① 22 ③ 23 ① 24 ③ 25 ②

제 04회 | 실전동형 모의고사

01 ④ 02 ② 03 ② 04 ③ 05 ③ 06 ④ 07 ③ 08 ① 09 ③ 10 ② 11 ④ 12 ③ 13 ①
14 ③ 15 ④ 16 ④ 17 ③ 18 ② 19 ③ 20 ② 21 ② 22 ③ 23 ④ 24 ② 25 ④

제 05회 | 실전동형 모의고사

01 ③ 02 ④ 03 ② 04 ② 05 ③ 06 ④ 07 ② 08 ① 09 ② 10 ④ 11 ③ 12 ③ 13 ③
14 ② 15 ③ 16 ④ 17 ④ 18 ② 19 ① 20 ④ 21 ③ 22 ② 23 ③ 24 ④ 25 ②

제 06회 | 실전동형 모의고사

01 ③ 02 ② 03 ① 04 ④ 05 ③ 06 ① 07 ③ 08 ① 09 ② 10 ④ 11 ② 12 ③ 13 ④
14 ④ 15 ④ 16 ① 17 ① 18 ① 19 ③ 20 ④ 21 ③ 22 ② 23 ② 24 ③ 25 ②

제 07회 | 실전동형 모의고사

01 ② 02 ④ 03 ③ 04 ② 05 ③ 06 ③ 07 ④ 08 ① 09 ② 10 ② 11 ④ 12 ③ 13 ①
14 ③ 15 ④ 16 ① 17 ④ 18 ② 19 ① 20 ① 21 ④ 22 ③ 23 ② 24 ④ 25 ①

제 08회 | 실전동형 모의고사

01 ① 02 ③ 03 ① 04 ② 05 ② 06 ② 07 ④ 08 ③ 09 ④ 10 ① 11 ④ 12 ④ 13 ②
14 ② 15 ② 16 ④ 17 ④ 18 ② 19 ③ 20 ④ 21 ④ 22 ③ 23 ④ 24 ④ 25 ①

제 09회 | 실전동형 모의고사

01 ④ 02 ① 03 ① 04 ③ 05 ④ 06 ④ 07 ② 08 ③ 09 ③ 10 ① 11 ② 12 ③ 13 ③
14 ① 15 ③ 16 ③ 17 ② 18 ④ 19 ③ 20 ② 21 ③ 22 ④ 23 ④ 24 ② 25 ②

제 10회 | 실전동형 모의고사

01 ① 02 ④ 03 ① 04 ③ 05 ④ 06 ③ 07 ② 08 ① 09 ④ 10 ① 11 ③ 12 ③ 13 ①
14 ③ 15 ③ 16 ④ 17 ③ 18 ② 19 ② 20 ④ 21 ① 22 ④ 23 ④ 24 ④ 25 ②